Ein Haus ist mehr
als ein Dach überm Kopf

Von diesem Werk wurde im April 1981
eine erste Auflage von 15.000 Exemplaren gedruckt.

Die graphische Gestaltung und der Entwurf des Schutzumschlags
stammen von Renate Habinger.

Die lektoratsmäßige Betreuung des Werkes erfolgte durch
Brigitte Hilzensauer,
die technische Betreuung durch Franz Hanns.

Gesetzt wurde in der Times New Roman, 10 auf 10 Punkt,
in der RSB Fotosatz Gesellschaft m.b.H. in Wien.
Die Reproduktion der Zeichnungen erfolgte bei Reproform in Wien,
die der Schwarzweißphotographien bei Beissner in Wien.
Der Druck erfolgte auf 100 g schwerem holzfreiem Offsetpapier chamois.
Das Buch wurde bei Carl Ueberreuter, Korneuburg, gedruckt und gebunden.

Friederun Pleterski

Ein Haus ist mehr als ein Dach überm Kopf

Ein Ratgeber zum Selbermachen
für alte und neue Häuser in Stadt und Land

Graphik von Renate Habinger
Photos von Roland Pleterski u. a.
Mit 324 Illustrationen

Verlag Fritz Molden, Wien–München–Zürich–New York

Inhaltsverzeichnis

Vor fünfundzwanzig Jahren, in meiner Volksschulzeit, haben wir im Wald gemeinsam Hütten gebaut, haben die Felshöhle, in die wir uns bei Gewitter verkrochen, mit Rinden geschützt, in waghalsigen Höhen Baumhäuser aus Zweigen und Moos gezimmert und tagelang darin gehaust.

Heute haben die Freunde aus jener Zeit eigene Wohnungen, einige bauen selbst an ihren neuen Häusern – doch wo ist die Phantasie der Kinderzeit geblieben? Nur wenigen ist es gelungen, einen Funken davon ins eigene Heim herüberzuretten. Die meisten haben irgendwo zwischen Schule, Beruf und Familie ihre Kreativität verloren. Erschöpft vom Betonieren des Rohbaus, vom Überangebot der Bastlerläden und vom Blättern im Fertighauskatalog begeben sie sich hoffnungsvoll in die Hände der Banken und der Baukosmetikindustrie, sie folgen willig den Bauvorschriften, den Weisungen der Möbel-verkäufer und dem Schönheitssinn des zuständigen Bürger-meisters.

Manche der Schulfreunde von einst sind allerdings unbefrie-digt vom Leben in den pflegeleichten Quadratmeterwohnun-gen. Sie suchen einen Ausweg in alten Häuschen und Jugend-stiletagen, klammern sich am gemütlichen Alten fest, ohne nach Neuem zu suchen.

Und doch schlummert in jedem auch die Sehnsucht nach der Freiheit des Baumhauses und der Geborgenheit des Höhlenle-bens, Ihnen ist dieses Buch gewidmet, auch denen, die schöpferisch und frei geblieben sind und trotzdem notwendige Ordnungen anerkennen, und ganz besonders den Künstlern, die mir geholfen haben, in einem Winkel meines Herzens Kind zu bleiben – und meinen Kindern, die behaupten, daß bei Regen die Fische im Wald schwimmen.

Neue Häuser

Jedem sein eigenes Häuschen

Jedem sein eigenes Häuschen – zur Zufriedenheit aller Beteiligten, zur Freude des Erbauers und seiner Familie, zur Freude der Politiker, zur Freude der Banken und anderer Kreditgeber, zur Freude der Bauindustrie, zur Freude der Handwerker, zur Freude der Werbewirtschaft. Jeder baut mit und baut auf die Hausbauer und ihre Zukunft. Zum Beispiel die Banken, die Kredite gewähren: sie bauen mit und auf und ihr Mitbesitz am Häuschen dauert oft länger, als der Hausbauer wahrhaben will. Wer die Bauindustrie einmal in sein Haus läßt, kommt nicht wieder von ihr los. Sie bleibt ihm erhalten, denn ihre Produkte müssen gepflegt werden, nützen sich ab und müssen erneuert werden, werden unmodern und wollen durch modernere ersetzt werden. Und weil an einem Haus ein Lebtag lang gearbeitet wird, die modernen Materialien sich ändern und die Geschmäcker sich so leicht steuern lassen, hat auch die Werbung ein Anrecht auf das Haus des Hausbauers.

So ist es. Die vielen, vielen anonymen Mitbesitzer des durchschnittlichen Einfamilienhauses wird man nie los, wenn man nichts dagegen tut. Was nützt das „moderne Haus", das bald schon unmodern wird? Was nützt das edelverputzte Haus aus Beton und Plastik, wenn man darin krank wird? Wem nützt das neue Haus, in dem ein Stockwerk für die Kinder gebaut wird, die es höchstens drei Jahre lang bewohnen? Wem gehört ein Haus, auf dem fünf verschiedene Kredite lasten, und wenn sie noch so günstig mit niedrigem Zins laufen?

Die folgende Geschichte ist die Geschichte eines Mannes, der mit Freude vor acht Jahren begonnen hat, sein Haus zu bauen. Mit ein wenig Eigenkapital, mit dem Geschmack der Bausparerzeitung, mit der Hilfe von Verwandten und am Bau verbrachten Urlauben. Eine ganz normale Geschichte vom Bau eines ganz normalen Hauses. Eine harmlose Geschichte.

Ernst Wieser ist fleißig und hat es in seinem Beruf als Facharbeiter weit gebracht. Er hat immer gespart und es im Jahr 1973 auf immerhin 130.000 Schilling (16.500 Mark) gebracht. Er sah sich um einen geeigneten Baugrund um, er fand einen, von dem aus er, wollte er bei derselben Firma tätig bleiben, täglich eine gute halbe Stunde in die Arbeit fahren würde, von dem aus seine Kinder mit dem Schulbus in die Schule müßten, von dem aus seine Frau eine halbe Stunde Gehzeit zum nächsten Lebensmittelgeschäft haben würde. Der Baugrund lag im Grünen, in einer schönen Gegend, außerdem kostete er die Hälfte der Baugründe in der Nähe der Stadt, in der er arbeitete. Er kaufte. Die Hälfte des Ersparten blieb, damit kaufte er das Baumaterial – gebrannte Ziegel und Bauholz – für den Rohbau. Das Holz wurde im Lohnschnitt von einem Freund geschnitten, der es beinah umsonst machte. Den Keller hob man aus, teils mit der Maschine, teils mit der Hand, die Verwandten halfen im Urlaub, man trank wenig Bier und viel Fruchtsaft, es herrschte Euphorie.

Beim Aufmauern half der Onkel, ein gelernter Maurer. Den Dachstuhl errichtete ein Zimmermann, der manchmal mithalf. Er baute das Dach mit 16% Neigung: das aber war der Baubehörde entschieden zuviel, der Dachstuhl mußte abgetragen und neu in der vorgeschriebenen Neigung von 12% errichtet werden. Auf solche meßbaren Vorschriften der Bauordnung legt die Baubehörde Wert. Das Dach, zu nichts anderem gut als zur Erfüllung der vorgeschriebenen Norm, ärgert Ernst Wieser heute noch – aus diesem Grunde hat er auch sein Haus khakifarben gestrichen, um die Behörde zu ärgern. Vergeblich – khakifarben ist nicht meßbar und noch keinem Bauamtsfunktionär aufgefallen.

Der Grundkauf und der Rohbau hatten das Ersparte beansprucht, jetzt wurde Geld beschafft. Fünftausend Schilling von der Schwiegermutter, leider, wie Ernst Wieser heute meint. Sie gibt seitdem immer noch ihren Senf zu allem, was am Bau geschieht. Kredite in der Höhe von jeweils ungefähr 100.000 Schilling (ca. 14.000 Mark) gab das Land und die Berufsorganisation, weil sich Ernst Wieser verpflichtete, die nächsten fünfzehn Jahre in seinem Beruf zu bleiben.

Das alles ist nun sieben Jahre her.

Unzählige Wochenenden stecken im Bau, unzählige Autofahrten vom Berufsort, in dem die Familie mit den vier Kindern immer noch lebt, zum Bauplatz. Einen Urlaub hat man noch nie gemeinsam verbracht. Jeder Ziegelstein, jede Isolierplatte, jeder Betonestrich im Haus erzählen von Stunden, die ihnen schweren Herzens gewidmet wurden. Heute ist das Haus beinahe fertig, Böden müssen noch hinein. Die Frau wünscht sich eine Einbauküche, das wird wohl einstweilen ein Wunsch bleiben müssen. Sie verbringt seit drei Jahren übrigens die Ferien bei ihren Eltern auf dem Land. Die haben ein großes altes Bauernhaus, es liegt nur eine Viertelstunde Gehzeit von der Stadt, in der Ernst Wieser arbeitet, entfernt. Die Kinder sind so gerne dort. Ernst Wieser wird nächsten Herbst endgültig ins Haus einziehen. Er wird am selben Arbeitsplatz bleiben und täglich über eine Stunde Fahrzeit zur Arbeit in Kauf nehmen müssen. Die Kinder werden die Schule wechseln, eine Tochter wird über eine Stunde in die Fachschule fahren, der älteste Sohn eine Lehre beginnen, bestimmt nicht dort, wo das neue Haus steht, denn dort in der Nähe gibt es keine geeigneten Lehrplätze. Noch zwanzig Jahre wird Herr Wieser die Kredite zurückzahlen. An den Wochenenden wird er weiterbauen, wird seinem Ziegelhaus mit der Hartschaumstoffisolierung und dem Edelverputz rustikalen kosmetischen Touch geben, mit einer knorrigen Kiefernsäule und ungehobelten, dunkel gebeizten Sitzbänken. Frau Wieser wird versuchen, die Inneneinrichtung halbwegs ordentlich zusammenzukaufen, mal hier im Sonderangebot, mal dort aus dem Katalog. Geld für die Inneneinrichtung ist jetzt keines da. Hinter der 30 cm starken Betonwand, im hauseigenen, vorschriftsmäßig gebauten „Atomschutzbunker", wird sie die Kartoffeln lagern, die Hälfte davon wird wegen des Betons faulen. Die Familie Wieser ist mit ihrem neuen „Eigenheim" doch nicht so zufrieden, wie sie es hätte sein wollen und es auch sein könnte.

Dabei haben die Wiesers durchaus nicht alle Fehler gemacht, die man beim Bauen machen könnte. Man kann sie sogar

als gutes Beispiel für verantwortungsbewußtes Bauen nennen, denn sie haben nach den Bauvorschriften gebaut und gegen diese auch ein wenig aufgemuckt (was nicht zur Kenntnis genommen wurde). Sie haben nur günstige Kredite aufgenommen und mit Eigenkapital zu bauen begonnen – im Gegensatz zu vielen, die auch ohne Eigenkapital bauen. Sie haben selbst mitgeholfen, unter vielen „Freizeitopfern", und sich dadurch Geld erspart. Sie haben mit gesunden Ziegeln gebaut – allerdings den Hartschaumstoff und den Edelverputz darübergekleckert. Sie haben sich den Bauplan von einem Baumeister zeichnen lassen und nicht vom feriengeschädigten Volksschullehrer. Sie haben eher zu klein als zu groß gebaut und brauchen keine Angst zu haben, daß das Haus in späteren Jahren leer steht wie das des Onkels, in das sie eigentlich auch hätten

ziehen können. Der Onkel wohnt jetzt ganz allein in einem Neubau, weil sein Sohn ins Ausland gegangen ist, der einzige Sohn, für den er ja gebaut hat, wie er sagt.

So wie Familie Wieser bauen nicht alle. Manche machen es noch viel schlechter. Dann sind eben alle Beteiligten unzufrieden: die Hausbauer, weil ihr Haus schlecht gebaut ist, die Banken, weil der Kredit nicht zurückgezahlt wird und weil ihnen dann schon wieder ein Haus gehört, das sie eigentlich nicht haben wollen, die Bauindustrie und Werbewirtschaft, weil wieder einmal Konsumenten nicht zahlungskräftig sind, die Nachbarn in der Siedlung, weil schon wieder ein unfertiges und nicht hell leuchtendes Haus die Siedlung verschandelt, die Schwiegermutter, weil sie sieht, daß ihre Kinder es nicht schaffen, ein Eigenheim wirklich ihr eigen zu nennen.

Bei all den Beteiligten aber, im erfreulichen und weniger erfreulichen Normalfall, handelt es sich um Menschen, um Industrie, um Geld. Wer denkt schon an die Hauptbeteiligten – an die Natur, an die Landschaft? Auch wenn das Bauen, wie es heute betrieben wird, noch so erfreulich oder unerfreulich für die Hausbauer und deren Mitbesitzer ist, für die Landschaft und die Natur ist es in allen Fällen schlecht. Verantwortungsbewußte Umweltschützer, naturverbundene Menschen, Künstler, junge Leute, die an ihre Kinder denken, sprechen bereits vom Bauen als Umweltzerstörung. Die harmlosen Häuschen, nach der Bauordnung von lieben Menschen gebaut, sind keineswegs so harmlos. Wir wollen durchaus jedem Menschen sein Eigenheim gönnen – das muß es aber auch werden und nicht ein Heim für Banken, Politiker und Industrie.

Jedem sein eigenes Häuschen . . .

Bauen als Umweltzerstörung und was man dagegen tun kann

Jeder Hausbauer meint es gut mit sich selbst und macht es schlecht. Heutzutage kann fast jeder, der die Behördenwege gut studiert hat und das Kreditwesen kennt, ein Haus bauen – ohne Fachkenntnis, ohne eigenes Geld. Ein Haus, das gar nicht ihm gehört, das nur so tut, als ob – der Hausbauer von heute baut zu oft auf Sand und weiß es nicht, denn der Sand hat sich mit einer Betonschicht überzogen. Die Betonschicht, die alles glättet und alle zufrieden macht, besteht aus Sand und Wasser, aus Zement und den Bindemitteln Kredit, behördliche Bauvorschrift, Industrie, Prestige. Ein Loch in diese Schicht kann nur der machen, dem nichts dadurch verlorengeht – weder Wählerstimmen noch Kunden.

Was unter der Betonschicht verborgen liegt, wird viel zuwenig in Frage gestellt. Wie soll man auch jemandem klarmachen, daß das massive Haus mit den vielen Zimmern und Zimmerchen, mit der glatten Oberfläche und der knorrigen Säule auf dem Terrazzoboden, das Haus, das er gerade zum Teil selber fertiggebaut hat und in das er vor ein paar Monaten schon eingezogen ist, ein Haus ist, das einen beachtlichen Beitrag zur Umweltzerstörung beiträgt? Eigenheimbesitzer, die in ihren kahlen Hygieneküchen, unbenutzten Wohnzimmern, vor breiten Panoramafenstern befragt werden, ob sie sich im neuen Haus wohl fühlen und ob alles zur Zufriedenheit ausgefallen ist, werden das bejahen. Wer gibt schon gerne zu, daß er nach Jahren der Arbeit und der finanziellen Einschränkungen nun doch nicht zufrieden ist? Die Position der Kritiker, die in ihren alten, umgebauten Bauernhäusern sitzen und die während dieses Umbaus nie Selbstkritik, sondern nur Kritik oder Lob an den Vorbesitzern und Erbauern üben mußten, ist zu einfach. Gut Neu-

1974–1977–1981: Bauen als Umweltzerstörung: Es sind nicht alles Eigen-Heime, die hier so hell in die Gegend leuchten: Die Mitbesitzer heißen: Baustoffindustrie, Kreditwirtschaft und Politik.

bauen ist viel schwieriger als gut Renovieren. Es fehlen die greifbaren Anhaltspunkte, die sichtbaren Orientierungsmöglichkeiten, die bei einem Altbau gegeben sind. Der Hausbauer muß sie sich mit den eigenen Augen in einfühlsamer Arbeit erst suchen. Er findet sie nicht im Baumarktkatalog und nicht in der Bausparzeitung, sondern nur im eigenen Kopf, in der eigenen Kreativität, im Vorbild alter Hauslandschaften, in der Natur, in der Landschaft, in der er baut, in den Naturbaustoffen selbst, in der Einfachheit.

Wer beim Bauen keinen Beitrag zur Umweltzerstörung leisten will, der sollte sich an folgende Richtlinien halten:

1. Du sollst durch deinen Hausbau kein produktives Grünland wegnehmen.
2. Du sollst nicht für die Ewigkeit bauen.
3. Du sollst dich bei denen informieren, die keinen Profit davon haben.
4. Du sollst energiesparend bauen.
5. Du sollst nicht über deine Verhältnisse bauen.
6. Du sollst nicht aus Prestigegründen bauen.

Der Bauplatz

Man sollte vermeiden, auf Ebenen zu bauen, wenn Hügel in der Nähe sind. Das Bauen im Flachland ist viel schwieriger als im hügeligen Land. Wer mit der Natur bauen will, hat an einem Hang bereits eine Baulinie gefunden, die nicht planiert werden darf. Eine Hanglage setzt Grenzen, das Flachland läßt alle Baumöglichkeiten offen. Wer in der Hanglage baut, baut unabhängiger von Industrie und künstlich geschaffener Ordnung! Außerdem wird Flachland von der Landwirtschaft benötigt, flaches Land läßt sich rationeller bebauen als hügeliges Land. Die Hügel den Gärtnern, das Flachland den Ackerbauern.

Die Baustoffe

Erst wenn sich die Betonmischmaschine auf dem Bauplatz dreht, wird der Hausbauer zuversichtlich. Beim Betonieren geht es schnell voran, man sieht, wie die Mauern wachsen. Beton ist ein Wunderbaumittel, kein anderer Baustoff kann so unorganisch verwendet werden, mit keinem anderen Baustoff läßt es sich so leicht arbeiten. Beton verdirbt jedes Detail, Beton hebt die Statik auf. Darüber ist schon so mancher berühmte Architekt gestolpert und darüber stolpert beinahe jeder Hausbauer. Wenn sich die Mischmaschine dreht, setzt das Erfolgserlebnis ein, der Hausbauer mauert euphorisch und mauert auch schlampig, es stimmt hier nicht und dort nicht, das macht nichts, denn jetzt kommt der Edelzementputz. Der schmiert alles zu, er glättet, er verdeckt die Pusteln und Falten, er ist die Schminke am Bau.

Mit Hartbaustoffen und Beton baut jeder für die Nachwelt. Noch in tausend Jahren werden unsere Kleinfamilienhäuser zu bewundern sein. Das Haus wird sich aber verändern, nicht, weil es organisch verwittert, sondern weil Hartbaustoffe, die tausend Jahre oder länger halten, mit Stoffen kombiniert werden, die schon nach drei Jahren so häßlich oder kaputt sind, daß sie erneuert werden müssen; dazu gehören zum Beispiel unerprobte Kunststoffe und andere Leichtbaustoffe.

Informationen für den Hausbauer

Der Hausbauer holt sich seine Informationen an den falschen Stellen. Er wird informiert von denen, die ihm etwas verkaufen wollen: von den Politikern, die ihn mit Sicherheitsversprechen festnageln, von den Banken, die ihm Kredite verschaffen wollen, von der Industrie, die ihm Baustoffe verkaufen wird. Ein kritischer Konsument sollte Zeitschriften für das Bauen und Wohnen einmal so lesen, daß er alle bezahlten Anzeigen daraus entfernt und dann schaut, was übrigbleibt: wenig. Man ist verunsichert – womit soll man bauen, wie soll man bauen? Wenn die Bauordnung ein bestimmtes Dach vorschreibt, ist man dankbar für diese „Information", da damit eine Entscheidung abgenommen wird. Und so geht es weiter. Der wichtigste Informant für den Hausbau ist der Verkäufer vom Baumarkt geworden, er, der wiederum von den Vertretern der Baustoffindustrie informiert wird, bestimmt heute, wie die Häuser aussehen; wenn er auf den Isolierstoff XY schwört, werden 80% der neugebauten Häuser in Baumarktreichweite diesen Isolierstoff verwenden.

Bei all den vielen Informationen, die ungefragt angeboten werden, sobald einer einen Baugrund kauft und um Baubewilligung ansucht, vergißt der Hausbauer das Nächstliegende: seine eigenen Augen, mit denen er die Landschaft, in der er bauen wird, und die traditionelle Hauslandschaft, die ihm Anregungen geben kann, aufmerksam betrachten sollte. Statt im Baustoffkatalog zu blättern, sollte er doch ein paar Ausflüge in die Umgebung machen, schauen, was es noch für alte Häuser gibt, darüber nachdenken, wie man neu in ihrem Sinne bauen könnte. Oder er sollte die Baumaterialien studieren, die einst verwendet wurden, sich über ihre Vor- und Nachteile selbst ein Bild machen. Die einzigen Informanten, die ohne Profit informieren, sind die Natur und die alten Häuser, sie fordern zum Weiterdenken heraus. Das ist mühsam und unbequem, aber der einzige Weg, um der – unbeabsichtigten – Umweltzerstörung durch das viele Bauen ein Ende zu bereiten.

Bauen aus Prestigegründen

Prestigewertigkeiten ändern sich im Laufe der Jahrzehnte, Häuser aber stehen länger, die besonders stabil gebauten auch tausend Jahre. Prestigebauten heben sich nun mal besonders hervor, sei es durch Strahlendverputz, einen besonders ausgewählten Bauplatz, der die Landschaft beherrscht, oder weil sie ein bißchen größer sind als die anderen. Wo es zur Prestige-Größe und zum Prestige-Bauplatz finanziell nicht gereicht hat, da greift der Besitzer zu Accessoires wie Prunkbalkon, Panoramaterrasse, Garageneinfahrt. Doch das allen erschwingliche Prestigesymbol von heute heißt: Gleichmäßigkeit, sei es die schnurgerade Linie, die glatte Oberfläche, die ebenmäßig aufgetragene Lasur. Da verändert sich nichts mehr, da bleibt alles so, wie es sein soll. Da erfreut keine Ausbuchtung mehr das Auge und keine Verwitterung zeigt, daß noch Le-

Oben: Diese Häuser sind gemäß der Bauordnung errichtet worden. Sie werden der Nachwelt erhalten bleiben, denn sie sind teuer und massiv gebaut. Unten: Wenn ein Haus alt wird, dann sollte es sterben. Zur Erde werden, aus der es einst gebaut wurde.

ben im Haus steckt. Man hat ein Haus und man zeigt es auch. Nur einfühlsame Menschen, Naturliebhaber, sehr begüterte Menschen (von denen man ohnehin weiß, daß sie's haben) haben keine Häuser, sondern sind mit ihren Häusern. Nur wer sein Haus ist, der wird in ihm glücklich sein.

Die Bauordnung

Sie versucht, Ordnung in die Bautätigkeit zu bringen. Dies geschieht mit Hilfe von Bauvorschriften und Flächenwidmungen. Mit den ersten sollte ein bestimmter Bau-Stil erreicht, mit den letzten die Zersiedelung der Landschaft verhindert werden. Bis heute aber ist in der wachsenden Einfamilienhaus-Landschaft kein nennenswerter Baustil entstanden und auch die Zersiedelung ist nicht verhindert worden, eher im Gegenteil. Alle erlassenen Verordnungen sind meßbar, daher kontrollierbar. Das menschliche Maß althergebrachter Architektur hat dem Schreibtischmaß Platz gemacht, wobei hinter dem Schreibtisch oft einer sitzt, der in keiner Weise vom Baufach herkommt. Daß sein Bauplatz als Bauland gewidmet ist, verdankt der Hausbauer entweder jahrhundertealter Vorbebauung oder dem von Land, Bezirk und Gemeinden erstellten Flächenwidmungs- und Bebauungsplan. Viele Beamte haben an diesem und an anderen Plänen gearbeitet, es gibt jedoch zumindest in kleinen Gemeinden eine Schlüsselfigur für Baubewilligungen – den Bürgermeister. Er ist ein Mensch und nicht unfehlbar und leider sind schon viele Häuser, die wir lieber nicht sehen würden, durch seine Hilfe entstanden.

Es wird nur dort gebaut, wo der Grund als Bauland gewidmet ist. Dies ist aus dem Flächenwidmungsplan, der auf jedem Gemeindeamt zur Einsicht aufliegt, ersichtlich. Dort liegt auch der Bebauungsplan auf, aus dem man entnehmen kann, welche Bebauungsvorschriften auf einem bestimmten Bauland vorhanden sind. Es geht hier um die Höhe der Häuser, die dort gebaut werden dürfen (wo Hochhäuser gebaut werden, wird man daneben keine einstöckigen Häuser bauen), und um die vorgeschriebenen Bauweisen. Es gibt „offene", „gekuppelte", „geschlossene", „offen oder gekuppelte" Bauweisen oder Gruppenbauweisen. Bei der offenen Bauweise darf ein Haus nicht an ein anderes angrenzen, an jeder Seite müssen zum Nachbargrundstück mindestens 3 m Abstand bestehen. Außerdem wird bei der offenen Bauweise vom Bebauungsplan bestimmt, wie groß der Vorgarten zwischen Haus und Straße sein muß und wie er auszusehen hat. Bei der gekuppelten Bauweise muß das Gebäude mit einer Grundstückseite ans Nachbargrundstück stoßen. Bei der geschlossenen Bauweise wird von Grundgrenze zu Grundgrenze verbaut. Bei der Gruppen-

bauweise werden Hausgruppen gekuppelt und geschlossen errichtet, bei der offenen oder gekuppelten Bauweise kann man die eine oder andere wählen – vorausgesetzt, man hat das Einverständnis der Nachbarn. Diese Bauweisen werden für parzelliertes Bauland, auf dem vorher keine Gebäude standen, vorgeschrieben, um den Einfamilienhaus-Siedlungen einen bestimmten Charakter zu geben. Man muß sich nicht nur an die Bebauungsvorschriften, sondern auch nach den Bauvorschriften halten. Diese legen zumeist Dachneigung, Dachform und Dachfarbe fest. Bei Bauverhandlungen wird darauf wie auf die Sicherheitsvorschriften besonderes Augenmerk gelegt. Das Bauamt denkt für den Hausbauer: Meßbarkeit, Hygiene und Sicherheit sind wichtig und gut. Die Bauordnung ist ein Segen für den verunsicherten Eigenheimbauer, sie nimmt ihm das Denken ab. Weil ihm so „geholfen" wird, wagt man sich auch bald ans Einfamilienhaus. Verunsicherte – aber wer hält sich schon dafür? Hausbauer sollten sich besser an Siedlungsbauten beteiligen, die von Architekten geplant werden, wo sie aber bei der Gestaltung ein Mitspracherecht haben und auch beim Bauen möglichst viel selber machen können. Unter fachlicher Obhut kann man viel mehr und besser selber bauen als beim frei stehenden Eigenheim, das aus zehn verschiedenen Geschmäckern und zwanzig Baustoffkatalogen zusammengeplant wurde. Der geplante Siedlungsbau mit Selbstbaubeteiligung ist eine gute Alternative zum gepfuschten Eigenheim.

Alle Vorschriften richten sich nach meßbaren Größen. Beim Nicht-Meßbaren aber, das es beim Haus auch gibt, beginnt der Freiraum und damit die Selbstverwirklichung. Leider verstehen die meisten darunter Artikel der Baukosmetikindustrie und folkloristische Accessoires und nicht das wirkliche Risiko des Selberbauens.

Welche Möglichkeiten gibt es nun, sich nicht sklavisch an die Bauordnung zu halten? (Die folgenden Anmerkungen sind für Leute gedacht, die ein bescheidenes, der Natur untergeordnetes Haus bauen möchten, wobei gleich hier darauf hingewiesen werden soll, daß in

Ist die Bauordnung hier umgangen oder erfüllt worden?

Österreich und in der Bundesrepublik Deutschland die Bauvorschriften und ebenso die Finanzierungsmöglichkeiten, die im nächsten Kapitel behandelt werden, von Bundesland zu Bundesland verschieden sind; man sollte sich also vorher genau informieren.)

Man sollte auf einem Grundstück bauen, wo schon ein Haus steht, bewohnt oder unbewohnt, oder wo früher eines gestanden hat. Dort kann man mit einem ganz kleinen Bau oder einem Anbau beginnen. Wer es riskieren will, alles wieder abtragen zu müssen, versucht es ohne Anmeldung, am besten in einer Gegend, wo man sich mit den Leuten versteht. Man baut mit Materialien, die sich in Farbe und Konsistenz nicht allzusehr von der Umgebung abheben, also in Holz, Ziegel, Stein, Glas. Bevor man zu bauen beginnt, pflanzt man bereits Büsche, Bäumchen, Blumen, die Pflanzen sollen mit dem Bauen wachsen. Wenn Vorbeigehende einen Neubau nicht bemerken, ist das ein gutes Zeichen, es heißt, daß der Bau mit der Umgebung harmoniert. Diese Methode, sein Haus langsam zu bauen und stetig dazuzubauen, ist fast zur Nichtanmeldung bei der Baubehörde verurteilt, denn Bauordnung wie Wohnungsförde-

rung lassen dem Hausbauer höchstens zwei Jahre Zeit, sein Haus fertigzustellen. Kein Mensch, der in seinem Haus sein und es nicht nur haben will, kann in zwei Jahren mit dem Bau fertig sein. An einem Haus, in dem man ist und das man nicht bloß hat, baut man ein Leben lang, einmal weniger, einmal mehr, wie einem der Sinn steht.

Wer sich vor der Baubehörde nicht verstecken kann, sondern um Baugenehmigung ansuchen muß, der sollte sich beim Bau auf den nicht nachmeßbaren und nach keiner amtlichen Checkliste bewertbaren Freiraum stürzen und hier kreativ sein. Das ist der Innenbau, die Fenster, die Bepflanzung, das Material. Außerdem sind Bürgermeister Menschen, mit denen man reden kann. Sie haben schon manch aberwitziges Bauwerk bewilligt, warum sollten sie nicht einmal einem bescheidenen, guten und ungewöhnlichen Bauwerk eine Chance geben?

Gelingt es, auf einem Baugrund ein Häuschen – es wird wohl nicht zu groß ausfallen dürfen – ohne Baubewilligung und amtliche Kontrollen fertigzustellen, dann kommt noch früher oder später einmal die nachträgliche Bauverhandlung. Auch das unscheinbarste Haus,

das beinah so aussieht wie die Umgebung selbst, wird einmal entdeckt. Ist die Baupolizei nicht wohlwollend gesinnt, ist ein Streit unvermeidlich: dann bleibt dem Hausbauer die Möglichkeit, sein Haus als Kunstwerk zu deklarieren. Kunstwerke dürfen, wenn sie nicht das Ärgernis der Bevölkerung erregen – und hier sind die Grenzen weit gezogen –, überall aufgestellt werden!

Die Finanzierung des Eigen(bau)heimes

Durch Selberbauen oder Mithelfen kann man einen Teil der Kosten am Bau sparen. Dabei sind Grenzen gesetzt: Wie Statistiken besagen, kann man durch Eigenleistung höchstens 30% der Gesamtkosten einsparen helfen, aus dem einfachen Grund, weil man ja als Eigenbauer nur zu gewissen Zeiten einsatzfähig ist, am Wochenende und in den Ferien. Die Ausnahme sind jene, die sich viel gespart haben, eine große Summe Eigenkapital zur Verfügung haben und mindestens ein halbes Jahr Urlaub nehmen können. Hausbauer, die ganz klein, mit einer Wohneinheit, zu bauen beginnen, dort einziehen und immer wieder ein wenig dazubauen, erbringen auch mehr Eigenleistung als 30%. Niemand aber sollte sich und seine Gesundheit überschätzen; er sollte nicht mehr bauen, als er wirklich schafft, und sich auch während des Bauens ein wenig Freizeit gönnen!

Die Kosten für das Einfamilienhaus des Normalbürgers setzen sich aus den Grundstückskosten, den Baukosten, den Nebenkosten und den Erhaltungskosten zusammen. Wie hoch sie insgesamt sind, hängt von so vielen Faktoren ab, daß jeder, der ein Häuschen baut, sie für seinen Fall selbst ausrechnen muß. Die Kosten setzen sich im allgemeinen aus den im folgenden aufgezählten Teilkosten zusammen. (An den mit *) bezeichneten Kosten kann ein Hausbauer, der von der Norm abweicht, sparen:)

Das Baumhaus und andere Möglichkeiten, die Bauordnung zu umgehen – natürlich keine Dauerlösung, aber phantasievoll und lustig.

Grundstückskosten:
Grundstückskaufpreis
Vermittlerprovision*)
Grunderwerbssteuer
Gebühren für Notar und Rechtsanwalt
Gebühren für die Grundbucheintragung
Vermessungskosten
Aufschließkosten: Strom*), Gas*), Telephon, Wasser*)
Gebühren für Wasseruntersuchung bei eigener Quelle, Anschlußgebühr für Wasserleitung
Anliegerbeitrag für Straßenherstellung
Kosten für alleinige oder gemeinsame Ausfahrten
Abbruchkosten für alte Gebäude*)
Kosten für die Rodung eines Grundstückes*)
Kosten für die Abwasserbeseitigung (Senkgrube, Sickergrube, Kanalanschluß)

Baukosten:*)
Aushubarbeiten*)
Baumaterial für Rohbau*)
Baumaterial zur Fertigstellung*)
Installation
Gartengestaltung
Nebengebäude
Gebühren (Rauchfangkehrer), Verwaltungsabgaben
Planungskosten (Architekt)*)

Erhaltungskosten (jährlich mindestens 3% der Baukosten beim fertigen Bau):
Grundsteuern
Wassergebühren*)
Gasgebühren*)
Müllabfuhr*)
Kanalgebühren*)
Telephon
Heizungskosten*)
Stromkosten*)
Kaminkehrgebühren
Gartenpflege*)
sonstige Pflege (Schwimmbad usw.)
Reparaturen, Verbesserungen
Rückzahlung der Kredite

**All diese Kosten
müssen bezahlt werden aus:**
Eigenmitteln
Bausparkrediten
öffentlicher Wohnbauförderung
Krediten aus einer Hypothek
langfristigen Lieferantenkrediten

Die Wohnbauförderung

Je mehr man an Eigenmitteln zur Verfügung hat, desto beschwerdefreier wird man bauen können. Die öffentliche Wohnbauförderung ist eine große Hilfe, wird aber nicht selbstlos vergeben. Um in ihren Genuß zu kommen, muß man eine „begünstigte" (eigentlich „bedürftige") Person sein, deren Jahreseinkommen das Vierzehnfache der Höchstbeitragsgrundlage zur Pensionsversicherung nicht übersteigt. Der Betrag erhöht sich für den Ehegatten und für jedes Kind, eine Höchstgrenze ist festgelegt. Gefördert wird nur der, der bei einer bestimmten Kinderanzahl nur eine bestimmte Wohnungs- bzw. Hausgröße oder Wohnnutzfläche baut. Diese Wohnnutzfläche errechnet man aus den Rohbauinnenmaßen: Gesamtbodenoberfläche minus Wandstärke, Treppen, offene Balkone, Terrassen, nicht bewohnte Keller oder Dachbodenräume.

Die Wohnnutzfläche kann mit Tricks vergrößert werden, wenn man zum Beispiel ein Einfamilienhaus baut, es aber optisch und funktionell in zwei Bereiche trennt und als Zweifamilienhaus deklariert; so kann eine junge Familie im 1. Stock und Dachgeschoß, die Eltern im Erdgeschoß in der grundbücherlich eigenen Wohnung leben. Eine andere Möglichkeit ist, ein zweites, kleineres Hauselement an ein größeres anzubauen und beide durch einen Verbindungsgang usw. zu vereinigen.

Wer sich in die Hände der Wohnbauförderung begibt, wird kontrolliert und zensuriert, mit Formularen, Maßband, Rechenaufgaben, Einkommensnachweisen, Rechnungskontrollen konfrontiert! Wer das Geld braucht, wird nicht auf die Wohnbauförderung verzichten wollen; weil sie aber die einzige Maßeinheit der Einfamilienhausarchitektur ist, weil nicht der Mensch, die Tradition, die Natur, die Kreativität die Bautätigkeit bestimmen, ist sie leider auch zum Nachteil der Natur und Baukultur geworden.

Mit dem Bau darf nicht vor der Zusicherung des Darlehens begonnen werden. Ist das einmal geschehen, so darf die Dauer der Bautätigkeit nur zwei Jahre betragen. Wenn der Rohbau einschließlich der Dachgleiche errichtet und kein Geld mehr vorhanden ist, dann wird ein Fertigstellungskredit in Form eines Direktdarlehens vom Land oder eines Kapitalmarktdarlehens gewährt. Als Fertigstellung gelten auch Aufstockung, Zu- und Umbau. Die Wohnbauförderungsdarlehen haben meist eine Laufzeit von 50 Jahren und sind halbjährlich zurückzuzahlen, die Fertigstellungskredite eine Laufzeit von 20 bzw. 12 Jahren, an Zinsen werden 0,5 bis 3% berechnet. Die Wohnnutzfläche darf, auch bei großer Kinderzahl, 130 m² nicht überschreiten.

Phantasieloses Bauen, Zensur, Geschmackskonfusion hin oder her – bei so niedrigen Zinssätzen, wer wollte da, wenn er eine „begünstigte" Person ist, nicht zugreifen? Sich in diesem Quadratmeterrahmen jedoch kreativ selber zu betätigen, wird schwer sein. Allein bei der Innendekoration, beim Handwerk im Haushalt wird es möglich sein, ein wenig Persönliches ins Haus zu bringen. Leider sind die meisten Bezieher von Wohnbauförderungsdarlehen so dankbar für alles, was da günstig auf sie zukommt, daß sie ein Leben lang in genormten Räumen wohnen bleiben, in Häusern, die nichts anderes sind als eine Standard-Stadtwohnung mit einem Dach darüber, einer Garage und einer Garageneinfahrt.

Jeder Haus- und auch Wohnungseigentümer bekommt, unabhängig von seinem Einkommen, einen Wohnungsverbesserungskredit. Er dient dazu, Installationen – Heizung, Sanitäres, Elektroinstallation, Schall- und Wärmeschutz – nachträglich einzubauen. Auch die Vereinigung von Kleinwohnungen zu einer Großwohnung, die Teilung einer Großwohnung in Kleinwohnungen, der Ausbau eines Dachgeschosses kann mit Hilfe dieses Kredites zum Teil bezahlt werden. Es heißt dabei darauf zu achten, daß für alle Leistungen genaue Rechnungen ausgestellt werden.

Wer in einem gesicherten Dienstverhältnis steht, wer sich zum Beispiel verpflichtet, für eine bestimmte Zeit ein Dienstverhältnis nicht aufzulösen, bekommt gesonderte Förderungen von der Kammer für Arbeiter und Angestellte und anderen öffentlichen Institutionen.

Jeder, der vorhat, einmal zu bauen, hat heute einen Bausparbrief. Üblicherweise werden Bauspardarlehen nach Erreichen von 30% der Vertragssumme und Ablauf einer sechsjährigen Spardauer zugeteilt, es gibt aber auch die Möglichkeit einer Zwischenfinanzierung. Alle Kreditinstitute, bei denen man bausparen kann, geben darüber bereitwilligst Auskunft. Bauspardarlehen werden zur Zeit in einem Zeitraum von 21 bzw. 25 Jahren zurückgezahlt.

Weil alle Darlehen fürs Bauen so günstig zurückzuzahlen sind, nimmt sie jeder, der kann, in Anspruch. Sind jedoch nicht genügend Eigenmittel vorhanden, so reichen diese günstigen Kredite nicht aus, um den gesamten Bau eines „Normalhauses" zu bezahlen, es sei denn, man hat auf die Höchstsumme hin baugespart. Achtung vor höher verzinslichen Krediten! Im Laufe der Zeit kommt nämlich eine hübsche Summe an Rückzahlungen pro Monat zusammen, man darf auch nicht vergessen, daß immer wieder laufende Kosten, Reparaturen usw. anfallen. Bevor man zu bauen beginnt und einen oder mehrere Kredite aufnimmt, wie und woher auch immer, sollte man sich also auf jeden Fall genau ausrechnen, wie die finanziellen Belastungen während der Bauzeit ausfallen werden.

Wer sein Haus wirklich sein eigen nennen und nicht ein Leben daran herumzahlen will, der muß mit dem Sparen bereits von Anfang an beginnen, und zwar, indem er nicht so baut wie all die anderen auch. Das Sparen beginnt schon bei der Entscheidung über die Hausform. Beteiligt man sich, wie oben erwähnt, an einem Reihenhaus-Projekt, so können preisliche Vorteile, die bei größeren Materialmengen angeboten werden, genützt werden. Außerdem baut man im Verein mit anderen und wird deswegen wahrscheinlich auch weniger kostspielige Fehler machen. Auch wenn man ein Einzelhaus baut, betätigt man sich lieber beim Innen- als beim Außenausbau kreativ, das ist in der Welt der Bauvorschriften auch problemloser. Ökonomischer ist das, wovon man glaubt, es selber besser zu können.

Wer sein eigenes Haus baut, muß auch den Bauplatz so wählen, daß der Weg

zum Arbeitsort, zur Schule, zum Kaufhaus so kurz wie möglich ist. Was nützt das „billige" Haus, wenn täglich fünf oder mehr Liter Benzin verfahren werden und die grüne Witwe schließlich sogar Zweitwagengelüste bekommt? Bei einem Grundkauf kann man sich die Vermittlerprovision sparen, wenn man selber die Augen offenhält. Vermessungskosten sind nur dann zu entrichten, wenn eine Parzelle neu vermessen werden muß. Viele Vorteile, nicht nur finanzieller Natur, bringt der Kauf einer Liegenschaft, auf der ein mehr oder weniger baufälliges Objekt steht. Hier erspart man sich unter Umständen nicht nur die Aufschließungskosten, sondern wenn das alte Gebäude abgerissen werden muß, kann man daraus einen Teil der Baumaterialien beziehen, Steine, Ziegel, Altholz und ähnliches. Ein Grundstück, auf dem sich eine Quelle befindet, ist ein Segen. Die Baubehörde läßt es sich hier allerdings nicht nehmen, das Quellwasser amtlich zu untersuchen, und das kostet natürlich dann wieder Geld.

Beim Bauen sparen kann man, indem man für die Zukunft baut, das heißt, indem man so baut, daß später möglichst wenig für Heizung und Strom bezahlt werden muß. Wenn man mit festen Brennstoffen heizt, wo dies möglich ist, sieht man täglich genau, wieviel man verpulvert!

Wer sparen will, siedle sich dort an, wo andere nicht bauen wollen, auf einem Grund, auf dem Bäume stehen oder Felsbrocken liegen. Sie sind allesamt ein Segen! Geld für Rodungen, Abtransport, Sprengung auszugeben ist wirklich nicht notwendig. Sollte es gar nicht möglich sein, um einen Baum, um einen größeren Stein herumzubauen oder beide sogar in den Bau zu integrieren? Beim Aushub, sofern einer nötig ist, soll die Schubraupe nur das Gröbste erledigen. Bei Schubraupen ist meist der Zu- und Abtransport zu bezahlen. Man hält die Augen offen und schaut, ob gerade in der Nähe eine Baufirma mit Maschinen arbeitet und nascht hier mit, um so die Bezahlung des Transports zu sparen. Entgegen den Behauptungen der Architekten, die immer wieder betonen, daß man spart, wenn man sie mit der Bau-

planung beauftragt, wollen wir kühn behaupten, daß Eigenheimbauer auf Architekten verzichten sollen. Man braucht aber doch Beratung, zumindest Auseinandersetzung. Hier hält man sich am besten an Handwerker und Künstler, am besten solche, die zugleich Handwerker sind, wie Bildhauer. Man sehe sich nur einmal die Häuser an, die sich Architekten, und solche, die sich Künstler gebaut haben. Ausnahmen bestätigen die Regel. Zudem müssen Architekten sich mit Behörden gutstellen, Künstler dürfen darauf verzichten!

Sparen kann der Hausherr, wenn er einen Gemüsegarten hat, den er schon während der Bauzeit anlegt. In Gemeinschaft mit eventuell vorhandenen Siedlungsnachbarn läßt sich auch ein privates Müll-Sortierunternehmen vorstellen, das getrennt Flaschen, Altpapier, Blech und organische Abfälle sammelt und entweder verkauft oder zu Kompost verrotten läßt. Geld aus Müll und nicht Geld für die Müllabfuhr!

Wirklich sparen kann aber nur der, der nicht zu groß baut, der seinen Bedürfnissen entsprechend schrittweise baut, umbaut, dazubaut. Klein, aber mein, klein ist schön – das klingt in einer Zeit, in der alle über ihre Verhältnisse leben (und daher auch bauen) wie „von gestern", aber es stimmt.

Bei all dem Sparen und Selberbauen aber sollte die eigene Gesundheit nicht vergessen werden. Das Selberbauen soll Freude machen, und mit einem kaputten Rückgrat, Magenleiden oder überanstrengtem Herzen hat noch niemand etwas „eingespart".

Ein Architekt baut selbst sein Haus

Das Haus, in dem die Architektenfamilie Bräuner wohnt, ist schwer zu finden. Vergeblich sucht man die Landschaft nach einem weithin sichtbaren architektonischen Markenzeichen ab; die baulichen Akzente werden von zweistöckigen, unproportionierten Edelverputzhäusern gesetzt. Bausparkataloghäuser schmücken die Anhöhen, das Schulhaus mit seinem putzigen Dach und den vielen Nordfenstern leuchtet neu über den Parkplatz. Die Bräuners wohnen weiter

oben, dort, wo sich nur mehr eine Schotterstraße in Kurven dem Hang angleicht. „Sie sind nicht die ersten, die dreimal an unserem Haus vorbeifahren und es erst beim viertenmal bemerken", meint Bräuner lachend, als die Besucher endlich mit Verspätung angekommen sind. Er scheint sich sehr darüber zu freuen, daß seine Hütte, wie er das Haus nennt, in der Natur nicht auffällt. Die „Hütte" steht nicht allein, neben dem neuen Haus steht ein altes, im traditionellen Baustil der Gegend errichtetes. Rund um beide Häuser gibt es Blumen, Sträucher, Obstbäume, Laubbäume – einen Naturgarten, den sich studierte Umweltschützer nicht besser ausdenken könnten. Von der Südmauer des alten Hauses hängen rote Aprikosen am Spalier, zwei Hunde, ein riesengroßer Bernhardiner und eine schwarze Mischung, liegen vor den Stufen, die ins neue Haus führen. Einer der kleinen Söhne Bräuners stürzt gerade mit dem Fahrrad im grasbewachsenen Hof, aber der Boden ist weich, es tut nicht weh.

Der Architekt ist gerade dabei, das neue Haus mittels einer einfachen Holzkonstruktion mit dem alten zu verbinden, so daß die beiden ersten Stockwerke durch einen überdachten Gang miteinander verbunden würden. Wie das genau aussehen würde, wenn es fertig wäre, könne er noch nicht sagen. Bei Bräuner ergibt sich alles erst während des Bauens – und das ist ja das Schöne am Selberbauen, wie er meint. Wer in einem Haus wirklich leben wolle, habe ja ständig etwas um- und auszubauen, und in baufreien Wochen gebe es im Garten zu tun. Er zeigt auf den Nußbaum im Hof, der erst drei Jahre alt und doch schon höher als sein Pflanzer ist. (Nußbäume helfen übrigens Fliegen und Mücken vertreiben – ganz ohne Chemie!) Er ist ein Wildling, wie es alle Bäume im Bräuner-Grundstück sind, Gezüchtetes oder gar Exotisches kommt nicht in Frage, wozu auch? Jetzt, da der Nußbaum so groß ist, sei es an der Zeit, den Hof gegen die Straße zu mit einer Steinmauer abzuschließen, die Holzlage und den Autounterstellplatz fertigzustellen. Bräuner will den Hof erst fertigstellen, wenn der Nußbaum sich erholt hat und kräftig genug ist.

Das alte und das neue Haus stehen an der Nordostseite, am Beginn eines 3 ha großen, langgezogenen Grundstückes; darauf gibt es keine gerade Linie, keine „gepflegte Ecke", keine ebene Wasserwaagenfläche. Nie wird die wunderschöne Wiese gemäht, in ihr gedeihen hier ein Kräutergärtlein, dort eine Erdbeerkultur, dazwischen Obstbäume, junge und alte, unter ihnen wachsen Tomaten, daneben Sonnenblumen. Hie und da gibt es große Himbeersträucher, Wildhecken, die nichts begrenzen, einen schönen Misthaufen und mehrere Komposthaufen jeder Altersstufe. Ein ausgehöhlter Stein dient als „Vogelbad", rein zufällig.

Will man das neue Haus der Bräuners beschreiben, kann man dies nur, wenn man immer wieder die Landschaft, die Natur, im selben Atemzug nennt. Da ist zum Beispiel die Dachneigung. Von wo aus auch immer man auf das Dach blickt, es sieht aus, als wäre es eine Fortsetzung des Hanges, als wäre es der

Hang selbst. Das neue Haus macht niemandem Konkurrenz, dem alten Haus nicht und der Natur nicht. Es ordnet sich unter und paßt sich ein, ist trotzdem persönlich. Unter dem letzten Aspekt gesehen, ist es unbedingt das Haus eines Architckten, auch wenn es noch so unscheinbar tut. Es ist das Haus eines Konstrukteurs, eines Menschen, dem es vor allem ums Bauen und weniger ums Ausgestalten geht. Keine Schnitzereien, keine Farben, keine selbstgefertigte Innenausstattung – mit Ausnahme der gebauten Regale. Kunstgegenstände stammen von Künstlerfreunden, die in der Umgebung leben. Er selbst habe nie in ein altes Haus ziehen wollen, erklärt Bräuner, er wollte immer selbst was bauen, vom ersten Spatenstich an. Jetzt, wo das neue Haus mehr oder weniger fertig und das alte auch saniert worden ist, baut er eben an der Verbindung der beiden.

Die Geschichte des Hauses beginnt vor zehn Jahren: Damals lebten die Bräu-

ners, noch kinderlos, in Südafrika und hatten bereits Selbstbauerfahrung hinter sich, allerdings unter anderen klimatischen Voraussetzungen. Nach einem Kurzbesuch in der Heimat beschlossen sie, doch wieder zurückzukommen und sahen sich nach einem geeigneten Grundstück um. Es sollte im Grünen, höchstens zehn Kilometer von der nächsten großen Stadt sein und in nächster Nähe eine Schule für die geplant-gewünschten Kinder haben. Ein unbeschwerter Schulweg, ohne Schülerbus und Straßenverkehr, sei ein wichtiger Punkt in den Überlegungen zum Grundstückskauf gewesen, meinen die Bräuners. Sie wählten ihr Grundstück, 3 ha plus kleinem Wald, weil dort ein altes Haus stand, und weil eine Quelle da war. Der Grundstückskauf ging ohne Komplikationen vonstatten, da niemand den langgezogenen, steilen Grund haben wollte. Gleich nachdem er den Grund gekauft hatte, schlug Bräuner zusammen mit einem Freund Bauholz,

damit es ein Jahr austrocknen konnte. Er vermaß den Grund, photographierte ihn von allen Seiten, denn Bräuner und seine Frau wollten noch ein Jahr nach Südafrika gehen und dort schon ihr Haus entwerfen. Beim Vermessen, Berechnen des Sonnenstandes und Ansehen der Photos zeigte sich, daß der beste Bauplatz auf dem Grundstück schon besetzt war – nämlich von dem alten Häuschen. So mußte das neue ein wenig von der optimalen Lage abweichen. Weil der Plan für das neue Haus im warmen Südafrika entstand, machte der Architekt den Fehler, den Wärmeschutz zu nachlässig zu behandeln, das kostete nachträglich noch nichteingeplantes Geld, da statt der ursprünglichen Fenster dreifach verglaste eingesetzt werden müssen, da Fensterläden angebracht werden und der offene Kamin eine Warmwasserschlange bekommt. An direkte Sonnenenergie denkt der Sonnenverwöhnte in unseren Breitengraden nicht: das Geld, das eine Solaranlage kosten würde, sei noch in zehn Jahren nicht herinnen. Außerdem habe er sein Haus mit den Strahlen der Wintersonne und dem Schatten der Sommersonne gebaut.

Bräuner baute mit Eigenmitteln: er hatte bei Baubeginn vor wenigen Jahren eine halbe Million Schilling (ca. 70.500 Mark) zur Verfügung, das würde heute etwa 700.000 Schilling (ca. 99.000 Mark) entsprechen. Bei der endgültigen Rückkehr aus Südafrika waren das Grundstück, das trockene Bauholz, der Bauplan, das alte Haus und viele Obstbäume vorhanden, ein Kind unterwegs und die Baugenehmigung nicht erteilt. Bräuner fing trotzdem an zu bauen, der Bürgermeister hat sich mit der Zeit an das Haus gewöhnt und kommt auch ab und zu auf Besuch. Bräuner hatte sich selbst für den Bau ein zeitliches Limit gesetzt, er wollte am 1. Mai beginnen und am 1. November fertig sein; dies ist ihm beinah gelungen, das Haus war am 1. Jänner fertig, und zufällig vorbeikommende Neujahrssänger haben es eingeweiht und der Resonanz des Holzbaues bestes Zeugnis ausgestellt. Der Architekt holte sich einen pensionierten Maurer als Hilfe, der am ersten Arbeitstag schon krank wurde. Ein Freund schlug

vor, es doch mit einem Patienten aus der nahe gelegenen psychiatrischen Klinik zu versuchen, und Bräuner sagte zu. Nur mit der Hilfe dieses riesenhaften, geschickten und kräftigen Menschen konnte der Architekt seinen Bau zustande bringen. Sie arbeiteten gemeinsam von Sonnenaufgang bis Sonnenuntergang, tagaus, tagein. Nach der Fertigstellung des Baues hat der Patient, der lange Jahre in Behandlung war, die Anstalt nie wieder von innen gesehen. Er lebt und arbeitet heute als einziger freischaffender Hilfsarbeiter mit einer Frau, die er kürzlich geheiratet hat, in der Nähe.

Als mit dem Bau begonnen wurde, schaffte man die Geräte an, mit denen man auch auskam, Spaten, Schaufel, Motorsäge und Elektrobohrer, Spach-

Innenansicht des Bräuner-Hauses: 1 Holzterrasse, 2 Küche (offen), 3 Wohnraum, 4 Schlafräume im Obergeschoß, 5 Veranda und Verbindungsgang zum alten Haus.

teln, Schubkarren und kleine Hilfswerkzeuge. Eine Betonmischmaschine wurde nie benützt, die Schubraupe arbeitete ganze vier Stunden, dann wurde eine Reparatur fällig und man hob, gemeinsam mit dem zur Hilfe geholten Straßenarbeiter und dem Schubraupenfahrer, das Fundament mit der Hand aus. Unterkellert wurde nicht, da ja das alte Haus daneben einen guten Keller hat. Nach der Fundamentierung mit Lieferbeton – armiert wurde mit Abfalleisen – wurde nach einem 2-m-Raster die Holzkonstruktion aufgestellt, da das Standardholz 4 m lang ist und man auf diese Weise billig und ohne Abfall bauen kann. Das Bauholz wurde im nächsten Sägewerk geschnitten, so zum Beispiel die 15 m langen, kerngeschnittenen Firstsparren. Beim Aufstellen der Holzkonstruktion half wieder der Straßenarbeiter mit. Er sorgte für harte Diskussionen, da er unbedingt dafür war, die Obstbäume zu fällen, da sie die schöne

Aussicht versperrten! Die Holzkonstruktion wurde statisch mit gemauerten Teilen versteift, das war einfacher, als voll in Holz zu bauen. Am Haus ist das aus Holz, was als Holz zu sehen ist, und das gemauert, was verputzt ist: hier wurde kein einziges Mal mit Holzschalung über Mauerwerk geschwindelt. Bräuner mauerte mit Kalksandstein, der seiner Meinung nach nicht nur besser isoliert, sondern auch besser speichert als Tonziegel, und den man ohne zusätzliche Isolierung mauern kann. Decken, Böden, Schalungen, die Terrasse sind aus Fichtenholz, man kam mit einer Fuhre Schiffbodenbretter, 22 mm stark und 2. Wahl, aus. Die Konstruktionshölzer wurden mit Eisenschrauben zusammengehalten. Die dem Wetter ausgesetzten ungeschützten Holzteile imprägnierte man mit Leinölfirnis. Noch bevor man sich ans Verschalen machte und fertigmauerte, wurde das Dach eingedeckt (mit Betonziegeln), damit man

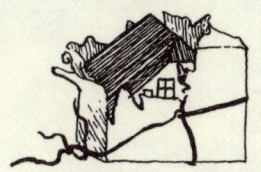

darunter auch bei Regenwetter arbeiten konnte.

Frau Bräuner kümmerte sich um die Organisation und versorgte die Männer mit Essen. Ab und zu kamen zusätzliche Helfer, ein paar Freunde, nicht immer willkommen. Die Installationen machte ein anderer Psychiatriepatient, wegen seiner Zartheit Brutalski genannt, und Frau Bräuner war in den Tagen der Installationsarbeiten lieber im Dorf. Sie wünschte sich an der Fensterseite des großen Wohnraumes keine Dachrinnen, und heute erfreuen sich die Bräuners am dichten Eiszapfenvorhang im Winter.

Zum Unterschied von den Nachbarn, die große Häuser mit vielen kleinen Löchern besitzen, leben die Bräuners in einem kleinen Haus mit viel Raum. Die Bräuners leben in einem Wohnraum, der bis zum Dach reicht, Nischen hat, um Ecken geht. Die Küche ist nur optisch vom Wohnraum getrennt, der Eßtisch einer der wenigen Einrichtungsgegenstände, denn das meiste ist eingebaut. Der Tisch ist so groß, daß jeder den anderen gerade noch berühren kann, wenn er vor seinem angestammten Platz mit eigener Lade sitzt. Zum Schlafen ziehen sich die Kinder in ihr Zimmer, die Eltern in das ihre zurück. Das vielgerühmte Kinderzimmer, das heutzutage angeblich alle Kinder für sich brauchen, ist bei diesen gar nicht so beliebt, weil sie es in den anderen Teilen der Wohnung oder des Hauses gemütlicher finden. „Kinderzimmer" sind nur in Häusern nötig, in denen man Kinder nicht gerne in den Räumen der Erwachsenen sieht, weil diese mit Möbeln, Antiquitäten und anderem Krimskrams vollgestopft sind! Bei den Bräuners entwickelte sich im Kinderzimmer zudem ein kleines Problem, weil das jüngere Mädchen ihren Bruder beim Schlafen nicht allein lassen wollte und immer zu ihm ins Bett kroch. Vater und Sohn bastelten eine Trennwand zwischen den beiden hintereinander an der Wand stehenden Betten. Das kleine Mädchen wollte ein Loch in diese Trennwand gebohrt haben, um durchblicken zu können, schnitzte aber heimlich so lange an dem Loch herum, bis sie wieder durchsteigen konnte und dem Bruder neuerlich beim Einschlafen auf die Nerven

ging. Der nagelte die Öffnung mit zwei Brettchen zu, will aber jetzt aus dem gemeinsamen Kinderzimmer ausziehen. Wenn die Schule beginnt, wird er im alten Haus schlafen, und wenn erst der Verbindungsgang existiert, beginnt der Ärger mit der Schwester wohl von neuem!

Kein Hausbauer in der Umgebung hat sich an Bräuners Beispiel der bescheidenen Architektur orientiert, keiner hat so billig gebaut. Architekt Bräuner schwört auf Materialien zweiter Wahl oder auf Materialien aus der nächsten Umgebung. So hat er seine Steinmauern im Garten, beim alten Haus, seinen Grillplatz im Freien und einen Teil der mit Steinen ausgelegten Gartenwege aus einer alten Flußregulierung – der Fluß wurde jetzt neu aufgestaut – gebaut. Diese großen, starken, abgeflachten Steine bezeichnet er als ideales Baumaterial, sie sind tonnenweise im alten Flußbett vorhanden und brauchen nur weggeführt zu werden. Den Windfang und die Treppe beim Eingang des neuen Hauses hat er mit normalen Tonziegeln ausgelegt, ist damit aber nicht zufrieden, weil sie – nicht hart gebrannt – mit der Zeit brüchig werden und ausfallen. Einen Teil der Fläche im Hof und vor dem alten Haus hat er mit Klinkerziegeln, hart gebrannt, zweite Wahl, eng verfugt ausgelegt. Sie sind frostsicher, wunderschön anzusehen, weil sie unregelmäßig gefärbt sind und halten wesentlich besser als die Tonziegel.

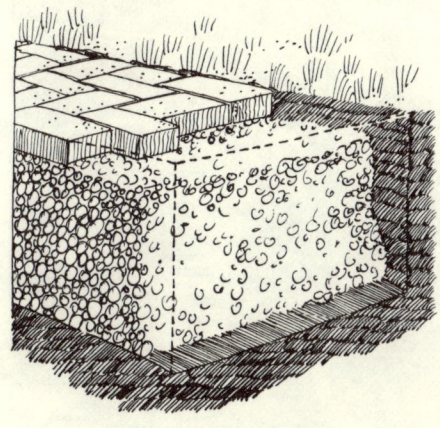

Der Boden aus gebranntem Klinker in Bräuners Innenhof ruht auf einer Mörtelschicht.

Schon beim Bau des Hauses wurde die Mauer in Vorsprüngen so gesetzt, daß zur Errichtung von Bücherregalen nur mehr Bretter dazwischengeschoben werden mußten. Die Entfernung der Regalbretter voneinander richtet sich nach der Höhe der Bücher, Schallplatten usw.

Zwischen Hof und Garten hat er dunkle Schiefersteine verlegt und bemerkt, daß diese im Winter rasch schneefrei sind. Die Terrasse aus Holz ist problemlos zu pflegen und dient an Regentagen als Spielplatz im Freien. Sie erweitert den Wohnraum und wird von der tiefen Wintersonne erwärmt.

Beide Häuser sind mit Betonziegeln gedeckt. Eine unbefriedigende Lösung? Aus baubiologischer Sicht sicherlich, aber ihm sei nun einmal das naturnahe Bauen wichtiger, meint der Architekt. Unter naturnah versteht er auch die optische Naturnähe, ein rotes Ziegeldach auf seinem unscheinbaren, landschaftsfarbenen Haus sei unmöglich. Holzschindeln wollte er nicht decken, da er die Brandgefahr fürchtete, und Asbestzement sei vollkommen indiskutabel. So blieben eben nur die Betonziegel, die in der Gegend schon lange beheimatet sind.

Wer nun glaubt, nur ein Handwerksprofi könne das alles schaffen, wird durch Bräuner bald eines Besseren belehrt. Er bezeichnet sich als eher unbegabten Bastler. So hat er sich auch beim Bau auf gröbere Arbeiten und die allgemeine Technik verlegt. Die Inneneinrichtung wurde beim Tischler bestellt, da er selbst keinen Stuhl oder Schrank schafft.

Die Regale hat er allerdings selber eingebaut, in Maßarbeit sozusagen, denn kein Brett ist vom anderen gleich weit entfernt, kein Regal ist so tief wie das andere. Die Taschenbuchreihe hat Taschenbuchhöhe plus ½ cm, die Luxus-Bildbandreihe ist dementsprechend höher, die Schallplatten passen in Tiefe und Höhe haargenau in das eigens dafür eingebaute Regal. Wo die Regale hinkommen sollen, wurden beim Bauen bereits Nischen eingeplant. Bräuner bedauert, daß er sich nicht ans Basteln wagt: wenn er erst alle Konstruktionen fertighaben wird, wird er vielleicht noch tischlern lernen. Es wäre notwendig, denn seit Wochen suchen die Bräuners einen Klodeckel aus Holz, haben Stunden dabei vertan, Kilometer verfahren und keinen gefunden. Der Klodeckel aus Holz wird seine erste Tischlerarbeit werden! Weil die Holzterrasse der Bräuners so umschwärmt wird und leicht zu bauen ist, soll im folgenden Kapitel über Holzterrassen auch der Bau einer solchen genau beschrieben werden.

Holzterrassen und andere hölzerne Wohnflächen im Freien

Mit Terrassen, Veranden, Wegen und Stegen aus Holz, Plateaus und hölzernen Innenhöfen schafft man zusätzlichen Wohnraum im Freien. Hölzerne Wohnflächen können auf jedem Gelände, auf dem Lande und in der Stadt, im Vorstadtgarten, am Meer, am Fluß, beim See, im Gebirge, im Wald, ja auch im unwegsamen Gebiet gebaut werden. Mit Holzterrassen kann man städtische Innenhöfe durch Bepflanzung und Holzböden attraktiv machen, man kann seinen Garten mittels hölzerner Flächen mit dem Haus verbinden. Bäume dürfen durch Holzplateaus durchwachsen, Blumenbehälter haben darauf Platz. Auf überdachten Holzplateaus kann man in einem grauen städtischen Vorstadtbezirk nobel frühstücken, und hölzerne Dachterrassen geben auch dem Reihenhausbesitzer die Möglichkeit, sich uneingesehen zu sonnen. Wer vor seinem Wochenendhaus einen Holzboden im Freien hat, der legt ein paar Matratzen

darauf, und schon hat er eine komfortable Sonnenliegefläche. Kinder spielen auf Holzböden im Freien schon im Februar, wenn noch der Schnee liegt, und im Sommer, wenn es regnet.

Es gibt viele Variationen von hölzernen Flächen: Terrassen, Veranden, Plateaus, und andere Formen, die man sich vorstellen könnte, wie Inseln aus Brettern in einer Sumpflandschaft oder einen schmalen Brettersteg durch den Wald. Wie schön ist es, in der Natur zu leben, wenn man sich dabei auch Steine eintritt, die Füße schmutzig macht und die Hosen zerreißt – ein schönes Gefühl ist es aber auch, in der Natur doch auf zivilisierten Pfaden zu wandeln. Der einfühlsame Eingriff in die Natur hat ihr noch nie geschadet, er hat sie nur auf eine andere Ebene gebracht. So sind auch Holzterrassen ein solcher Eingriff, nicht teuer und außerdem selbst zu bauen.

Funktionelle, selbstgebaute Wohnflächen im Freien sind zum Beispiel:

Bodennahe Holzbretterflächen

Sie sind die Alternative zu anderen Innenhof- oder Gartenflächen, die man gestalten möchte. Durch sie kann man Raum schaffen, vergrößern, abteilen, persönlich machen. Kombiniert man eine bodennahe Holzbretterfläche mit Bäumen, Farnen, Gräsern und Blumen, dann wird aus einem vergammelten Hinterhof eine wahre Pracht entstehen, eine natürliche Pracht, die weit davon entfernt ist, Besucher durch Eleganz abzuschrecken. Weniger durch die Art der Bretterverlegung als durch die Wahl der „Extras" kann eine Holzfläche dieser Art rustikal oder städtisch elegant werden. So kann man den schmalen Gartenstreifen vor dem Vorstadthaus, der ohnehin zu kaum etwas nütze ist, durch eine vom Haus bis zum Zaun gebaute, auf der Ebene eines Wohnraumes im Erdgeschoß liegende Holzfläche teilweise verdecken und so den Raum vergrößern. Umgekehrt kann eine Bretterfläche, die an ein Haus angebaut wird, einen persönlichen und wohnlich wirkenden Privatraum im Freien schaffen, wenn der umgebende Garten sehr groß ist. Bodennahe Bretterflächen können die verschiedensten Formen haben, die

Flächen zwischen zwei Hausecken füllen, an eine Hausseite angebaut sein und sich im Garten verlaufen oder streng geradlinig abgegrenzt sein. Die Oberfläche braucht auch nicht einheitlich gestaltet zu sein, da werden runde Löcher oder Quadrate ausgespart, aus denen Pflanzen wachsen, da wird um einen bestehenden Baum herumgebaut, Geländer werden errichtet, Stufen, Barrieren gebaut. Bodennahe Bretterflächen können auch mitten im Garten stehen, unter Bäumen Inseln bilden, Spielflächen sein, zivilisierte Ruheräume inmitten eines Naturgartens. Sie geben Gartenbesitzern die Möglichkeit, die saubere, erdfreie Fläche vor dem Haus im Garten auf eine bestimmte Fläche zu begrenzen und den übrigen Garten wild wuchern zu lassen. Mit Bretterflächen im eigenen Dschungel! Ein Traum, der

sich verwirklichen läßt, wenn man nur mit dem ewigen Rasenmähen und Koniferen-Pflanzen endlich aufhört. Der Phantasie sind keine Grenzen gesetzt.

Hügelland-Plateaus

Sie sind eine Möglichkeit, bei Häusern, die auf Hügeln, am Fluß- oder Seeufer oder über felsigem Grund im Gebirge gebaut wurden, zusätzlichen, ebenen Wohn-Spiel-Eß-Sonnen-Raum zu schaffen. Man findet solche Plateaus bei uns oft auf Almhütten, bei Sessellift-Bergstationen, Gasthäusern an Flußufern oder Seehäusern. Die Idee könnte aber viel mehr auf Wohn- und Wochenendhäuser angewendet werden. Will man Plateaus wegen der schöneren Aussicht bauen, so muß man aufpassen, daß man sich dadurch nicht die Aussicht vom Haus her nimmt. Ein Plateau teilt zu-

meist den unteren Hausteil optisch ab, man sieht vom Haus aus nicht mehr „hinunter", anderseits kann man aber unerwünschte Ausblicke, die sich zu Füßen eines Hauses bieten können, mit Hilfe eines Plateaus verhindern. Plateaus kommen mit wesentlich kleineren Flächen aus als bodennahe Bretterflächen. Will man mit Plateaus die Wohnräume nicht erweitern, sondern ihnen einen eigenen Funktionsbereich geben, so kann man sie durch einen Steg mit dem Haus verbinden und extra bauen. Auf einem Grundstück, das abschüssig ist und in Stufen nach unten führt, wird man sich nicht mit einem einzigen Plateau begnügen, sondern mehrere bauen und diese durch Stufen verbinden.

Die Veranda

Abgesehen von ihrer Funktion als Windschutz oder Sonnenschutz sollte die Veranda eine Verbindung zwischen Innenraum und Außenraum darstellen. Sie sollte die psychologische Barriere des Aus-dem-Haus-Hinausgehens und des Ins-Haus-Eintretens überbrücken helfen. Sie ist ein Zwischenraum mit Persönlichkeit. Langweilige oder kahle Wände können durch Veranden persönlicher gemacht werden.

Dachterrassen

Naheliegend und einfach zu bewerkstelligen ist der Bau einer Garagendachterrasse. Die meisten Garagen haben Flachdächer, die ungenützt sind. Beim Bau einer Dachterrasse kann man hier ein wenig schlampiger vorgehen als beim Bau einer Dachterrasse auf dem Wohnhaus. Auf dem Garagendach genügt es, wenn man den direkten Regen mit einer Segeltuchplane oder mit Dachpappe ableitet, indem man diese auf die Unterseite der Querbalken nagelt, gut spannt und ein wenig neigt, so daß das Wasser abrinnen kann. Dachterrassen brauchen stabile Geländer und an der vom Nachbarn einsehbaren Seite eine Holzwand, damit man auch „ohne" in der Sonne liegen kann.

Flachdächer unter jeder Art von Dachterrassen müssen gut geteert, mit Dachpappe belegt und mit Kies bestreut werden. Im Kies muß sich eine Drainage befinden, damit das Wasser abrinnen

kann. Darüber läßt sich dann jede Art von Holzterrasse bauen. In die Dachpappe hinein darf nicht genagelt werden, da sonst Löcher entstehen, durch die das Wasser eindringen kann. Daher sollten Holzrahmungen angebracht werden, in die genagelt wird.

Wie man die hölzernen Wohnflächen im Freien richtig nützt

Plateaus, Bretterböden, Veranden und Dachterrassen erfreuen die Bewohner, weil sie zusätzlichen Raum bringen, es macht aber auch Freude, sie mit Extras auszugestalten.

Da sind vorerst Stufen (Treppen). Ihre Placierung ist wichtig, Stufen führen ja immer irgendwohin und leiten in eine bestimmte Richtung. Mit Stufen, besonders im Freien, kann man den „Verkehr" regeln und verhindern, daß Gartenflächen betreten werden, denen es nicht guttut.

Geländer haben verschiedene Funktionen, sollten an der Sturmseite dicht sein und an der Südseite offen, so daß die Luft gut zirkulieren kann.

Wer es sehr gerne privat hat, der kann seine hölzerne Wohnfläche mit einem Zaun umgeben oder mit einer Holzwand abschließen. So entstehen auch mitten in der Stadt, zum Beispiel in Hinterhöfen, gemütliche Ecken im Freien, nichts anderes als Spielarten der alten Lusthäuschen oder Gartenhäuschen. Zäune, Wände wie auch Überdächer können mit Kletterpflanzen, mit Rosen, wildem Wein, Efeu begrünt werden. Überdächer werden im Prinzip wie die Bodenkonstruktionen gebaut, wenn sie stabil sein sollen. Sonst lassen sich auch für den Sommer statt eines Überdaches Jalousien aus Stoff oder Flechtwerk anbringen.

Läßt man Bäume stehen und baut um sie herum, soll der Abstand zwischen Boden und Baum 5 cm betragen, bei Bedarf kann später ein wenig in die Bretter gesägt werden. Bäume, die man stehenläßt, müssen gut verwurzelt sein.

Wer auf der Dachterrasse, auf dem Plateau oder auf einer anderen Holzfläche gärtnern will, der tut dies am besten in stabilen Holzbehältern, die sich leicht zusammenbauen lassen (aus fünf 30 mm starken Brettern). Aus einem 4 m lan-

Die Errichtung eines Holzplateaus:

1. Die Holzkonstruktion liegt auf Pfeilern oder Sockeln aus Beton auf, mit denen sie fest verbunden sein muß. Pfeiler und/oder Sockel wiederum müssen gut und fest im Erdreich stehen, sie sollten bis unter die Frostgrenze reichen. Sockel und/oder Pfeiler kann man auch selber gießen, dazu kann man die Formen selbst herstellen: aus alten Waschmitteltonnen, Abfallholz, Altmetall. Am besten arbeitet man mit einem Beton-Fertiggemisch, das man sich nach der Firmenanleitung herstellt.

2a. Die das Holzplateau tragenden Holzpfosten (Ständer, Säulen) sollen im Beton fest verankert sein, das geht einfach, wenn wie in Zeichnung a ein Holzstück in den noch feuchten Beton gelegt wird. In dieses Holzstück wird nun der Pfosten genagelt. Diese einfache Art der Befestigung eignet sich dann, wenn die Pfosten sehr kurz sind und eine bodennahe Holzfläche tragen.

2b. Besser hält ein Metallstift, der durch das Holz in den Betonsockel gesteckt wird. Zwischen den Holzpfosten und den Betonsockel soll gute Teerpappe gelegt werden, auch der untere Pfostenteil sollte mit Teer getränkt oder zumindest imprägniert sein. In Gegenden, die dem Wind ausgesetzt sind, ist die Befestigung mit dem Metallstift nicht zu empfehlen, da diese Art der Konstruktion zu sehr schwankt.

2c. Halterungen aus Metall, zum Anschrauben oder Annageln, halten sehr gut. Man sollte beim Kauf immer die stärksten zur Auswahl stehenden Schrauben wählen.

2d. Wenn die Betonpfeiler mehr als 25 cm über den Erdboden ragen, müssen sie mit Stahlstiften verstärkt werden.

3. Die tragenden Querbalken und Stützen (Pfeiler) müssen fest miteinander verbunden werden. Das geschieht am besten mit Hilfe von Metallhalterungen und Schrauben. Überkreuz genagelt werden nur Stützen und Balken, die keinen größeren Belastungen ausgesetzt sind.

4. Polsterhölzer oder Querbalken, die weniger zu tragen haben als tragende Querbalken, nagelt man auf den tragenden Querbalken, so hält die Konstruktion am besten. Ist dies nicht möglich, kann man das Plateauniveau nicht noch heben, so tun auch die gezeigten Verankerungsmöglichkeiten von mehr oder weniger tragenden Hölzern ihren Dienst.

5. Die Polsterhölzer (Balken) von Zwischendecks können u. a. wie hier gezeigt verankert werden.

6. Damit Querbalken ihre Richtung halten, sich unter größeren Belastungen nicht zu- oder voneinander bewegen, man sie gegenseitig ab, indem man querliegende Hölzer, deren Länge knapp bemessen wurde, einschiebt und kreuzweise in die Balken nagelt.

7. Wenn die Holzfläche bis ans Mauerwerk führen soll, kann diesem eine zusätzliche Trägerfunktion zukommen, indem man die Polsterhölzer mit Dübeln in der Mauer befestigt.

8. Geländer (Balustraden): Bei der Verankerung von Handlauf und Stütze muß auf größtmögliche Festigkeit Wert gelegt werden. Die Zeichnungen zeigen einige Möglichkeiten.

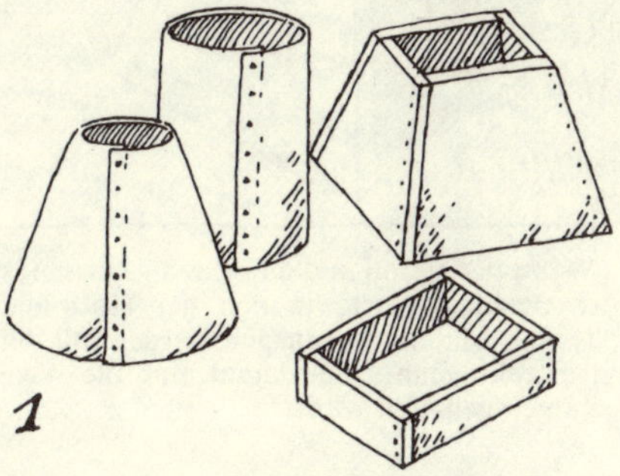

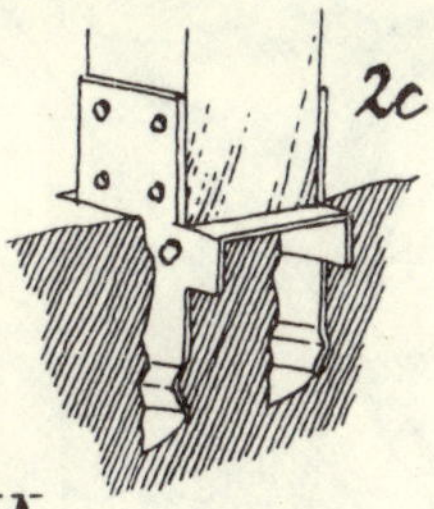

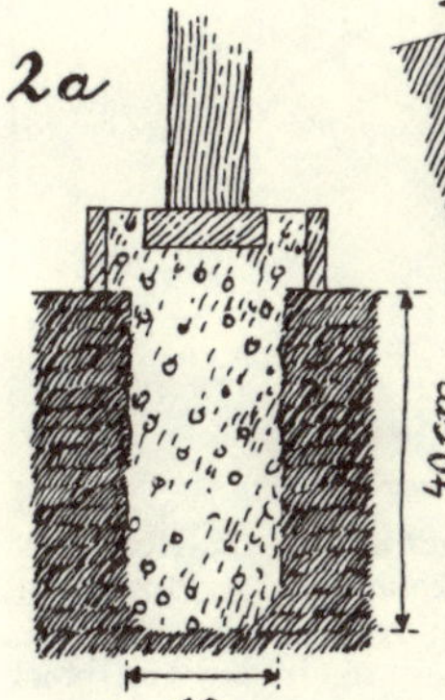

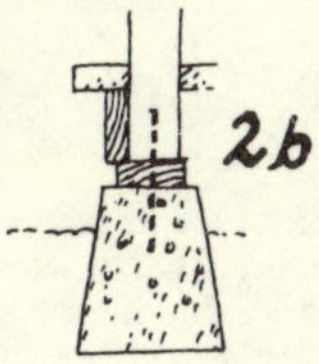

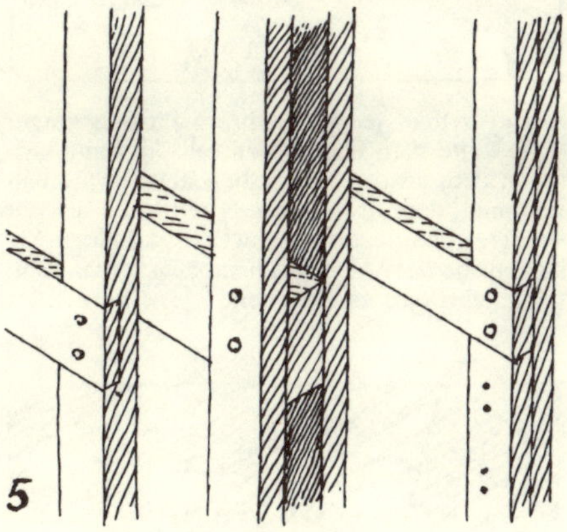

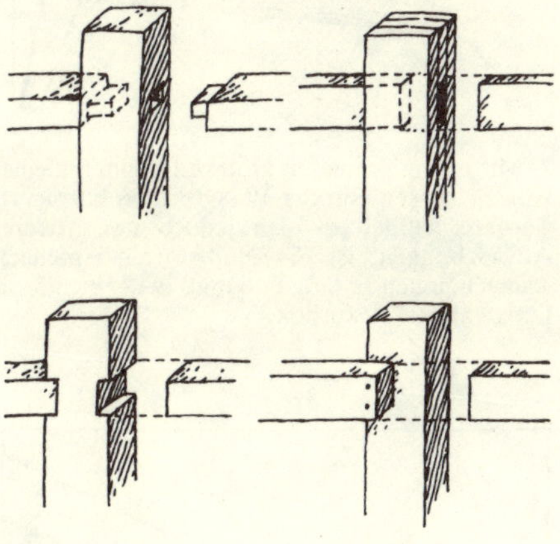

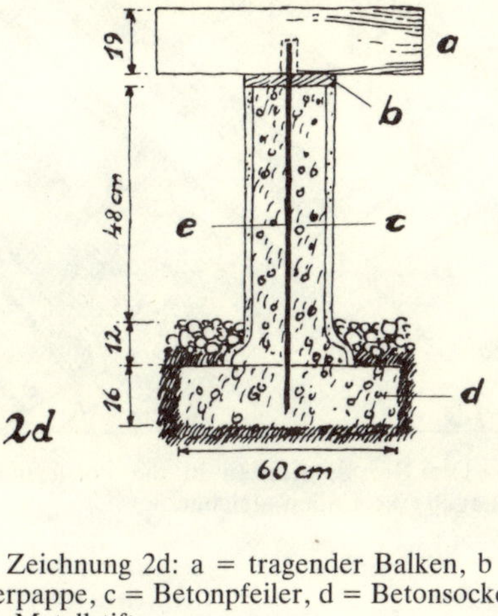

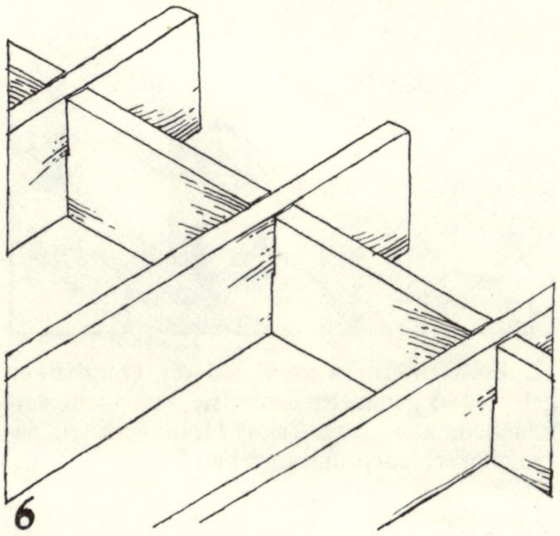

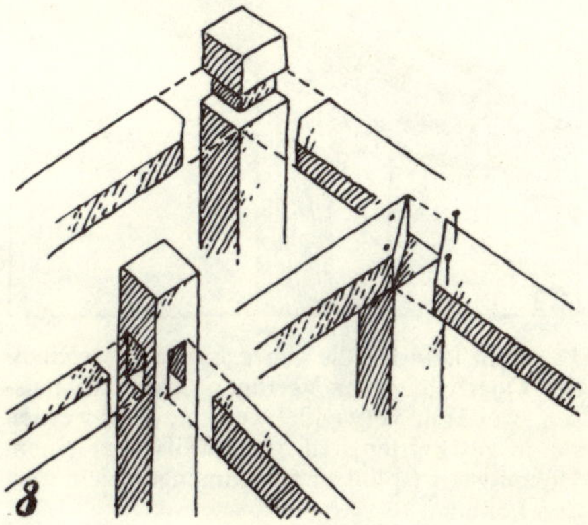

1

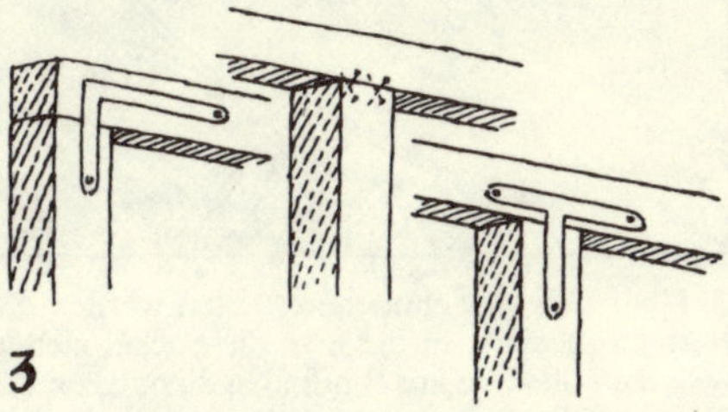

3

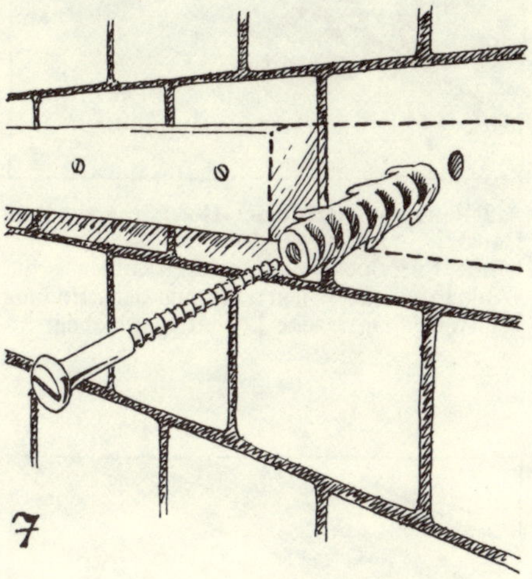

7

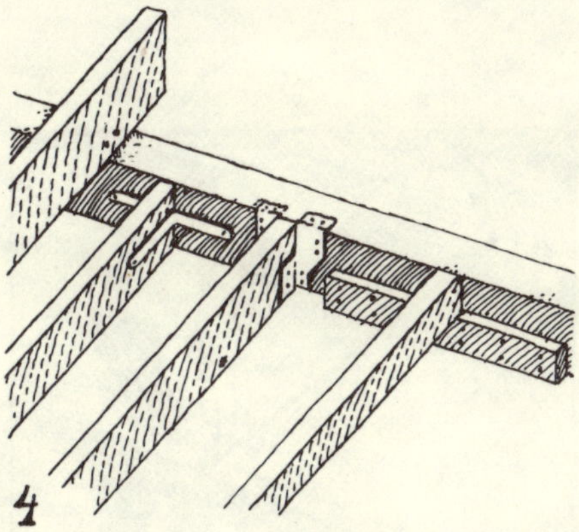

2c

2a

4

2b

40 cm

18 cm

5

19

a

b

48 cm

e — — **c**

12

16

d

60 cm

2d

6

8

Zu Zeichnung 2d: a = tragender Balken, b = Teerpappe, c = Betonpfeiler, d = Betonsockel, e = Metallstift.

Anleitung zum Bau einer Holzfläche vor dem Haus:

1. Mit Holzpflöcken und Stricken werden rechte Winkel und die Waagrechte markiert. Entlang der Hilfslinien werden Löcher ausgehoben.

2. Über den ausgehobenen Stellen werden die Formen placiert, in die man die Sockel gießen will; die Hilfslinie aus Bindfaden dient dazu, die Höhe der Sockel zu markieren.

3. Wenn der Beton in die Formen gegossen ist, wird der Holzblock, in den der Holzpfeiler (oder das Metallteil) genagelt werden soll, hineingesteckt; man achte darauf, daß die Waagrechte eingehalten wird.

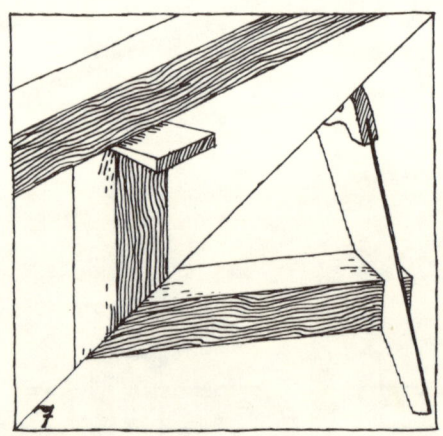

7. Mit einem schmalen Holzkeil können kleine Abweichungen von der Waagrechten korrigiert werden; handelt es sich jedoch um größere Abweichungen, ist ein Holzpfosten (-pfeiler) wahrscheinlich zu lang und muß in der richtigen Länge abgesägt werden.

8. Bevor man jedoch mehrere Pfosten kürzer sägt, sollte man nachprüfen, ob die Linie zwischen dem an der Mauer befestigten Querbalken und dem tragenden Querbalken in der Waagrechten liegt oder abweicht. Leichtes Absinken von der Mauer nach außen ist erwünscht, umgekehrt darf es nicht sein.

9. Erst wenn man sicher ist, daß die Holzfläche waagrecht sein wird, kann man die Pfosten mit der Verbindung endgültig in den Betonsockeln befestigen. Hier wird schräg in den Holzblock genagelt (die einfachste Art).

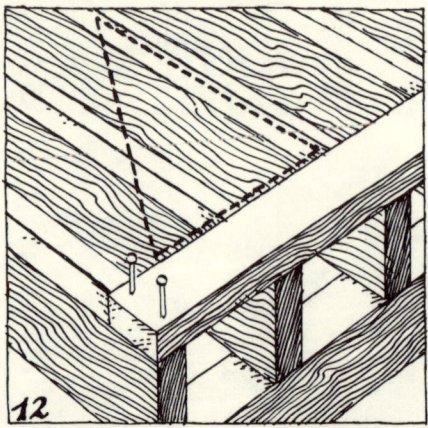

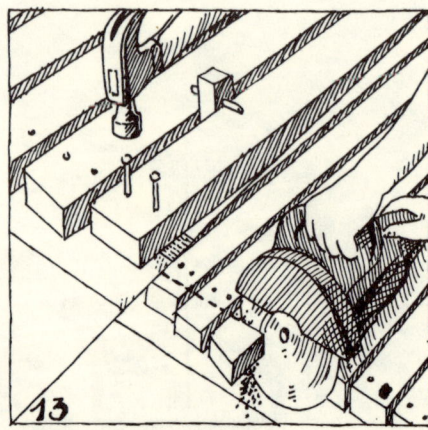

11. Steht kein für die ganze Länge ausreichender Querbalken zur Verfügung, sondern müssen zwei Teile verwendet werden, dann werden sie so geschnitten, daß sie jeweils über einem Holzpfosten (-pfeiler) zusammengenagelt werden können.

12. Polsterhölzer werden auf die Querbalken gelegt und genagelt; damit sie sich nicht verschieben, kann man kurze Holzstückchen dazwischenschieben und nageln.

13. Die Bretter werden in die Polsterhölzer genagelt, die Enden gleichgesägt.

4. Wenn die Holzfläche an die Hausmauer angrenzen soll, wird an dieser die Höhe bestimmt und ein Querbalken in die Mauer gedübelt. Mit Hilfsholzstückchen wird der Balken, bevor er endgültig befestigt wird, in die Waagrechte gehoben und gestützt.

5. Die Holzpfosten werden auf den im Beton festgehaltenen Holzpflock gestellt und mit Behelfshölzern abgestützt; man prüft an beiden Seiten die Senkrechte nach.

6. Nun wird der tragende Querbalken auf die Holzpfosten gelegt und wieder die Waagrechte nachgeprüft.

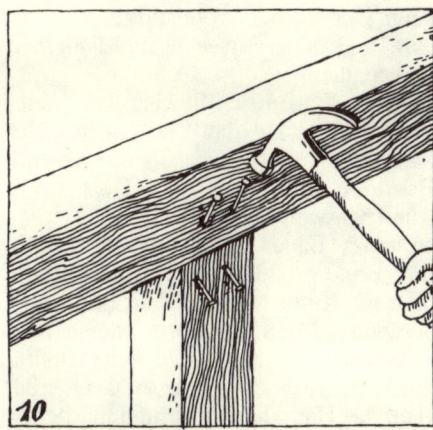

10. Hier wird der Querbalken, ebenfalls nach der einfachsten Art, in den Pfosten (und umgekehrt) genagelt.

14. So sieht die fertige Konstruktion des Holzplateaus aus.

gen, 30 mm starken und 40 cm breiten Standard-Fichtenbrett vom Sägewerk lassen sich zwei schöne Behälter zusammennageln. Je größer die Behälter sind, desto mehr wiegt natürlich auch ihr Inhalt. Große Behälter, die ihren fixen Platz auf der Bretterebene bekommen, stellt man besser nicht direkt auf die Bretter, sondern plant den Platz, wo sie stehen sollen, vorher ein und unterstützt an dieser Stelle mit einem Betonsockel oder Holzpfosten. Das Gärtnern in Behältern eignet sich für Dachterrassen wie auch für Innenhöfe. Gestaltet man den Garten selbst mit erdbodennahen Holzflächen, so läßt man einfach dort, wo man Büsche, Gräser, Farne oder Blumen pflanzen will, eine entsprechend große Öffnung frei, die man aussägt, und sorgt dafür, daß darunter genug Humus ist und die Pflanzen Licht bekommen.

Eine hölzerne Wohnfläche kann aber auch einen kleinen Teich umschließen, in dem man Wasserpflanzen zieht. Auch Schwimmbäder, die von Holzflächen umgeben sind, können sich nichts Besseres wünschen. Vorgefertigte Schwimmbassins, die man auch in Stahlkonstruktionen einhängen kann, erlauben sogar das Baden auf dem Plateau!

Mit allen Bretterböden, wie sie auch immer gestaltet sein mögen, kann man gut im Freien wohnen, ohne sich kalte Füße zu holen – was man bei Stein- oder Fliesen- oder Ziegelböden im Freien nicht behaupten kann. Außerdem braucht man sich kein teures Prestige-Gartenmobiliar anzuschaffen, denn auf dem Bretterboden kann man auch ohne sie wohnen! Hier ein Kissen, dort eine Matratze, eine Matte – man wird sich immer wohl fühlen.

Bevor man im Freien zu bauen beginnt, sollte man sich vergewissern, ob die Konstruktion nicht zu schwierig wird, wenn etwa zu viele Felsen im Boden sind oder der Grund sehr locker ist. In solchen schwierigen Fällen zieht man wohl einen Statiker zu Rate. Der Anbau von Veranden oder bodennahen Bretterflächen bringt keinerlei Schwierigkeiten mit sich, der einer Dachterrasse schlimmstenfalls das Verbot oder einen Einwand der Baupolizei.

Die Werkzeuge, die man zum Bau von solchen hölzernen Wohnflächen braucht, sind:

Schaufel, Schubkarren, Motorsäge, Wasserwaage, Maßband, Winkelmaß, Kreide, großer Bohrer, kleiner Bohrer (Schlagbohrapparat), Hammer, Schraubenzieher, Meißel, Stemmeisen, Schnur, ein Lot.

Der Bretterboden ruht auf einer haltbaren Unterlage aus Beton und Eisen oder Holz allein (Pfosten und Bretter); im zweiten Fall verwindet man als Unterlage große, flache Steine oder überhaupt nur widerstandsfähiges Holz, z. B. Lärchenholz. Die im folgenden beschriebene einfache Konstruktion hält so gut, daß man darauf nicht nur Bretterflächen legen, sondern auch Wochenendhäuser in Skelettbauweise errichten kann. Bei der Konstruktion geht es immer darum, Sockel mit einer einfachen horizontalen Struktur zu verbinden und senkrechte Teile ein weiteres horizontales Element tragen zu lassen: da verrückt nichts, da treibt kein Gewitter und kein Schneesturm Unfug.

Der Erdboden unter einer bodennahen Holzflächenkonstruktion muß entwässert werden und auch in Zukunft leicht zu entwässern sein. An der tiefsten Stel-

le gräbt man eine Sickergrube von ca. 40 cm Durchmesser und füllt sie mit Schotter oder Kies; man kann auch Kanäle graben, die man mit dünnen Rohren auslegt und mit Dachpappe oder Schotter zudeckt. Sie müssen das Wasser vom Grund wegführen – oder zu einer Sickergrube hinführen, wenn keine andere Abflußmöglichkeit gegeben ist. Unter dem Bretterboden darf sich auf keinen Fall Wasser ansammeln! Planiert wird der Erdboden nur, wo es unbedingt notwendig ist, sonst vermeidet man es lieber, man kann ja mit den Sockeln oder Pfosten ausgleichen. Sockel sollten im Erdreich bis unter die Frostgrenze reichen.

Holzböden, die in Erdnähe gebaut werden, verhindern von selbst, daß Unkraut wächst, wenn keine Sonne dazukommt. Ist die Entfernung zwischen Erdboden und Holzboden größer, kommt Licht zum Erdreich, so sollte der Erdboden mit Dachpappe oder Plastikfolie bedeckt werden. An den Rändern streut man Schotter oder Kies darüber, um sie so zu verdecken. Keine Unkrautvertilgungsmittel verwenden!

Gesund bauen

Die Wohnapostel gehen um. Statt Baustoffkatalog und Metermaß tragen sie ein Verzeichnis nahe gelegener Lehmgruben und eine Wünschelrute mit sich, sie pendeln aus und halten den Zeigefinger warnend gegen den Himmel gestreckt, geradewegs dorthin zeigend, wo die Hochspannungsleitung die reine ländliche Luft durchschneidet. Gesunde Menschen leben in gesunden Häusern, kranke Menschen in kranken Häusern, sagen sie, und haben damit nicht immer unrecht. Kranke Häuser sind solche, die aus ungesunden oder schädlichen Baustoffen gebaut sind und über geopathischen Zonen errichtet wurden. Liegt gar das Bett, in dem der Mensch allnächtlich schläft und ein Drittel seiner Lebenszeit verbringt, über einer solchen Störzone, so sind Schlaflosigkeit, Nervosität oder Kopfschmerzen die geringsten Folgen. Krebskrank wird der Schläfer früher oder später in seinem Störzonenbett, behaupten die Wohnapostel und haben stets auch Beweise zur Hand, aus dem

fernen Lappland und aus der näheren Umgebung. Wer wollte da nicht gesund schlafen und wohnen, wenn er solches hört?

Gesund zu essen ist schon seit einigen Jahren modern. Jetzt kommt das gesunde Bauen und Wohnen in Mode, besonders interessant für jene, die noch immer Kopfschmerzen haben. Trotz Salat, Müsli und Vollkornbrot! Wehe dem, der im Betonhohlziegelbungalow mit dem Asbestdach und den PVC-Tapeten wohnt! Wer allabendlich seine Yogaübungen auf dem Kunststoffteppichboden macht und im Schaumstoffbett an leichten Leinsamenkeksen knabbert, tut das Falsche für seine Gesundheit. Dies bestätigten Zeitungsberichte wie zum Beispiel jener, der vom Ehepaar Franz und Aloisia M. erzählt: Seit Jahren litten sie unter Impotenz und Herzflattern, kein Arzt konnte helfen und kein Psychologe den rechten Rat erteilen. Bis der Wünschelrutengänger gerufen wurde. Er stellte den Grund allen Übels fest: „Die Betten müssen auseinander", riet er dem Ehepaar, „denn die Störzone verläuft gerade mittendurch." Sein Rat wurde befolgt, das Herzflattern verging, und Aloisia M. wurde endlich schwanger. Solche Zeitungsberichte zeigen dem Gesundheitskonsumenten, daß er noch viel zu tun hat. Wir wollen uns auch darüber informieren, wenn auch vielleicht mit einem kleinen Augenzwinkern.

Wer mit der Gesundheitsmode geht, muß den Wohnaposteln folgen. Was sie sagen, hat nicht immer Hand und Fuß und ist oft auch nur in übersinnliche Sphären getragenes Allgemeinwissen, das den Menschen vor fünfzig Jahren noch selbstverständlich war, dem Konsumenten von heute jedoch wie eine neue Errungenschaft erscheint und auch so kredenzt wird. Früher konnte man noch mit den eigenen Augen sehen und mit ihnen einen guten Bauplatz ausfindig machen, der gesundheitsbewußte Konsument von heute überläßt das lieber dem Pendler und Wünschelrutengänger. Er bestimmt den störungsfreien Bauplatz, und dort wird konsequent, metallfrei und nur mit natürlichem Baumaterial gebaut. Ein solches Haus wird viel Geld kosten, und so mancher Ge-

sundhausbauer hat dabei schon die Nerven verloren! Das Leben in einem gesunden Haus garantiert noch lange nicht, daß alle Bewohner, die dort einziehen, auch gesund werden, Vaters Arthrose, Mutters Schlafstörungen und die Nervosität der Kinder können durch das Leben im gesunden Haus geheilt werden, müssen aber nicht. In diesem Sinne wollen die folgenden Informationen über gesundes Bauen verstanden werden, wenn wir meinen, daß:

gesundes Bauen übertrieben werden kann (wie es die Wohnapostel empfehlen) und einer spleenigen Minderheit vorbehalten ist;

gesundes Bauen sich beschränken könnte und sollte auf das Verwenden vieler natürlicher und auch naturbelassener Baustoffe, wie Lehm, Kalk, Holz, wo es wünschenswert und gut ist;

gesundes Bauen wenig Beton verwendet, keine großflächigen Metallbaustoffe oder gar Kunststoffe ins Haus bringt;

gesundes Bauen vor allem chemiefreies Bauen ist, das heißt, daß keine imprägnierten, geleimten, gelackten Oberflächen das Hausklima ungesund machen.

Die Unsitte, in Betonhäusern auf Kunststoffbelägen zu leben und das pflegeleichte dem wohnlichen Haus vorzuziehen, scheint langsam wieder Anhänger zu verlieren. Es gibt aber auch Länder, in denen diese Unsitte nie Fuß gefaßt hat, so zum Beispiel Amerika. Dort leben 70% der Einfamilienhausbewohner in Holzhäusern, ob es nun im Norden oder Süden ist. Sie leben in ihren Holzhäusern, nicht weil in den Zeitungen steht, wie gesund sie sind, sondern weil ihnen der gesunde Wohn-Menschenverstand noch nicht verlorengegangen ist.

Bauen und gesunder Hausverstand

Daß es sich in einem Ziegelbau oder Holzhaus besser wohnt als in einem Betonbau, müßte einem wohl der gesunde Hausverstand sagen. Wer noch Augen im Kopf und das Fühlen und Riechen noch nicht verlernt hat, der muß Beton und Kunststoffe einfach ablehnen. Wie wunderbar es doch in einem naturbelassenen Holzhaus duftet, wie

gut es in einem Keller riecht, in dem der Boden aus gestampfter Erde oder aus Lehm ist, wie angenehm man auf einem Holzboden gehen kann, und wie herrlich man auf einer Roßhaarmatratze schläft! Wer da behauptet, es rieche gut in Räumen mit Kunststofftapeten, deren Betonboden mit Kunststoff-Teppichböden ausgelegt ist und in denen mit Hilfe von Warmluftgebläsen geheizt wird, dem ist wahrlich der Geruchssinn schon abhandengekommen. Und in Stahlbetonbauten wohnen nicht einmal die Architekten gern, die sie geplant haben. Der gesunde Hausverstand denkt auch an die Finanzen. So fällt ihm auf, daß zwar das übertrieben gesunde Bauen sehr teuer kommt, andererseits aber auch das Bauen mit Beton, Aluminium und Kunststoffen nicht billig ist. Das gesunde Bauen, mit Beton, Kunststoffen und Metall dort, wo diese technische Vorteile aufweisen, wie zum Beispiel beim Fundament, bei der Isolierung oder beim Legen der elektrischen oder sanitären Leitungen, und mit natürlichen Materialien dort, wo das Haus atmen soll und sich gar im Kontakt mit der menschlichen Haut befindet, läßt sich auch finanziell gut durchführen. Denn man muß heute für die Zukunft bauen, energiesparbewußt bauen, und das geht in unseren Breitengraden nur mit natürlichen Baumaterialien. Gesund bauen, mit dem gesunden Hausverstand bauen, heißt auch schuldenfrei bauen! Was nützt das gesunde Haus, wenn am Ende die Störzone nicht unter dem Bett, sondern in der Bank liegt!

Einst sagte der gesunde Hausverstand (im wahrsten Sinn des Wortes) den Hausbauern, mit Materialien zu bauen, die nahe lagen; das war Konglomeratgestein in der Nähe von Flüssen, das waren Bruchsteine in der Nähe von Steinbrüchen, das war Holz dort, wo es Holz gab. Der Häuserbauer heute sagt sich dasselbe, nur liegt meist der Baumarkt mit seinen Fertigprodukten viel näher als der Wald oder die Flußsteine. Hier heißt es eben aufpassen, denn war das Naheliegende von einst durchwegs gesundes Material, so ist es das Naheliegende von heute nicht. Hier muß sorgfältigst sortiert und informiert werden (siehe Baustofftabelle). Der gesunde

Hausverstand darf also nicht nur die Brieftasche und die Bequemlichkeit der Zulieferung als Kriterien für die Baustoffwahl nehmen.

Beim Bauen mit natürlichen Baustoffen kann man eigentlich kaum Fehler machen, wenn man sie materialgerecht und sorgfältig verwendet. Das Bauen mit natürlichen Baustoffen hat aber weitere Vorteile: es ist vor allem ein Bauen mit der Natur, das diese in keiner Weise beeinträchtigt oder gar zerstört (was man vom Bauen mit künstlich erzeugten Baustoffen nicht behaupten kann). Will man selbst erkennen und bestimmen, welches Baumaterial gut und welches schlecht ist, so braucht man es nur in seinem Zerfallszustand betrachten. Verbrennt zum Beispiel Holz oder verbrennen reine Wollteppiche, so bleibt reine Asche zurück, die man auch weiterverwenden kann, indem man sie in den Garten streut. Bekommt eine Ziegelwand ein Loch, so ist dies weiter nicht schlimm, und hat der Holzwurm Löcher in die Tischecke gebohrt, dann sieht der Tisch trotzdem schön aus. Aber wehe, die Plastikhaut brennt – wie eklig sie stinkt und wie klebrig die Rückstände sind! Oder wie sieht das Flachbetonwürfelhaus zehn Jahre nach dem Bau aus, wenn graue Wasserspuren die Wände verunstalten, ganz zu schweigen von Hartplastikbauteilen oder Hartschaumstoff, hier eine Ecke ausgeschlagen und dort ein Zigarettenloch eingebrannt: gar scheußlich sieht das teure Stück dann aus. Das Ziegelhaus, das Holzhaus sterben und werden wieder zu Erde, wenn sie alt sind und verlassen werden, das Beton-Kunststoff-Aluminium-Haus bleibt ein ewiges Abfallprodukt.

Strahlungsklima und Baustoffwahl

Strahlungsklima und Baustoffwahl bestimmen, ob ein Haus gesund oder krankmachend ist. Die Auswahl der Baustoffe trifft man mit dem Hausverstand, vielleicht auch mit der Baustofftabelle in unserem Buch. Wichtig ist vor allem, daß die gewählten Baustoffe richtig miteinander kombiniert werden, weil man auch energiesparend bauen will. Über das Strahlungsklima, in dem die

Bewohner eines Hauses ja leben und das die Bewohner beeinflußt, gibt dieses Buch nur einen kurzen Überblick. Darüber genauer zu informieren, und zwar in ihrem Sinne, ist den Wohnaposteln überlassen.

Viele Baustoffe haben „unsympathische" Eigenschaften und sind dadurch unangenehm, so zum Beispiel jene, die sich elektrostatisch aufladen, oder jene, die stinken und die man erst mit Hilfe teurer Waldduftsprays erträglich machen muß. Viele, besonders mit chemischen Mitteln behandelte Baustoffe – das kann durchaus auch behandeltes Holz sein – sind giftig, und ihre Giftigkeit ist nachweisbar! Andere Baustoffe wieder atmen nicht, und man lebt in ihnen, als hätte man tagtäglich einen undurchlässigen Regenmantel am Körper. Die Atmungsfähigkeit der einzelnen Baustoffe kann man genau berechnen. Die Fragen und Antworten aber, die sich mit dem Strahlungsklima eines Hauses beschäftigen, die Behauptungen über Strahlendurchlässigkeit, Strahlenveränderung und die Einwirkung dieser und anderer Phänomene aus dem Strahlungsbereich, in dem wir ja leben, sind nicht eindeutig zu stellen und zu beantworten. Vor allem, weil man genau angeben müßte, wann denn natürliche Strahlungen anfangen, schädlich zu sein und vieles andere mehr. In diesen Punkten geben die Wohnapostel unterschiedliche Erklärungen ab, widersprechen sich auch, zum Beispiel, wenn es um den Baustoff Glas geht, und dort, wo nichts mehr real erklärt werden kann, wird Transzendentales hervorgekramt. Gesundheitsbewußte Wohnkonsumenten oder auch Selberbauer sollen da aufpassen. Wenn behauptet wird, daß mit Eisen armierte Betonbalken, wenn sie unbedingt in den Keller rein müssen, in Nord-Süd-Richtung liegen sollen, weil auch die Magnetnadel in dieser Richtung liegt, und weil man die Balken nicht quer zu diesem Lebensstrom der Erde legen darf! Wenn gar einer im Ernst meint, man müsse mit der Wasserwaage alle Böden im Haus waagrecht verlegen, weil die Waagrechte ja die Harmonie zur Erdachse darstelle, dann bekommt das gesundmachende Bauen bereits negative Aspekte. Daß man auf

schiefen Böden schlecht gehen kann und daß darauf die Möbel wackeln, scheint mit gesundem Hausverstand versehenen Menschen wohl der einzige triftige Grund für die Verwendung der Wasserwaage beim Verlegen eines Bodens. Die Feststellung der Wohnapostel, daß die Ruheräume im Osten und die belebten Räume im Westen liegen sollten, weil der Osten Meditation, Ruhe, östliche Menschheit, Buddhismus bedeute und der Westen die Zivilisation und das Bewegte darstelle, wurde von unseren Großeltern und einigen praktisch denkenden wie naturverbundenen Menschen von heute anders erklärt: Schlafräume liegen im liebevoll gebauten Haus meist deshalb im Osten, weil dort die Sonne aufgeht und weil ein gesunder Mensch sich am Morgen freut, wenn die Sonne ihn weckt. Die Küche, die Abstellkammern, die Speisekammer eines Hauses verlegte man immer an die Nordseite, weil man zum Kochen keine Sonne braucht und weil diese früher, als man noch keine Kühlschränke kannte, in der Küche sogar unerwünscht war. Gesund bauen, gesundmachend bauen, gesundheitsfördernd bauen, heißt mit der Natur und nicht gegen sie bauen, es sollte sich aber nicht in bereits übernatürlichen Sphären bewegen. Gesund fühlt man sich in einem Haus, in dem man ein Raumerlebnis hat und nicht von einem Loch ins andere geht oder durch Löcher ins Freie schauen muß; im Haus, in dem es nicht durch Ritzen zieht, in dem man keine kalten Füße bekommt, in dem eine Küche ist, ein Bad, mit Waschbecken, Arbeitsflächen, die so hoch oder tief gebaut sind, daß man bequem Wurst schneiden, sich entspannt die Hände waschen kann! Gesundheitsfördernde und schadenverhindernde Baumaßnahmen sind die richtigen. Wer sich die Klomuschel so tief setzt, daß er sich entspannt und natürlich in Hockstellung entleeren kann, hat viel mehr für seine Gesundheit getan als jemand, der vor lauter Angst vor schädlichen Strahlen sogar die Badezimmerarmaturen am liebsten aus Holz hätte.

Empfehlungen für „gesundes" Bauen

a) Man soll auf störungsfreiem Grund bauen. Das heißt, daß man nicht über Grundwasserströmen oder gar über Kreuzungen von Grundwasserströmen bauen soll, daß man sein Haus nicht über Zonen geologischer Brüche oder Verwerfungen errichten soll. All diese Wasseradern und Bruchzonen strahlen ungewöhnlich und sollen, wie die Wohnapostel behaupten, auch gefährlich sein. Inwieweit sie die Gesundheit der Bewohner, auf die ihre Strahlen treffen, beeinträchtigen, ist wissenschaftlich nicht erwiesen.

b) Man soll so bauen, daß die natürliche, gute Umgebungsstrahlung so wenig wie möglich vermindert wird. Das heißt, daß man eine harmonische Bauform wählt (Satteldach) und strahlendurchlässige, natürliche Baustoffe verwendet. Materialien, die die gesunde Umgebungsstrahlung „verschlucken" oder gar negativ verändern, dürfen beim Hausbau nicht verwendet werden. Durchlässig sind nach ihrer Reihenfolge: verzinktes Eisenblech, Holzschindeln, Kupferblech, Strohlehm und Tonziegel. Relativ undurchlässig sind Beton und Bitumen, Asbestzement, Betonziegel, PVC-Belag, Beton und Aluminiumblech.

c) Man soll metallfrei bauen. Das heißt, daß zum Beispiel Kupferblech wohl eine durchlässige, gute Dacheindeckung wäre, aber nicht verwendet werden sollte, weil es ein Metall ist. Die Wohnapostel wollen das metallfreie Haus ohne Kompromisse. Ein solches Haus ist durchaus realisierbar, wenn es aus Holz und Ziegeln oder Steinen gebaut oder ganz aus Holz ist. Wer dennoch Kompromisse schließt und Metall verwendet, wo es nötig ist, wohnt auch nicht ungesund. Fehlkonstruktionen, wie zum Beispiel ein Kunststoffstiegengeländer, das mit Eisenhaken in der Mauer verankert ist, sind natürlich zu vermeiden. Die „elektrischen Schläge", die man beim Anfassen eines solchen Geländers und gleichzeitigem Berühren der Eisenhaken bekommt, wenn man dabei schwungvoll das Geländer mit der Hand entlangfährt, sind, wenn schon nicht ungesund, so doch recht unangenehm.

d) Man soll es vermeiden, in einem der letzten Stockwerke eines aus Hartbaustoffen erbauten Hauses zu wohnen. Das Penthouse oder der romantische Dachboden sind erst dort eine gesunde Wohnalternative in der Stadt, wenn der „Unterbau" ein Ziegelbau ist. In Granit- oder gar Betonhäusern verstärken sich nämlich alle Bodenreize von Stockwerk zu Stockwerk und verändern sich dabei negativ. Auch diese Behauptungen sind mit Vorsicht zu genießen.

e) Man soll in einem Haus wohnen, das einen Keller und einen Giebel hat. Flachdachhäuser werden von den Wohnaposteln als unnatürlich abgelehnt, von praktisch denkenden Menschen ebenfalls, die wissen, wie schwierig die Isolierung eines solchen Daches in unseren Breitengraden ist (siehe Seite 49). Häuser ohne Unterkellerung müssen gut isoliert sein; hier macht auch der Wohnapostel Baustoff-Kompromisse.

f) Man soll (fast) nur natürliche Baustoffe verwenden, unter diesen sind vor allem die pflanzlichen besonders gesund, ebenso die neutralen. Hartbaustoffe nur dort, wo sie nötig sind! Natürliche Hartbaustoffe sind Kies, Granit, Quarz, Glas, Metalle. Neutrale Baustoffe sind Backstein (Tonziegel), Kalkstein, Ton, Klinker. Pflanzliche Baustoffe sind Holz, Kork, Fasern, und tierische Baustoffe sind Wolle, Leder und Felle.

Man sollte Hartbaustoffe zur Fundamentierung verwenden, neutrale Baustoffe zum Fundamentieren und Aufbauen, pflanzliche zum Aufbauen und Isolieren und tierische zum Einrichten. Ein kleines Vogelnest ist auch nicht anders aufgebaut.

g) Man soll elektro-störungsfrei bauen.

h) Man soll trocken wohnen. Das heißt, daß alte Häuser, wenn sie feuchte Wände haben oder gar feuchte Böden, unbedingt saniert werden müssen. Das heißt, daß man in ein neues Haus erst dann einziehen soll, wenn es trocken ist, und bedeutet weiter, daß ein Holzhaus sofort nach seiner Fertigstellung beziehbar

ist, da Holz ja erst dann zum Bau verwendet wird, wenn es bereits trocken ist. Ein Ziegelhaus soll nach einem Jahr bezogen werden, ein Kalksandstein- und Schaumbetonbau nach drei Jahren. Ein Betonbau, wenn man schon unbedingt in einen einziehen muß, ist erst nach vier bis fünf Jahren trocken! Dampfsperren in der Isolierschichte behindern das Austrocknen der Mauern. Bei der Trockenzeit des Mauerputzes scheiden sich die Geister. Behaupten die Wohnapostel, zementfreier Kalkmörtel trockne wesentlich schneller als Zementmörtel, so behaupten die Maurer, Kalkmörtel, dem Zement beigemengt wurde, trockne schneller.

i) Man soll gesund heizen. Das heißt, zentrale Feuerstellen, womöglich Kachelöfen, anzulegen. Besonders abzulehnen sind Fußbodenheizungen, da die warme Luft am Boden den Staub mit in die Höhe nimmt und die Atemluft verschmutzt. Bei Zentralheizungen sollen Heizleisten angebracht werden, die verhindern, daß die warme Luft senkrecht nach oben strömt und vor allem die Zimmerdecke heizt.

j) Man soll chemiefrei bauen und chemiefrei pflegen. Jedes Material, das im Haus verwendet wird, muß so beschaffen sein, daß die Zusammensetzung der Grundstoffe, aus denen es besteht, erkennbar ist. Dies ist sehr wichtig, denn wenn auch unbehandeltes Holz der gesunde Baustoff schlechthin ist, so können Holzfaserplatten so verleimt sein, daß vom gesunden Holz nichts mehr übrig ist. Informationen über die Zusammensetzung von Baumaterialien ist sehr wichtig. Es werden auch immer neue Baumaterialien auf den Markt gebracht, jeder größere Chemie-Industriebetrieb erzeugt Baumaterialien aus seinen Abfallprodukten, und viele Verkäufer in Baumaterialienhandlungen und auf Baumärkten sind gar nicht in der Lage, Auskunft über die genaue Zusammensetzung der Produkte, die sie verkaufen, zu geben. Dasselbe gilt für die Behandlung und die Pflege von Baumaterialien; mit giftigen Imprägnierungen behandeltes Holz ist giftig! Sein Haus muß man behandeln wie die eigene Haut. Pflegen, schützen, aber nicht mit Gift. Als Gift im Haus kann man getrost

bezeichnen: Kunststoffverputz, Chemiegips, Schlackenzement, synthetische Kleber, synthetische Leime, Teerfarben, künstliche Farben und Anstriche, künstliche Lacke, PVC- und PCB-Beläge, künstlich gelackte Tapeten, Schaumstoffe, Kunstharzverbindungen und viele Holzimprägnierungen. Natürliche Holzpflege ist Leinöl, Leinölfirnis, Bienenwachs, Benzinwachs; natürlicher Holzschutz sind zehnprozentige Borax- oder Sodalösungen gegen Pilz- und Insektenbefall, Holzschutzmittel auf Ölbasis, Karbolineum.

Die gesunden Räume

a) Der gesunde Wohnraum und der gesunde Schlafraum

Wie alle gesunden Räume sind sie mit unbehandelten Naturmaterialien ausgestattet. Wohnräume sollten im Süden, Ruheräume im Osten liegen. Fernsehgeräte sollten womöglich mindestens vier Meter von Sitzecken, Sofas oder Betten entfernt stehen, und mit Elektroinstallationen sollte man maßvoll umgehen. Lampenschirme aus Strohgeflecht oder anderen pflanzlichen Fasern werden von den Wohnaposteln empfohlen.

b) Die gesunde Küche

kann aus Holz, sollte aus Ziegeln gebaut sein. Die Ziegel sollten unverputzt bleiben oder auf zementfreiem Verputz weiß gekalkt sein. Die Wand sollte bis zur Arbeitshöhe gekachelt werden, wobei die Arbeitshöhe von der Körpergröße der Küchenchefs und nicht von der Höhe der genormten Küchengeräte und des genormten Küchenmobiliars abhängig sein soll. Der Küchenboden darf nicht zu hart und nicht zu kalt sein, Stein-, Fliesen- oder Ziegelböden sollten nur unter dem Herd und dem Abwaschbecken sein. Sonst sollte man auch in der Küche wie sonst überall Naturböden aus Gummi, Linoleum und Holz verlegen. Eßtische erfreuen besonders, wenn sie aus weichem Holz sind, Arbeitsflächen werden besser aus Hartholz angefertigt, und ein eingebauter Hackstock zum Fleisch- und Gewürzeschneiden ist empfehlenswert. Eß- und Küchengefäße kauft man am besten aus Steingut, Porzellan und Holz, Emailge-

schirr sollte bleifrei sein. Rostfreier Stahl, Kupfer und Gußeisen eignen sich sehr gut als Küchenutensilien.

c) Das gesunde Bett

Wohnapostel möchten Steckdosen und Nachttischlampen am liebsten überhaupt aus dem Bettbereich verbannen, um keine elektromagnetischen Felder zu haben; nur eine Lösung für Leute, die mit der Sonne aufstehen und schlafengehen. Auch Metall sollte ihrer Ansicht nach aus dem Bettbereich verbannt werden, so zum Beispiel die Sprungfedern der Matratzen. Hier sollte aber jeder probieren, wo und wie er selber gut schläft (natürlich auch, mit wem er gut oder schlecht schläft und ob er es doch nicht lieber alleine tut. Denn ein Teil der Schlafstörungen wird wohl im Bettnachbar begründet sein und nicht in den metallenen Sprungfedern!). Wer das „persönliche" Schlafproblem gelöst hat, schläft bestimmt wunderbar auf einer Roßhaarmatratze, beinahe so gut auch auf einer Rinderhaar- oder Schurwollmatratze. Die Matratze soll mit dickem, grobem Leinen überzogen sein, Empfindliche legen darauf eine Wolldecke. Die gesunde Steppdecke besteht aus Schurwolle, die auf ein Schurwolltrikot versteppt ist. Leintücher, Polster- und Deckenüberzüge sind natürlich aus reinem Leinen. Ein köstliches Kopfkissen ist mit Roßhaar oder Wolle und zusätzlich mit eigenen frischen oder getrockneten Kräutlein, z. B. Thymian, gefüllt. Federbetten oder Daunendecken sind ungünstig, man schwitzt darin zu stark, auch Kunstfasern und Kunststoffe dürfen nicht ins Bett, weder in Form von Steppdecken noch Nachthemden. Die Wohnapostel wollen auch keine Baumwolle im Bett sehen, da die Baumwolle, wie sie meinen, eine giftige Pflanze und daher abzulehnen sei; das soll aber ihr spezielles Problem bleiben. Schaumstoffmatratzen sollte man auf den Müll werfen, sie haben keine Vorteile außer denen, daß man sie billig kaufen kann und sie in ungelüfteten Wochenendfeuchthäusern das einzig Trockene im Raum sind.

Übrigens: Individualisten schlafen im Lederbett (naturgegerbt), unter der Felldecke, ganz ohne Bettwäsche!

d) Das gesunde Schwimmbad

Es ist mit hartgebrannten Ziegeln (Klinker), Natursteinen, Asphalt (Isolierung) und Wasserkalk gebaut und keramisch verfliest. Im Wasser darf kein Chlor sein, es wird natürlich mit Sand, Quarz, Holzkohle filtriert und mit Silberionen reingehalten. Ein gesundes Schwimmbad steht im Freien oder ist zumindest gut belüftbar, Kellerschwimmbäder sind nicht gesund.

e) Die gesunde Sauna

Sie steht im Freien, in der Nähe eines Schwimmbades, eines Tauchbeckens, eines Baches oder Teiches. Ist sie im Haus, so sollte sie ans Badezimmer grenzen. In der Waldsauna werden Steine über Holzfeuer erhitzt, in der nobleren Sauna heizt ein keramischer Holzofen. Die Liegebänke der Sauna sollte man zur gründlichen Reinigung herausnehmen können. Die Sauna sollte gut belüftbar sein. Beim Bauen keine Metallteile verwenden! Sie werden zu heiß und man kann sich verbrennen. Bei Saunaräumen im Keller, zwischen Betonwänden und elektrisch beheiztem Ofen, schlecht zu lüften und mit fix angebrachten Liegestätten, ist Vorsicht angebracht, sie tragen nicht zur Gesundheit bei.

f) Der gesunde Keller

hat einen Boden aus gestampftem Lehm oder gestampfter Erde, der Weizen- oder Roggenstroh, auch Ochsenblut beigemischt werden. Erdboden ohne Stroh und Blut aber sollte, wie jeder Keller-Erdboden, Salz, Rosmarin, Wacholder, Thymian und Johanniskraut enthalten. Gemüse und Obst bleiben in einem solchen Keller lange frisch, werden selten schimmelig oder faul. Feuchtigkeit und Temperatur im Keller müssen mittels Frischluftzufuhr geregelt und immer kontrolliert werden. Eingekochtes und Getränke, vor allem in Flaschen abgefüllte Alkoholika, sollten im Ziegelkeller aufbewahrt werden. Dieser hat einen Boden aus Tonziegeln oder Tonplatten, die in ein zementfreies Kalkmörtelbett gelegt werden. Im Weinkeller darf ruhig dem Mörtel ein wenig Zement beigemischt werden, da die Wohnapostel ohnehin meist auch den Alkohol ableh-

nen! Mostfässer lagern gut im – ungestampften – dunklen Erdkeller. Sauna oder Heizraum dürfen nicht neben dem Nahrungsmittelkellerräumen liegen.

Für Kellerdecken verwenden die Wohnapostel am liebsten mit Holzkohleteer imprägnierte Tannen- oder Lärchenbalken, auf denen dann der Holzboden liegt. Über Heizräumen lehnen auch sie Betondecken, besser aber Ziegeldecken nicht ab. Diesen liegen auch Betonbalken auf, die wohl oder übel mit Eisen armiert sind. Die Betonbalken zeigen in die Nord-Süd-Richtung, wie die Magnetnadel.

Um den Keller trocken zu halten, sollte rund um das Haus ein Ring von hartem Kalkgestein, Flußkonglomeratgestein, Schotter, usw. bestehen; ein Drainagesystem 30 cm unter dem Kellerniveau führt die Feuchtigkeit ab.

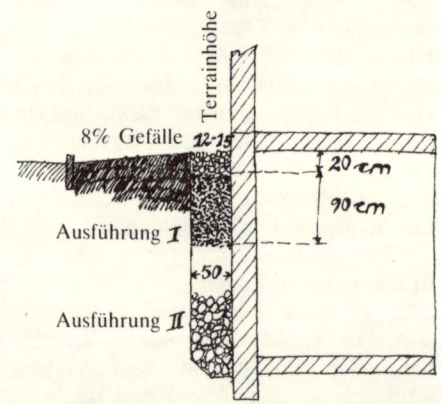

Kellerdrainage: Eine sorgfältige Kellerdrainage erspart einen Bitumen- oder Asphaltanstrich der Außenmauern, was die Atmungsfähigkeit erhält. Ausführung I besteht aus einer Kies-(20 cm) und Steinpackung (90 cm), Ausführung II aus einer Steinpackung (am besten Jurakalk). Das Bodenniveau des Parterres muß mindestens 20–30 cm über dem Straßenniveau liegen!

Das Strahlungsklima

Viele Baustoffe sind nach Ansicht der Wohnapostel nicht nur darum ungesund, weil sie unangenehm riechen (wie Kunststoffe), weil sie so hart anzufassen sind oder weil man sich beim Gehen auf ihnen kalte Füße holt; sie sind so ungesund, weil sie schädliche Erdstrahlen verstärken, gesunde Strahlungen aus dem Weltall vermindern, weil sie künstliche Wechselstromfelder erzeugen oder

weil sie gar selber ungesund radioaktiv strahlen. Kann der Gesundhausbauer mit seinem gesunden Hausverstand selber feststellen, ob Baumaterial angenehm riecht, sich gut anfassen läßt, kalt oder warm ist, atmet oder undurchlässig ist, so ist die Abschätzung der Strahlendurch- bzw. -undurchlässigkeit, Harmlosigkeit oder Schädlichkeit sehr schwierig. Hier muß der Bauherr letztlich selber entscheiden, welche Baumaßnahmen ihm wichtig erscheinen.

Daß Strahlungen den Menschen und das Leben überhaupt beeinflussen, ist eine Tatsache. Daß man sich guten, natürlichen Strahlungen nicht entziehen soll, ist verständlich, und daß man sich schädlichen Strahlungen nicht aussetzen soll, ist ebenso verständlich. Nur gibt es der guten und schlechten Strahlungen so viele, die noch unbekannt sind. Man sollte, so meinen sensible Menschen, harmonisch mit den natürlichen Strahlungen mitschwingen, sollte versuchen, Störungen und Störpunkte zu vermeiden. So wirken folgende Strahlungen (als Sammelbegriff) auf den Menschen ein:

a) Solarstrahlen (Lichtstrahlen, Wärmestrahlen und UV-Strahlen).

b) Kosmische Strahlen. Kosmische Strahlung ist eine Teilchenstrahlung aus sehr energiereichen Protonen und leichteren Atomkernen, die aus dem Weltraum auf die Erdatmosphäre trifft und nach vielen Umwandlungen sogar noch in die feste Erdrinde und ins Meer eindringt. Kosmische Strahlen, die auf Metall treffen (z. B. Blei und Eisen), werden in sekundäre Schauerstrahlen zerlegt und diese sind wahrscheinlich gesundheitsschädlich. Diese Strahlung ist durch photographische Methoden meßbar.

c) Erdstrahlen. Unterirdische Wasseradern, geologische Brüche und Verwerfungen senden Strahlen aus, die an Knotenpunkten verstärkt auftreten. In der Nähe elektrischer Eisenbahnen verursachen die vagabundierenden Ströme der Schienen unnatürliche Strahlen. Wer auf störungsfreies Wohnen Wert legt und sich durch Erdstrahlen gesundheitlich beeinträchtigt vorkommt, sollte diese erdkranken (geopathischen) Zonen meiden. Steht ein Haus nun mal in einer

solchen Zone, dann sollten die Erdstrahlen durch die Verwendung natürlicher Baumaterialien und Isolatoren, wie z. B. Teerpappe, abgelenkt werden.

d) Andere Strahlen. Jeder Gegenstand sendet spezifische Strahlen aus, wie auch jeder Mensch seine persönliche Ausstrahlung hat. Wenn ein Mensch mit einem anderen spricht, ihn berührt, wenn er einen Gegenstand betrachtet, so wirken diese Ausstrahlungen auf ihn ein und er wird sein Gegenüber sympathisch oder unsympathisch finden. Das erklärt zum Beispiel die Beliebtheit von Holz, weil es eine angenehme, beruhigende Ausstrahlung hat. Die natürliche Strahlung kann aber verstärkt radioaktiv sein, so haben zum Beispiel Hartbaustoffe eine stärkere radioaktive Strahlung als neutrale Baustoffe. Manche künstlich erzeugten Baustoffe wie Chemiegips sind bereits ungesund radioaktiv strahlend.

e) Elektromagnetische Feldstrahlung. Alle Strahlungen zusammen erzeugen auf der Erde ein elektromagnetisches Strahlungsfeld. Die durch keine Störungen beeinflußten und von den kosmischen wie Solarstrahlen erzeugten elektromagnetischen Felder der Erde sind als sogenannte natürliche Gleichstromfeldspannungen mit einfachen Geräten meßbar, sie sind orts- und wetterabhängig. Nicht nur die Umwelt hat ihre variable, eigene Elektrostatik, sondern auch jede Hauswelt, jede Dorfwelt, jede Stadt und Stadtgegend. Diese letztgenannten sind durch zivilisationsbedingte elektrische Wechselstromfelder bestimmt. Jede bebaute Gegend, jedes Haus besitzt eigene Wechselstromfelder durch das Verlegen der elektrischen Leitungen, die Anbringung elektrischer Geräte, verschiedene Baumaterialien. Haus und Ortschaften sind beeinflußt durch Starkstromleitungen, Hochspannungsüberlandleitungen, Trafostationen, Dachständer. Durch all diese Wechselstromfelder werden die natürlichen Gleichfeldstromspannungen reduziert, die Immunität des Körpers gegenüber Krankheitserregern sinkt. Stoffe wie PVC oder Kunstharzbeschichtungen laden sich elektrostatisch stark auf, so daß in den Räumen ungesunde Spannungen entstehen. Betonkonstruktionen, Beton-Metall-Konstruktionen, Metallkäfigkonstruktionen beeinträchtigen die Gesundheit der in ihnen lebenden Menschen. Der Nullfeldeffekt entsteht dadurch, daß großflächige, metallhaltige Wand- und Deckenelemente einen Faradayschen Käfig bilden, welcher das natürliche Gleichfeld des Raumes von ca. 200 Volt pro Meter auf Werte unter 100 Volt pro Meter reduziert. Dieses reduzierte Gleichfeld erzeugt ein konstantes Schlechtwetterklima im Raum. Inwieweit die Gesundheit der Bewohner beeinträchtigt wird oder ihre Abwehrkräfte verringert sind, ist von der individuellen Reaktion und Sensibilität abhängig.

Elektroboiler, Kühltruhen, Nachtspeicher, Fernsehgeräte, Telephone sollten weder unter noch über oder knapp neben Ruheräumen angebracht werden, man sollte auch nicht genau unterhalb eines Dachständers schlafen. Wenn man ein Haus baut, sollte man Hochspannungsleitungen und Trafostationen ausweichen, normale Starkstromleitungen sollten nicht über das Haus führen, sondern verkabelt sein. Bei Trafostationen genügt es, wenn man 20 m weit ausweicht. Überlandleitungen aber sollte man, wenn möglich, auf 1 km Entfernung meiden. Eine Faustregel besagt, daß für den Standort eines Hauses und seine Entfernung von der Hochspannungsleitung die Bodenformation und die Himmelsrichtung wichtig sind. Verläuft zum Beispiel eine 300.000-Volt-Hochspannungsleitung von Osten nach Westen, so sollte man südlich 1 km entfernt, nördlich 250 m entfernt bauen. Faustregel: die Voltzahl durch 1000 dividieren und mit 3 multiplizieren, das ergibt den Südabstand.

Elektrostörungen im Haus werden auch durch „vagabundierende Ströme" verursacht. Sie entstehen, wenn zum Beispiel eine Isolation defekt ist oder wenn ein Nagel die Unterputzleitung verletzt (Leckströme). Man sollte auch nicht zu nahe an der Eisenbahn wohnen, da durch die Schienen vagabundierende Ströme auftreten können. Kopfschmerzen, Schlafstörungen usw. werden auch durch Streuwechselfeldstrahlungen hervorgerufen; sie entstehen dann, wenn Elektrogeräte im Haus unter Spannung stehen. Der einfachste Weg, diese Störungen zu vermeiden, ist es, tagsüber, wenn man in bestimmten Räumen kein Licht braucht oder keine elektrischen Geräte benützt, die Sicherungen einfach herauszudrehen.

Die Baustoffe

Mit welchen Baustoffen soll man nun bauen, verbessern, ergänzen? Und welche sind so ungesund, daß man sie, wenn es möglich ist, besser entfernt? Baustoffe kosten Geld, manche kann man sich auch selber zu günstigen Preisen besorgen, indem man sie roh kauft und selbst „veredelt" (wie Holz), indem man bei natürlichen Baustoffen Unregelmäßigkeiten und Nichtperfektion schätzen lernt und so preiswerter einkauft, zum Beispiel alte, unterschiedlich geformte Ziegel für die Küche, für den Boden. Viele gute Baustoffe (zum Beispiel Isolierkork, die beste Isolation) sind sündteuer, weil sie Importware sind. Auch sollen Baustoffe schön anzuschauen sein; Linoleum ist zwar gesund, aber vom ästhetischen Standpunkt aus wird es nicht jeder in seiner Wohnung haben wollen. Die Pflege der Baustoffe soll einfach sein und mit natürlichen Mitteln erfolgen können; wer darauf Wert legt, darf sich nie einen dunkelroten Klinkerboden verlegen. Baustoffe sollen also preiswert und liebenswert sein, zum Ansehen und Anfassen, gesund auch noch dazu. Was nützt das pflegeleichte, abwaschbare Plastikbetonhaus, wenn man zwar nicht den Boden zu reiben braucht und sich nicht bücken muß, dafür aber alle möglichen Zivilisationskrankheiten bekommt? Die meisten Menschen bauen nur einmal, und dann soll es wenigstens ein gesundes Haus werden.

In einem gesunden Haus fühlt man sich wohl,
weil die Baustoffe gut riechen,
weil die Baustoffe schön anzusehen sind,
weil die Baustoffe gut anzufassen sind,
weil die Baustoffe atmen und regenerieren können,
weil die Baustoffe trocken sind,
weil ihre elektrostatische Aufladung gering ist,

weil sie keine Nullfelder erzeugen,
weil sie nicht (über die natürliche Radioaktivität hinaus) radioaktiv sind,
weil sie die guten Strahlungen durchlassen und die schlechten nicht verstärken,
weil die Baustoffe chemiefrei sind.

Übersicht über Baustoffeigenschaften

a) Baustoffe sollen atmen

Baustoffe sollen luftdurchlässig sein und
dabei auch die Luft reinigen, also rege-
nerierend wirken. Sie sollen Feuchtigkeit durchlassen, sich aber nicht mit
Feuchtigkeit ansaugen. Um leben zu
können, muß der Mensch atmen; das
geschieht auch durch die Haut. Gegen
die Witterung schützt er sich mit der
Kleidung, der zweiten Haut und treibt
hier recht oft Unfug. Synthetische, luft-
undurchlässige Kleidung ist nicht gesund, weil sie nicht atmet und den
Schweiß nicht aufsaugt. Die Wohnung,
das Haus sind die dritte Haut des Menschen, und die Wände, die Böden, die
Mauern, das Dach sollen gesunde
Transpiration und Atmung ermöglichen. Die Baustoffe, nach dem Grad
ihrer Luftdurchlässigkeit gereiht, sind
Ziegel – Leichtbeton – Kalksandstein –
Holz – Schwerbeton – Kunststoffolien.
Alufolie ist beinahe nicht durchlässig,
Glas überhaupt nicht. So ist auch
Leichtbeton zwar durchlässiger als Holz,
es fehlt ihm aber die Eigenschaft, die
das Holz so wertvoll macht: er rege-
neriert nicht, das heißt, er ist nicht in der
Lage, Schadstoffe, die in der Luft sind,
zu absorbieren und zu neutralisieren.
Wie viele künstliche Stoffe haben künstliche Baustoffe zwar gute technische
Eigenschaften, erfüllen aber natürliche
Eigenschaften wie Entgiftung oder Re-
generation nicht. Lehm, Ton gebrannt
oder ungebrannt, haben die Fähigkeit,
entgiftend zu wirken, was man an ihrer
medizinischen Verwendung als Heilerde
merkt. Allein diese Eigenschaften machen Lehm und Holz und ihre naturbelassenen Nebenprodukte zu den wert-
vollsten Baumaterialien. So ist bei Baustoffen nicht nur wichtig, wieviel sie durchlassen, sondern auch, wie sie es tun.
Manche Stoffe sind sehr porös und ziehen die Feuchtigkeit an, was sie für viele

Verwendungsmöglichkeiten bestimmt.
So leiten folgende Baustoffe den Dampf
sehr gut: Holzwollplatten, Korkplatten,
Ziegel, Gipsplatten, Holz, Kalksandstein. Gehärtete Schaumstoffe, Gasbe-
ton, Schwerbeton halten den Dampf
lange ab (Dampfbremsstoffe), Glas ist
dampfundurchlässig. Versperrt man
dampfleitenden Materialien die Möglichkeit der Dampfleitung, so werden sie
bald feucht und beschädigt sein. So kann
man es zuwege bringen, daß ein guter,
natürlicher Baustoff wie Kork als Bade-
zimmerboden, auf eine Plastikfolie gelegt, zum schlechten Baustoff wird.
Wenn man Kork als Naßraum-Bodenbe-
lag verwenden will, ist er also mit einer
Kunstharzschicht imprägniert, was ihn
wiederum elektrisch aufladbar macht.
Wer also mit natürlichen Baustoffen
konsequent oder gar im Sinne der
Wohnapostel bauen will, der muß sich
an die alten Bauweisen halten. Beginnt
er mit vielen dünnen Schichten (Isolier-
bauweise) statt mit einer dicken zu bau-
en, wird es sehr kompliziert und viel zu
teuer. Es heißt also, überlegt zu kombinieren, auf die technischen **und** gesundheitlichen Voraussetzungen zu achten.
Die Atmungsfähigkeit der Baustoffe
muß aber auch durch einen guten Anstrich erhalten bleiben. Wenn man die
Ziegelwand mit Kunststofftapete über-
klebt, dann nützt die ganze Ziegelwand
nichts. Die Haus-Haut muß atmen können, man darf ihre Poren nicht verstop-
fen. Gute Maueranstriche sind alle
Kalkfarben und Leimfarben. Farben mit
Kunststoffzusätzen atmen nicht, auch
Ölfarbenanstriche sollten nicht verwendet werden. Binderanstrich muß auf
seine Durchlässigkeit geprüft werden.
Was für die Mauer gilt, gilt auch für die
Holzwand. Ein Kalkanstrich hat nie geschadet, und Leimfarben, mit denen
man vielleicht die Fensterläden streichen möchte, auch nicht. Soll das Holz
nicht gefärbt werden, sondern „natur"
bleiben, dann läßt man es am besten mit
Leinölfirnis ein und vergißt die vielen
Holzanstriche, die es im Handel gibt.

b) Baustoffe sollen ein trockenes Wohnklima ermöglichen

Kein Mensch geht mit feuchten Kleidern
herum, aber viele ziehen in ein Haus

ein, das noch nicht trocken, ist, oder
leben jahrelang in alten, feuchten Wänden. Wer schon nicht warten kann, ehe
er in sein Haus einzieht, der baue es
ganz aus Holz, denn Holz wird nur dann
verwendet, wenn es ganz trocken ist.
30 cm dicke Ziegelmauern trocknen in
einem Jahr, Porenbeton und Kalksandstein brauchen drei Jahre, Schwerbeton
vier bis fünf Jahre. Bei der Sanierung
alter Häuser legt man vor allem erst
feuchte Mauern trocken, bevor andere
„Verschönerungen" durchgeführt werden.

c) Über die Giftigkeit der Baustoffe

Alle Baustoffe sind mehr oder weniger
radioaktiv. Hartbaustoffe strahlen mehr
als neutrale oder pflanzliche Baustoffe,
Holz, Naturgips und Kalkstein am wenigsten. Die Radioaktivität von Chemiegips, der als „praktisches" Baumaterial
gerne verwendet wird, ist bereits gesundheitsschädlich. Ebenso warnen die
Wohnapostel vor Schlackenzement und
allen „toten" Materialien. Tote Materialien sind solche, die zu hoch gebrannt
wurden und jegliches „Leben" verloren
haben, z. B. totgebrannter Gips, der
kein Kristallwasser enthält. Ähnlich
„giftig" sind auch Steinkohleteer und
alle Abfallprodukte, besonders Schlak-
ken der Hochöfen. Asbesthältige Baustoffe sind giftig und sollten, wenn überhaupt, nur auf dem Dach und an Außenwänden verwendet werden. In den fünfziger und sechziger Jahren wurden Wasserleitungen aus Asbestbaustoff erzeugt;
sind solche Rohre in einem Haus noch
vorhanden, sollte man sie am besten
entfernen und durch neue ersetzen. Giftig sind alle Baustoffe, die folgende
Stoffe enthalten: Phenylquecksilber,
Quecksilbersalze, Pentachlorphenol,
Formaldehyd, Styrol, Arsen, Anilin,
Phenol, Äther, Eser, Kunstharz, Aze-
tat, Methylalkohol. Meist sind mit diesen Stoffen „veredelte" oder aus ihnen
bestehende Baustoffe in der Fertigteil-
Baustoffindustrie, der Isoliermaterial-
Industrie, der Pflegeleicht-Industrie zu
finden. Oft werden natürliche Abfall-
oder Zerkleinerungsprodukte (Sägespäne, Sägemehl, Filz, Fasern usw. . . . .)
künstlich gehärtet, verleimt und gelackt
und verlieren dadurch ihre ursprünglich
guten, „gesunden" Eigenschaften.

d) Baustoffe und Feuerschutz

Die Bauordnung schreibt auch die baulichen Feuerschutzmaßnahmen vor. So kommt es, daß Leichtbetondecken, obwohl sie viel rascher einstürzen als starke Holzbalkendecken, immer noch eingezogen werden. Wer den Zwischenboden einer Holzbalkendecke mit Weißkalk, Putzresten und Kalksteinen belegt, baut den besten Feuerschutz ein. Bei Hitze durch Feuer wird der Kalk entsäuert, indem er natürliche Kohlensäure in Gasform entwickelt. Diese behindert ein Entflammen der Holzgase.

Kunststoffe haben zusätzlich zu ihren anderen schlechten Eigenschaften auch die, daß sie beim Brennen Giftstoffe entwickeln und explosionsartig brennen. Auch aus diesem Grund sollte man Kunststoffteppichböden vermeiden! Bodenbeläge aus reiner Wolle brennen schlecht, sie verschmoren langsam.

In der Innenraumkonstruktion sollte man mit Rücksicht auf den Feuerschutz Stiegen aus Hartholz massiv bauen oder Treppen und Stiegenhäuser in Stein errichten.

Vom Standpunkt des gesunden Bauens aus gesehen sind Holzbretterdächer, Holzschindeldächer, Schilfdächer, Strohdächer und Strohlehmdächer, ebenso auch Ziegeldächer aus gebranntem Ton zu empfehlen. Vom Standpunkt der Feuerversicherungsgesellschaften aus allerdings sind diese Dächer, mit Ausnahme des Ziegeldaches, mehr durch Feuer gefährdet als alle anderen, und daher erhöht sich die Prämie der Feuerversicherung bei Stroh- und Holzdächern. Der Gesundhausbauer mit kleiner oder normal gefüllter Brieftasche wird aus diesem Grund des Ziegeldach vorziehen.

e) Bioglas und Biobeton

Auch wer gesund baut, muß ab und zu mal betonieren. Und es wird niemandem erspart bleiben, handelsübliches Glas zu verwenden. Wintergarten und Veranda – alte, neue Bauelemente, die zum Energiesparen im Haus beitragen, bestehen aus viel Glas. Glas aber ist atmungsunfähig und dampfundurchlässig, es läßt auch wenig natürliche kosmische Strahlen durch, z. B. beinahe keine UV-Strahlen.

Durchlässiges Bioglas und atmungsfähiger, nicht gesundheitsschädigender Biobeton sind Wunschmaterialien der Wohnapostel. Ein solcher Biobeton sollte aus gebranntem Kalk (bei maximal 700 Grad) als Bindemittel, Kalksplitt, Ziegelschrot oder Kalksand als Ballastmaterial erzeugt werden. Die Zugabe von organischen Stoffen, wie Korkschrot, Holzmehl, sollte die baubiologischen und isoliertechnischen Eigenschaften verbessern. Die Wohnapostel wünschen sich auch Armierungsmöglichkeiten durch pflanzliche Stoffe wie Bambusrohre statt Stahlstangen.

Bleiloses Quarzglas, sündteuer, läßt die UV-Strahlen durch. Auch Acrylglas (Plexiglas) ist UV-durchlässig, ist aber kein Glas, sondern ein Kunststoff, der sich elektromagnetisch auflädt, leicht zerkratzt wird und sich mit der Zeit schmutzig verfärbt. Hier werden auch die Wohnapostel noch eine Zeitlang die Fenster öffnen müssen, wenn sie das Bedürfnis nach bräunender UV-Bestrahlung überkommt.

Gesundes Bauen – einst und jetzt

Noch zu Beginn unseres Jahrhunderts saßen viele Bauern in ihren Rauchstubenküchen; sie waren geräuchert, wie das Fleisch, das sie aßen, und haben es auch überlebt, wie man uns erzählt. Und Erzählungen handeln ja meist von denen, die überlebten und nicht von jenen, die schon früh zu husten begannen. Leidet heute so mancher an Kopfweh und Schlafstörungen, was die Wohnapostel dem ungesunden Wohnen von heute zuschreiben, so holte sich früher jeder einmal in den zugigen Vorhäusern und Gängen seines Stadthauses das Rheuma, ganz zu schweigen von den gesundheitlichen Schäden, die durch das Wohnen in feuchten, unbelüfteten, allzu niedrigen Räumen entstanden sind. Waren einst die Baumaterialien viel gesünder als heute, weil sie natürlich und unbehandelt waren, so war der Wohnkomfort höchstens in der Ofenstube vorhanden, hörte aber schon auf, wenn man über den offenen Gang aufs Klo mußte. Im Jahre 1900 gab es in einer österreichischen Kleinstadt mit zehntau-

send Einwohnern fünf Haushalte mit Spülklosett und Badezimmer.

Wer heute gesund baut, sucht alte, materialgerechte Bauweisen von einst zu übernehmen, bleibt bei natürlichen Baumaterialien, muß aber Isolierung, Beheizung und Sanitärkomfort dazubauen. Wer ein gesundes Haus bewohnen will, kommt finanziell wesentlich günstiger weg, wenn er ein altes Haus, eine alte Wohnung in einem Altbau saniert. Ein Neubau kommt viel teurer, wenn man auf technisch gute, jedoch nicht natürliche Isolierstoffe zugunsten rein natürlicher Isolier- und Baustoffe verzichtet. Die Baustofftabelle (siehe Seite 40 und folgende) soll helfen, die richtigen Baumaterialien zu wählen, sei es für die Sanierung von Altbauten, sei es für den gesunden Neubau.

Ein Problem ist die Sanierung moderner Bauten aus den fünfziger und sechziger Jahren. Sie weisen meist schon Materialschäden auf. Wer ein dünnwandiges Haus mit einer gesunden Isolierschicht einkleiden will, braucht fachliche Beratung, vor allem dann, wenn Materialien nicht nur zusätzlich angebracht, sondern auch gegen natürliche, bessere ausgetauscht werden. Stellen empfindliche Menschen in ihren, alten oder neuen, Häusern geopathische oder durch die elektrischen Installationen hervorgerufene Störungen fest, so betreffen diese Zonen ja nicht das ganze Haus, sondern nur einzelne Räume. Hier müssen dann eben mit gesundem Hausverstand, wenn's sein muß mit Hilfe eines Wohnapostels, Maßnahmen getroffen werden, indem man die Ruheräume mit anderen vertauscht, die Betten verrückt, usw. Hier muß jeder selbst wissen, wie weit er das gesunde Bauen oder Umbauen treiben will.

Baustoffübersicht

Wer die Wahl hat, hat die Qual. Die alten Bauernhäuser, von den Wänden über die Böden und Dächer, die Möbel und Geräte ganz aus Holz, sind deshalb so harmonisch und einfallsreich in ihrer Konstruktion, weil eben nur ein Baustoff vorhanden war und man das Beste aus ihm machte.

Heute gibt es eine Fülle von Baustoffen,

und der wichtigste Mann beim Bauen ist weder der Hausbauer selbst noch der Architekt, weder der Baumeister noch der Handwerker: Der wichtigste Mann ist der Verkäufer in der Baustoffgroßhandlung geworden. Seine Ausbildung – so er eine genossen hat – ist kommerziell und seine Berater sind die Vertreter der Baustoffindustrie.

Wer die Wahl hat, hat die Qual. Ein Rat: Man baue mit möglichst wenig Materialien, am besten nur mit zwei: einem neutralen Baustoff für das Fundament, die Hausteile, in denen die Naßräume liegen, das Dach aus einem neutralen oder pflanzlichen Baustoff und den Rest des Hauses, also den größten Teil, aus Holz. Wenn man einfach, gut und gesund bauen will, kommt man immer wieder zu Holz und Ziegeln zurück. Aus biologischer Sicht gibt es Baustoffe, die völlig abzulehnen sind, und solche, die man sehr empfehlen kann. Eine Grundregel bei der Baustoffwahl:

Man baue nur mit einfachen, natürlichen Materialien, bei denen man auch weiß, woraus sie bestehen. Produkte, die nicht mit ihrer Materialbezeichnung, sondern durch den Firmennamen definiert sind, sollte man nicht wählen. Man frage nur einmal den Verkäufer in der Baustoffhandlung, woraus denn das vielgepriesene, neue, technisch so gute Material XY eigentlich zusammengesetzt sei: Er wird es in vielen Fällen nicht wissen!

Empfehlenswerte Baumaterialien

Lehm wirkt entgiftend. Mit Strohhäcksel vermengt, kann er als Baumaterial für Wände verwendet werden. Ein Kellerboden aus gestampftem Lehm wird so gemacht: Lehmerde wird mit Wasser gemischt und zu einer breiigen Masse verrührt. Auf einem Untergrund aus 10 cm starker Sandschicht wird der Brei breitgestrichen und drei Wochen trocknen gelassen. Dann erst darf man den Keller betreten.

Aus gutem Lehm können auch Backöfen, Kachelöfen, Küchenöfen geformt werden. Ein gesunder Lehmboden, nicht nur für den Keller, sondern auch für die Speisekammer oder eine Diele, kann auch selbst gemacht werden: Ent-

steinte, feine Lehmerde wird mit Wasser gemischt, bis ein Brei entsteht, den man leicht aufschütten kann. Er wird mit einem Brett flachgestrichen. Man sollte rasch arbeiten und einen Raum in einem Tag fertigstellen, da sich sonst an der Stelle, wo frischer Lehm an bereits getrockneten stößt, Risse bilden. Die Oberfläche kann während des Auftragens der Lehmschicht zusätzlich noch mit einem Tuch geglättet werden.

Nach zwei Wochen – bei feuchter Witterung drei Wochen – ist der Boden hell und trocken geworden und es haben sich Risse gebildet. Diese Risse gießt man nun mit etwas dünnerem Lehmbrei aus und streicht die Flächen wieder glatt. Die Ausbesserungen werden in ein paar Tagen trocken sein. Danach wird der Boden mit kochendheißem Leinöl eingelassen, das eine Woche lang einziehen soll. Dann wird ein zweites Mal kochendheißes Leinöl aufgetragen, dem man ein Viertel der Menge an Terpentin beigemischt hat. Diese Masse trocknet rascher ein, und schließlich beendet man die Prozedur, indem man gutes Bodenwachs aufträgt und den Boden damit poliert. Wenn sich mit der Zeit Risse bilden, bessert man sie wie beschrieben aus. Dieser Lehmboden bekommt mit der Zeit eine wunderschöne braune Farbe und ist in der heutigen Konsumartikelzeit etwas ganz Besonderes! Lehmböden sind gesund und fußwarm; man sollte barfuß oder mit flachen, weichen Schuhen darauf gehen.

Ziegelsteine sollte der verwenden, der massiv und wärmespeichernd bauen möchte. Die technische Qualität der Ziegel richtet sich nach Materialbeschaffenheit und Brenntemperatur, die biologische Qualität nach der Art des Brennens und der Höhe der Brenntemperatur. Bei 950 Grad Celsius über Feuer aus Rohr, Stroh oder Sägemehl gebrannte Ziegel sind die gesündesten. Werden Ziegel mit Kunststoffen industriell gebrannt, werden sie poröser, sind aber nicht mehr so weich. Aus Ziegelsteinen werden nicht nur Mauern errichtet, auch Fußböden, Kellerböden, Treppen, Terrassen, Innenhöfe, Wege im Freien, Öfen kann man daraus mauern. Ein Ziegelbau von 36,5 cm Stärke braucht ein Jahr, um auszutrocknen.

Klinker, Fliesen sind hartgebrannt bis zur Sinterung. Sie haben alle guten Eigenschaften, die auch Ziegel haben, sind jedoch härter und nicht so porös. Wenn man Klinkerfliesen kauft, sollte man zweite Wahl nehmen, die Fliesen sind billiger und genauso gut. Klinkerböden sind allerdings fußkalt und nur in Vorräumen, nicht aber in Wohnräumen zu verwenden.

Keramikfliesen sollten nur in Naßräumen, Küchen oder Waschräumen verwendet werden. Sie sind biologisch empfehlenswerte Baustoffe, jedoch materialkalt. Als Dekoration sind sie in Kombination mit Holz zu verwenden.

Natursteinplatten: Marmor, Quarzitstein, Granitstein, Schieferstein sollte man zur Mauerverkleidung, in Höfen und Gärten, im Außenbereich verwenden. Als massive Hartbaustoffe sind sie nicht zu empfehlen, mit Ausnahme von schiefrigen Bruchsteinen, die weich sind und mit Kalkmörtel vermauert werden sollten. Sie sind aber alle den Kunststeinen, die es in allen Arten gibt, vorzuziehen.

Sandstein ist ein sehr empfehlenswertes Baumaterial. Er hat bessere Isolierwerte als Ziegelstein. Natürlicher Kalksandstein besteht aus Ton, Kieselerde und Kalk, ist wärmespeichernd, schalldämpfend und weich. Gegenüber dem Ziegelstein hat er den Nachteil, daß er doppelt so lange zum Trocknen braucht; bei 30 cm Stärke (die einer Ziegelstärke von 40 cm entspricht) braucht er zwei Jahre. Es gibt auch künstlich erzeugten Kalksandstein, der aus Quarzsand und Branntkalkpulver hergestellt wird. Aus Sandstein baut man Außenmauern und Treppen und verwendet natürlichen Sandstein auch zu Zierzwecken.

Holz ist, neben natürlich und auch nicht zu hoch gebranntem Ziegelstein, das wertvollste, gesündeste Baumaterial, wenn es naturbelassen und unbehandelt bleibt (s. Kapitel Holz). Aufpassen muß man bei allen aus Holzabfällen hergestellten Baustoffen, wie Platten, Furnieren usw. Wenn Holz zerkleinert, gepreßt, geleimt, gemischt wird, kann es in der Zusammensetzung so verändert sein, daß man es nicht mehr als biologisch empfehlenswert bezeichnen kann.

Glas als Baustoff ist faszinierend. Holz

und Glas sind sicher eine Baustoffkombination für die Einfamilienhaus-Alternative. Technisch und biologisch gesehen ist Glas jedoch mit Einschränkungen zu behandeln; die ästhetische Motivation muß die technischen und biologischen Nachteile in den Hintergrund stellen. Nur Quarzglas, das aus geschmolzenem, gemahlenem Bergkristall besteht und sündteuer ist, entspricht den baubiologischen Anforderungen. Es läßt ca. 80% der UV-Strahlen durch. Das gewöhnliche „Hausglas" auf Silikatbasis läßt nur 30% der UV-Strahlen und 60% der Wärmestrahlung durch. Glasersatz aus Kunststoff wie Acrylglas, Plexiglas usw. läßt zwar die UV-Strahlung stärker durch, vergilbt aber mit der Zeit, zeigt jeden Kratzer und lädt sich elektrostatisch auf.

Biologisch nicht empfehlenswerte Baustoffe

Beton ist heute technisch unübertroffener Massivbaustoff, biologisch gesehen aber völlig abzulehnen. Beton darf von diesem Standpunkt aus nur dort verwendet werden, wo er technisch nicht ersetzt werden kann; hier sind Leichtbeton, Schaumbeton, Blähbetonmaterialien den schweren Betonbaustoffen vorzuziehen. Hervorragende Qualitätsbetone halten mehrere tausend Jahre und bleiben der Nachwelt auch so lange erhalten. Es ist daher kein Baustoff für Leute, die sich nur ihr kleines Eigenheim bauen wollen.

Die Herstellung von Beton ist eine eigene Wissenschaft. Zusammensetzungsmöglichkeiten, Brenndauer, Brenntemperaturhöhe usw. bestimmen die verschiedenen Betone. Grundsätzlich ist Beton eine Mischung von Zement, Sand, Steinen, anderen Materialien (Ziegelsplitt, Blähbeton usw.), Wasser und Frostschutzmitteln. Fundamente, Keller sollten mit Leichtbetonsteinen gebaut werden; die Betonmischmaschinen auf dem Bauplatz sind völlig unnotwendig! Wird Beton armiert, mit Drähten oder Stahlmatten gefestigt, ist er noch ungesünder, vor allem, weil meist mehr Eisen verwendet wird, als nötig ist. Die sogenannten „Angsteisen", die man verwendet, damit nur ja keine Betonmauer einstürzt, können dem

Baubiologen und dem ganz normalen Hausbauer wirklich Angst machen!

Eine 30 cm starke Betonmauer braucht viermal so lange um zu trocknen wie eine Ziegelmauer gleicher Stärke – also vier Jahre. Leichtbeton, Porenbeton, Blähbeton trocknet in drei bis vier Jahren. Das für die Gesundheit schädliche Nullfeld von armiertem Beton macht ihn, neben anderen ungesunden Eigenschaften (wie radioaktiver Strahlung, die höher als bei anderen Baustoffen ist), zu einem Baumaterial, das abzulehnen ist.

Empfehlenswerte Bindemittel und Verputze

Kalkmörtel: Sand plus Bindemittel plus Wasser ergibt Mörtel, Sand (Quarzsand) plus Kalk plus Wasser ist Kalkmörtel. Er ist der gesunde Verputz und das gesunde Bindemittel. Eine Ziegelmauer gilt nur dann als baubiologisch gesund, wenn sie mit Kalkmörtel gemauert wurde. Frisch gelöschter Kalk sollte sofort zu Mörtel verarbeitet und „warm" vermauert werden. Dazu mischt man Kalk und Sand im Verhältnis 1:3 und rührt die Masse so lange mit reinem Wasser, bis sie eine teigige Konsistenz aufweist.

Kuhdung: Beim Renovieren alter Häuser, in denen sich eine schwarze Küche oder ein rußiger Vorraum befindet, sollte Kuhdung zum Entschwärzen der Oberfläche verwendet werden. Kuhfladen werden mit Wasser vermengt, bis eine dünne Masse entsteht, die ungefähr die Konsistenz des Weißkalks für die Mauern besitzt. Diese trägt man mit einer großen Bürste auf die schwarzen Wände und Mauern auf und läßt das Ganze eintrocknen. Wenn alles trocken ist, kann man darüber weißen, und der Ruß kommt nicht mehr zum Vorschein.

Naturgips sollte sparsam verwendet werden, zum Ausbessern von Löchern, Ritzen und dergleichen. Bei der Herstellung von Gipspulver wird Kalziumsulfat gebrannt, dabei verliert es das Kristallwasser; setzt man dem Naturgips später Wasser zu, wird er fest. Wie andere Materialien kann auch Gips zu hoch gebrannt werden; über 500 Grad Celsius Brenntemperatur ist biologisch unzulässig, weil der Gips dann „totgebrannt"

wird. Nie darf ein ganzes Zimmer ausgegipst werden! Chemiegips in jeder Form ist übrigens ein äußerst giftiger Baustoff! (Chemiegipsplatte)

Nicht empfehlenswerte Bindemittel und Verputze

Zement heißt das Wunderwort; trocknet der Kalkmörtel zu langsam, bindet er nach einer Stunde noch nicht, dann wird Zement beigemengt und schon geht alles – scheinbar – schneller. Die Mischmaschine auf dem Bauplatz ist heute das wichtigste Utensil für ungesundes Bauen. Zement ist ein Brennprodukt aus den Rohmaterialien Kalk plus Lehm plus Mineralen, er wird bei 1500 Grad Celsius gebrannt, also ein totgebranntes Material. Alles, was mit Zementmörtel verbunden wurde, trocknet scheinbar rascher, hat aber in Wirklichkeit eine längere Trockenzeit. Zementböden sind fußkalt. Auf dem Markt sind viele verschiedene Zementsorten, Hochofenschlackenzement ist nur eine davon und besonders ungesund, da er stark radioaktiv strahlt. Die Hochöfen sind mit Kalkstein gefüttert, der das ganze Gift aus dem schmelzenden Eisen aufnimmt. Diese Schlacke wird zu Zement vermahlen.

Zementhaltige Verputze, auch „Edelputze" genannt, sind jene, mit denen man alle Fehler beim Bauen unsichtbar machen kann. Sie verschließen Fugen, begradigen schiefe Mauern und sind eine der Ursachen – oder Endprodukte – des ästhetisch wie biologisch so unbefriedigenden Bauens.

Empfehlenswerte Füll- und Isolierstoffe

Dazu gehören alle natürlichen Materialien, die trocken sind: Zeitungspapier, Sägespäne, Werg, Rindenschrot, Holzwolle, Moos, Filze (tierische Haare), Stroh, Schilfrohr, Korkschrot, Kieselgut, Blähton. Sie sind nicht immer strapazierfähig und die meisten von ihnen sind leicht brennbar. Moos wird in Verbindung mit Lehm zum Abdichten von Fugen bei Blockbauten verwendet (es soll während des Bauens zwischen die Stämme gelegt werden), Strohhäcksel kann ebenfalls mit Lehm verbunden und als Isolierfüllung verwendet werden. Holzwolleplatten, Sägemehlplatten, Span-

platten, Faserplatten sind mit Bindemitteln gepreßt im Handel erhältlich. Hier kommt es auf das Bindemittel an, ob die Platten als gesund oder nicht gesund gelten sollen. Magnesitgebundene Holzwolleplatten sind unschädlich, kunstharzgebundene Spanplatten zum Beispiel aber nicht empfehlenswert.

Korkplatten sind, wenn sie nicht mit Kunstharzen oberflächenbehandelt oder gebunden wurden, sehr gesund. In naturbelassenem Zustand sind sie fußwarm, atmungsfähig, gesund in jeder Hinsicht, jedoch sehr teuer.

Naturbelassene Torfpreßplatten sind eine gute, gesunde Schallisolierung. Auch Bitumenfilzpappe und Dachpappe sind empfehlenswert.

Nicht empfehlenswerte Füll- und Isolierstoffe

Technisch gut, jedoch in gesundheitlicher Hinsicht nicht empfehlenswert sind alle künstlich erzeugten Isolierstoffe wie Schlackenwolle, Glaswolle, Mineralwolle, Schaumstoffe und Dampfsperren wie Plastikfolien. Aluminiumfolie ist abzulehnen, sie sollte nur in kleinsten Mengen als Hitzeisolierung verwendet werden. Bei der Flachdachisolierung ist Alufolie technisch unübertroffen, Flachdächer wie Alufolie werden aber von der Baubiologie abgelehnt.

Empfehlenswerte Anstriche, Schutz- und Pflegemittel

Kalk wirkt entgiftend. Schwefelfreier Weißkalk, Luftkalk genannt, besitzt die beste Qualität. Gebrannter Kalk wird mit Wasser zu einer sehr dünnen und durchsichtigen Flüssigkeit angerührt und dann mit einer Bürste auf die Mauern und Wände aufgetragen. Wenn er zu dickflüssig ist, bröselt er, wodurch Unebenheiten entstehen. Die nasse, frischgekalkte Wand darf nicht weiß, sondern nur naß aussehen. Nach zwei Tagen wird sie ganz weiß sein. Nach dem Ende der Arbeit lassen sich die Kalkspritzer leicht entfernen, man braucht also keine Zeitungen usw. aufzubreiten, wenn man sofort saubermacht. Achtgeben auf die Augen, Kalktropfen brennen sehr scharf!

Der natürliche **Leimanstrich** besteht aus Kreide (Kalk) und Leim (tierischer oder pflanzlicher Herkunft). Leime, zum Beispiel Kaseinleim, der aus Milch hergestellt wird, oder Knochenleim, auch Weizenmehlleim, sind biologisch hochwertig. Kalk- oder Leimanstriche, natürlich mit Pflanzen- oder Erdfarben gefärbt, halten nur auf Kalkverputz oder Gips und sind nicht witterungsbeständig, können daher nur im Innenbereich des Hauses verwendet werden.

Imprägnierungen, Lacke: Holzkohleteer ist für Bauteile, die in die Erde kommen oder an das Erdreich grenzen, also besonders für den Keller empfehlenswert. Lacke aus Naturharzen wie Schellack, Lacke aus dem Harz oder Gummi tropischer Bäume, Lacke aus Erdgas und Erdöl werden verdünnt aufgetragen, so zum Beispiel mit Leinölfirnis vermischt. Pflegemittel für Holz wie Leinöl, Leinölfirnis, Bienenwachspräparate sind empfehlenswert, ebenso können Borpräparate verwendet werden. Natürliche Wachse pflegen auch Stein und Leder (Erdölwachse).

Nicht empfehlenswerte Anstriche, Schutz- und Pflegemittel

Künstliche Binderfarbenanstriche, Ölfarbenanstriche, Dispersionsfarben, Anstriche, die künstliche Farben enthalten, porenverstopfende Anstriche, Kunstharze, Lösungsmittel wie Terpentinersatz, synthetische Alkohole (Ester, Äther, Azetate), alle „Ersatz"-Produkte („Ersatz" für eine natürliches Präparat), Steinkohlenteer.

Empfehlenswerte Dekorations- und andere Stoffe

Tapeten sollen atmungsfähig sein: Kork-, (nicht lackiert), Schilf, Flechtwerk, Stofftapeten (Leinen), Naturseide, Wolle. Alte Tapeten nie überkleben!

Bodenbeläge sollten aus Naturgummi, Linoleum, Wolle, Pflanzenfasern, gewebt oder geflochten, bestehen.

Wenn es geht, sollte man Glas in kleinen Öffnungen durch geschliffene Naturharze oder Lücken im Holz ersetzen.

Möbelbezüge: Gut geeignet ist – womöglich ungefärbtes und natürlich gegerbtes – Leder, am besten aus dem Orient. Dasselbe gilt für Felle. Gesund sind Wollbezüge, Leinenbezüge, Wollwebedecken usw.

Nicht empfehlenswerte Dekorations- und andere Stoffe

Alle Tapeten aus Kunststoff, Kunstleder-Möbelbezug, Schaumstoffe, PVC-Bodenbelag.

Metalle im Haus

Gold, Silber, Kupfer sollte in Form von Gefäßen, Eßbesteck, Kochgeschirr, Rohr (Kupferrohre) verwendet werden, jedoch nicht in größerer Menge (kein Kupferdach). Zinngeschirr ist empfehlenswert, Blei für Abwasserrohre geeignet, aber nicht für Geräte oder Zuleitungen. Eisen ist abzulehnen, in Schlafraumnähe stört es den Schlaf. Aluminium sollte nicht verwendet werden. Asbest (Magnesiumsilikat) ist in staubförmigem Zustand hochgiftig. Asbeststaub entsteht bei der Herstellung von asbesthaltigen Baumaterialien und bei ihrer Verarbeitung. Ein Dach mit Asbestzement zu decken ist für den Dachdecker noch viel ungesünder als für den, der unter diesem Dach wohnt. Eine biologisch halbwegs zulässige Dacheindeckung mit Metall wäre verzinktes Eisenblech (für Wochenendhäuser, kleinere Gebäude).

Bauen und Energie

Bauen und Wärmedämmung

Die Zeiten der dünnen Wände und großflächigen Fenster, der schlecht schließenden Eingangstüren und der putzigen Dächer sind vorbei. Gott sei Dank. Allein schon der Anblick dünnwandiger Edelverputzabblätterarchitektur war nie erfreulich, und wenn heute vielleicht auch noch manchem der Bewohner sein Vogelhäuschen gefällt, so zwingt zumindest die Heizkostenrechnung ihn zum Umdenken.

Die Höhe der Heizkosten setzt sich aus verschiedenen Faktoren zusammen, wird bestimmt durch die Bauweise, die Baumaterialien, das Raumvolumen, die Anordnung der Räume, Fenster und Türen, den Standort des Hauses und die architektonische Form. In Aluminium, Stahl, Glas und Kunststoff, dachlos und kahl, können nur mehr jene bauen, die selber die Energie direkt oder indirekt produzieren und dadurch andere von sich abhängig machen. Lebt man in

einer gut isolierten Wohnung oder in einem dickwandigen Haus, so kann man durchaus Heizkosten sparen. Sozialwohnungsbewohner, die in einer bestimmten Art von Unsozialwohnung leben, haben es schwerer, Heizkosten einzusparen. Nicht nur Wohnblocks und Einfamilienhäuser, die nach 1945 und bis heute gebaut wurden, sind schlecht isoliert. Fehlerquellen im Baumaterial, in der Konstruktion, in schlechtschließenden Fenstern und Türen findet man in neuen wie in alten Häusern. Jedoch sind zum Beispiel alte Blockhäuser auf dem Land wesentlich einfacher zu isolieren und material-wohnlich zu machen als dachlose Hohlziegelbauten aus den fünfziger Jahren.

Wir haben schon gesagt, daß die Wohnung, das Haus, die dritte Haut des Menschen ist, man sollte sie also daher immer in Beziehung zur ersten und zweiten Haut stellen, wenn man plant und baut. Das Haus ist kein Fremdkörper und sollte auch nicht als solcher behandelt werden!

Neun Monate im Jahr ist es in unseren Breitengraden kühl oder gar bitter kalt. Und so schützen wir unsere Haut mit mehreren Stoffschichten, die übereinanderliegen und zwischen denen die Luft zirkulieren kann. Aber auch eine einzige, dicke Schicht, zum Beispiel ein Pelz, wärmt sehr gut. Wenn man sich also vor Kälte schützen will, entscheidet man sich für Unterhemden, Hemden, Blusen, Pullover, Jacken und Stoffmäntel oder für Hemd oder Kleid und einen Pelzmantel. Beim Pelzmantel kann nichts schiefgehen, er hat alle guten wärmetechnischen und biologischen Eigenschaften, außerdem ist er schön. Kleine Einschränkung: er ist teuer. Da kostet die Mehrschichtbekleidung weniger, wird deswegen auch bevorzugt, hat aber Nachteile: verschiedene Materialien vertragen sich nicht, laden sich elektrostatisch auf und die Kleider sprühen Funken. Oder die Kleider passen in Farbe, Muster oder Stoff nicht zusammen.

Welche Materialauswahl man immer auch trifft, weder der Pelzmantel noch die vielen Pullover nützen, wenn sie nicht dicht sind, wenn der Wind durchbläst, oder wenn die Füße in dünnen

Socken und Schuhen stecken. Warme Füße sind die Grundbedingung dafür, daß man sich angenehm warm fühlt.

Stehen Menschen in Gruppen aneinandergedrängt, so sind sie besser gegen die Kälte geschützt, umgekehrt wird ihnen im Sommer natürlich schneller zu warm. Steht ein Mensch allein auf einer Anhöhe, ist ihm im Sommer angenehm kühl und im Winter bitter kalt. In der Menge oder als einzelner jedoch schützt man sich vor Kälte, Wind und Sonne an den exponiertesten Stelle, am Kopf.

Die Haushaut schützt die Menschen wie eine zweite Bekleidung vor Sonne, Regen, Wind und Kälte. Sie kann eine dicke oder mehrere dünne Schichten umfassen, „Pelzmantel" oder mehrere „Pullover" sein. Das Bauen mit mehreren Materialien ist komplizierter als das Bauen mit einem einzigen guten Material. Es ist außerdem nur dann billiger, wenn man die Baumarktangebote studiert und billiges Material verwendet. Das ist in den seltensten Fällen biologisch gut, bei vielen Materialien muß man den technischen Angaben der Baustoffindustrie glauben. Natürliches Bauen mit mehreren Materialien kommt sehr teuer, wer gesund bauen will, bleibt daher am besten bei der konservativen Ein-Material-(höchstens Zwei-Material-)Bauweise. Diese hat gegenüber der Mehrschicht-Bauweise einen großen Vorteil: sie ist nicht nur isolierend, sondern vor allem wärmespeichernd, man verbraucht wenig Energie zum Beheizen der Räume, weil die Haushaut Wärme speichert und abstrahlt. Die technisch perfekten, dünnen Isoliermaterialien isolieren zwar, speichern aber nicht. Das heißt, daß das Haus sich zwar sofort erwärmt, ebenso rasch aber wieder abkühlt. Barackenklima hat man das einmal genannt.

Man überlegt sich also am besten genau, ob man zum Beispiel eine Mauer plus Außenisolierung plus Isolierverputz plus Innenisolierung und Schalung oder eine doppelte Ziegelwand, mindestens 70 cm dick, mit Luftkammern baut. Diese ist teuer, aber man wird später Heizkosten sparen. Baut man massiv in Holz (Blockbau), so wird eine Isolierschicht genügen, einen Hauch von „Barackenklima" wird ein Holzhaus, zum Beispiel

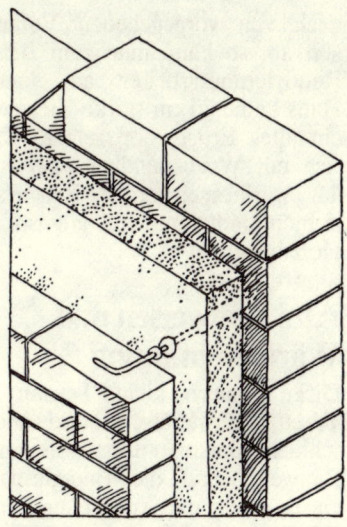

in Riegelbauweise, trotz zusätzlicher Isolierung aber immer haben.

Die folgende Tabelle zeigt, wie dick eine Wand aus einem bestimmten Baustoff sein muß, um dieselbe isoliertechnische Leistung zu erbringen.

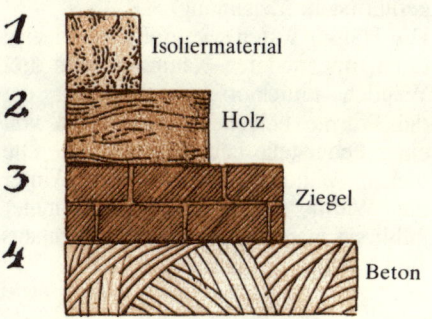

Aus der Zeichnung ist gut ersichtlich, daß Holz besser isoliert als Ziegel, dafür speichert dieser aber besser als Holz. Kalksandstein isoliert besser als Ziegel, wäre eine gute Massivbaualternative, wird aber nicht so gern verwendet. Es kommt eben auch auf andere Voraussetzungen, wie Atmungsfähigkeit und Regenerationsvermögen, an. Die Betonwand, die mit technisch gutem Material isoliert und außen im Alpenlook mit Holz verschalt ist, wird zwar die Wärme speichern und isolieren, in den Räumen, die sie umschließt, wird man sich aber trotzdem nicht so richtig wohlfühlen.

Die Bauweise, die man wählt, hängt

auch von vorgegebenen Voraussetzungen ab, so kann man zum Beispiel bei Renovierungsarbeiten an einem alten Haus keine 70 cm starke Ziegelwand auf ein altes Erdgeschoß setzen. Baut man sich ein Wochenendhaus, so wird man auf wärmespeichernde Bauweisen verzichten und dünn und gut isolierend in Holz bauen.

Alte Bauweisen und Wärmedämmung

Dicke Mauern, kleine Fenster, niedrige Türen, fensterlose Nordwände, geschützte Balkone, Innenhöfe und dichte Bauweise sind die Energiesparer von einst. Allein die Anordnung der Häuser in einer mittelalterlichen Stadt schützte die Bewohner von Wind, Regen, Sonne und Kälte.

Eine Bruchsteinmauer eines mittelalterlichen Hauses war ein bis zwei Meter stark. Diese Steinmauern waren mit Kalkmörtel oder gar mit „Dreck" gebunden, doppelschalig errichtet und innen mit Erde, Sand und Bauschutt aufgefüllt (siehe Zeichnung).

Die Häuser waren wie große, gemauerte Öfen, mit niederen Kammern, von drei Wänden umschlossenen Räumen, die die Wärme behielten, ohne selbst von einer Feuerstelle beheizt zu werden. Die dicken Mauern speicherten im Winter die Wärme und hielten im Sommer kühl; sie machten das massive Steinhaus zum Prestige-Bürgerhaus.

Steinmauer

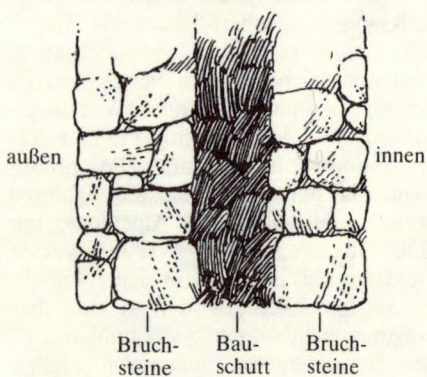

außen — innen

Bruch-   Bau-   Bruch-
steine   schutt   steine

Zugig, kalt und unkomfortabel nach den heutigen Begriffen war es hingegen in den ländlichen Blockhäusern. Sie bedurften dauernder Wartung, vor allem mußten ständig Ritzen, Fugen und Löcher verstopft und verschmiert werden. Man war ja den ganzen Tag im Freien und legte auf Wohnkomfort keinen Wert. Im Winter war Zeit, um das Haus zu reparieren und den Stubenofen ständig warmzuhalten. Die alten Blockhäuser sind entweder zugunsten neuerer gemauerter Häuser verlassen oder isoliert worden, wodurch ihr Charakter verlorenging. Alte Blockbauten, die heute von Leuten, die wieder gerne darinnen wohnen wollen, wärmetechnisch saniert werden müssen, geben eine harte Nuß zum Knacken auf, soll ihr Charakter erhalten bleiben. Lösungen mit Innenisolierung und Verschalung sind nicht immer glücklich. Wer energiesparbewußt denkt, darf die Ästhetik dabei nicht zu kurz kommen lassen!

Auf dem Land löste man einst das Energieproblem, indem man bekleidet zu Bett ging, sich in der warmen Stube um den Ofen herum aufhielt und auch bei manchen Hausformen mit den Tieren zusammen unter einem Dach wohnte: Meist nur durch einen Gang von ihnen getrennt, praktizierte man die direkte Verwendung von Körperwärme und Biogas als Wärmespender.

Wärmen sich die Häuser in alten Städten gegenseitig, indem sie eng aneinandergedrängt stehen, so wurden die Einzelhöfe auf dem Land immer an geschützte Standorte gebaut. Bevor man baute, beobachtete man die Sonneneinstrahlung, die Windrichtungen, die Hangneigung und die umgebende Landschaft. Die meisten Bauernhäuser stehen an Südhängen und sind in den Hang hineingebaut. Die Fenster sind klein, jedoch so angeordnet, daß zwar die Wintersonne und die sommerliche Abendsonne, nicht jedoch die sommerliche Mittagssonne in die Räume scheinen kann.

Heute baut man die Häuser nicht mehr an die geschützten Stellen, an die Hänge; man wagt sich auf Anhöhen hinauf, auf das freie Feld, wo jahraus, jahrein der Wind bläst. Eine Freude für Leute, die mit Windenergie ihr Haus beleuchten und Warmwasser erzeugen, aber trotzdem nicht das Ideale. Wer sein Haus auf den Hügel baut, wegen des billigen Grundstückpreises oder der schönen Aussicht, wird viel heizen müssen. Es gibt aber immer noch die Möglichkeit, die exponierte Lage als Herausforderung anzunehmen, eine den Umständen entsprechende Architektur zu entwickeln: ein Haus, das so gebaut ist, daß es sich selbst schützt, wetterfest, die Landschaft fortsetzend, ein Hügel am Hügel, mit fensterloser Nordseite und nach Süden offenem Atrium. Leider hat sich eine wetterfeste Architektur noch nicht durchgesetzt und das weißverputzte, einstöckige Häuschen am Hügel setzt nach wie vor Akzente in die Landschaft. Wir wollen nicht mehr in die Kleinraumhäuschen mit den niedrigen Räumen und der einzigen Feuerstelle zurückkehren, uns aber das Prinzip des alten, energiebewußten Bauens vor Augen führen. Die Häuser waren so gebaut, daß die Feuerstellen, die Kachelöfen sie erwärmen konnten. Da war Harmonie vorhanden. Man baute, womit man konnte, so gut man konnte. Niemandem wäre eingefallen, die Wände so dünn wie möglich, dafür den Kachelofen um so größer zu bauen. Erst die scheinbar so billigen und bequemen, industriell ausgebeuteten Energiequellen haben die Hausbauer von früher dazu gebracht, dünn und billig zu bauen. In manchen Gegenden Kanadas kostet das Erdgas beinahe nichts, weil es gleich in der Nähe gewonnen wird. So baut man eben Einraumhäuser aus Holz und Glas und heizt und heizt drauflos. Bei uns aber sind die Billigenergiezeiten vorbei, und eine von den Jahreszeiten, dem Wetter, den täglichen Temperaturschwankungen unabhängige Architektur können sich nur mehr die ganz Großen und die Energieproduzenten selbst leisten.

Die einzige Alternative ist, die Heizkosten durch die Verwendung energiespeichernder Materialien, gute Isolierung, energiesparende Raumanordnung und auf das Wetter Rücksicht nehmende Architektur zu senken. Die Haushaut soll atmen und regenerieren (gesundes Bauen) und schützen (energiesparendes Bauen). Vielleicht ist auch das energie-

sparbewußte Bauen ein Weg zu einer menschlicheren Architektur.

Wetterfestes Bauen und Umbauen

Ein Wochenendhaus soll wärmetechnisch anders funktionieren als ein Haus, in dem man ständig wohnt. Ein Haus, in dem man nur die Sommerwochen verbringt, wird anders gebaut sein als ein Wochenendhaus im Gebirge, in dem man auch die Winterwochenenden verbringt. Ein Wohnhaus, in dem man ständig lebt, sollte als Wärmespeicher und Kühlespender ein angenehmes Wohnklima schaffen und Heizkosten sparen helfen, das Wochenendhaus soll schnell aufgewärmt werden können und darf auch, wenn nicht geheizt wird, rasch wieder erkalten. Im Wohnhaus erwärmt man die Mauern, im Wochenendhaus die Räume. Im Wochenendhaus sollte der tragende Wandkörper daher außen sein, isoliert wird innen. Die Innendämmung ist außerdem preiswert, sie ist nicht dem Wetter ausgesetzt, die Fassade bleibt unverändert. Die Innendämmung kann man leicht selber montieren, an einer Fensterwand entstehen allerdings immer wieder Kältebrücken, durch die die Wärme abfließen kann (auch Schwachstellen in Heizkörpernischen, dort sind die Wände oft dünner, die Lufttemperatur am höchsten). Eine Fußbodenheizung im Wochenendhaus führt zu schneller Erwärmung, Baubiologen und Menschen mit empfindlichen Beinen lehnen sie allerdings ab: bei der konstanten Wärme von unten schwellen die Beine leicht an.

Die ideale Bauweise für ein Wochenendhaus ist der Holzbau, als Block- oder Skelettbau, innen mit einer Isolierungsschichte fugenfrei isoliert und verschalt.

Im Wohnhaus sollte der tragende Wandkörper innen sein und die Isolierung außen angebracht werden. Diese Außenisolierung sollte dem Wetter, aber auch anderen Mächten widerstehen können: So fressen zum Beispiel die Ameisen mit Vorliebe weiße, nicht jedoch blaue Hartschaumstoffisolierungen.

Warme Luft hat die Eigenschaft, zu entweichen; dazu benützt sie jede Möglichkeit, die ihr geboten wird – durch Fenster, Ritzen in der Mauer, undichte

Türen und Fenster, durch den Schornstein, durch offene Kamine, durch dünne, schlecht isolierte Wände, Dächer oder Dachböden. Den größten Wärmeverlust gibt es bei zu großen, gar einfach verglasten Fenstern und bei Ritzen und schlecht schließenden Fenstern. Noch bevor teure und großangelegte Energiesparmaßnahmen getroffen werden, sollte man:

Fenster- und Türfugen abdichten. Das kann man selbst mit verschiedenen Isolierbändern machen. Es gibt solche aus Filz (aus Wolle und Stoffen): Diese sollten nur dort verwendet werden, wo das Material nicht naß werden kann. Verstärkter Filz (Wolle plus Filz plus Aluminium) darf ebenfalls nicht naß werden. Aluminiumstreifen, die mit Vinyl überzogen sind, sind wasserfest und können leicht wieder entfernt werden. Vinyl-Aluminium-Schaum sollte dort, wo Druckfestigkeit verlangt wird, verwendet werden. Gummi-Polyurethan-Vinylstreifen mit einer Klebeschicht sind nicht zu empfehlen.

Fenster und Türfugen sollten also gut, aber nicht hundertprozentig abgedichtet sein, da sonst der für ein gesundes Wohnklima notwendige Luftaustausch unterbunden wird. Bei total abgedichteten Türen und Fenstern müßte man jede Stunde einmal lüften, das wird aber niemand machen. Lieber dort abdichten, wo es wirklich nötig ist. Unnötig ist es bei gut schließenden Doppeltüren und Doppelfenstern, wie dem traditionellen Sturm- oder Holzrahmenfenster mit der ruhenden Luftschichte dazwischen! Solche Fenster oder Türen sind empfehlenswert, man sollte sie einbauen, wo es möglich ist. Dies wird vor allem in alten Häusern möglich sein, in denen einst aus Modernisierungsgründen ein doppeltverglastes Kippfenster eingesetzt wurde. Energiesparend wirkt auch der bündig vorgebaute Fensterstock, den man in alten Bauernhäusern findet. Wo dieser vorhanden ist, sind zumeist keine Sturmfenster eingebaut worden, sondern nur einfache, einfachverglaste Fenster. Doppelfenster sind hier nicht nötig.

Fensterläden jeder Machart sind bei allen Häusern zu empfehlen. Wenn sie nicht vorhanden sind, sollte man sie

nachträglich anbringen: zum Klappen, Schieben oder doppelflügelig, wie es zum Haus und zur Tradition paßt. Auch innen können Läden angebracht werden. Wo man keine Rahmenpfostenstockfenster (Sturmfenster) einbauen kann, sollte man einfachverglaste Fenster durch dreifachverglaste ersetzen.

Der offene Kamin ist zum realisierbaren Gemütlichkeitsraum vieler Hausbauer geworden. Er kann aber mehr Schaden anrichten als nützen. Das trifft dann ein, wenn der offene Kamin sich an der Wand gegenüber der Fensterwand befindet. Die kalte Luft, die aus undichten oder einfachverglasten Fenstern in den Raum kommt, bleibt am Boden und findet ihren Weg direkt zum offenen Kamin, in dem das Feuer wärmen sollte. Dies tut es aber nicht, sondern die Wärme entweicht durch den Kamin ins Freie und kann nicht in den Raum. Die Konstruktion eines offenen Kamins setzt voraus, daß Mauern und Wände, Fenster und Türen gut isoliert sind. Ein Kamin in einem zentral gelegenen Raum, der gegenüber keine Fenster oder Außentüren hat, wird seine guten, wärmenden Dienste leisten.

Innendämmung für das Wochenendhaus, Außendämmung für das ständig bewohnte Haus – es wird aber Faktoren geben, die es auch beim ständig bewohnten Haus unmöglich machen, außen zu isolieren: alte Häuser, deren Fassade man nicht verändern soll, neue Häuser, denen man keinen „Edelputz" verpassen will. Sind diese Häuser massiv gebaut, wird es ohnehin nicht zur Diskussion stehen, ob zusätzlich isoliert werden soll. Die Außendämmung ist zwar, vom Energiesparen her gesehen, die beste, man sollte aber im Zweifelsfall aus ästhetischen Gründen von ihr absehen! Sie ist zwar qualitativ besser, weil sie großflächig angebracht werden kann und man dadurch die Kältebrükken vermeidet. Das Haus wird durch eine Art von „Verpackung" geschützt, was natürlich nicht immer schön aussieht. Deshalb muß man sich in manchen Fällen zu Kompromissen entschließen und nur die Nord- oder Westseite mit einer Außendämmschicht umgeben. Neu und gut bauen aber heißt so bauen, daß die Materialstärke bereits für Spei-

cherung und Isolierung sorgt und man auf die Außenisolierung, die die Außenfläche begradigt und eintönig macht, verzichten kann.

Isoliermaterialien haben verschiedene technische Eigenschaften. Aus baubiologischer Sicht eignen sich zur Außendämmung Kokosfaserplatten oder Holzwolle-Leichtbauplatten, die magnesitgebunden sind. Darüber muß man eine Fassadenverkleidung in Form von Holzbrettern, Holzschindeln oder Verputz anbringen. Will man eine Zwischendämmung anbringen (sie entspricht wärmetechnisch gesehen einer Innendämmung), so verwendet man Glasfaser, Korkplatten oder magnesitgebundene Holzwolle-Leichtbauplatten. Die Innendämmung kann mit vielen Materialien geschehen, vorausgesetzt, daß man sich über ihre leichte oder schwere Brennbarkeit informiert: Strohmatten, Kokosfasermatten, Korkplatten, Glaswolle oder selbstgemachte Strohlehm-Dämmungen.

Wer sich weniger von den biologischen als von den technischen Eigenschaften der Dämmstoffe beeindrucken läßt, kann aus der folgenden Tabelle die Vor- und Nachteile der verschiedenen Isoliermaterialien ersehen.

Zellulose-Faser, nicht gepreßt, und unverleimte Isolierplatten: Diese Materialien sind weich und können leicht gestopft werden. Aber sie brennen leicht und können nur in Kombination mit einer Dampfsperre verwendet werden.

Mineralwolle, mit Zellulose gepreßt, oder auch lose als Meterware: Sie ist nicht brennbar und sehr billig, auch mit Dampfbremse erhältlich und wird zur Zeit am häufigsten verwendet. Aber sie verändert und verliert die Form und hinterläßt dadurch schlecht isolierte Lücken.

Urea-Formaldehydschaum: Er ist feuerfest und wird in flüssiger Form verwendet. Aber er ist teuer und verändert mit der Zeit die Form.

Styro-Schaum: Er wird meist in festem, aber auch flüssigem Zustand verwendet, ist in verschiedenen Qualitäten erhältlich und wirkt dampfbremsend. Er ist nicht feuerfest und wird zumeist in Verbindung mit einer Feuerwand angebracht (diese kann zum Beispiel aus Gipsplatten gebaut sein).

Urethane-Schaum: Er hat den höchsten Isolierwert, brennt jedoch und entwickelt dabei Giftgase. Urethane-Schaum wird in Verbindung mit Gipswänden angebracht.

Je vielschichtiger man eine Wand, einen Boden, ein Dach baut, desto größer ist die Auswahl an dampfbremsenden, dampfsperrenden, wärmespeichernden, isolierenden Materialien. Jeder Stoff, der die Wärme schlecht leitet, ist als Dämmstoff zu verwenden. Guter Dämmstoff sollte wohl dämmen, aber atmen, er muß den Luftaustausch zwischen draußen und drinnen ermöglichen. Dämmstoffe mit offenen Poren, atmende Stoffe, sind solchen mit geschlossenen Poren vorzuziehen, wenn Wohnbereiche zu isolieren sind.

An natürlichen Dämmstoffen bieten sich zur Verwendung an: Korkplatten, Korkschrot, Sägespänefüllungen, poröse Holzfaserplatten, Rindenschrot, Torfplatten, Holzwolle-Leichtbauplatten, Kokosfaserplatten, Seegrasmatten, Riedrohrmatten, Strohlehm, Seegrasmatten, Blähton, Wellpappematten, Kieselgur, Blähglimmer; an künstlichen Dämmstoffen gibt es zum Beispiel Schaumflocken, Hartschaumplatten, Naßschaum, Schaumglas, Mineralwolle, Glaswolle usw.

Bevor man sich für die Verwendung eines bestimmten Dämmstoffes entscheidet, überlegt man, in welchen Räumen er angebracht werden soll. Bei Naßräumen ist ein Dämmstoff mit Dampfbremse oder eine zusätzliche Dampfbremse unbedingt erforderlich. Das wäre in Tiefkühl-, Bade-, Schwimmbad-, Saunaräumen der Fall. Wenn man vielschichtig baut, muß man die Materialien so verwenden, daß sich der Dampfdiffusionswiderstand von innen nach außen verringert, damit sich in den Materialien keine Feuchtigkeit aufbaut.

Ein Dämmstoff, der nichts kostet und bestens funktioniert, wenn er richtig verwendet wird, ist die ruhende Luft. Läßt man zwischen zwei Rauhmaterialwänden, zum Beispiel Holz, einen Abstand von 5 cm und zwischen glatten Flächen einen Abstand von 2 cm, so wirkt die ruhende Luft wärmedämmend. Zu große Abstände ermöglichen bereits eine Luftbewegung, die Wärmedämmung wird vermindert. Zirkulierende Luft hat keinen Wärmedämmungswert.

Wer ein Haus baut oder umbaut und eine Außendämmung anbringt, verhindert allerdings damit eine Nutzung der Sonnenenergie. Dort, wo man die Sonne zum Erwärmen der Luft passiv nützen will, darf keine Außendämmung angebracht werden, müssen ruhende Luftschichten vermieden werden, dort braucht man ja die zirkulierende Luft. Man könnte also empfehlen, ein Haus an der Wetterseite und Nordseite zu dämmen, an der Sonnenseite (Ost-, vor allem Süd- und teilweise Westseite) aber für die passive Nutzung der Sonnenenergie vorzubereiten.

Wetterfestes Umbauen heißt aber nicht nur Fugen abdichten und Wände isolieren, auch das Nützen vorhandener Räume, zum Beispiel in einem Althaus, bringt wärmetechnische Vorteile. Ein Dachbodenausbau schafft nicht nur zusätzlichen Raum, sondern setzt auch ein gut isoliertes Dach voraus, was sich energiesparend auf das ganze Haus auswirkt. Werden die Dachausbauten in die darunterliegenden Räume integriert, muß man berücksichtigen, daß die warme Luft nach oben steigt und das Haus dadurch im unteren Stockwerk an Wärme verliert. Häuser mit Veranda oder umlaufendem Balkon sind ein Segen; man kann die Veranda, wenn sie gegen Süden angebaut ist, als Wintergarten nützen, wenn sie an der Wetterseite liegt, als Windfang. Ein umlaufender Balkon kann an der Südseite verglast werden, so, daß man das Glas im Sommer entfernen kann. Dort lassen sich im Winter die Balkonblumen aufbewahren.

Alte Türen in alten Häusern haben immer Fugen und schließen oft schlecht, trotzdem sollte man es sich lange überlegen, sie durch neue zu ersetzen. Vielleicht läßt sich zusätzlich eine zweite Türe einbauen oder eine Türschwelle anbringen.

Ärger bereitet die Sanierung von Neubauten. Wenn sie aus den fünfziger oder sechziger Jahren stammen, müssen sie meistens völlig zusatzisoliert werden.

Das Dilemma dieser Neubauten beginnt bei den dünnen Wänden und beim flachgeneigten oder Flachdach. Flachdächer müssen sorgfältigst isoliert (siehe Dachgärten) und sollten begrünt werden. Achtung auf Flachdachwochenendhäuser mit Dachpappe oder verzinktem Eisenblech! Dachpappe wird durch die Sonneneinstrahlung mit der Zeit brüchig und durchlässig, und verzinktes Eisenblech rostet, wenn es nicht auf Holz aufliegt.

An großen Panoramafenstern, die im Winter den Blick auf kalte Schneelandschaften freigeben, kann ohne größeren Aufwand auch nur wenig verändert werden. Teilt man sie auch durch Vorhänge und täuscht so eine Unterteilung vor, bleiben sie trotzdem Kältebrücken. Ein südseitig gelegenes Panoramafenster sollte zum Sonnenenergie-Speicherfenster umgewandelt werden. Sollte sich ein großes Fenster an der West- oder Nordseite befinden, tut man gut daran, es zu verkleinern, indem man es kleiner mauert oder gar zumauert, wenn man darauf verzichten kann.

Neubauten wirken oft sehr ungemütlich, weil sie mit Kunststein-, Fliesen- oder gar Marmorböden ausgestattet sind. Diese Böden eignen sich vorzüglich für südliche Länder, bei uns holt man sich nur kalte Füße. Das pflegeleichte Haus der letzten dreißig Jahre ist allzuoft ein fußkaltes Haus. Fliesenböden und Marmorböden wird man wohl belassen müssen, wenn sie schön sind, und nur mit Wollteppichen, Strohmatten usw. belegen. Kunststeinböden sollte man aber, wenn es nur irgendwie möglich ist, durch Holzböden ersetzen. Den Holzboden darauf zu montieren, ergibt samt Polsterhölzern und Brettern eine zusätzliche Höhe von mindestens 10 cm, was meist unüberwindbare Schwierigkeiten mit Türen usw. schafft. Ums Herausreißen wird man also kaum herumkommen. Alte Neubauten, aus zu dünnen Ziegel- oder Betonwänden errichtet, werden heute oft kosmetisch verschönt und bekommen eine Holzverschalung vorgesetzt. Diese muß jedoch hinterlüftet werden, und ihr isoliertechnischer Wert ist daher gleich Null. Bei Holzbauten kann man eine Verpackung aus Isoliermaterial, wie zum Beispiel Glas-

wolle und Bretterschalung, direkt auf der Außenwand anbringen. Voraussetzung für diese Energiesparmaßnahme ist aber, daß die Schalung durch ein darüberstehendes Dach vor Nässe geschützt ist.

Wer sich heute ein Haus baut, wird die Fehler, die in den letzten dreißig Jahren gemacht wurden, nicht wiederholen. Er wird die Dimension der Mauern bei seinem Wohnhaus vergrößern, wird eine doppelschalige Ziegelwand errichten und sich viel Ärger mit Herumisolieren ersparen. Er wird sich sein Wochenendhaus aus Holz bauen. Er wird ein Flachdach meiden und bei der Größe des Daches nicht sparen, die großen Fenster nach Süden richten und die Nordseite möglichst fensterlos lassen, sein Haus an

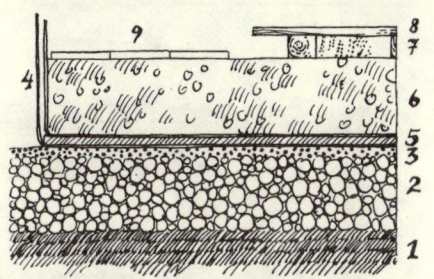

Kellerisolierungen:
1. Boden eines nicht unterkellerten Hauses:

1 Erde	5 Teerpappe
2 10 cm Roll-	6 Blähton
schotter	7 Isolierung
3 1 cm Sand	8 Holzboden
4 Plastikfolie	9 Kacheln

2. Als Wohnraum benützbarer Keller:
1 Erde
2 Schotter
3 Drainagerohre
4 massive Platte (Welleternit)
5 Flämmpappe
6 wasserfester Putz
7 Kellersteine (massiv, Betonhohlziegel)
8 Dampfsperre (Kunststoffolie)
9 Lattenrost oder Mineralwolle (1 cm stärker als Lattenrost)
10 Schalung

den Hang bauen und das offene Flachland der Landwirtschaft überlassen. Eines darf er nicht vergessen: energiesparend bauend ist ein Teil des Baukonzepts! Wärmedämmung darf nicht auf Kosten der Schönheit gehen.

Böden

Gute Böden sollten fußwarm sein. Der Boden eines nicht unterkellerten Hauses muß widerstandsfähig gegen die Feuchtigkeit des Erdreiches und dessen jahreszeitbedingte Veränderungen sein. Gute Böden sind wie die Sohlen von gutem Schuhwerk: die dicke Sohle aus Kunststoff, die nicht atmet, ist auf die Dauer ungesund. Je mehr die Sohlen durch Wetter und Bodenbeschaffenheit strapaziert werden, desto besser müssen sie gearbeitet sein. Je stärker der Kontakt des Hauses mit dem Erdreich ist, ob es ganz, zum Teil oder gar nicht unterkellert ist, auf Pfählen, auf ebenem Grund oder am Hang steht, desto besser muß es nach unten isoliert sein.

Bei Böden über nicht unterkellerten Flächen sollte zuerst eine Schotter- oder Schlackenlage und eine Betonfläche, darüber eine horizontale Feuchtigkeitsisolierung, die an die Isolierung des aufgehenden Mauerwerks anschließen soll, aufgebracht werden. Auf diese Sperrschicht wird eine Wärmedämmung gelegt, in Plattenform oder als Blähtonschüttung, darüber sollte noch einmal

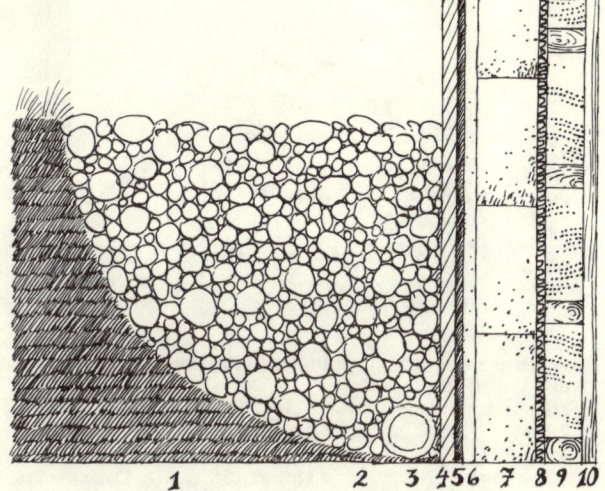

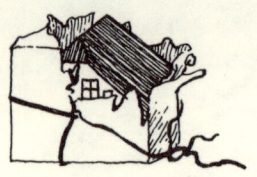

3. Bretterboden:
1 Erde
2 Magerbeton
3 Flämmpappe
4 Beschüttung
5 Bretterboden

dampfsperrend isoliert werden und dann erst wird der Estrich und Fußboden angebracht. Bei Böden, die über Kellern errichtet werden, können die Feuchtigkeitsisolierungen wegbleiben. Böden über bewohnten und beheizten Räumen brauchen weder Wärmedämmung noch Feuchtigkeitsisolierung. Neben Wollteppichböden sind Holzböden die wärmsten Böden. Mit Holzböden ist nicht das auf den Betonestrich aufgeklebte Klebeparkett gemeint, sondern die guten alten Schiffböden, echtes Parkett. Nicht alle Holzböden sind gleich fußwarm. Versiegeltes Eichen- oder Buchenparkett ist im Vergleich mit Lärchenbrettern kalt. Der wärmste aller Bretterböden jedoch ist der Fichtenboden.

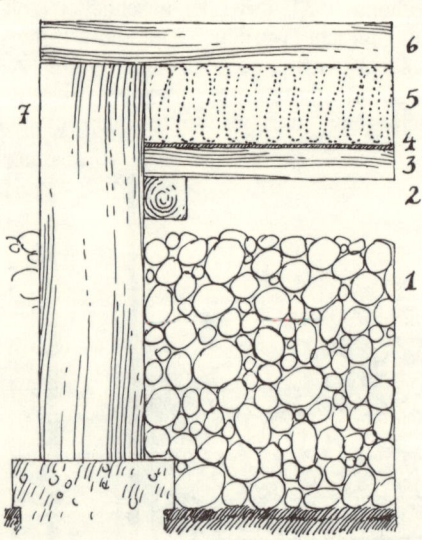

4. Isolierung eines über dem Boden frei stehenden Wochenendhauses:
1 Rollschotter
2 Luft
3 Lärchenbretter
4 Teerpappe
5 Mineralwolle
6 Holzboden
7 Holzpfeiler

Mauern und Wände

Das Material, aus dem Mauern oder Wände gebaut sind, wird nicht nur durch Druck und Zug belastet. Vor allem der große Klimaunterschied zwischen außen und innen und andere chemische und physikalische Einflüsse beanspruchen das Wand- bzw. Mauermaterial.

Wand		
Außen		**Innen**
Sonne/Regen →		← Dampf
Wärme/Kälte →		
Wind/Asche/Ruß →		← Wärme
Staub/Dreck →		
Schall/Schwingungen		

Wände wie Mauern sollen Temperatur- wie Luftaustausch ermöglichen, sie müssen atmen und ausgleichend wirken. Jahreszeitlich bedingte wie tägliche Temperaturschwankungen, die vor allem im Winter starken Belastungen durch große Temperaturunterschiede zwischen außen und innen wirken auf die Haus-Haut ein. Wie die Haut von dauernd dem Wetter ausgesetzten Menschen frühzeitig altert, wenn sie nicht gepflegt wird, so wird auch die Haus-Haut rissig, naß und schadhaft, wenn man sie vernachlässigt.

Die erste Voraussetzung für den Schutz der Mauern und Wände ist, daß sie nicht schon durch die Konstruktion belastet sind; vor allem das Dach muß so gebaut sein, daß zum Beispiel das Wasser sofort abrinnen kann, es darf sich nicht irgend-

Ein traditionelles Sturmfenster, auch Rahmenpfostenstockfenster oder einfach Doppelfenster genannt: Es ist unübertroffen in seiner temperaturausgleichenden, die Frischluftzufuhr fördernden oder sperrenden Wirkung; das kann allerdings nur erreicht werden, wenn der äußere Fensterflügel nach außen, der innere, größere nach innen aufgeht. Wenn es stürmt, drückt der Wind den äußeren Fensterflügel an den Rahmen und hilft damit selbst, das Fenster dicht zu machen. Dasselbe Prinzip gilt auch für alle Außentüren!

wo in der Wand oder Mauer ansammeln. Feuchte Baumaterialien, Naßstellen sind der Ausgangspunkt für größere Materialschäden. Früher baute man große Vordächer, berücksichtigte in der Konstruktion Wetterseite und geschützte Seite des Hauses, und es gibt keinen Grund, warum wir es heute anders halten sollten.

Mauern und Wände sind nicht nur außen der Feuchtigkeit ausgesetzt. Die Oberflächentemperatur der Innenwände soll über der Tautemperatur liegen, es kommt also nicht nur auf fußwarme Böden, sondern auch auf materialwarme Mauern und Wände an. Bildet sich in den Mauern und Wänden Kondenswasser, so kann dies zu Materialschäden führen. Wände und Mauern haben Nischen und werden immer wieder von Öffnungen durchbrochen. Fenster sollten dort angebracht werden, wo man sie braucht, sie sollten je nach dem Zweck, den sie erfüllen sollen, klein oder groß sein, sie müssen sich auch nicht immer öffnen lassen. (Siehe Kapitel Fenster und Sonnenhaus.) Seit Jahrzehnten wird an den Fenstersystemen herumexperimentiert und viel Geld hinausgeworfen, kleine Fenster und hölzerne Fensterstöcke herauszureißen. Für unsere Breitengrade gibt es kein besseres Fenster als das Rahmenpfostenstockfenster. Dieses traditionelle Fenster kann in allen Größen gebaut werden, die Arbeit sollte man einem guten Tischler überlassen. Will man unbedingt eine breite Fensterfront, so kann sie im selben System gebaut werden.

Rahmenpfostenstockfenster brauchen nicht zusätzlich abgedichtet zu werden, da ja der Luftaustausch ermöglicht werden soll. Dasselbe gilt für die Wände und Mauern. Innenwände mit Kunststofftapeten, kunstharzbeschichteten Holzfaserplatten, atmungsunfähigen Anstrichen atmen nicht. Auch völlig undurchlässige, dampfsperrende Isolierschichten dürfen in Mauern und Wänden nicht angebracht werden, da diese sonst zu schwitzen anfangen.

Dächer

Je steiler man sein Dach baut, desto weniger Probleme hat man mit ihm. Ein

Beispiel für Dachisolierungen (wenn man darunter den Dachboden als Wohnraum ausbaut):

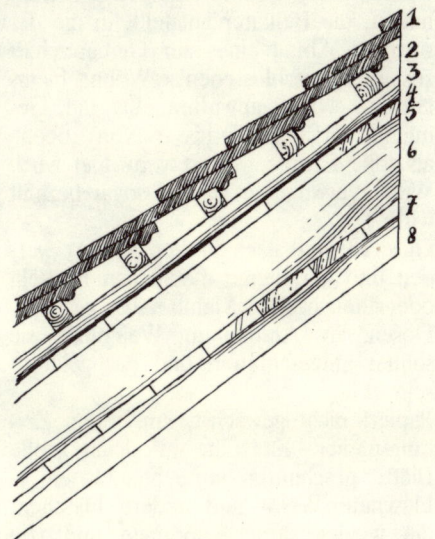

Kaltdach:
1 Dacheindeckung (Ziegel, Bretter, Schindeln)
2 Dachlattung (hier zirkuliert die Luft)
3 Konterlattung 25 mm. Die Latten stehen parallel zu den Dachsparren. Sie werden auf den Lattenrost genagelt.
4 Flämmpappe, 1 Lage (in Plastikfolie verschweißt)
5 Rohschalung 24 mm. Sägerauhe Bretter werden auf Stoß quer auf die Latten genagelt.
6 Lattenrost; in die 90 mm Zwischenraum werden 100 mm Mineralwolle gepreßt.
7 Schalung (gehobelt oder sägerauh, Sperrholzplatten usw.)
8 Dachsparren

Energiesparend bauen – umweltbewußt leben

Energiesparen heißt:
ein angenehmes Raumklima schaffen und Heizkosten senken. Das geschieht in ländlichen Einfamilienhäusern mit Küchenherd- oder Kachelofen-Warmwasserkombination, beim neuen Hausbau durch das Bauen passiver Sonnenhäuser, die Wärme speichern, und in denen zumindest an Sommersonnentagen genügend Warmwasser erzeugt werden kann.
Abfälle verwerten und zwar im eigenen Haushalt oder in größeren Gemeinschaften.
Von Energieproduzenten, zum Beispiel

Erdgaslieferanten oder Elektrizitätswerken, unabhängiger werden. Ein relativ unabhängiger Haushalt spart nicht nur für sich selbst Energie, sondern hilft auch dem gesamten Wirtschaftssystem sparen. Hier bleibt es jedoch dem Leser überlassen, weiter nachzudenken. Man kann sich nämlich vorstellen, daß die großen Energieproduzenten gar kein Interesse daran haben, daß Energie gespart wird. Jeder Produzent will ja immer mehr verkaufen. Vorsicht ist geboten, wenn einer behauptet, es werde nicht zu vermeiden sein, daß jeder immer mehr Energie verbrauche. Der Einzelhaushalt tut dies bestimmt nicht! Die Energiesparkampagnen, die bis jetzt durchgeführt wurden, könnte man eher als Alibikampagnen bezeichnen, sie wurden kaum rigoros genug durchgeführt. Jeder, der wirklich Energie sparen will, muß sich selbst um Informationen bemühen und selbst etwas dafür unternehmen.

Man kann aber nicht nur aktiv Energie sparen, indem man weniger verbraucht, man kann auch passiv sparen, indem man, zum Beispiel, wenn man baut, Materialien verwendet, bei deren Erzeugung weniger Energie verbraucht wurde als bei anderen.

Baustofferzeugung und Energie

Die energiegünstigsten Baustoffe sind natürlich jene, die in der Natur bereits als „fast baufertige" Baustoffe vorkommen. Meist ist auch die Herstellung, Verarbeitung und das Arbeiten mit diesen Baustoffen sauber, weil die Umwelt dabei nicht zerstört oder verschmutzt wird. Der sparsamste Baustoff ist Holz. Holz erzeugt sich ja selbst, braucht dabei nur Sonnenenergie und braucht auch bei seiner Verarbeitung zu Baumaterial, zum Beispiel wenn es zu Brettern geschnitten wird, wenig Energie. Und Holz wächst schneller nach, als es in einem gut gezimmerten Haus verfällt.
Mit 1000 Kilowatt thermischer Energie stellt man her:

12 kg Aluminium	250 kg Kunststoff
40 kg Kupfer	400 kg Zement
60 kg Stahl	500 kg Backstein
80 kg Eisen	1200 kg Schnittholz

Wem also eingeredet wird, Aluminium-fensterrahmen wären gut und billiger als hölzerne, der müßte sie schon wegen des unglaublichen Energieaufwandes bei ihrer Herstellung ablehnen!

Recycling – Wiederverwenden

Vieles, was im allgemeinen als Abfall gilt, kann im Haus wiederverwendet werden. Einmal benütztes Waschwasser ist immer noch gut genug, das Klosett zu spülen. Aus Staub, Küchenabfällen, Gras und Unkraut wird gute Komposterde. Zeitungen brennen wunderbar, wenn man sie zusammenrollt, zusammenbindet und wie Briketts verheizt. Anorganische Abfälle können sortiert und wiederverarbeitet werden. Recycling sollte eine Richtlinie für die bewußt gelebten achtziger Jahre sein, wobei es auch das Erhalten, Sanieren und Umbauen alter Häuser ebensogut wie das Bauen von neuen Häusern mit gebrauchtem Material, mit Ziegeln und Holz aus Abbruchhäusern, mit alten Türen und Fenstern bedeuten kann. Ein Boden aus gebrauchten Brettern zum Beispiel ist leicht zu nageln, das Holz arbeitet nicht mehr, es entstehen keine Fugen, und der Boden wird sich nicht werfen.

Natürlich bedeutet Recycling das Vertrautwerden mit Abfall, mit Gebrauchtem, mit Müllablagerung und Schutt, mit Gärung und Gerüchen, die die parfümverwöhnte Nase nicht mehr verträgt. Wir leben in einer Gesellschaft, die immer Neues, immer „Besseres“ erfindet und erzeugt, die die Abfälle jedoch hinter sich läßt. Wer weiß denn wirklich, wohin der Abfall kommt, den er täglich und unsortiert im Plastikbeutel in die Mülltonne wirft? Betrachtet man die vorindustriellen Kulturen, bei uns oder anderen, so merkt man, daß es eines ihrer Hauptmerkmale war, keine Abfälle zu produzieren. Die Feldwege wurden nach dem Regen gesäubert, verstopfte Wasserleitungsrohre durchgeputzt und der Abfall – Erde, Lehm, Steinchen – als Mörtel verwendet, um wieder einmal die Mauer aus Bruchsteinen auszubessern. Bauschutt wurde verwendet, um Zwischenwände oder Böden zu isolieren und auszufüllen. Und so

weiter. Heute kommt eben alles auf die Müllhalde, und hinter uns die Sintflut. Anorganischer Abfall könnte sortiert werden. Man könnte eine Gemeinschaft bilden, die Behälter aufstellt, in die der sortierte Abfall eines zur Gemeinschaft zusammengeschlossenen Wohngebietes kommt. Nicht abwarten, bis die Gemeinde organisiert, bis es von „oben“ als tolle Errungenschaft verordnet wird! Wiederverwendbar ist und sogar bezahlt wird:

Glas: es muß nach Farben sortiert werden und darf keine metallenen Kapseln oder ähnliches aus Metall haben.
Dosen: aus Aluminium, Weißblech, sie sollten aufgeschnitten und flachgeklopft sein.
Papier: nicht gewachst, am besten Zeitungspapier. Es sollte in gleich große Blätter geschnitten und gebündelt sein.
Flaschen: Wein- und andere Flaschen, die wieder zurückgenommen und von den Firmen wiederverwendet werden.

Organischer Abfall

Im Bauernhaus auf dem Land, im Wochenendhaus, im Haus mit Gärtchen in der Stadt, sogar im Dachgarten wird organischer Abfall kompostiert. Auf dem Land, wo viel Platz ist, kann und darf anders kompostiert werden als in der Stadt oder auf dem Dach. Auf dem Land dürfen die Abfälle ruhig stinken, wenn sie, weit genug vom Haus ent-

fernt, auf einem Haufen abgelagert werden, immer wieder mit etwas Erde und Mist abwechselnd bedeckt, mit Grasschnitt versetzt und vor dem Winter mit Erde zugedeckt werden, wird von alleine Komposterde daraus. Da braucht man keine Angst zu haben, Mäuse oder gar Ratten anzulocken, wie es in der Stadt sehr unerwünscht wäre.

Die folgende Zeichnung zeigt, wie ein Schnellkompostierer aussehen sollte. Er eignet sich für kleinstgeschnittene pflanzliche Abfälle, Kaffeesud, Exkremente aus dem Vogelkäfig und für Wohnungsstaub, man verwendet ihn zum Erzeugen von Kompost aus eigenen Abfällen im kleinen Stadtgarten oder auf dem Dach.

Und so funktioniert ein Schnellkompostierer: Wer zwei bis drei Arbeitsstunden pro Woche aufwenden will, um seinen (Dach-)Gartenboden zu verbessern, sollte alle Abfälle, die sich für eine geruchsarme, saubere Kompostierung in Behältern eignen, sammeln. In den Behälter kommt nur kleingeschnittenes, trockenes bis feuchtes Material, die Abfälle dürfen nicht zu naß sein: Fleisch, Fette, Körner, Obstschalen, Gemüseblätter, Papierschnitzel, Katzen-, Hunde- und Vogelexkremente (in getrocknetem Zustand), ab und zu ein wenig Urin zum Befeuchten, Asche aus dem Ofen, frischer Grasschnitt, Blätter, Nadeln (wenig, sie zersetzen sich langsam),

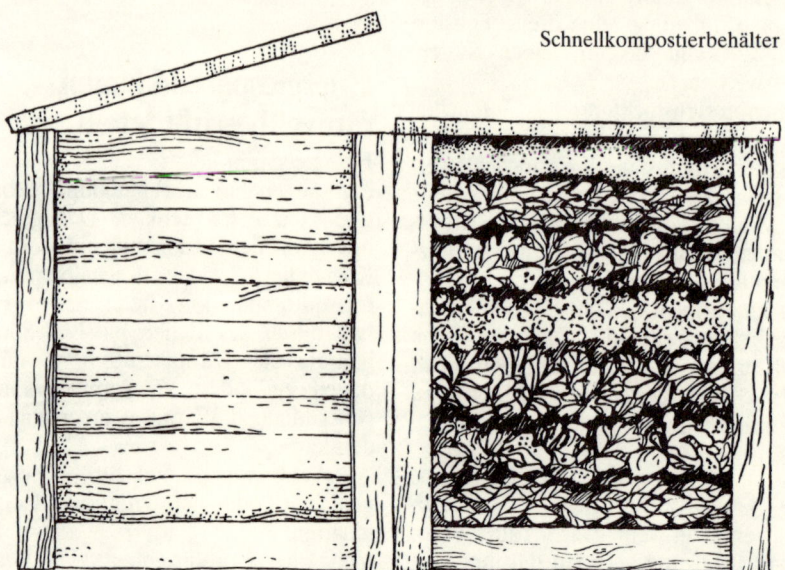

Schnellkompostierbehälter

Sägemehl, Stroh, Rindenschnitzel usw. Sägespäne werden im Kompostierbehälter in wertvollen Dünger verwandelt. Kohlenstoffreiche Abfälle, wie Sägemehl, Heu, Papier, und stickstoffreiche, wie grünes Gras, Essensreste und Urin, sollten abwechselnd in die Behälter gegeben werden, immer so, daß die jeweils unterste Schicht kohlenstoffreich und trocken ist und die jeweils oberste ebenfalls, um zu verhindern, daß der Kompost zu stinken beginnt. Man braucht mindestens zwei aus Ziegeln oder Holz gebaute Behälter. Sie sollten einen leicht abnehmbaren, gut schließenden Deckel haben, und ihre Vorderseite sollte aus Brettern bestehen, die in seitlich laufenden Schienen stecken und herausgenommen werden können. Alle vier Tage sollte der Kompost vom einen in den anderen Behälter gehoben werden, man achte anfänglich darauf, daß sich die Schichten nicht zu sehr vermischen, später spielt es keine Rolle mehr. Wenn man mit drei Behältern arbeitet, kann man den dritten dazu verwenden, bereits fertigen Kompost zu lagern. Im Kompostierbehälter soll es immer schön warm sein, Kälte bremst den Zersetzungsvorgang. Daher ist es am günstigsten, einen Behälter auf einmal zu füllen, den Deckel fest daraufzudrücken und das Ganze ungeöffnet vier Tage stehenzulassen. Damit sich für ein einmaliges Anfüllen genügend Abfälle ansammeln, bewahrt man sie getrennt auf, kohlenstoffreiche Abfälle zersetzen sich, ungemischt und trockengehalten, ohnehin nur langsam. Je nach der Außentemperatur und der Wärme, die sich im Inneren des Kompostes bildet, wird er bei fleißigem Umarbeiten in ca. 6 Wochen fertig sein. Damit keine Wärme entweicht, sollten die Wände dick und isolierend sein. Sollte der Inhalt zu riechen beginnen oder Nässe austreten, streut man Sägemehl von frischem, nicht imprägniertem Holz auf die Boden unter die Behälter und auf die oberste Schicht.

Brennbares Abfallmaterial, wie Holz, Kartonreste, Papier, wird man als Besitzer eines Allesbrennerküchenherdes oder Allesbrennerkachelofens eher verbrennen als kompostieren. Altpapier, besonders alte Zeitungen, eignen sich

sogar zum kreativen Wiederverwenden im eigenen Haus: Aus Papiermaché macht man Puppen und Masken.

Die tägliche Produktion allein der Tageszeitungen verschlingt ganze Wälder, deshalb ist es unbedingt nötig, Papier wiederzuverwenden; man sollte es also auf jeden Fall zumindest zur Altpapiersammlung geben. Papier zu verheizen ist schade, es gibt andere brennbare Materialien genug. Und das Bauen mit Holz ist heute viel zu wichtig, um ganze Wälder als Abfallpapier auf den Müllhalden landen zu lassen.

Der Wasserverbrauch

Der gute Gärtner gießt seinen Garten nur mit Regenwasser. Zu diesem Zweck hat er seine Dachrinnen nach folgendem System umgebaut:

Er gießt mit Regenwasser, weil es besser ist. Selten aber gießt einer mit Regenwasser, weil es billiger kommt als das Wasser aus der Leitung. In vielen Städten ist Wasser umsonst zu haben, in kleineren Ortschaften aber muß man für das Wasser einen am Wasserverbrauch des jeweiligen Haushaltes bemessenen Beitrag zahlen, eigentlich nicht für das Wasser, sondern für die Errichtung und Instandhaltung des Wasserbehälters, der Wasserpumpe und ähnlicher Geräte, die meist von einer Wasserleitungsgemeinschaft (-genossenschaft) gekauft wurden. Die Glücklichen, die auf ihrem Grundstück eine gute Quelle haben, aus der sogar, wie man es auf vielen Bauern-

höfen sieht, unablässig Wasser sprudelt, müssen sich auch gar nicht um ihr Wasser kümmern. Oft sind Bauernhöfe rund um einen Brunnen, eine Quelle gebaut, auch die Dörfer waren ursprünglich so angeordnet. Ein Landmensch, der auf solch einem Bauernhof lebt, kann es sich gar nicht vorstellen, daß es Städte gibt, in denen man das Leitungswasser besser nicht trinkt, in denen man sogar den Tee mit in Flaschen abgefülltem Quellwasser kocht. Man stelle sich einmal eine große Trockenheit vor, bei der man durch längere Zeit Wasser sparen müßte! Ich brauche ja kaum Wasser, sagen da Leute, die sich nicht allzuoft und allzugerne baden. Sie vergessen dabei den größten Wasserverbraucher eines Durchschnittshaushaltes, das Wasserklosett, auf das jeder von uns täglich mehrere Male geht: 40 Prozent des täglichen Wasserbedarfs geht im modernen Sanitärhaushalt durch das Klosett. Und zwar gutes, trinkbares oder zumindest als trinkbar deklariertes Leitungswasser. Müßte man also Wasser sparen, läge es nahe, das Wasserspülklosett nicht mit Frischwasser, sondern mit Gebrauchswasser aus der Waschmaschine, aus dem Handwaschbecken, aus der Dusche oder der Badewanne zu spülen; es ist zwar schmutzig, aber doch nicht so sehr, daß es nicht noch im Klosett verwendet werden könnte. Beim Händewaschen und Duschen wiederum könnte man

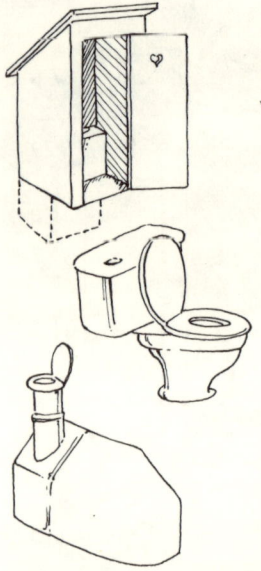

Das alte, traditionelle „Plumpsklo" sollte ein- bis zweimal im Jahr geleert werden. Wenn es an einem Hang liegt, geht diese Arbeit problemlos vonstatten.

Das WC braucht weniger Wasser, wenn man einen Ziegelstein in den Wasserbehälter legt.

Das Bio-Klo hat noch viele Nachteile: es muß alle vier Wochen geleert werden, braucht elektrische Energie und ist teuer in der Anschaffung. Außerdem ist allzuviel Urin unerwünscht.

Ein Trick, um im Spülklosett weniger Wasser zu verbrauchen: man legt einen Ziegelstein in den Wasserbehälter. Eine andere Möglichkeit, Wasser im Klosett zu sparen, ist das Bioklosett, eine technisch verbesserte und auch sehr teure Ausgabe des altbewährten Plumpsklosetts, das man in ländlichen Gebieten nur mehr selten findet und das aus den Städten verschwunden ist, wo es noch vor fünfzig Jahren gang und gäbe war. Wer sich heute ein kleines Wochenendhäuschen selber baut, ein Blockhäuschen, massiv, gemütlich und ganz billig, wird vielleicht auf die Errungenschaften der Zivilisation in Form von Elektro- und Sanitärinstallationen gerne verzichten und sich das bekannte Herzchen-Klo neben das Blockhaus stellen: der fortschrittliche Dachgartenbesitzer wird sich ein Bioklosett kaufen.

Wochenend-Wasserdusche im Freien

auch an Wasser sparen, indem man Hände und Körper naß macht, den Hahn zudreht, sich einseift und dann abwäscht bzw. abduscht. Kaum jemand aber macht das so. Wie oft rinnt der Wasserhahn, weil man ihn nicht fest genug zugedreht hat! Außerdem sei hier die alte Tatsache erwähnt, daß man bei einem Vollbad im Durchschnitt zwanzigmal soviel Wasser verbraucht wie bei einer Dusche.

Bauen mit Abfällen

Fenster aus Abbruchhäusern eignen sich zum Wiederverwenden für den Bau von Glashäusern, für Fenster in Innenräumen und Nebengebäuden, für Veranden.

Fensterscheiben und beschädigte Glasscheiben werden mit einem Glasschneider in kleine Scheiben geschnitten, die man zu Zierfenstern und Lampenschir-

men (siehe Kapitel Bleiverglasen) zusammenfügt.

Dosen jeder Größe, bis zur Hundertlitertonne, eignen sich, um darin Blumen und Gemüse anzupflanzen, Wasser einzufangen.

Eine Dachterrasse, ein Stiegenhaus, ein Hinterhof usw., mit bepflanzten Dosen sieht schön und auch ein wenig südländisch aus. Flachgeklopfte, aufgeschnittene Dosen aber können auch für das Dach, zum Beispiel von kleinen Geräteschuppen oder für eine dampfsperrende Bodenisolierung verwendet werden.

Aus alten Autoreifen sieht man so allerhand Zusammengebautes, Zäune oder mit Autoreifen „gepflasterte" Wege. Auf der Terrasse oder auf dem Dach kann man alte Autoreifen verwenden, um sie mit Erde zu füllen und Gemüse oder Blumen ziehen.

Flaschen, Einsiedegläser schneidet man in gleicher Höhe ab und baut damit eine Glas-Südwand, ein Glasfenster oder ähnliches. Wer Lichteinfall möchte, nimmt helle Flaschen, wem es mehr um den dekorativen Effekt geht, verschiedenfarbige.

Wie man im Freien warm duschen kann:
Dunkle Flaschen werden am Boden aufgeschnitten und über einen Gartenschlauch gezogen. Dieser wird in möglichst vielen Windungen über eine dunk-

le, der Sonne zugeneigte Fläche gelegt – so erwärmt sich das Wasser rasch.

Dunkle Flaschen oder mit dunkler, vor Frost geschützter Flüssigkeit gefüllte Flaschen, dicht nebeneinander ins südliche Doppelfenster gestellt, speichern tagsüber Sonnenwärme und geben sie nachts langsam an die Umgebung ab. Damit dies nicht nach außen geschieht, werden die Fenster außen mit Läden oder Jalousien geschlossen.

Alte Eisenbahnschwellen kann man günstig bei der Bundesbahn beziehen, noch günstiger, wenn man jemanden kennt, der dort arbeitet; da gibt es sie nämlich umsonst. Zu oft werden Eisenbahnschwellen, die zumeist aus Buche oder Eiche sind, zu Brennholz aufgeschnitten. Weil sie stark geteert sind und auch nach Teer riechen, werden sie lieber im Freien verlegt, so zum Beispiel als Holzboden eines Innenhofes oder im Garten. Beim Hausbau verwendet man sie als Balken oder sägt sie zu Brettern auf. Sie sind äußerst haltbar. Um sie vor der Verwendung ein wenig auslüften zu lassen, läßt man sie einige Zeit, je länger, desto besser, an einer zugigen Stelle im Schatten lagern. Man verwendet sie zu Boden-, Wand- und Deckenkonstruktionen in Nebengebäuden, Garagen oder Räumen, in denen man nicht gerade schläft oder wohnt.

Papier bildet einen guten Kälteschutz; Soldaten erzählten, daß sie sich im Winter Zeitungspapier um die Füße wickelten, bevor sie diese in die Schuhe steckten. Das gleiche gilt auch für den Bau: zerknüllte alte Zeitungen, fest in Zwischenräume gesteckt, sind das billigste Isoliermaterial. Allerdings darf keine Nässe dazukommen, man braucht daher eine Dampfsperre zwischen dem Papier und dem Baumaterial; außerdem ist diese Billigmethode nur fürs kleine Wochenendhäuschen geeignet, wo es weniger ausmacht, wenn ein paar Mäuschen sich im Winter ab und zu von der Tageszeitung ernähren.

Holzabfälle aus Abbruchhäusern gibt es genügend, vom Parkettboden bis zur Bretterwand. Hier sollte man sich mit den Arbeitern, die bei einem Abbruch beschäftigt sind, zusammentun und kommt so gegen Bezahlung einer kleinen Summe zu Material, das sonst noch am selben Tag oder tags darauf auf den Müllablagerungsplatz wandern würde. Auf dem Land findet man auch oft alte Türen oder Fensterläden, die einfach weggeworfen werden oder weggelegt, um zersägt zu werden. Mit diesen Brettern kann man Wände verschalen und Fußböden legen. Altbretter haben den Vorteil, daß sie nicht mehr „arbeiten". Verschiedene Holzarten, verschieden gefärbt und gemasert, Bretter in den unterschiedlichsten Breiten, können zu phantasievollem Bauen verwendet werden. Nur die Holzindustrie behauptet, daß Bretterwände gleichmäßig sein müßten!

Es müssen nicht immer Holzteile aus Abbruchhäusern sein, die man verwenden kann. Wie oft sieht man auf dem Land ein altes Haus langsam verfallen, weil knapp daneben ein neues gebaut wird! Solche alten Häuser, Schuppen, Schweineställe usw. sind meist nicht mehr sanierbar. Hier kann man immer noch Balken, Balkone, geschnitzte Säulen u. a. zum Neubau verwenden.

Parkettböden, besonders wenn es sich um sehr schöne Muster handelt, müssen sorgfältigst aus ihrer alten Umgebung herausgenommen werden.

Sonnenhäuser

Wer auf dem Dach seines Hauses Sonnenkollektoren montiert, um an Sommersonnentagen ein wenig Energie damit zu sparen, hat die Sonne noch nicht ausreichend genützt. Die technische Sonnenkollektorspielerei ist in unseren Breitengraden eben noch immer Spielerei und noch weit davon entfernt, echte Energieersparnisse zu bringen. Sobald man damit anfängt, das mit Hilfe der Sonnenstrahlen erzeugte Warmwasser zu speichern, wird der Spaß schon teuer. Um das Geld, das eine funktionierende Warmwasseranlage kostet, kann man sein Haus wetterfest machen, indem man alle Fenster überprüft, Sturmfenster oder dreifachverglaste Fenster einbaut, indem man einerseits die Wände isoliert und andererseits zu Sonnenwänden umbaut, die Türen abdichtet und aus dem südseitigen Panoramafenster ein Wintergartenfenster macht. Bevor die Kollektoren auf das Dach kommen, sollte ein Haus ganz wetterfest gemacht und zu einem wärmespeichernden Haus umgebaut werden. Ein Haus, das so gebaut ist, daß es die Sonnenwärme speichern kann und ihm Kälte und Sturm nichts anhaben können, ist ein sogenanntes passives Sonnenhaus – es macht sich die wärmenden Sonnenstrahlen allein durch seine Bauweise, Lage und Materialbeschaffenheit zunutze. Ein solches Sonnenhaus sollte kein „besonderes", sondern ein ganz „normales" Haus sein. Die alten Bauernhäuser mit ihren fensterlosen Nordseiten und windgeschützten Westseiten, mit der südseitigen Hauptfront und den kleinen Fenstern, mit dicken Steinmauern, dunklem Holz, Veranden und Balkonen nützen das, was die Sonne bietet, umsonst. Noch sind die „normalen" Häuser keine Sonnenhäuser, man baut heute nur zu oft noch so, als wäre Energie billig zu kaufen und im Übermaß vorhanden. Das Argument, daß in unseren Breitengraden die Sonne immer weniger scheine und man sich daher nicht auf Sonnenenergie umstellen könne, solange die Technologie nicht wesentlich verbessert sei, hat sicher einstweilen seine Berechtigung. Niemand aber hindert einen daran, passiv die Sonne zu nützen, um alle Voraussetzungen für die – hoffentlich bald kommende – Kollektorerfindung zu schaffen.

Wer sein Haus im Hinblick auf passive Sonnenenergienutzung baut, muß den geeigneten Standort wählen, das Haus richtig orientieren, Baumaterial und Bauweise so wählen, daß Wärme aufgenommen und gespeichert wird.

Standort: Windgeschützt, sonnig, reflektierende Umgebung, die wenig Schatten wirft.

Orientierung: Größte Dachfläche gegen Süden, Fensterfront gegen Süden, Türen nicht in der Hauptwindrichtung.

Speichervermögen: Geschlossene Nordwand, speichernde Materialien an den sonnenbestrahlten Seiten, dunkle Flächen, helle Umgebung (Kies), Raumanordnung mit Kernzonen, Fensterläden und andere Isoliervorrichtungen.

Sonnenschutz: Dachkonstruktion, Markisen, Entlüftungsklappen.

Fenster: Sie sollen als Sonnenkollektoren betrachtet und so behandelt werden.

Wenn man ein passives Sonnenhaus bauen möchte, überlegt man sich, ähnlich wie beim Isolieren, ob man es als ständigen Wohnsitz oder als Wochenendhaus betrachten will. Nur das ständig bewohnte Haus sollte konsequent als Sonnenhaus geplant werden. Am Sommerwochenendhaus genügt die Kollektorspielerei, da genügt der Sonnenwarmwasserschlauch und die alte Wassertonne auf dem Dach, da braucht keine Sonnenwand gebaut zu werden und auch auf speicherndes Material kann man verzichten.

Der Sonnenhaus-Bauplatz

Lehrreich ist eine Fahrt in ländliche Gebiete, die ein wenig abseits liegen; hier kann man die Lage und Orientierung der alten Häuser studieren. Sie stehen beinahe immer an den sonnigsten und windgeschützten Plätzen, die Bäume sind dort angepflanzt, wo sie nur dann, wenn man es braucht, Schatten werfen. Ab und zu steht ein altes Häuschen auch recht ungünstig, in einem schattigen Graben zum Beispiel, aber das hat meist seine Gründe in der Funktion dieses Häuschens; wahrscheinlich war es ein Handwerkshaus, eine Schmiede, eine Mühle, und wurde daher neben das Wasser gebaut. Grundsätzlich gilt aber, daß die bäuerlichen Wohnhäuser sehr günstig stehen und daß man, wenn möglich, einen ähnlichen Bauplatz für sein Haus wählen sollte.

Das Klima, das in einer bestimmten Gegend herrscht, nennt man Mikroklima; wie jeder kleinere Landstrich sein Mikroklima hat, so auch jeder Standort. Menschen, die die Natur lieben, wissen das. Auf einer Fläche von einem Hektar kann es die schönen Ecken und angenehmen Mulden geben, die windige Zone und den Fleck, an dem der Schnee noch im April liegt. Im Flachland findet man einen guten Sonnenhaus-Bauplatz, wenn das Grundstück gegen Norden durch einen dichten Wald oder Park geschützt ist, auch eine sonnige Lichtung im Wald oder in einem Park ist günstig. Im Wald ist es im Sommer kühler und im Winter wärmer als im Freiland. Laubwälder verlieren im Winter die Blätter und beeinflussen das Mikroklima einer Gegend günstig, da

sie im Sommer Schatten spenden und im Winter kahl sind, dadurch aber die tiefer einfallenden Sonnenstrahlen durchscheinen lassen; schattige Tallagen, Bauplätze in der Nähe eines größeren, fließenden Gewässers, Winternebelzonen, Beckenlagen, in denen Kaltluftschichten liegenbleiben, exponierte Höhenlagen, Nord- oder Nordwesthanglagen sind die ungünstigsten Voraussetzungen für das Errichten eines Sonnenhauses. Die einzige Ausnahme ist die exponierte Höhenlage, in der ein gut und teuer geplantes Haus zusätzlich zur Sonne noch die Windenergie nützen kann.

Wer auf der Suche nach einem geeigneten Bauplatz ist, der sollte sich dabei viel, viel Zeit lassen. Besteht kein Wunsch, sein Haus in einer bestimmten Gegend zu bauen, stehen einige Landstriche zur Auswahl, in denen man gerne wohnen möchte, so versuche man, die durchschnittliche Sonnenscheindauer der letzten zwanzig Jahre zu erfahren. Bekanntlich gibt es auch in einer Gegend von 1000 km^2 wieder Orte, an denen die Sonne wesentlich länger und öfter scheint. Für den Wind gilt ähnliches; auf einem Grundstück von 1 ha Größe gibt es sicher windgeschützte und windige Punkte. Der Wind läßt sich zwar durch Bepflanzung ein wenig ablenken, aber wer hat schon das Glück, ein Grundstück zu finden, auf dem sich bereits windfeste, starke Bäume befinden? Dichte Hecken, auch Fichtenzäune, Wildzäune lenken kein stärkeres Lüftchen ab. Es gibt aber Bäume, die rasch wachsen, und wer seinen Sonnenhaus-Bauplatz gefunden hat, sollte noch vor Baubeginn außer Wildhecken Pappeln und Birken pflanzen, die schon in zwanzig Jahren eine beachtliche Größe erreicht haben werden. Niemals Zierbäume oder exotische Sträucher und Bäume pflanzen; erstens kosten sie Geld, zweitens bieten sie einheimischen Insekten und Vögeln keine Nahrung. Als Windschutz sollte man Nadelhölzer pflanzen, in Hausnähe Laubhölzer, die im Sommer Schatten spenden und im Winter die Sonnenstrahlen durchlassen.

Hat man nun einige Grundstücke gefunden, die man näher in Erwägung ziehen möchte, sollte man sie ein Jahr lang

beobachten, den Wandel der Jahreszeiten und ihren Einfluß auf das Grundstück erleben, beobachten, wo die Sonne im Dezember aufgeht und wo im März, wie hoch sie im Juni steht und wo sie untergeht. Nach dem Stand der Sonne wird sich die Orientierung des Hauses, die Konstruktion der Fenster und die Gestaltung der Hausumgebung richten. Ein Sonnenhaus ohne Garten ist kein Sonnenhaus. Um daher die Lage eines Gemüsegartens zu bestimmen, sollte die – noch unbebaute – Wiese ebenfalls beobachtet werden, wie lange der Schnee liegenbleibt und wo das Gras zuerst grün wird. Der richtige Gartenplatz ist ebenso wichtig wie der richtige Bauplatz für das Haus. Aus südseitig gelegenen Gärten, auch aus gegen Osten zu angelegten Gärten, kann man früher ernten, auch wenn die Gartenfläche zur Sonne geneigt ist und windgeschützt liegt, wird man wesentlich früher zu arbeiten beginnen können. Wer wohl einen günstigen Bauplatz für sein Sonnenhaus gefunden hat, aber keinen Garten unterbringen kann, sollte unbedingt einen Wintergarten einplanen und dort Gemüse ziehen.

Das wärmespeichernde Sonnenhaus

Sonnenwände – Speichermauern

Ein neues Sonnenhaus sollte so gebaut werden, daß die Sonnenwand oder die Speichermauer nach Südost bis Südwest gerichtet ist. Wenn ein altes Haus so umgebaut wird, daß aus ihm ein passives Sonnenhaus werden soll, dann wird die Südseite nicht isoliert, sondern zur Sonnenwand oder -mauer umgebaut.

Das Sonnenhaus hat dunkel gestrichene oder materialdunkle Wände oder Mauern. Jede Hausmauer, die dunkel ist und aus Stein, Ziegeln, Beton, aus wassergefüllten Flaschen oder Behältern gebaut ist, speichert Sonnenwärme auf und sollte sie nach Sonnenuntergang oder Aufhören der Einstrahlung an die Innenräume abgeben. Damit die gespeicherte Wärme nicht in die falsche Richtung entweicht, also nach außen, wird die Speichermauer, nachdem sie genügend aufgeheizt ist oder wenn die Sonne nicht mehr daraufscheint, außen isoliert, zum

Beispiel mit einer Plastik- oder Metallfolie oder anderen isolierenden Stoffen. Wärme wird von der Speichermauer an die Innenräume jedoch nur dann abgegeben, wenn die Speichermauer selbst stark erwärmt wird. Dazu muß eine Außenoberflächentemperatur der Mauer von mindestens 50 Grad Celsius erreicht werden. 30 Grad geben keine erwähnenswerte Wärme mehr ab. 50 Grad jedoch sind schnell erreicht, wenn die Speichermauer nicht nur eine dunkle Oberfläche hat, sondern auch zur Sonne geneigt ist. Noch rascher erwärmt sie sich, wenn die Oberfläche der Umgebung hell ist, zum Beispiel mit weißem Kies bestreut, oder wenn die Speicherwand etwas gewölbt und dadurch einerseits vor dem Wind geschützt ist, andererseits die Sonnenstrahlen besser einfängt.

Gut isolierte Außenmauern sollen nicht hinterlüftet sein.

Speichermauern kann man zu Warmluftmauern ausbauen, indem man Glas vorbaut und die Luft zwischen dunkler

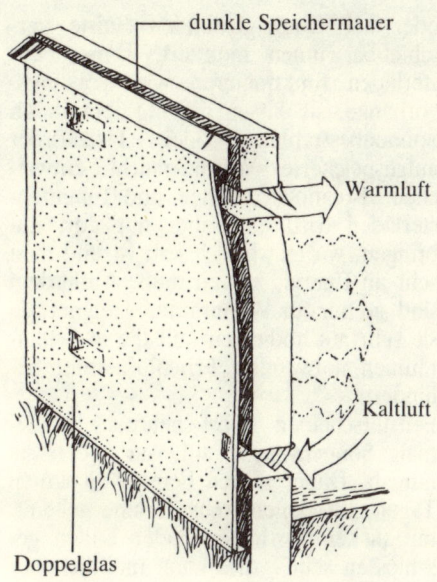

dunkle Speichermauer

Warmluft

Kaltluft

Doppelglas

Mauer und Glas zirkulieren läßt, ihr die Möglichkeit baut, in die dahinterliegenden Innenräume des Hauses zu streichen, diese abgekühlt wieder zu verlassen und sich zwischen Glas und Mauer

wieder aufzuwärmen. Man verglast die Wärmespeicherwand außen einfach, besser jedoch zweifach, und bringt in der Mauer Öffnungsschlitze an. Statt Glas kann man auch Plastikfolien oder Plexiglas verwenden. Eine solche Glaswand paßt nicht zu jedem Haus, man wird sie bei neuen Häusern und bei Häusern aus den letzten dreißig Jahren, die bereits sanierungsbedürftig sind, errichten, da ja die Voraussetzung eine ebene Mauerfläche ist.

Die Wärmespeichermauern und -böden sind thermische Masse, wie Innenmauern, Innenwände, mit Flüssigkeit gefüllte Behälter, die von der Sonne aufgewärmt werden, große Steine usw. Jede thermische Masse ist in der Lage, Wärme zu speichern. So funktioniert zum Beispiel eine großflächige Skulptur, in der Nähe des Fensters so aufgestellt, daß die Sonne möglichst lange daraufscheint, als Wärmespeicher. Auch mit Wasser gefüllte, dunkel gestrichene Behälter wirken ähnlich. Da muß man sich aber schon sehr genau überlegen, wo

Das Funktionsprinzip eines Sonnenhauses
1 Erde
2 Vorraum
3 Glashaus
4 Becken
5 Erd-Stein-Hitzespeicher
6 Luftschächte
7 Haus
8 Kaltlufteintritt (Sommer)
9 Warmluftaustritt (Winter)

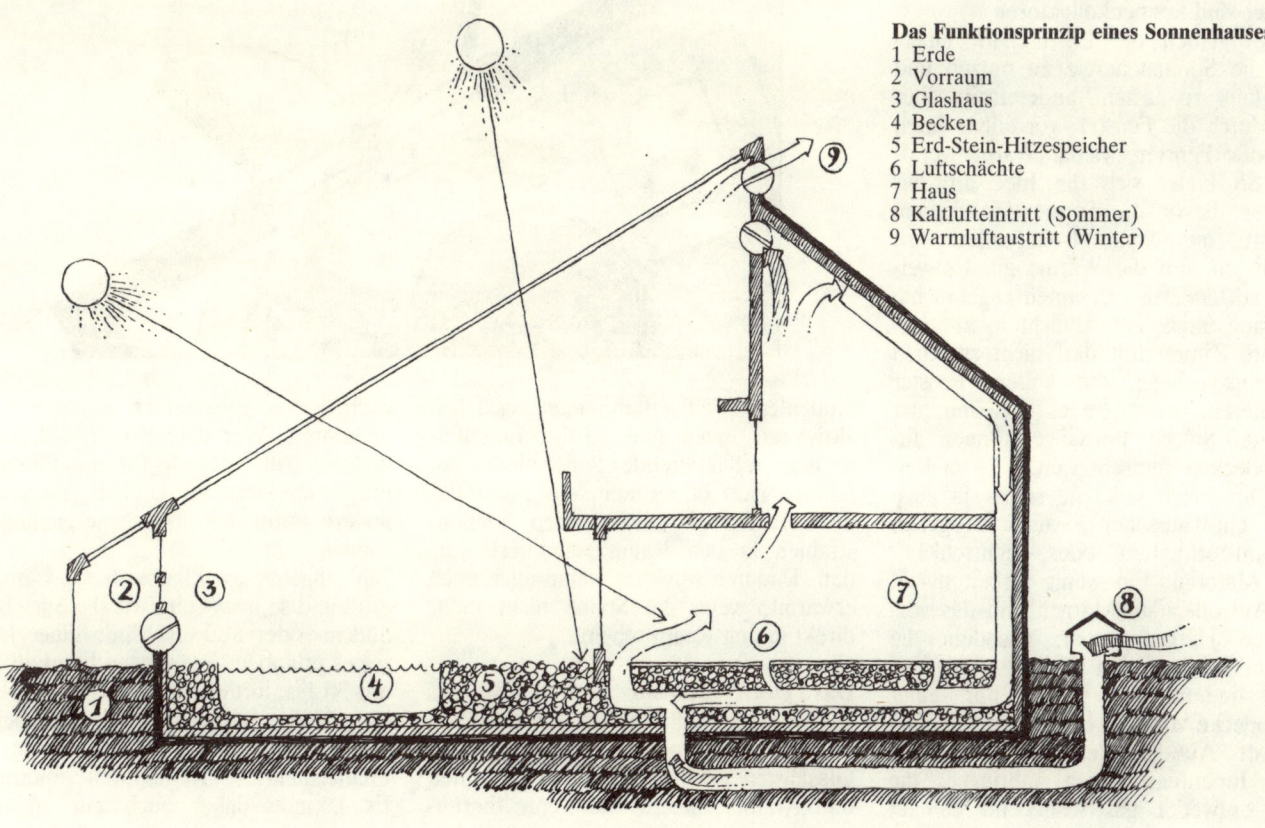

man sie aufstellt, denn über dem wärmenden sollte ja der ästhetische Effekt nicht vergessen werden. Solche thermischen Massen wiegen viel und sollten nur in ebenerdig gelegenen Räumen aufgestellt werden. Ihr Vorteil besteht darin, daß sie tagsüber die Wärme speichern und dadurch auch dafür sorgen, daß der Raum nicht überhitzt wird. Nachts geben sie die Wärme dann an die Umgebung ab. Sie eignen sich besonders für Wintergärten.

Wenn die Sonne durch große, südseitig gelegene Fenster in die Räume scheint, sollte man im Winter dunkle Teppiche aus Wolle auflegen, sie speichern ebenfalls die Wärme, ebenso wie die einem großen Fenster gegenüberliegende, dunkel gestrichene Wand. Böden und Mauern brauchen nicht dunkel zu sein; wenn sie weiß sind, reflektieren sie die Sonnenstrahlen auf dunkle, thermische Massen im Raum. So kann man selbst ein wenig experimentieren, sollte aber, wie gesagt, den ästhetischen Effekt nicht ganz außer acht lassen.

Fenster sind Sonnenkollektoren

Fenster haben die Eigenschaft, einerseits die Sonnenenergie zu nützen und ins Haus zu lassen, andererseits aber geht durch die Fenster, vor allem durch zu große Fenster, wieder Wärme verloren. So bietet sich die Idee an, das Fenster, bevor die Sonne zu scheinen aufhört, mit einem Isoliervorhang zu verhängen, um die Wärme am Entweichen zu hindern. Der innen angebrachte Vorhang muß gut abdichten, die erwärmte Zimmerluft darf nicht zwischen Isolationsvorhang und kaltem Fenster zirkulieren, sonst ist es aus mit der Wärme. Solche Vorhänge können aus Steppdecken gemacht werden (zum Beispiel im Patchwork, sie sollen ja auch sehr gut aussehen), aus bezogenen Schaumstoffmatten oder mehrschichtigem Material. Ein wenig Arbeit macht das Aufrollen am Morgen und das vorsichtige Herunterlassen, nachdem die Sonne verschwunden ist, und es ist auch nicht jedermanns Sache, mit einer Steppdecke vor dem Fenster zu wohnen. Anstatt Außenfensterläden kann man auch Innenfensterläden anbringen, die man entweder gut schließend einhakt

oder auf einer gleitenden Leiste verschiebbar innen montiert. Diese Fensterläden funktionieren wie Isolationsvorhänge, sie lassen die tagsüber durch Sonnenbestrahlung oder Heizkörper aufgespeicherte Wärme nicht entweichen. Isolationsvorhänge und Innenfensterläden wird man aber nur dort anbringen, wo es wirklich kalt ist und man sehr an Energie sparen muß. Außerdem sind sie nur für Wohnräume geeignet, da sie sehr gut abdichten und die in Schlafräumen notwendige Frischluftzufuhr behindern.

Fensterscheiben selbst nehmen ja niemals Sonnenwärme auf, sie geben sie nur ab. Daher sollten Fenster an kalten Tagen, an denen keine Sonne scheint, mit dicken Vorhängen oder Läden geschlossen sein – dies kann natürlich nur in den tagsüber unbewohnten Räumen geschehen.

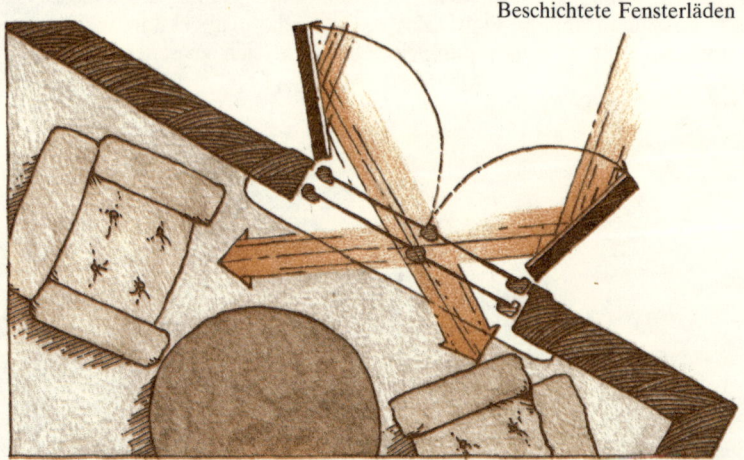

Beschichtete Fensterläden

Außenfensterläden kann man zusätzlich aktivieren, indem man an ihre Innenseite eine reflektierende Folie klebt. An Sonnentagen öffnet man die Fensterläden so, daß die einfallenden Sonnenstrahlen in den Raum reflektiert werden. Dadurch wird der Raum auch noch erwärmt, wenn die Sonne nicht mehr direkt in den Raum scheint.

Das Fenster-Treibhaus

Ein doppelt verglastes, jedoch einfaches Fenster kann mit einem vorgebauten Glaskasten genügend Platz für Blumen und Kräuter bieten. Ein wenig thermi-

sche Masse in Form von Steinchen auf dem Boden des Fensters wird den Blumen auch nachts guttun. Dieses Kleinsttreibhaus sollte im Frühjahr montiert und im Herbst wieder abmontiert werden. Im Winter wird es durch Läden ersetzt.

Angebaute Pflanzenhäuser

An Frühlingstagen, an denen es draußen wärmer ist als im Haus, läßt man die warme Luft herein, indem man die Fenster öffnet. Im Innenraum nützt man die Sonnenwärme, indem man thermische Masse richtig plaziert und abends die Läden schließt. Baut man aber vor eine Südfront, an der es Fenster, womöglich große, und auch Glastüren gibt, ein Glashaus hin, so kann es zweierlei Funktionen erfüllen: Es ermöglicht auch in der kalten Jahreszeit ein Leben mit Pflanzen und es erzeugt warme Luft, die

auch den anschließenden Räumen zugute kommt. Wer aber glaubt, sich keine tägliche halbe Stunde für die Pflanzenpflege absparen zu können, muß eine andere Form der Sonnenenergienutzung wählen.

Ein angebautes Pflanzenhaus kann so groß und so hoch sein, wie die Süd- bzw. Südost- oder Südwestwände eines Hauses es erlauben. Ein Abweichen von Süd um 30 bis 40 Grad nach West oder Ost ist zulässig. Man kann sich hier behelfen, indem man an der Nordseite des Pflanzenhauses Reflektoren montiert. Es können daher auch nur südseitig

vorgebaute Veranden an alten Häusern in Pflanzenhäuser umgebaut werden, ebenso nur südseitige Balkons oder Terrassen. Auf das Pflanzenhaus darf kein Schatten fallen. Als Wand, an die angebaut wird, eignet sich eine Fensterflächenwand ebenso gut wie eine Wand mit wenigen Fenstern. Es sollte aber eine Eingangsmöglichkeit ins Haus durch das – größere – Pflanzenhaus gegeben sein. Trotzdem wird man das Pflanzenhaus lieber vor eine Fensterflächenwand setzen. Wenn es möglich ist, wird man diese Wand vielleicht gar so konstruieren, daß man sie im Sommer entfernen kann und das Pflanzenhaus in den danebenliegenden Raum integriert wird; umgekehrt kann auch ein weniger stabil gebautes Pflanzenhaus in den heißen Sommermonaten abmontiert werden. Doch wo sind die heißen Sommermonate?

Wie groß ein angebautes Pflanzenhaus sein soll, hängt vom Design des Hauses, von der Geldtasche und vom Zweck ab, den es erfüllen soll. Will man nur Kräutlein oder Zierpflanzen, beides oder gar Gemüse ziehen? Wird man sich viel Zeit nehmen, um sein eigener Treibhausgärtner zu sein? Will man das Pflanzenhaus elegant, auch zum Wohnen, oder wird es richtigen Gärtnereibetriebscharakter bekommen? Soll es als Abstellplatz und Werkstätte dienen? Der Phantasie sind keine Grenzen gesetzt – vorausgesetzt, daß das Design zum Haus paßt. Beim Selbstbauen kommt man billig davon, wenn man Fenster aus Abbruchhäusern verwendet. Will man billig bauen und nicht auf Dauer, so verwende man kein Glas, sondern Kunststoff. Die Glas- oder Kunststoffflächen müssen nicht durchsichtig sein, die Sonne scheint auch durch etwas milchige Flächen. Im Handel erhältlicher Kunststoff mit gewellter Oberfläche wird eigens für solche Pflanzenhäuser erzeugt. Will man allerdings im Pflanzenhaus auch wohnen, tut man dies besser unter Glas als unter Kunststoff. Die Rahmen, aus denen die Konstruktion besteht, sollten aus Holz sein. Beim Errichten des Pflanzenhauses muß daran gedacht werden, daß der Schnee, der im Winter vom Dach des Hauses rutschen kann, eventuell Schaden anrich-

tet, die Dachform des Hauses darf ein größeres Pflanzenhaus nicht behindern. Der Gestaltung des Pflanzenhauses sind vor allem dann keine Grenzen gesetzt, wenn es von Anfang an in den Hausbau miteingeplant ist. Wenn neue Häuser mit entsprechend gut überlegten Entlüftungs- und Wärmeaustauschsystemen geplant werden, so können sie selbst ein großes Sonnenpflanzenhaus bilden.

Sonnenkollektoren arbeiten u. a. nach demselben Prinzip wie Treib- oder Sonnenpflanzenhäuser: Zwischen einer oder zwei Glasschichten und einer dunklen Fläche werden Luft (oder Wasser) erwärmt und warme Luft oder warmes Wasser dann dorthin geleitet, wo man sie haben möchte. Die vorgebauten Treib- oder Pflanzenhäuser lassen die Sonnenstrahlen durch das Glas in den Raum, der mit wärmespeicherndem Mauerwerk, mit Pflanzen (auch sie speichern) und einigen Wärmespeichermassen, wie zum Beispiel Steinchenboden oder Blähtonschüttung, versehen sein sollte. Falls die dem Haus zugewandte Mauer nicht durch Fenster unterbrochen ist, sollte man darin Entlüftungsschlitze anbringen, durch die die warme Luft ins Hausinnere fließen und zirkulieren kann. Pflanzenhäuser lassen die kurzwelligen Sonnenstrahlen durch; diese fallen auf die verschiedenen thermischen Massen und Pflanzen und werden

von diesen in Form von langwelligen Wärmestrahlen, die vom umgebenden Glas aber nicht durchgelassen werden, reflektiert. Daher muß man mit Hilfe von Klappen und Schlitzen für gute Entlüftung und Luftzirkulation sorgen, da sonst der sogenannte Treibhauseffekt ein unangenehmes Klima schafft.

Im Pflanzenhaus wird die Innenluft also wärmer als die Außenluft. Durch die Entlüftungsschlitze, -klappen usw. fließt sie in die angrenzenden Räume, kühlt dort ab und fließt wieder zurück. Die Zirkulationsöffnungen beim größeren Pflanzenhaus sind oben und unten anzubringen, beim kleinen und schmalen genügt ein schmal geneigtes Klappfenster. Das Pflanzenhaus, ob groß oder klein, muß nach außen lüftbar sein. Wenn die Pflanzen auch im Winter im Pflanzenhaus bleiben sollen, sollte man es an kalten Tagen mit einer Isolierschicht (-stoffolie) bedecken. Ob ein Pflanzenhaus die Wärme, die es erzeugt, auch behält, hängt davon ab, wie gut es gebaut wurde. Schlecht schließende Rahmen oder Ritzen dürfen nicht sein.

Wie viele Monate im Jahr man wirklich angenehm im Pflanzenhaus wohnen kann, hängt vom Jahresklima ab. Von Dezember bis Februar wird es wahrscheinlich nicht möglich sein, für sonnige Frühlings- und Herbsttage aber ist das Pflanzenhaus ein idealer Aufenthaltsort. Legt man im Februar schon einen Garten im Pflanzenhaus an, pflückt man seine Kräuter schon im März, dann wird man wirklich seine Freude daran haben. Pflanzen im Pflanzenhaus zieht man am besten in Blumentöpfen, Containern, Papierbechern, die ja reichlich in jedem Haushalt anfallen.

Übrigens: auch das Pflanzenhaus braucht keine großflächige, nicht unterteilte Glaswand, unterteilte Pflanzenhäuser sind wie unterteilte Fensterwände viel wohnlicher, schöner und menschlicher als nackte Glaswände!

Warmwasser am sonnigen Wochenende

Das kleine, romantische Wochenendhäuschen auf dem Land braucht nicht unbedingt die sanitären Bequemlichkeiten der Stadt. Generationen sind schon auf dem Plumpsklo gesessen und für

viele ist ein solcher – zumindest sommerlicher – „Genuß" durchaus kein Rückschritt. So ist es auch mit dem Warmwasser: Das kann man sich in der einfachen Hütte auf dem Herd in einem großen Topf erzeugen; gibt es außer Hausfließwasser einen Bach, eine Quelle zum Beispiel, so kann man eine Sonnendusche montieren. Das ist keine neue Erfindung; listige Schrebergärtner duschen sich schon lange so:

Auf das Dach, des Plumpsklos zum Beispiel, wird eine dunkelgestrichene Tonne gestellt, die man mit dem Gartenschlauch mit Wasser füllt. Ziemlich weit unten an der Seite des Behälters ist die Dusche montiert, zum Auf- und Zudrehen. An sonnigen Tagen von April bis Oktober kann man warm duschen, an weniger sonnigen auch, wenn der Wasserbehälter mit einer dicken Decke eingewickelt wurde und so noch vom Sonnenvortag die Wärme behalten hat.

Man kann auch ein kleines Wochenend- oder Gartenhäuschen, das mit schwarz gestrichenem Wellblech gedeckt ist, zur Warmwasserbereitung verwenden. Über das Wellblech wird Glas oder eine Plastikhaut gelegt. Die Dachrinne funktioniert man zu einem Wasserauffangbehälter um. Die Dachrinne sowie auch das Rohr, das von ihr in einen Warmwasserspeicher führt, müssen gut isoliert sein. Das ist alles. Es eignen sich nur Dächer, die mehr als 40 Grad geneigt sind, da das Wasser ja rieseln soll. Eine Doppelglasschicht oder eine doppelt gelegte Plastikfolie erwärmen das Wasser besser. Daß das Wellblech wasserdicht und die Stirnseite des Hauses nicht offen sein soll, versteht sich von selbst. Teerpappe, die sich möglicherweise unter dem Wellblechdach befindet, wird mit der Zeit von der Hitze (an Sommersonnentagen 80 Grad) angegriffen.

Wie man eine Sonnenuhr baut

Wer die Sonne nützen und mit ihrer Hilfe die Zeit messen will, der braucht Papier und Bleistift, Winkelmesser, Zirkel, Lineal, einen Kompaß und eine Wasserwaage. Damit kann eine Papier-, Pappe-, Kartonsonnenuhr oder das Papierschema einer Sonnenuhr gezeichnet

werden. Außerdem muß man den geographischen Breitengrad des Ortes, an dem man die Sonnenuhr ihrer Funktion übergeben will, kennen.

Wer eine Sonnenuhr baut, muß wissen, daß die Zeit, die der Schatten des Zeigers anzeigen wird, die wahre Sonnenzeit ist und als solche von der landesüblichen Zeit abweicht. Dazu sollte man ein wenig seine Schulkenntnisse auffrischen, wie es sich mit der Zeiteinteilung überhaupt verhält.

Eine exakte Zeiteinteilung geben die Sterntage. Ein Sterntag ist die Dauer der Erdumdrehung, die uns als scheinbarer Umlauf des Fixsternhimmels erscheint. Ein solcher Sterntag hat 24 gleich lange Stunden zu 60 Minuten und 60 Sekunden. Nun sind die Sterne aber zwar für Astronomen und Astrologen wichtige Punkte am Himmel, für die Menschen jedoch sind sie nur in romantischen Nächten von Bedeutung. Die Menschen leben nach Sonnentagen, mit dem Auf- und Untergehen der Sonne. Ein wahrer Sonnentag ist der Tag zwischen zwei aufeinanderfolgenden mittägigen Hochständen. Der wahre Sonnentag ist etwas länger als ein Sterntag und die Dauer des Sonnentages verändert sich im Laufe des Jahres. Die Erde dreht sich in elliptischer Bahn und mit unterschiedlicher Geschwindigkeit um die Sonne. Weil nun die Zeit, nach der man sich richten soll, etwas Regelmäßiges sein muß, hat man sie natürlich in Sterntage zu 24 Stunden, 60 Minuten und 60 Sekunden eingeteilt und sich, der Sonne zuliebe, als Tageinheit den mittleren Sonnentag erdacht, der eine – gedachte – Sonne scheinbar mit regelmäßiger Geschwindigkeit um die Erde laufen läßt. Der mittlere Sonnentag stimmt nun mit dem wahren Sonnentag nur an vier Tagen im Jahr, nämlich dem 15. April, dem 15. Juni, dem 1. September und dem 24. Dezember, überein. An diesen Tagen stimmt die Sonnenuhrzeit – die sich nach der wahren Sonne richtet – mit der mittleren Sonnenzeit überein. An all den übrigen Tagen im Jahr ist die wahre Sonnenzeit der mittleren entweder voraus oder sie hinkt hintennach. Sie geht aber maximal 15 Minuten vor oder 16 Minuten nach, so Mitte Februar 15 Minuten vor und Ende

Oktober und Anfang November 16 Minuten nach. Diese Differenz nennt man Zeitgleichung. Der freiheitsliebende Sonnenuhrzeichner sollte sich jedoch von diesen maximal viertelstündlichen Abweichungen von der mittleren Sonnenzeit nicht weiter beunruhigen lassen. Schließlich ist eine Sonnenuhr nicht immer in Betrieb, ziert aber auch wenn sie außer Funktion ist, ein Haus oder einen Garten und sollte vor allem darum gebaut, gemalt oder geschnitzt werden.

Die Zeitgleichung ist nicht die einzige Differenz der wahren Sonnenzeit von der normalen, üblicherweise verwendeten. Denn die mittlere Sonnenzeit ist nur die mittlere Ortszeit und gilt nur für alle Orte, die an ein und demselben Meridian liegen. Bei Beginn des industriellen Zeitalters und der schnellen und nach Fahrplänen ablaufenden Verkehrsverbindungen konnte man sich nicht mehr mit solchen mittleren Ortszeiteigenbröteleien abfinden und führte eine allgemein gültige Zonenzeit ein. Dazu teilte man die Erde in gleich breite Zonen, die je 15 Längen umfassen, ein. Ein Längengrad entspricht dabei einer Zeit von 4 Minuten, eine Zone mit 15 Längengraden daher 60 Minuten. In Europa gibt es die Zone der westeuropäischen Zeit, die sich nach dem Nullmeridian von Greenwich richtet und in England, Portugal und Spanien gilt, die mitteleuropäische Zeit (15 Grad) in Skandinavien und Mitteleuropa und die osteuropäische Zeit (30 Grad) in Osteuropa, Griechenland und der Türkei. Die wahre Sonnenuhrzeit zeigt nicht nur eine Differenz zur mittleren Ortszeit, sondern auch zur Normalzeit, da ja nicht jeder Ort auf dem Nullmeridian oder 15. bzw. 30. Längengrad liegt. Wenn der Sonnenuhrableser weiß, auf welchem Längengrad sein Häuschen mit der Sonnenuhr liegt, kann er die Normalzeit aus der wahren Sonnenzeit errechnen. Liegt das Häuschen zum Beispiel auf dem 10. Längengrad östlich von Greenwich und gilt die mitteleuropäische Zeit, so gilt sie eigentlich minus 5 Grad, pro Grad 4 Minuten, also 20 Minuten. Diese 20 Minuten müssen zur Sonnenuhrzeit hinzugezählt werden, damit man die allgemein gültige Zeit kennt. So einfach ist es aber nur an den vier Tagen im Jahr, an

denen die wahre Sonnenzeit mit der mittleren Sonnenzeit zusammenfällt. Möchte man aber zum Beispiel am 20. Mai die genaue Zeit ermitteln, so geht die Sonnenuhr mit ihrer wahren Zeit der mittleren Sonnenzeit an diesem Tage 5 Minuten voraus. Diese 5 Minuten müssen daher von den dazugezählten 20 Minuten Längengraddifferenz abgezogen werden und es ergibt sich für den 20. Mai eine Normalzeit, die insgesamt 15 Minuten vor der Sonnenuhrzeit liegt.

An einem Ort, der am 10. Längengrad liegt – wie zum Beispiel Hamburg, Kiel oder Würzburg –, zeigt die Sonnenuhr am 20. Mai eine Zeit von 11 Uhr 0 Minuten, das differiert von der mittleren Ortszeit um minus 5 Minuten und ergibt die mittlere Ortszeit von 10 Uhr 55 Minuten. Der 10. Längengrad östlich von Greenwich ergibt bei mitteleuropäischer Zeit plus 10 Grad = 5 Grad = plus 20 Minuten. Das ergibt mitteleuropäische Zeit: 11 Uhr 15 Minuten.

Gut haben es die Grazer Sonnenuhrbesitzer: Graz liegt auf 15½ Grad Länge, am 24. Dezember stimmt die Sonnenuhr – beinah.

„Sei so wie die Sonnenuhr, zähl die heiteren Stunden nur", sagt ein alter Stammbuchvers. Er gilt nicht nur für die Sonnenuhr, die nur dann die Zeit anzeigt, wenn die Sonne scheint, er gilt auch für alle anderen modernen Sonnenenergieeinrichtungen, die eben nur dann funktionieren, wenn die Sonne lacht. So wie die Sonnenuhr ein erfreuliches und dekoratives Meßinstrument sein soll, sollten die wärmenden Sonnenstrahlen ergänzend und gestalterisch beim Hausbau mitwirken. Ist ein Haus jedoch einmal so gebaut, daß es zusätzlich die Sonne nützt, so ist es wie bei der Sonnenuhr: einmal gebaut, keine zusätzlichen Kosten!

Anleitungen zum Selberbauen:
Den Längengrad, an dem das Haus mit der Sonnenuhr steht, brauchen nur jene zu kennen, die die Normalzeit erreichen wollen: Hingegen ist die geographische Breite wichtig, da sich danach die Anbringung des Zeigers richtet. Sonnenuhren können in horizontaler Lage, in Gärten, auf Terrassen usw. aufgestellt werden, in vertikaler Lage vor allem an

Hauswänden, aber auch in vielen anderen Lagen. Einfach zu bauen sind horizontale und vertikale Sonnenuhren, wobei die Sonnenuhr ideal zum Beispiel an einer Südwand hängt, die genau von West nach Ost geht. Befindet sich eine

Hauswand – ungefähr – in dieser idealen Richtung, dann kann man die Sonnenuhr auf eine starke Holzplatte aufmalen und ein wenig schräg an der Wand anbringen, so daß die West-Ost-Richtung genau stimmt.

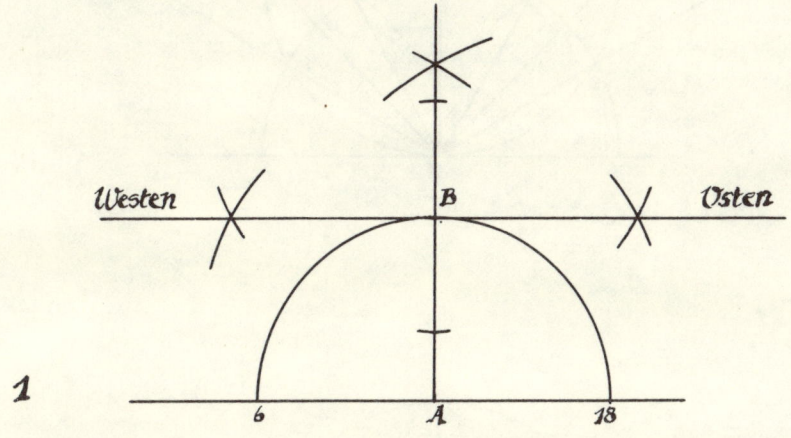

1

Konstruktion des Zifferblattes und des Zeigers einer vertikalen Süd-Sonnenuhr (Senkrechtsonnenuhr): Dieses Zifferblatt kann zum Beispiel auf eine Holz- oder Spanplatte übertragen werden, die in Ost-West-Richtung an einer Südwand befestigt wird und genau senkrecht hängen soll. Der Zeiger (Schattenwerfer) steht genau im Winkel 90° minus φ im Treffpunkt der Stundenlinien. (φ = geographische Breite).
1. Am unteren Rand eines Pappkartons zieht man eine Gerade, setzt mit dem Zirkel im Punkt A ein und schlägt einen Halbkreis nach oben. Man sticht bei 6 und 18 ein, zieht Bögen mit x-beliebigem Radius und errichtet an ihrem Schnittpunkt eine Senkrechte auf A. Am Schnittpunkt dieser Senkrechten mit dem Kreis zieht man eine Parallele zur Grundlinie. Die Linie AB ist die 12-Uhr-Linie der Sonnenuhr, die Linie senkrecht durch B dazu die West-Ost-Gerade.

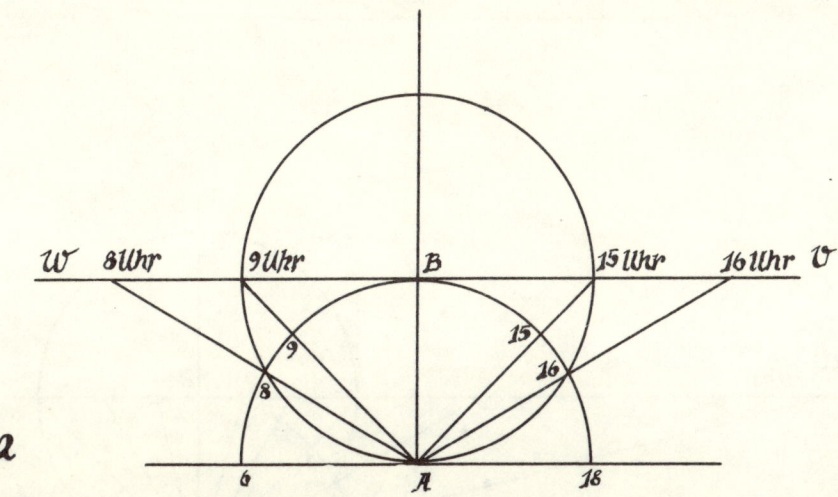

2

2. Man schlägt um B einen Kreis mit dem Radius AB, die Schnittpunkte mit dem Halbkreis sind die Punkte 8 und 16, die Schnittpunkte mit der Ost-West-Geraden und deren Verbindung zu A sind die Punkte 9 und 15.

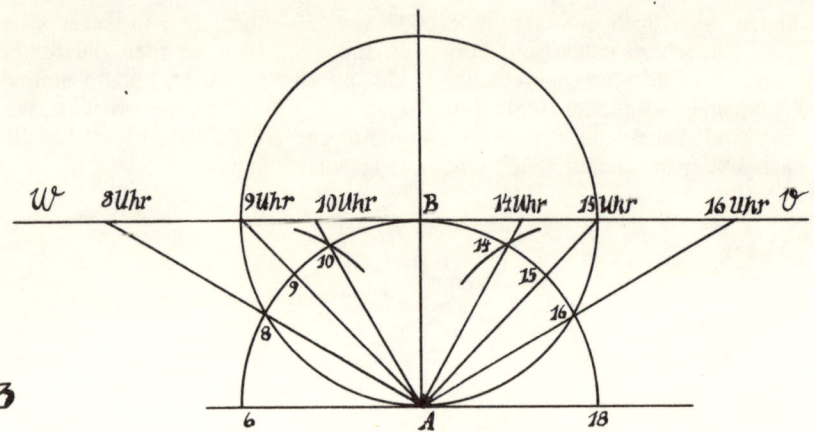

3

Man sollte eine Sonnenuhr unbedingt ein- oder auch zweimal auf Pappkarton oder Papier vorzeichnen und erst dann, wenn sie stimmt, auf das endgültige Material übertragen. Um den Zeiger auf einfache Weise richtig anbringen zu können, zeichnet man auf Pappkarton ein rechtwinkeliges Dreieck mit dem Winkel der grographischen Breite des Ortes, an dem die Sonnenuhr aufgestellt wird.

Die Zeichnungen zeigen die Konstruktion eines Schemas für eine vertikale und eine horizontale Süduhr.

3. Man schlägt um 6 und 18 Bögen mit dem Radius AB und erhält die Schnittpunkte 10 und 14.

4. Man schlägt um die Schnittpunkte 9 und 15 Bögen mit dem Radius AB und erhält die Punkte 11 und 13.

5. Man schlägt um die Punkte 11 und 13 Bögen mit dem Radius AB und erhält die Punkte 7 und 17. Punkt A wird mit allen Schnittpunkten am Halbkreis verbunden und die Verlängerungen dieser Linien ergeben auf der Ost-West-Geraden die Stundenpunkte der Sonnenuhr.

6. Man zeichnet im Punkt B den Winkel φ, die geographische Breite des Standpunktes der Sonnenuhr, ein. Ein Schenkel des Winkels ist die 12-Uhr-Linie, der andere schneidet den Kreis um B im Punkt C. In diesem errichtet man eine Senkrechte, die die 12-Uhr-Linie im Punkt D schneidet.

7. und 8. Verbindet man den Punkt D mit den einzelnen Stundenpunkten auf der Ost-West-Geraden, so erhält man das Zifferblatt der vertikalen Sonnenuhr. Im Punkt D wird der Zeiger (Schattenwerfer im 90°-Winkel über der 12-Uhr-Linie angebracht.

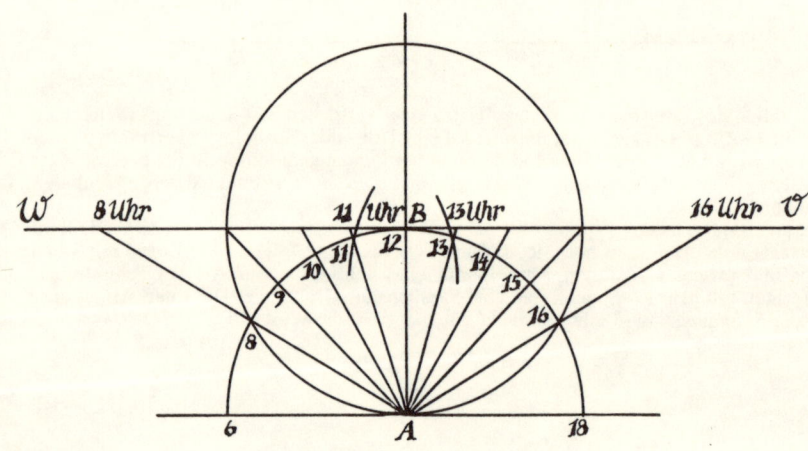

4

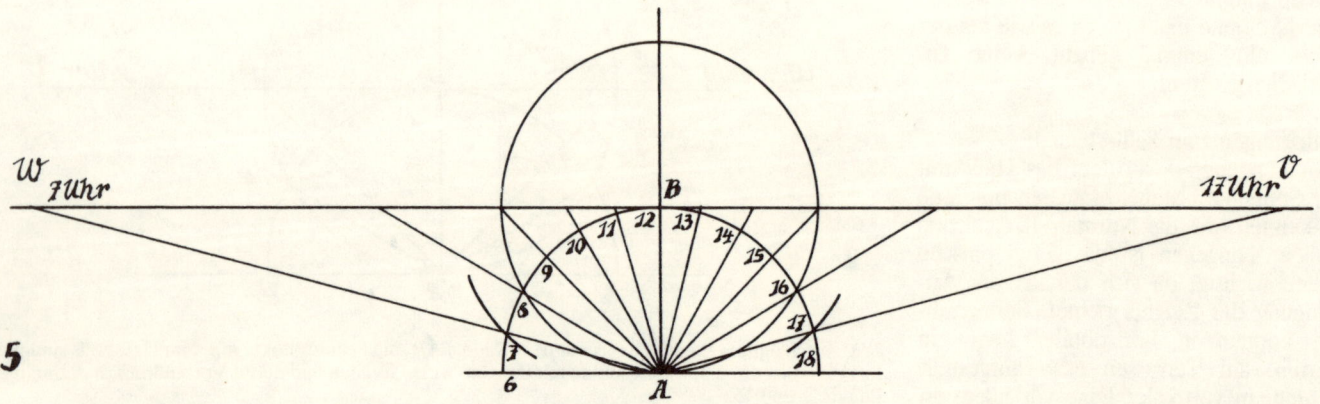

5

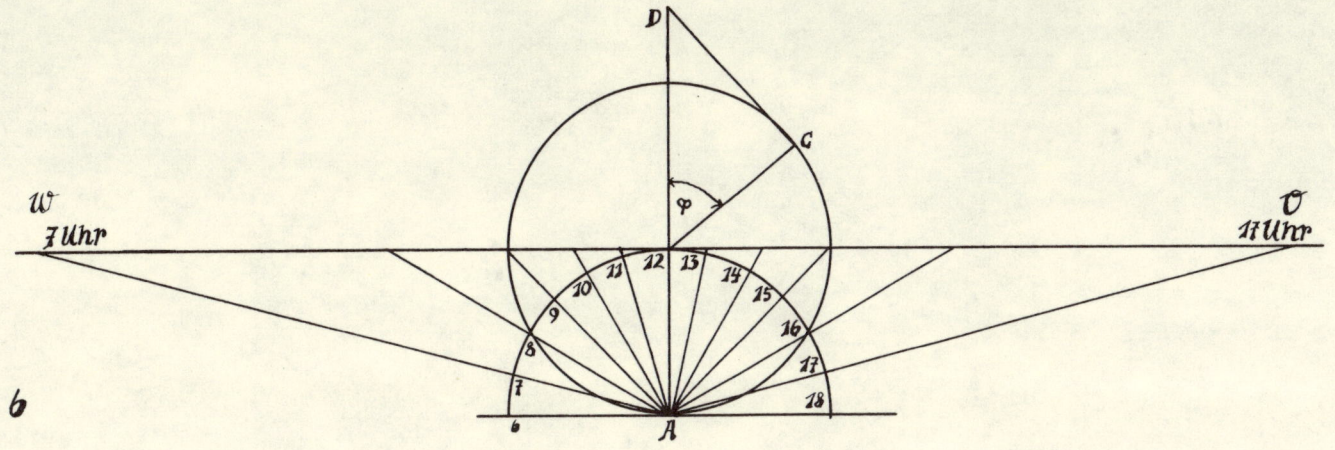

6

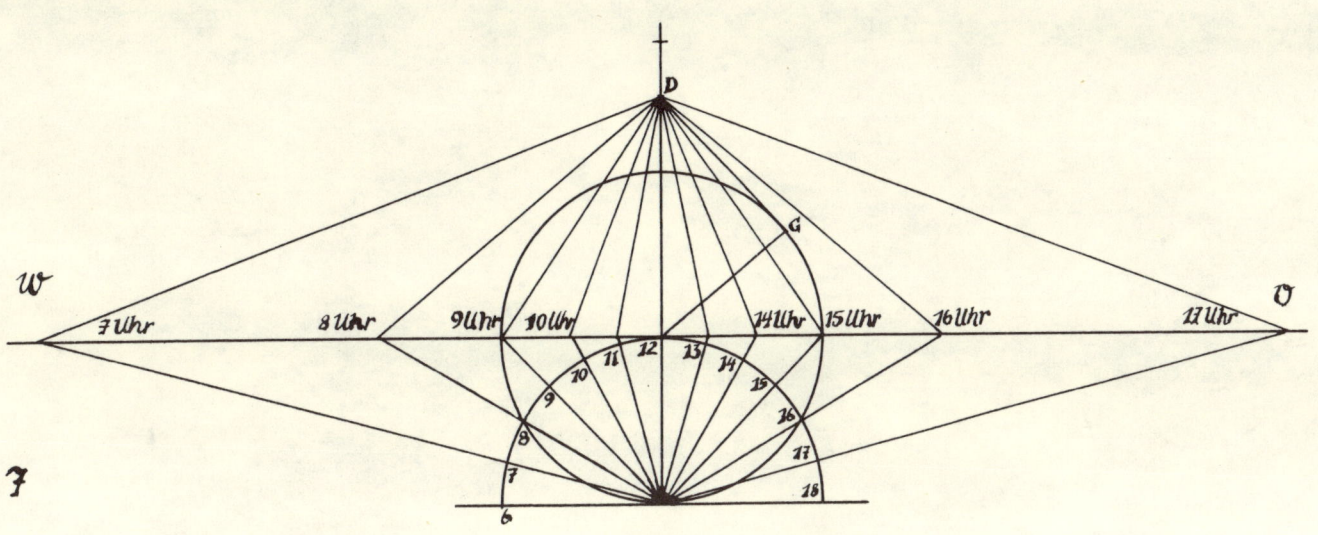

7

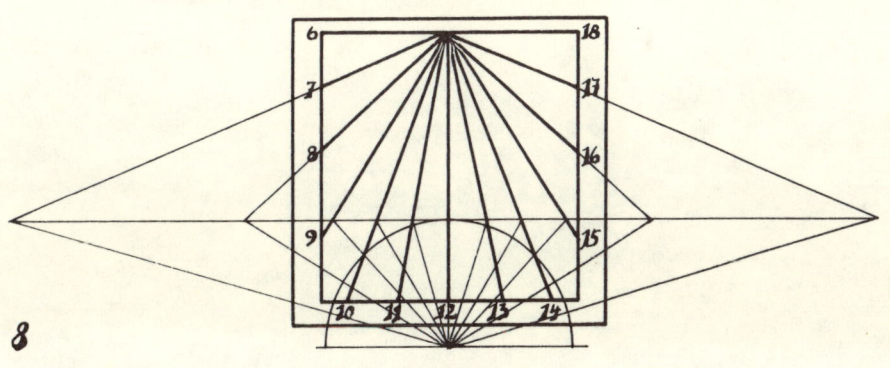

8

61

Alte Häuser

Irgendwann im Leben verliebt man sich in ein altes Haus. Man möchte es haben, es pflegen, möchte in ihm wohnen, seine dicken Mauern streicheln, seine Holzbalken küssen, möchte ihm nie weh tun, es behalten. Erhalten kann ein altes Haus nur von jemandem werden, der es liebt, der es bewohnt, der sich langsam vortastet, als vorläufig Letzter in der Kette der Hausbewohner, die am Haus nie etwas gerichtet, viel verändert, weggenommen oder hinzugebaut und somit den Mauern immer wieder Leben eingehaucht haben.

Im siebenten Wiener Gemeindebezirk steht ein Gebäudekomplex aus der Barockzeit. Die Fassade bröckelt ab, der große, gepflasterte Hof mit dem anschließenden Garten ist verwahrlost, Klosetts und Brunnen sind nebeneinander in einem Trakt untergebracht. Einst belebten Handwerker mit ihren Familien diesen Hof, die Kinder spielten in der Wiese, die sich heute als Park und Fußballplatz an den Hofgarten anschließt. Im letzten Jahrhundert begann die Stadt um diese dörfliche Oase herumzuwachsen, sie streckte ihre grauen Türme empor, nahm den Handwerkern ein wenig Sonne und viel Arbeit weg. Zeichner, Maler, Photographen haben das romantische Ensemble verewigt, das sich bis heute nicht sonderlich verändert hat. Die Bewohner sind alt, Wohnungen stehen leer, die wenigsten bezahlen eine Monatsmiete, die mehr als ein Gasthausmenü kostet. „Es ist so ruhig und schön hier", sagt die Dame, die mit einem Kohleneimer die schmale Treppe ihrer Barockmaisonette hinaufschlurft, „keine Autos und keine Kinder, mitten in Wien." Das mit den Kindern wird sich aber bald ändern, denkt dabei der in das Gebäude Verliebte. Er faßt den Entschluß, fünf Mitinteressenten zu finden, mit denen gemeinsam das Ensemble gekauft und renoviert werden soll. Kostenpunkt des zum Verkauf stehenden Traumes: 1 Million Schilling (mehr als 140.000 Mark). Auf fünf Käufer aufgeteilt ergibt dies pro Kopf 200.000 Schilling (28.000 Mark). Viel Selbstarbeit, langsam voranschreitende Sanierungsarbeiten, wenig Baukosmetik, mit rund 10 Millionen Schilling müßte man durchkommen, rechnet der Verliebte, mit

Denkmalschutzzuschüssen, Althaussanierungskrediten . . . er feiert in seinem Kopf schon wahre ästhetische und finanzielle Orgien. Doch der verliebte Träumer wurde enttäuscht. Noch bevor er fünf Mitkäufer auftreiben konnte, hatte eine große Baugesellschaft den denkmalgeschützten Gebäudekomplex gekauft. Ein Seitentrakt, der unsinnigerweise nicht unter Denkmalschutz steht, weil er später dazugebaut worden war, wird bereits fleißig ausgebeutet, indem man ihn aufstockt. Ohne Rücksicht darauf, daß Lichteinfall, Ensemblewirkung usw. gestört werden. Hier errichtet die Wohnbaugesellschaft Sowieso (sündteure) Eigentumsmaisonetten, wird bald auf einem Schild im Hof zu lesen sein. Den Mietern, die ja rausmüssen, wurden entsprechende Substandardwohnungen besorgt. Nur die Dame mit dem Kohleneimer wohnt noch in dem Trakt, derzeit ohne Dach über dem Kopf, weil über ihr aufgestockt wird. „Ich bleibe", sagt sie, „für meine sogenannte Substandardwohnung gibt es keinen noch so luxuriösen Ersatz. Hier ist mein Alltag, hier ist Zufriedenheit, Leben und Sterben, hier bin ich."

Die alte Frau, die auf Bad und Klosett verzichten will, nur um ihre heilige Ruhe, ihr dörfliches Leben in der Stadt, den Blick auf die zarten Fensterkreuze und die verschnörkelten Barockfassaden zu behalten, ist ein Sonderfall. Der Mensch von heute will nicht schön wohnen, er will bequem wohnen. Jahrtausendelang war unser Leben auf das Jenseits hin ausgerichtet. Beim Wohnen im Diesseits beschränkte man sich auf das Notwendigste und tröstete sich damit, daß es im Jenseits Badeessenzen, Schwelgereien, wohlige Wärme und köstliche Speisen geben würde. Seit ungefähr dreißig Jahren verschwendet der Mittel- und Kleinverdiener keine besonderen Gedanken ans Jenseits mehr. Er will gut essen, duschen, baden, vor dem Fernseher sitzen, Schallplatten hören, im Hausanzug die Fernheizwärme genießen. Die im diesseitigen Wohlstand Aufgewachsenen, die Studenten, Belesenen, Lehrer, Künstler, dürfen es Leuten, die noch immer im alten Bauernhäuschen leben, die in der Stadt noch immer über den Gang aufs Gemein-

schaftsklosett gehen, nicht verübeln, wenn diese Menschen für die Erhaltung des Althausbestandes kein Interesse aufbringen. Nur der, der in ein altes Haus verliebt ist, wird es richtig behandeln. Verliebt ist man selten in etwas, was man schon hat, verliebt ist man aber auch nur kurze Zeit – oder ein Leben lang. Damit dies der Fall ist, muß man den Gegenstand, in den man sich verliebt, immer wieder betrachten, ihn kennenlernen, Unbekanntes an ihm entdecken und Vertrautes liebbehalten. Beim alten Gebäude ist das: Eigenarbeit, Zusammenarbeit mit Handwerkern, sorgfältiges Einrichten, ständiges Bewohnen. Das Erhalten alter Gebäude auf dem Land durch verliebte Städter, das Umwandeln städtischer Zinshäuser in Häuser mit Eigentumsetagen und gemeinsamem Gartengrundstück, das Umwandeln von alten Fabriken, Lagerhallen, Türmen, Burgen, Kirchen und Scheunen in Wohngebäude ist weder konservativ noch zerstört es gesellschaftliche Struktur. Die Erhaltung der Althaussubstanz durch Private, durch Liebhaber, durch Leute, die viel selber machen und altes Handwerk beleben helfen, dafür sorgen, daß materialkundiges Arbeiten nicht in Vergessenheit gerät, ist bereits der nächste Schritt zu einem durchaus nach den Freuden des Diesseits ausgerichteten Leben.

Warum das Erhalten, Sanieren und Umbauen alter Gebäude so viele Vorteile mit sich bringt

Stallungen, Markthallen, Lagerhäuser, Schulgebäude, Scheunen, Ausgedingehäuser, Zinshäuser, Mühlen, Holzhütten und Häuser aus Stein gehen vielerorts ihrem baufälligen Ende entgegen. Werden sie gerettet – umgebaut, saniert, ausgebaut, von Menschen bewohnt, denen Wohnen viel bedeutet –, dann ergeben sich daraus nicht nur für die Bewohner und Besitzer der alten Gebäude, sondern auch für die Umwelt und die Allgemeinheit Vorteile, die Neubauten (wenn sie nicht selbstgeplant und selbstgebaut sind) nie bieten können.

Wenn mehr Altbausubstanz erhalten und bewohnt wird, sinkt der Bedarf an Neubauten. Vorhandene Bausubstanz wird belebt, das verhindert, daß lebender, produktiver Boden zubetoniert wird. Werden neue Häuser gebaut, so müssen sie auch erschlossen werden, für beinahe jedes neue Haus wird ein Vielfaches des zu Wohnzwecken benötigten Grund und Bodens für Fahr- und Parkzwecke verschwendet. Werden Altgebäude aktiviert, fällt eine Neuerschließung meist weg.

In allen Sanierungs- und Umbauprojekten sind die Kosten wesentlich geringer als die Kosten, die ein entsprechend großer und komfortabler Neubau ausmachen würde. Überraschungen, die erst im Laufe des Umbaues in verteuernder Weise auftreten, sind dabei schon einkalkuliert! Die Voraussetzung dafür, daß ein Sanierungs- und Umbauprojekt nicht teurer wird als nötig, ist organisatorisches Eigenengagement und größtmögliche handwerkliche Eigenleistung wie die Übernahme aller Hilfsarbeiterdienste durch Verwandtenbeschäftigung und sogenannte Schwarzarbeit. Die Wohnbauförderung der öffentlichen Hand behandelt die Althausrenovierer als Stiefkinder, was diese nicht weiter erschüttern soll: das macht unabhängig!

Die Eigenleistung kann gezielt eingesetzt werden. Man steht nicht vor einem leeren Grundstück, vor dem Grundriß- und Aufrißplan, der schönen Architektenzeichnung, die nie dem Endresultat entspricht, vor Quadratmetern und Raumhöhen, die noch nicht vorhanden sind, wie beim Neubauen. Beim Altbau hat man Anhaltspunkte, kann abwägen, wo man selber arbeitet und wo man es besser anderen überläßt. Ein altes Gebäude spricht, sagt, wo es ihm weh tut, wo man es verschandelt hat, wo die morschen Stellen sitzen. Man braucht nur zu antworten.

Alte Gebäude geben kreative Orientierungshilfen, ästhetische Anregungen, aber auch Begrenzungen bei Baumaterialien, Raumeinteilung und Fassadengestaltung. Ein planender Architekt ist beim Umbau eines alten Gebäudes in ein Wohngebäude nicht nötig. Es sei denn, er ist einfühlsam, vergißt in der

Zeit des Umbaues Maßbänder, rechte Winkel, Pauspapier und architektonische Selbstverwirklichung. Viele Architekten werden auch zu ganz gewöhnlichen Selberbauern, sie erfüllen sich den Wunsch, sich an Vorgegebenem anhalten zu können, sich ihm unterzuordnen, Mensch zu sein – am Wochenende, im eigenen Althaus.

Bei einem Umbau treten öfter Erfolgserlebnisse auf, weil die Resultate der Eigenarbeit rasch sichtbar werden. Durch Erfolgserlebnisse werden Ungeübte auch immer weiter ermutigt, an vorerst unlösbar erscheinenden Gestaltungsproblemen, an handwerklichen Leistungen weiterzudenken und weiterzuarbeiten. Der Ungeübte entwickelt im

Vor nicht allzu langer Zeit war der Besitz der geraden Linien ein Privileg der Könige, der Begüterten und der Gescheiten. Heute besitzt jeder Depp Millionen von geraden Linien in der Hosentasche.
Friedensreich Hundertwasser.

Laufe eines Lernprozesses, den der Umbau alter Häuser auch bedeutet, Kreativität. Der Büromensch tastet sich langsam in die Gebiete der Ästhetik und des Handwerks vor und findet im eigenen Haus, in der eigenen Wohnung um so mehr eine Heimat.

Man kann in vielen Fällen am Ort der Handlung wohnen. Wie der Bauingenieur, der seinen Beruf an den Nagel hängte, vor fünf Jahren einen Vierkanthof auf dem Land kaufte, der nur mehr zwei Kanten hatte, im Laufe der Jahre die restlichen zwei ergänzte, sich einen Teil des Dachbodens ausbaute und mit dem Material aus zusammenbrechenden Ställen und Scheunen in der nächsten Umgebung schon eine Dependance baute. In dieser befindet sich jetzt das Altwaren-Antiquitätenlager, das sich im Laufe der fünf Jahre aus Möbeln, Geräten angesammelt hatte. Der nunmehr der Zunft der Altwarenhändler Beigetretene hat durchs Wohnen an der Baustelle und das eifrige Zusammentragen von Gegenständen und Materialien, die alle ursprünglich für den eigenen Bedarf gedacht waren, auch einen neuen Beruf gefunden.

Man kann, wie der Altwarenhändler, einen Trakt eines alten Gebäudes bewohnen, während man den anderen ausbaut. Es schließt aber auch die größte Hülle die kleinste Zelle nicht aus – Liebhaber von Burgen, Bewohner von Stallungen, Fabrikshallen und Lagerhäusern sollten sich alle als erstes eine kleine, gemütliche Zelle einrichten, in der sie wohnen.

Die Anhänger der Biobauwelle können beim Kauf eines Althauses ganz unbesorgt sein. Sie finden alle Materialien vor, die ihr Herz begehrt: Ziegel, Steine, Lehm, Holz und Kalk, zu allem Überfluß noch eine gute, materialbedingte Akustik.

Alte Häuser kennen die Sterilität glatter Oberflächen und rechter Winkel nicht. Baukosmetik darf es in einem alten Haus also nicht geben; eine holzverschalte Stahlbetondecke ist ein grober Eingriff in das Seelenleben alter Häuser. Wo repariert und nicht radikal erneuert wird, da ist Flickwerk Luxus, das Auge ermüdet nicht und die Phantasie wird immer wieder von Neuem angeregt.

Die Vorteile der Fassadenrestaurierung

In einer Zeit, in der es schick ist, in einem Althaus zu wohnen (es leben allerdings immer noch viele Leute in Althäusern, die dies gar nicht schick finden) oder es Pflicht ist, für die Althausrestaurierung auch was zu tun, werden vor allem die Fassaden gepflegt und erneuert. Wer ein Althaus renoviert, will das auch nach außen hin kundtun – mit frischer, greller Farbe. Landespla-

ner, Banken, Großkonzerne geben alten Häusern mit Vorliebe eine neue Farbe – und somit eine sterile Oberfläche. Das Bemalen mit technisch perfekten, wetterbeständigen Farben zerstört die ursprünglich an alten Gebäuden vorhanden gewesene Materialeinheit. Das Beizen und Streichen von Holz bewirkt, daß es seine Oberfläche nicht mehr verändert und nicht sichtbar altert. Trotzdem ist diese gleichmäßige Fassa-

denrestaurierung wegen ihrer signalisierenden Wirkung wichtig. Denn wenn das graue, verwitterte, unscheinbare Stadthaus (-palais) in Sonnengelb erstrahlt, wird es erst von den Passanten bemerkt und gibt auch Anlaß zu Diskussionen. Wenn der Huberbauer in seinem Roh-Neubau am Resopaltisch sitzt und durch das Kippfenster hinüberschaut zu seinem alten Vaterhaus, das er einem freundlichen Städter verkauft hat, wird

er nachdenklich. Die dunkelgebeizten Wände, die weißgekalkten Mauern, die geschnitzten Blumenkisten und das reparierte Schindeldach haben aus der verwitterten Hütte wieder sein Vaterhaus gemacht, das ihm nicht mehr gehört. Vorbilder müssen glänzen, sonst werden sie nicht bemerkt, darum schadet ein wenig Farbe zuviel keinem alten und liebenswerten Gebäude.

Wer in ein altes Gebäude zieht, wohnt in Häusern und Räumen, die viele Geschichten erzählen, wenn auch nicht jedes Haus eine Geschichte hat wie jenes auf den Photos:

Als die Bauersleute das Haus verließen und als geadelte Erbhofbauern das neugebaute Haus bezogen, zogen die Hühner ins verfallene Gebäude ein. Sie suchten nach Ungeziefer, das sich im verfaulenden Gebälk eingenistet hatte. Der Haushahn scharrte dabei einen Sack voll alter Goldmünzen frei. Vorübergehend kehrte danach wieder Leben ins Haus ein, weil man dem Hahn bei seiner weiteren Arbeit helfen wollte. Es ist aber bei dem einen Säckchen geblieben. Das Haus hat ausgedient, nachdem es Generationen evangelischer Menschen in einem katholischen Landstrich Obdach gegeben, einen Heimatdichter zu wehmütigen Versen inspiriert und einen Schatz preisgegeben hat.

Aus alt lern neu – am Beispiel alter Gebäude

Neben bescheidenen, großzügigen, schönen und menschlichen alten Häusern entstehen kahle, protzige, sterile Neubauten. Sie nehmen keine Rücksicht auf die Landschaft, nehmen sich kein Vorbild am alten Nachbarhaus. Alte Gebäude sollten auch darum erhalten bleiben, weil man sie als sichtbare Beispiele für die Weiterentwicklung neuer Architektur braucht. Die Erhaltung alter Bausubstanz schließt Neubauen nicht aus, sondern fördert es im positiven Sinne. So sollte es zumindest sein.

Alte Gebäude bilden eine Einheit, die wohltuend für Mensch und Umwelt ist. Wo es noch Einheit statt Chaos und Eintönigkeit gibt, da findet man Ruhe, Geborgenheit und Heimat. Auf dem Land bilden alte Bauernhäuser, Hütten, Kirchen und Stallgebäude mit der umgebenden Landschaft eine Einheit, sie ordneten sich ihr unter und setzten dennoch liebenswerte Akzente. Im Dorfgefüge oder in dörflich strukturierten Stadtteilen entstand Einheit durch Zuordnen. Einheit wurde aber auch durch Baustile hervorgerufen, ein Zeitstil, der ganze Villenviertel zu einer Einheit werden läßt, ein Zeit- und Personalstil, der

Holz, Stein, Ziegeln, Lehm, Kalk ist gemeinsam, daß sie einen Alterungsprozeß mitmachen, der sie verwittern und auch sterben läßt. Wenn man sie flickt, ergänzt, werden sie nicht unansehnlich. Durch ihre Oberflächenveränderbarkeit entziehen sie sich der Meßbarkeit und somit der Normierung. Häuser werden zu Einzelwesen, Straßen unwiederholbar, Städte einmalig.

Die Baumaterialien, aus denen alte Gebäude bestehen, stammen alle aus der Erde, es sind Mineralien, Pflanzen und durch einfaches Bearbeiten daraus entstandene Stoffe. Auch Kunststoffe stammen aus der Erde, meinen die Anhänger moderner Baustoffe. Doch der Weg vom Erdöl zum Kunststoff ist ein langer und es wird auf diesem Weg so viel verändert, daß das Endprodukt ein technisch mehr oder weniger gutes, jedoch nicht alterungsfähiges Material ist, das unansehnlich wird, wenn es einmal geflickt werden muß. Bei Umbauten sollte man deshalb, wenn man ergänzt oder dazubaut, ein strukturähnliches, gleichfarbiges, jedoch nicht alterungsfähiges Material meiden und lieber ein andersfarbiges oder anders strukturiertes, jedoch verwitterbares Material verwenden. Naturstein und Kunststein nein, Naturstein und Ziegel, mit oder ohne Kalkverputz, ja. Die beiden letzten werden mit zunehmendem Alter immer besser zusammenpassen.

Alte Gebäude lügen nicht. Sie bilden eine Einheit von Hülle und Raum, was sie nach außen hin signalisierten, das hielten sie auch innen. Im Bauernhaus wohnte der Bauer, im Ausgedingehaus die alten Eltern, im Schloß der Schloßherr und im Pförtnerhaus der Pförtner, im Pfarrhaus der Pfarrer, in der Kirche der liebe Gott. Heute lebt der Besitzer des unbewohnten großen Wiener Miethauses in San Franzisko, wohnt der Arzt im Bauernhaus, schläft der Schriftsteller auf dem Chor und kocht am Altar der umgebauten Kapelle. Der Politiker wohnt im Hochhaus hinter einer Edelholzfurnier-Wohnungstüre wie all die anderen Hochhausbewohner auch. (Allerdings geht seine Wohnung, hinter einer zweiten Türe verborgen, über zwei Etagen.) Lügen, die sich unfreiwillig ergeben, Lügen, die bewußt erzählt wer-

Straßen und Plätzen Einheit gibt, ein Regionalstil, der auch an Zeitstilen teilnimmt. Geplante Einheit nicht zur Eintönigkeit werden zu lassen, ist ein Problem, über das heute die meisten Architekten stolpern, eine Aufgabe, die auch Selberbauer selten bewältigen. In den alten Stadtvierteln und in der Umgebung der Bauten aus der Gründerzeit fühlt man sich daheim, in Triest, München, Zagreb und Wien, im Chaos und in der Eintönigkeit der neuen Vorstädte wird man sich nirgends wohl fühlen.

Es ist nicht nur die Einheit der Gebäudehüllen, die alte Gebäude liebenswert macht. Es ist auch ihre Materialeinheit. Oft waren Häuser aus nur einem Material und haben in dieser Kargheit eine bauliche Vielfalt entwickelt, die heute in Häusern, in denen es fünfzig verschiedene Materialien gibt, nie erreicht wird. Den einst verwendeten Materialien

den; die Hülle zeigt nicht mehr, was sich hinter ihr verbirgt. Zu sehr hat sich die politische und gesellschaftliche Kosmetik in unser Leben eingeschlichen, hat der Baukosmetikindustrie Wege bereitet. Die Baukosmetik verdeckt die Unreinheiten, die Falten, täuscht vor, was nicht vorhanden ist. Bleiverglaste Fenster zum Aufkleben, Ziegeltapeten zum Aufkleben, Klebeparkett und Klebefliesen. Die Schminke muß weg! Gerade das Entfernen dieser neuzeitlichen Schichten ist ein Vergnügen. Abschminken im eigenen Haus ist eine Entdeckungsreise. Sgraffiti, Türstöcke, Granitblöcke, Geheimkämmerchen, bemalte Fliesen kommen dabei ebenso zutage wie Holzwürmer, Mauerschwamm und Senkgruben. Baukosmetik ist beim Althausumbau dort erlaubt, wo Umbausünden der letzten Jahrzehnte nicht mehr zu reparieren sind. Aber bitte Naturkosmetik verwenden, wilden Wein und Mauerkatze pflanzen, Kuhmist auf den Beton streichen, damit er Patina bekommt! Wenn nachträgliche Wärmedämmung unerläßlich ist, sollte die schützende Kosmetik dort aufgetragen werden, wo die dadurch entstehende gleichmäßige Oberfläche am wenigsten weh tut und wo die Wärmedämmung am wirksamsten ist – an den Außenmauern. Installationen (Wasser, Heizung, Strom), technische Einrichtungen (Bad, Küche) brauchen in keinem alten Gebäude versteckt zu werden.

Gebäude wurden von jeher so lange erhalten, solange sie gebraucht wurden. Wirtschaftsgebäude wurden besonders gut behandelt, denn auf dem Land war das Wohlbefinden des Viehs oft wichtiger als das der Knechte. Leute, die in umgebauten Scheunen oder Ställen leben, behaupten sogar manchmal, es ließe sich dort komfortabler wohnen als in umgebauten Wohnhäusern. Ländliche Wohnhäuser sind niedrig und eng und darin zu wohnen, ist nicht jedermanns Sache. Ställe sind groß, man kann in ihnen großräumig und mit der Technik leben. Menschen, die nicht zur Romantik neigen und ihrem Charakter nach eigentlich besser in einen großzügigen Neubau paßten, die jedoch den Kompromiß mit dem Alten suchen, lieben die Wirtschaftsgebäude auch deshalb,

weil an ihnen nichts überflüssig ist, jedes auch noch so schön anmutende Detail hat eine Funktion.

Weil Besitzer von Häusern meist nur das erhalten, was gebraucht (bewohnt, bewirtschaftet) wird oder finanzielle Erträge bringt (Vermietung), kann man weniger finanzstarken Leuten keine Vorwürfe machen, wenn sie das, was nicht gebraucht wird, zusammenfallen lassen. Mit dem Einzug der Technik sind es

Hier hat keiner was dazugelernt.

aber gerade die Wirtschaftsgebäude, die unbrauchbar geworden sind und besser durch neue ersetzt werden. In diesem Bereich gibt es umbaufähige Bausubstanz, die nur darauf wartet, von kreativen Menschen wieder mit Funktion erfüllt zu werden.

Sind die Wirtschaftsgebäude für die, die in ihnen arbeiten mußten, zum Teil

unbrauchbar geworden, haben urige Sauställe, Brechelstuben, alte Kleinfabriken ausgedient, so ergeht es dem alten Arbeitsgerät nicht anders. Spinnräder, Webstühle, Reifstühle – sie alle können die Besitzer wechseln und heute zur Freude und Entspannung benützt werden. Bescheidene, wunderschöne handwerkliche Arbeiten an Häusern und Geräten sollten allein beim Betrachten Freude bereiten und zu einer Weiterentwicklung anregen.

Am neuen Haus – oben links – wurde die Dachform der beiden Vorbilder übernommen, jedoch nicht das Verhältnis von Dachfläche zu Wandfläche. Das mittlere Haus hatte ursprünglich eine andere Proportion, das Dach saß tiefer und wirkte größer. Bei der Renovierung des Hauses und Erneuerung des Dachstuhles und der Dacheindeckung, hob man den Dachstuhl an und mauerte die Wandkörper um ca. 20 cm höher auf.

Das Stammhaus ganz rechts hat die schönste Proportion. Wirkt das Dach des neuen Hauses wie ein aufgesetztes Hütchen, so erweckt das Dach des alten Gebäudes den Eindruck, das Dach biete Schutz und halte das Haus am Erdboden fest. Leider wird der Schutz nicht mehr lange dauern. Das Haus ist unbewohnt und der Dachstuhl morsch, die alte Schindeleindeckung hat man vor Jahren, als sie lückenhaft wurde, nicht ausgebessert, sondern mit Teerpappe einfach überdeckt, so daß das Dach langsam abzusticken begann.

Ein Haus am Ende der Welt

Fünfzig Soldaten marschieren den Deich entlang; die Schotterseen sind ein Überbleibsel der Auen; jetzt fängt, einen Kilometer weiter östlich, der große Stausee an und bedeckt das ganze Tal. Die Brücke über das Schotterfeld ist schmal, nur für Anrainer gedacht, und für Neuankommende läßt sich von der Brücke aus noch kein Anrainer blicken. In engen Serpentinen führt der Hohlweg den Hang hinauf, an einem Sumpf vorbei, Korbweiden säumen den kleinen Bach. Nach einer Kurve steht ein Schild, darauf in Kurrentschrift „Durchreiten verboten", weiter oben, neben dem Buchweizenfeld des ersten Bauern, ein anderes: „Ablarung verboden". Die Schilder scheinen älter als dreißig Jahre zu sein. Hier spricht man gebrochenes Deutsch, Slowenisch oder beides vermischt, hier siedelt man nicht mehr, und hier übt das Militär recht häufig den Ernstfall.

Im Grenzgebiet von Kärnten an Slowenien, südlich des Stausees, am Fuße der Berge, in die sich alle zehn Jahre ein Bär verirrt, hat ein Gärtner aus dem fernen Bayern seine Heimat gefunden. Zufällig, wie er sagt, denn eigentlich wollte er

nach Südtirol ziehen. Oskar Langhofer war es in Bayern zu laut und zu teuer geworden, seinem Sohn hatte er das schöne Haus am Tegernsee übergeben. Er, der Vater, wollte sich selbständig machen. Vom Tegernseer Haus erzählt er gerne, es ist ein wunderschönes Haus, das neu und doch alt ist, denn Oskar Langhofer hatte es aus lauter alten Materialien neu aufgebaut. Schon 1948 hatte er begonnen, alte Häuser, Fußböden aus Kirchen, Getreidekästen, Türen, Kastenteile, Holzbalken, Kachelöfen zusammenzukaufen, wobei er immer wieder etwas geschenkt bekam – damals. Spinner nannten ihn viele, in einer Zeit, in der jeder möglichst neu und filigran baute. Der Spinner brachte es zuwege, daß aus all dem alten Gerümpel ein Traumhaus entstand. Die Sammelleidenschaft blieb ihm erhalten; bald hatte er wieder so viele alte Hausteile gesammelt, daß er ein zweites, kleineres Haus daraus baute. Als die Leute merkten, daß das Sammeln alten Gerümpels doch nicht so verrückt war und es schick wurde, „alt" zu wohnen, da hatte der Gärtner keine Lust mehr, in Bayern zu wohnen. Er verkaufte das kleinere Haus, nachdem er vorher sorgfältig die schönsten Möbelstücke und Türen wieder entfernt hatte, und sah sich nach einem alten Haus um. In Südtirol war es zu teuer und auch schon zu schick, als Langhofer durch Zufall von einem Haus in Südkärnten hörte, das niemand so recht haben wollte. Oskar Langhofer fuhr hin, nahm seine Frau mit und beide verliebten sich in das alte Haus.

Alte Handwerksutensilien: Kohlewagen, Kochlöffelhalter, Holzrosette und Mistschaufel.

Das Langhofer-Haus im alten Bauzustand und
heute (unten). Es sieht aus, als wäre es immer
so dagestanden.

Sie kauften es mitsamt zwei Hektar Grund, einer Scheune und einem Garten. Das war vor sieben Jahren. Zu dieser Zeit war das Haus bereits fünf Jahre unbewohnt, der Bauer, dem es gehörte, brauchte dringend einen neuen Traktor und einen Mähdrescher und war froh, einen Käufer für sein Objekt gefunden zu haben.

Das Haus war und ist vom Typ her ein Längslaubenhaus. Die hangseitigen Mauern waren feucht, das Dach reparaturbedürftig, die Laube bestand aus einer windschiefen Bretterverschalung. Die Fenster, bis auf eines, sahen aus wie eh und je, nämlich klein und in die Mauer rückversetzt. Wasser gab es zwischen Haus und Scheune. Im ganzen Haus brannten zwei Glühbirnen.

Bevor Oskar Langhofer mit der Sanierung des Hauses begann, überlegte er gemeinsam mit seiner Frau, welche Funktion die Räume bekommen sollten. Sie wollten keine Wände niederreißen, bis auf solche, die irgendwann einmal als Bretterverschläge aufgeführt worden waren, den ursprünglichen Zustand wiederherstellen und nicht genützte Räume ausbauen. Die zugige Längslaube sollte in den beheizbaren Wohnbereich einbezogen werden. Dazu wollte man sie untermauern und an der Wetterseite, wo sie nur aus Brettern bestand, ebenfalls mauern.

Oskar Langhofer wollte sein altes Haus so ausbauen und vergrößern, daß es aussehen sollte, als wäre es in dieser Form schon immer an diesem Ort gestanden.

Wenn man durch den bis ins kleinste Detail liebevoll gestalteten Hauseingang tritt, dann erlebt man die Innenräume, die in ihrer zärtlichen Bescheidenheit und naiven Perfektion dem Äußeren des Hauses entsprechen. Oskar Langhofer hat alles selbst gemacht, was er sich zutraute. In seinem Sinne ist das auch das Zusammentragen alter Baumaterialien, das Aufstöbern alter Türen, das Suchen nach abgetragenen Steinplatten, das Sammeln schöner Flußsteine. Sein Leistungsbeitrag ist das, was andere weniger gut können – das Sich-Hineindenken in alte Bauweisen. Man sollte immer danach fragen, meint Langhofer, wie man es früher gemacht hätte und

sich danach richten. Auch über die Technik ist er nicht gestolpert, was so vielen Althausumbauern passiert. Beleuchtungskörper hat er einstweilen in Strohgeflecht oder in Holzlaternchen versteckt; zufrieden ist er damit noch nicht. Von der Idee, ein Plumpsklo mit Wasserspülung zu bauen, ist er, Gott sei Dank, wieder abgekommen. WC, Elektroherd, Waschbecken und Tiefkühltruhe sind hinter keiner Verschalung und hinter keinem überflüssigen Schnörkel versteckt.

So ist Oskar Langhofer ein Gedanken-Selbermacher und sieht sich sonst nur als Hilfsarbeiter der Handwerker, die er beim Umbau beschäftigte. Seine Hilfsarbeiterdienste aber waren beträchtlich. Er ließ sich von einem alten Dachdeckermeister und Schindelmacher anlernen und spaltete selbst 900 Fichtenschindeln für das Dach, das dann der alte Dachdecker und die Zimmerleute deckten. Frau Langhofer war während der ersten zwei Jahre des Umbaues Abbeizerin. Sie beizte ab, was abzubeizen war, Wände, Böden und vor allem Decken. Die Rauchküche sauberzukriegen war eine Katastrophe, erinnert sie sich, noch schlimmer war aber die Arbeit an der Stubendecke: ständig hinaufschauen, achtgeben, keine Laugenspritzer in die Augen zu bekommen, die durch eine

Schibrille geschützt werden mußten. Als Beize verwendete Frau Langhofer zuerst Laugenstein, später ein Abbeizmittel. Nach dem Abbeizen rieb sie das Holz mit Soda-Schmierseife ab, um die scharfe Abbeize möglichst zu entfernen. Alle verdeckten, übertünchten oder modernisierten Teile im Haus wurden auf ihren ursprünglichen Zustand gebracht. Der alte Stubenofen war rissig und das Mauerwerk im Inneren zusammengebrochen. Vorsichtig klopften die Langhofers in gemeinsamer Arbeit den Verputz und den Lehm ab, lösten die Kacheln heraus und säuberten sie durch sorgfältiges Abkratzen und Waschen. Der Stubenofen wurde dann vom Ofensetzer neu aufgemauert, die alten Kacheln wieder verwendet.

Das eine ausgebrochene, modernisierte Fenster wurde wieder auf die alte Größe zurückgemauert. Die Fenster sind nur einfach verglast, aber da sie klein sind, ist der Wärmeverlust im Winter gering. Außerdem sitzen die Fenster tief im Mauerwerk, im bündig vorgemauerten Fensterstock. Die Stube hat vier kleine Fenster, aber sie ist trotzdem hell, da die Morgensonne und im Winter auch die Mittagssonne ins Zimmer scheint. Die Raumhöhe in der Stube beträgt 220 cm, sie garantiert Wärme und Behaglichkeit. Manche Menschen würden vielleicht so

Die Vorhänge an den Fenstern im Herrgottswinkel sind aus Leinen und mit einer Kreuzstichbordüre bestickt. Sie sind so knapp vor den Fensterscheiben angebracht, daß auf den hölzernen Fensterbänken noch Platz für ein Blumensträußchen ist. Alle Vorhänge im Haus hängen mit kleinen Ringen an einer dünnen schmiedeeisernen Stange. Diese liegt auf umgebogenen, alten schmiedeeisernen Nägeln auf. Solche schmiedeeisernen Nägel findet man in jeder kaputten Scheune, in eingestürzten Häusern liegen sie am Boden oder im Mauerwerk versteckt herum.

Solche Details sind im ganzen Haus zu finden. Die eingeschnitzten Kreuzchen an den Balkendecken, der Haselnußhandlauf des Treppengeländers, die geschmiedeten alten Gitter vor der Fensterwand im ausgebauten Dachboden, die kleinen Hinterglas-Bildchen über den Betten, der geschnitzte Vogel, der

niedrige Räume beengend finden, die Langhofers fühlen sich jedoch wohl. Im Herrgottswinkel steht ein runder Tisch aus Birnenholz. Die Langhofers haben lang nach ihm gesucht, wollten aber nicht auf einen solchen Tisch, an dem man viele Leute unterbringen kann, verzichten.

von der hölzernen Kassettendecke herunterschwebt, die mit Holzleisten eingefaßten Steinstufen in der Diele, die Lebensbäume, unauffällig aus Lehm und weiß gekalkt an den Manschetten der Bibliothektür, das sorgsam kultivierte Vogelbeerbäumchen zwischen Haus und Scheune und der wie zufällig hingesetzte Holunderbusch beim Bildstock. All die Baumaterialien, Einrichtungsgegenstände, dekorativen Aufrischungen, die aussehen, als wären sie in diesem südlichen Landesteil und nur hier daheim, stammen aus Tirol, wie der runde Tisch, aus Oberkärnten, wie die Kassettendecken, aus Bayern, wie die Steinplatten, aus Slowenien, wie die Schranktüre in die Speisekammer. Nicht alles war immer vollständig – die Kassettendecke mußte ergänzt werden, die Fenstergitter zurechtgeschnitten, eine Schranktüre war wunderschön – aber ohne den restlichen Schrank – sie wurde einfach eingebaut. Die Türen sind alle alt, damit sie paßten, wurden sie entweder mit einem Holzrahmen vergrößert oder der Türstock wurde auf sie eingepaßt. Für jeden schönen alten Gegenstand gibt es einen Verwendungszweck. Neu sind im Haus außer all den Errungenschaften, die es seinerzeit einfach nicht gab und auf die man heute nicht verzichten will, die Betten. Traditionell gebaut, schön hoch und mit Bettzeugladen versehen, denn zum Schlafen wollen die Langhofers Platz haben.

Die Holzteile werden jährlich einmal mit Leinöl gepflegt, das findet Frau Langhofer besser als die mühsame Arbeit mit Bienenwachs. Auch vom Rat einer Bäuerin, den alten Ziegelboden mit Magermilch zu pflegen, ist sie bald abgekommen und nimmt heute Bodenwachs. Die Steinböden werden mit Leinöl getränkt.

Es gibt am Haus immer etwas zu tun, die beiden waren anfänglich nur den Sommer über hier und leben nun jahraus, jahrein in ihrem Haus. „Die Hütten der Jetztzeit sind die Paläste der Zukunft", denkt Oskar Langhofer laut, und vielleicht hat er damit recht. Vor einer Energiekrise brauchen sie keine Angst zu haben; das Holz liegt vor dem Haus, und wenn sie mal nicht heizen könnten, gibt es immer noch die Bibliothek, die

Oben: Eine schon fast vergessene alte Bautradition wieder aufnehmend, ließ man einen Teil der Fassade roh und verputzte nur den Fensterrahmen weiß mit Kalkputz. Unten: Bahnschwellen, in leichtem Bogen ins Erdreich gelegt, führen zum Stadel.

ehemalige Rauchküche. Sie hat nur eine Außenwand und ist sonst auf drei Seiten, von der Laube, der Stube und der Küche eingeschlossen. Dort ist es im Winter auch warm, wenn nicht geheizt wird. Vor dem Umbau war sie der einzige feuchte Raum im Haus gewesen. Das Haus steht auf porösem Felsen, der die Feuchtigkeit, die sich in ihm ansammelt, an die Mauern abgab. Mit Eisenstangen hatten ein paar kräftige junge Männer die Felsen herausgebrochen und an dieser Stelle ein Fundament betoniert. In kurzer Zeit war die Mauer trocken geworden.

Wenn man ihn fragt, ob denn beim ganzen Umbau nie etwas schiefgegangen sei, dann kann der Hausherr nur die Geschichte vom Plumpsklosett erzählen. Als die Langhofers das Haus kauften, waren sie froh darüber, daß es überhaupt vorhanden war. Sie benützten es recht lange, und als es ausgedient hatte, kam einer auf die Idee, den Inhalt einfach anzuzünden, damit er langsam verbrenne, denn man wußte nicht, wohin damit. Der Inhalt brannte auch, aber explosionsartig, die Feuerwehr rückte an und es wurde noch ein langer, lustiger, durstlöschender Abend.

Langhofers „Hütte" ist jetzt fertig. Den Bildstock zwischen Haus und Hof hat der Hausherr selber gemauert und gedeckt, bemalt hat ihn sein Malerfreund, der einzige, von dem er sich in Gestaltungsfragen ab und zu etwas sagen läßt. Der Bildstock soll danken für die Freude, die mit dem Haus verbunden war und ist.

Langhofer wird sich nun an die Scheune machen, die er für Gäste umbauen will. Lieber noch würde er neue Häuser bauen, als Selfmade-Architekt, neue Häuser, die wie ganz alte aussehen, ohne einen rechten Winkel, ohne eine gerade Wand; kein Fenster sollte dem anderen gleichen und jede Tür ihr Eigenleben haben. Oskar Langhofer wartet auf Aufträge – bevor er sich vielleicht doch wieder selbst einen erteilt.

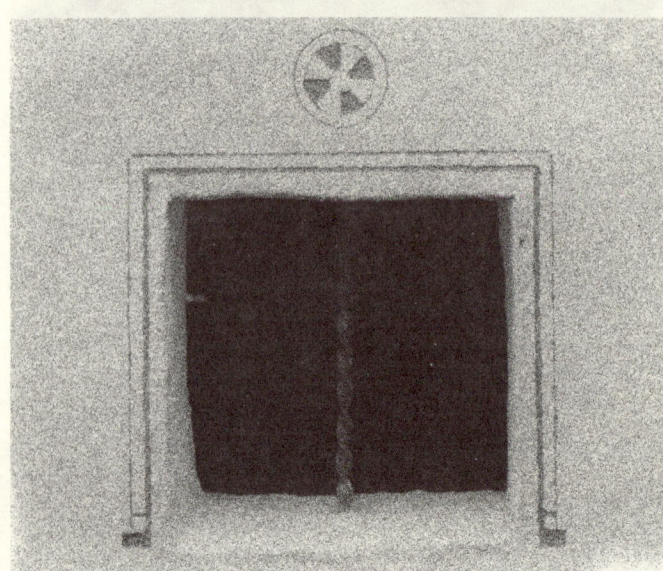

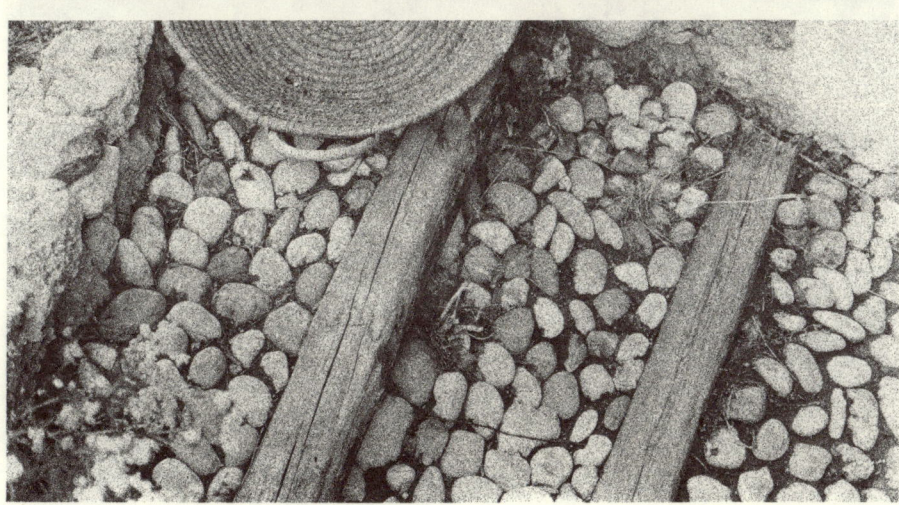

Links oben: Zum Dank an sich und seine Mitarbeiter errichtete der Hausherr diesen Bildstock. Links unten: Bei seinen Kratzputzarbeiten ließ sich der Hausherr vom Malerfreund inspirieren. Er kratzte das Muster in den weichen Kalkputz ein, bis die graue Farbe zum Vorschein kam. Mitte oben: Bei jedem neuen Zubau (wie hier der Balkonverplankung) zeigt sich die Liebe zum Detail. Mitte unten: Die Treppe aus alten Bahnschwellen führt zum Eingang. Das Haus ist zum Teil aus dem Konglomeratgestein der Gegend gemauert. Der neue, vergrößerte, ursprünglich aus Holz bestehende Laubenteil wurde nun aus Ziegeln errichtet und weiß verputzt.

Rechts oben: Die Veranda wurde neu angebaut, sie wirkt, als wäre sie immer dagewesen. Rechts Mitte: Auch das Vogelhäuschen ist mit Schindeln gedeckt. Rechts unten: Die flach ansteigende Treppe ist aus Flußsteinen, aus Erde und alten Holzteilen gepflastert.

Was man vor dem Kauf (Pacht) eines alten Gebäudes bedenken sollte

Ein Gebäude, das man an den Wochenenden und in den Ferien bewohnen will, sollte so gelegen sein, daß die Anreise dorthin nicht zu lange dauert. Je weiter ein Wochenendhaus vom Wohnort entfernt liegt, desto seltener wird man mit den Jahren, die da kommen werden, hinfahren. Ein preisgünstig erworbenes, jedoch entlegenes Haus kann teuer werden! Gute Bahn- und Busverbindungen werden sich in den nächsten, energieknappen Jahren bezahlt machen. Auch ein Wochenendhaus sollte betreut werden, je einsamer es liegt, desto schwieriger wird das. Gebäude, die in kleinen Ortschaften stehen, oder in deren unmittelbarer Nähe, können auch vom Nachbarn betreut werden, der ab und zu mal einen Blick hineinwirft, wenn man selber längere Zeit nicht hinfahren kann.

Wer sich in ein altes Gebäude verliebt und seinen ständigen Wohnsitz dorthin verlegen möchte, sollte seinen Beruf im Haus oder in dessen nächster Nähe ausüben können. Wenn ein Teil der Familie in einem zwar wunderschönen, jedoch einsam gelegenen Haus auf dem Land bleibt und der andere Teil täglich zwischen dem Arbeitsort, der über eine Fahrtstunde entfernt liegt, pendelt oder

gar nur mehr die Wochenenden mit der Familie verbringt, darf man sich nicht wundern, wenn sich Ehepartner, Eltern und Kinder auseinanderleben. Die Kinder werden aus der anfänglich ländlichen Idylle herausgerissen, werden zu Schulpendlern, die Mutter (oder der Vater), die sich um das Haus kümmert, bleibt allein. Dies alles sollte man nicht unterschätzen. Wenn die Arbeitsstelle unbedingt in der Stadt sein muß, man jedoch auf ein Stückchen Grün nicht verzichten will, heißt es, sich auf die Suche nach einem alten Gebäude zu machen; auch in der Stadt gibt es noch genug davon. Für Altbauten in der Stadt wie auch in kleineren Ortschaften oder Dörfern gilt, daß man sich vor einem Kauf mit den Nachbarn bekanntmacht, nie ein Haus kauft, das zwischen zwei Baulücken steht, nicht nur nach nahegelegenen Industrien Ausschau hält, sondern auch die Nase in den Wind hält und prüft, welcher Wind welche Chemie in die Domizilrichtung treibt.

Behörden bestimmen in den Städten wesentlich mehr an einem Althausumbau mit, die Bauordnung wird in Städten strenger gehandhabt als auf dem Land. Steht ein Gebäude unter Denkmal- oder Ensembleschutz, dann heißt es sich auf jeden Fall vor dem Kauf schon mit den zuständigen Behörden ins Einvernehmen zu setzen.

Wer einen einsam gelegenen Bauernhof kauft und bewirtschaften will, wird viel Arbeit und wenig Freunde haben, die ihn besuchen, er wird – wahrscheinlich – seine Seelenruhe haben, aber er sollte auch vorher prüfen, ob er sie auf die Dauer aushält. Andererseits gibt es in jedem Dorf (wie natürlich auch in jeder neuen Siedlung) die Gerüchtebörse, und der Städter, der ins Dorf zieht, um dort auch zu leben, kann sicher sein, auf dieser Börse viele, viele Jahre lang gehandelt zu werden. In den Städten wiederum herrscht die Toleranz der Anonymität, jedoch nur auf der Straße. Im Haus selber geht es anders zu. Im Mietshaus, dessen eine Hälfte man vielleicht mit Freunden gekauft hat, leben außerdem noch Mieter, die für Umbauprobleme wenig Verständnis haben, die sich an Bauschutt im Hof, an Lärm auf der Treppe usw. stoßen. Da heißt es schon

vorher Kontakte schließen, vorsichtige Anknüpfungspunkte suchen. Eine romantische Flucht ins alte Häuschen führt früher oder später zur Ernüchterung. Die endet schlimmstenfalls mit einem Verkauf des Hauses.

Vor einem Kauf informiert man sich im Grundbuch, ob es Gewohnheitsrechte, zum Beispiel ein Wegerecht gibt. Unter Umständen muß man in Kauf nehmen, daß ein Bauer zur Erntezeit mit seinem Traktor ein paarmal durch das Grundstück fährt. Beim Kauf von Wirtschaftsgebäuden (Scheunen, Ställen) ist Vorsicht geboten, der Blick in den Bebauungsplan, der auf den Gemeinden aufliegt, ist wichtig. Denn es kann vorkommen, daß innerhalb eines größeren Gehöftes mit mehreren Gebäuden das Wohngebäude auf Bauland, die Wirtschaftsgebäude jedoch außerhalb dieses Gebietes liegen. Wenn dies der Fall ist, ist der Gang auf die Behörde, auf dem Land gleich zum Bürgermeister, ratsam. Wenn Gebäude weder unter Denkmal- noch unter Ensembleschutz stehen, so gilt für sie die Bauordnung wie für jeden anderen Normalbau. Wie die Bauordnung aber aussieht, ist zur Genüge bekannt, und ein altes Gebäude mit vorgeschriebenen Fenstergrößen, Geländerhöhen, Wärmeschutz und Brandschutz auszustatten, kann es verunstalten oder

den Umbau sehr verteuern. Daher baut man ein altes Häuschen besser nicht um, sondern repariert es nur, dabei kann niemand dreinreden. Den Umbau einer Scheune als Reparatur darzustellen, ist allerdings schwierig, da er auf jeden Fall als Neubau gilt. Hier läßt das Gesetz keine Lücken, aber durch gute Kontakte findet man vielleicht eine Hintertür.

Neben dem Standort und der Verkehrslage ist der bauliche Zustand des Gebäudes, in das man sich verliebt hat, der wichtigste Punkt. Wenn die ersten Emotionen abgeklungen sind, dann wird die malerische Hütte mit dem eingesunkenen Fundament, dem windschiefen Dach, dem fehlenden Seitentrakt und dem eingebrochenen Kamin zum Kalkulationsobjekt.

Der bauliche Zustand

Jedes noch so windschiefe alte Gebäude ist wiederherstellbar. Es ist einmalig, so wie es ist, und es wird einmalig, wenn es von einem Liebhaber wieder instandgesetzt wird. Ein gepflegtes, wiederbelebtes, altes Gebäude ist das Resultat der Auseinandersetzung der Besitzer (Be-

Ein kleines Haus steht inmitten eines Feldes verlassen da. Nach über zweihundert Lebensjahren sinkt es anmutig in die Landschaft zurück.

wohner) mit ihm. Jeder wird den baulichen Zustand anders bewerten, wenn er ein Gebäude daraufhin untersucht. Daher soll in diesem kleinen Kapitel nur angedeutet werden, worauf es ankommen kann und welche Entdeckungen darauf schließen lassen, daß der Umbau sich verteuern könnte.

Vorerst sind der statische Zustand und der Zustand des Baumaterials zu prüfen. Wenn das Mauerwerk, auf dem ein Blockhaus aufliegt, abgesunken ist, so hat das Blockhaus sich mitbewegt, ist aber noch nicht aus den Fugen geraten. Blockhäuser, auch Fachwerkhäuser, alle Bauten, die allein durch Holzverbindungen zusammenhalten, gleichen sich Erdbewegungen wesentlich besser an als gemauerte Bauten. Allein mit der Hilfe eines Lkw-Wagenhebers kann ein Holzhaus vorübergehend in die richtige Position gehoben werden, kann das gemauerte Fundament entfernt und durch ein neues ersetzt werden.

Bevor Mauern brechen, beginnen sie abzubröckeln oder sie bekommen Risse. Wenn sich Risse im Mauerwerk zeigen, dann muß man vor einem Kauf unbedingt einen Fachmann zu Rate ziehen. Für Mauerwerk und Holzverbände gilt dasselbe: sind sie zwar gesund, in ihrem Zusammenhalt aber nicht mehr intakt, so trägt man ab, sondert die intakten Teile von den zerbrochenen und verwendet sie als altes, neues Baumaterial. Auf dem Land kosten Abbrucharbeiten wenig, man macht sie selber, hat ein paar Helfer, organisiert einen Lastwagen, der den Schutt wegbringt; und wenn dieser auf dem eigenen Grundstück eine Zeitlang liegenbleibt, macht es auch nichts. Abbrucharbeiten in der Stadt können teuer werden, wenn es sich um größere Objekte handelt, die Arbeit mit Abbruchfirmen ist beinahe unbezahlbar. Eine gut organisierte Mannschaft, mit der man selbst die Abbrucharbeiten rasch erledigt, kostet sicher weniger (wenn der Schutt portionsweise durch Treppenhäuser über Innenhöfe auf die Straße geradelt und gleich auf einen Lastwagen geladen werden muß).

Selten gibt es ein altes Gebäude ohne feuchte Stellen. Es kommt vor, daß Hausmauern erst in den letzten Jahren feucht geworden sind, aus Gründen, für die sie selbst nichts können. Ein Grund sind Straßenbauten oder Landschaftsveränderungen wie das Aufschütten von Erdreich, die aus einem ehemals freistehenden Haus ein in Erde gebettetes und der Feuchtigkeit ausgesetztes Gebäude machen. Modernisierungen wie falsch durchgeführte Ausbesserungsarbeiten machen Häuser feucht; Dampfsperren, das Zukleben atmender Bauteile mit Kunststofftapeten, das Abdecken löcheriger Holzdächer mit Teerpappe, das Fehlen einer Dachrinne sind solche Standardfehler. Nicht unterkellerte Gebäude werden, wenn sie es nicht schon sind, sicher in den nächsten Jahren feucht werden. Die Fußböden in alten, nicht unterkellerten Gebäuden sollten, behandelnd oder vorbeugend, herausgenommen und saniert werden. Vor einem Kauf sollte man alle Mauern, innen und außen, auf feuchte Stellen untersuchen, an den Putz klopfen, herumschnuppern, ob es muffig riecht, was ein sicheres Zeichen ist, auch wenn keine feuchten Stellen sichtbar sind. Feuchte Stellen im Haus sind kein Segen, aber auch kein großes Unglück, sie sind allesamt zu sanieren. Lästiger wird es erst, wenn feuchte Mauern und/oder Holz von Insekten oder Pilzen befallen werden. Alle befallenen Teile und deren scheinbar gesunde Umgebung (bei Pilzbefall) müssen entfernt und verbrannt werden. Insektenbefall ist das geringere Übel, mit chemischer Behandlung kann man hier sanieren und alte Teile erhalten.

Vor dem Kauf eines alten Gebäudes, in dem schon ein Kamin vorhanden ist, sollte der Schornsteinfeger befragt werden. Man informiert ihn über die geplante Heizung, und er wird feststellen, in welchem Zustand der Kamin ist, welche Kapazität er hat und was seine Reparatur bzw. Erneuerung kosten würde; einen Kamin sollte man nicht selber mauern. Man investiert besser Geld in einen guten, vom Fachmann gebauten Kamin und verzichtet auf die Brandversicherung, anstatt selber zu bauen und zu versichern. Ein Kaminbrand entsteht schneller, als man denkt. Plant man den Ausbau des Dachbodens, so sollten Dacheindeckung und Kamin verbunden werden. Enges Aneinanderstoßen genügt nicht, auch das Abdichten mit dauerelastischem Material läßt immer wieder den Regen in den Dachraum rinnen. Wenn das Mauerwerk des Kamins eingefräst wird und die Dacheindeckung fugenlos darin übergeht, dann wird das Regenwasser keinen Weg durch die Dachhaut finden.

Der Zustand der Fenster in alten Häusern ist oft besser, als es auf den ersten Blick aussieht. Nie dürfen alte Fenster und Fensterstöcke leichtfertig ausgewechselt oder gar durch Fertigfenster ersetzt werden. Die äußeren Fensterflügel alter Häuser gehen nach außen auf, was das Fensterputzen ein wenig mühsamer macht. Aber sie haben einen großen Vorteil: Wenn der Wind oder gar ein Sturm bläst, dann werden die Fensterflügel, die nach außen aufgehen, an den Fensterstock gedrückt und halten dicht.

Elektroinstallationen sind, ebenso wie uralte Wasserleitungen, Abflußrohre usw. in alten Häusern unbrauchbar. Auch wenn sie aussehen, als könnten sie noch ein paar Jahre halten, erneuert man sie lieber gleich. Auch Dachreparaturen werden wohl bei jedem alten Gebäude notwendig sein.

Kaufpreis und Kosten

Der Kaufpreis, der von der Lage, Größe des Grundstückes und weniger vom baulichen Zustand des Gebäudes abhängt, ist der einzige feststehende Kostenanteil. Alle anderen Kosten sind nicht genau abschätzbar. Sie können einem jedoch dann nicht so leicht über den Kopf wachsen, wenn man schön langsam und seiner finanziellen Möglichkeit entsprechend saniert und umbaut und schon im Haus wohnt. Die Sanierungskosten von technischem Zustand und Material (Leitungen legen, Heizungen einbauen, Badezimmer bauen, kranke Materialien durch gesunde ersetzen, kaputte Treppen erneuern, Dach ausbessern) liegen jedoch mit Sicherheit unter den Kosten eines Neubaues. Das Gegenteil behaupten nur die Baufirmen, die schnell und jetzt ihre genormten Häuser bauen wollen; diese aber werden unter Umständen schon in zehn Jahren reparaturbedürftig sein.

Das Märchen vom teuren Althausumbau

In 900 m Seehöhe, nicht weit entfernt von dem bekannten Ausflugsgasthof, der einem goldmedailleninhabenden Bergbauernkind gehört, steht das schöne alte Bauernhaus direkt an der asphaltierten Straße, über quadratischem Grundriß gemauert, mit einem intakten Holzschindeldach versehen und in sattem Gelb verputzt. Gleich dort, wo Hausmauer und Straßenasphalt einander berühren, wurzelt der Mauerschwamm, er hat ein graugrünes Aquarell in den Verputz gemalt, das bald so groß wie die halbe Mauerseite ist. Unter dem Blumenfenster an der Ostseite des Hauses steht die Jahreszahl 1692. Der Professor vom Freilichtmuseum, der vor ein paar Jahren den zum Hof gehörigen Getreidekasten abtragen ließ, hat die Zahlen aufmalen lassen. Den strohgedeckten Schweinestall hatte er nicht ins Museum mitgenommen, der ging andere Wege, in die Almdiskothek eines Silbermedaillengewinners im Abfahrtslauf. Dort bietet er durstigen Schihasen urige Atmosphäre.

Der Bauer, dem das schöne, gelbgestrichene Haus mit dem Aquarell gehörte, war nicht mit Gold und Silber gesegnet. Ihm schenkte seine Frau zwölf Kinder, und die mußte er alle auszahlen. Das Geld dafür nahm er aus dem Verkauf eines zwei Hektar großen Weidelandes, welches parzelliert und vom Bürgermeister aus Nächstenliebe auch schnell in Bauland umgewandelt wurde. Der Bauer konnte noch sehen, wie die Wochenendhäuschen aus dem Boden wuchsen, dann starb er. Seine Kinder haben Berufe erlernt, sind Mechaniker, Friseusen und Serviererinnen geworden, an den Wochenenden kommen sie noch heim. Vor zwei Wochen hat der tüchtige, junge Bauer, der den Hof übernommen hat, mit dem Bau eines neuen Hauses begonnen. Es wird gleich unter dem alten stehen, dazwischen sind nur einige Meter, das Fundament ist schon in Hohlblocksteine eingegossen, es ist rechteckig, man sieht schon die Raumaufteilung. Sein Haus wird ähnlich aussehen wie die vielen kleinen Wochenendhäuschen rundherum, nur ein bißchen größer, mit vielen, kleinen Räumen, einem Bad und einem flachgeneigten Satteldach. An dem Haus baut er selbst, seine Brüder, ein Onkel, die alte Mutter und die Frau. Zum Baumeister hatte der Jungbauer vollstes Vertrauen, als dieser ihm vorrechnete, daß das neue Haus viel weniger kosten würde als der Umbau des alten. Er hatte auch bald einen richtigen, schön gezeichneten Bauplan zur Hand, und vor einem solchen haben die Landleute nun eben Ehrfurcht.

Was aus dem alten Haus, das unter seinem großen Walmdach noch zwei Familien unterbringen könnte, werden soll, überläßt der Jungbauer dem Schicksal. Wenn jemand es erhalten könnte, würde er es gern in Pacht geben.

Der Forstbeamte Pirker, der sich weiter oben am Berg einen alten Hof renoviert hat, hat auch bereits eine Aufstellung der Dinge gemacht, die an dem Haus erledigt werden müßten. Die straßenseitig gelegene Nordmauer muß weg und durch eine neue ersetzt werden. Dabei müßte die Straßenverwaltung finanziell mithelfen, wenn unter der Straße und im Erdreich zwischen Straße und Haus eine Drainage verlegt wird. Eine Dachrinne muß auch her, da ihr Fehlen mitschuldig an den feuchten Stellen in der Mauer ist. Wasser und Strom für alle Geräte ist vorhanden, nur ein Bad braucht eingebaut zu werden. Die Materialkosten werden 50 m Drainagerohre, 50 m³ Ziegel, Fertigbeton und Betonhohlziegel für den Sockel, 2 Fensterstöcke und Fenster vom Tischler sowie das neue Bad umfassen. Energiespareinrichtungen sind überflüssig, allein der noch vorhandene, gemauerte und gekachelte, mit einem 70 Liter fassenden Warmwasserschiff versehene Küchenherd ist ein kleines Vermögen wert. Die Dachrinne kann auch der ungeschickteste Pächter aus Holz selber machen. Wie der Baumeister dem Jungbauern weismachen konnte, daß der Umbau teurer käme als ein Neubau, ist ein Geheimnis. Eines, das in so vielen Fällen wirkt. Denn ein neues Haus kostet ebensoviel wie ein ganzes Haus, das Umbauen eines alten nur ein Viertel-, ein Drittel-Haus, auch weniger. Die Wohnbauförderung und das Lineal scheinen jedoch magische Dinge zu sein, die die Bauern noch immer faszinieren. Da hilft auch der Forstbeamte Pirker nicht, der oben am Berg mit gutem Beispiel voranging.

Ingenieur Pirker hat seinen Hof, den er nur in den Ferien und am Wochenende bewohnt, vor acht Jahren gefunden. Als Freiluftbeamter saß er natürlich an der Quelle: Was Großstädter sich mühsam nach jahrelangem Wochenendsuchen, Annoncenlesen oder Annoncieren erwerben, fiel ihm sozusagen während der Arbeit in den Schoß. Allerdings war das Gehöft in einem so schlechten Zustand, daß der Bauer, dem es gehörte, es eigentlich als Brennholz verkaufen wollte. Um so besser für ihn, daß er Ingenieur Pirker fand, der ihm immerhin für den Quadratmeter noch 50 Schilling (7 Mark) bezahlte; da das Grundstück 1111 Quadratmeter groß ist, ergab das einen Kaufpreis von 55.550 Schilling (7770 Mark). Gleich nach dem Kauf investierte der Ingenieur noch 15.000 Schilling) (2100 Mark) in eine Heimwerker-Holzbearbeitungsmaschine mit Kreissäge, Bandschleifeinrichtung, Bandsäge und Hobelmaschine. Mit dieser Maschine schnitt er Bretter, Bohlen, falzte Fenster und schnitzte Muster ins Holz. Er kaufte für das Hausdach und das später hinzugekommene Getreidekastendach statt der teuren 4-Meter-Bretter 3 Meter lange Ausschußware-Bretter verschiedener Breite, doch gleicher Stärke, schnitt sie in der Mitte durch, hobelte sie und deckte damit selber die Dächer. Er kaufte in der Umgebung Altholz, bekam es manchmal auch geschenkt, wenn er es nur selbst abholte, und besserte damit den alten Balkon aus, errichtete fast eine ganze Nordwand, baute einen Nordbalkon und wird den Balkon demnächst im Westen des Hauses schließen, so daß er das Haus ganz umgibt. Die Balkonsäulen waren schadhaft, zum Teil überhaupt nicht vorhanden, er flickte sie und ergänzte sie durch alte vom Abbruchbauernhof.

Den Getreidekasten kaufte er vor fünf Jahren um 25.000 Schilling (3510 Mark), Transportkosten und einen Hilfsarbeiter für das Abtragen inbegriffen. Den völlig gesunden Blockbau hatte er mittels einer Annonce in der Zeitung der Landwirtschaftskammer gefunden, einer Zeitung, die jedem Bauern in den Briefkasten gelegt wird, ob er will oder nicht.

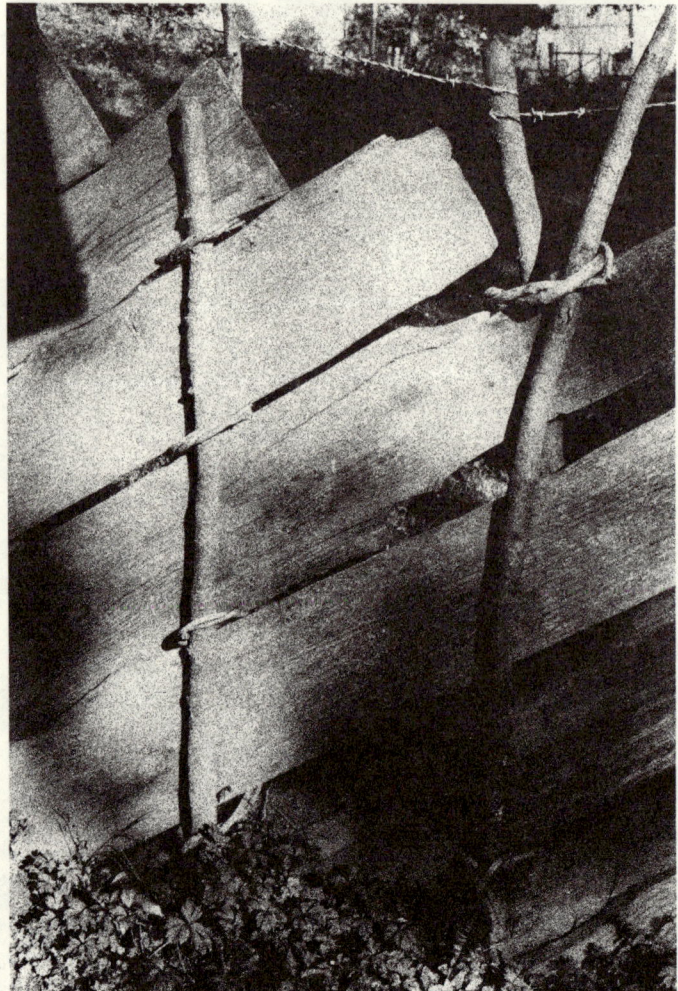

So beliefen sich die Kosten für den Grundkauf – moosiges Gelände –, das Haus – ein löchriges Gebilde –, den abgetragenen Getreidekasten und die Heimwerkermaschine auf rund 100.000 Schilling (etwas mehr als 14.000 Mark). Die zusätzlichen Kosten für Installationen, Innenschalung, Isolierung, Fensterstöcke und Fenster, Türen, Böden, Treppen und Einrichtung richteten sich nach den marktüblichen Materialpreisen. Da der Ingenieur so viel selbst machte, brauchte er kaum Handwerker, nur den Mann von der Elektrizitätsgenossenschaft, der ihm den Zähler montierte, den Zimmermann für den Bau einer halbgewendelten Treppe und die Neukonstruktion des Dachstuhls. Er ist ein Selberbauer, der im Alleingang alles erledigt, alles probiert, so lange, bis er es kann. Gäste beschäftigte er unter seiner Anleitung gern als „Gastarbeiter".

Frau Pirker erinnert sich noch an die alles andere als romantischen Anfänge. Die eine Hälfte des Hauses war schon jahrelang zusammengebrochen, im Sommer soll ab und zu eine Sennerin mit ihren zwölf Kindern im ersten Stock des Hauses geschlafen haben, in den unteren Räumen drängten sich die Küche, wenn es im Freien zu kühl war. In dem Raum, in dem die Sennerin einst mit ihren Kindern und Männern in einem Riesenbett geschlafen hatte, da hausten auch die Pirkers in den ersten Wochen nach dem Kauf. Der Ingenieur hatte sich vertraglich verpflichten müssen, den Kühen einen Unterstand zu bauen, den sie beziehen mußten, ehe er sie aus dem Haus verweisen konnte. Zu allem Überfluß regnete es noch viel, das Wasser kam durch das Dach, und Frau

Pirkers erste Arbeit war das Auswechseln der vielen Töpfe, die unter den Dachluken standen. Dann ging es ans Ausmisten – dort, wo heute das Bad und die gemütliche Küche sind, stand der Kuhmist einen halben Meter hoch. Doch es war – wie in allen Pionierzeiten – eine wunderschöne Zeit, die die beiden beim Ausmisten, Ausbessern, Anstückeln, Ausbauen miteinander verbrachten. Als bald nach den ersten Sanierungsarbeiten die Windeln des ersten Pirkerkindes am Balkon hingen, war es auch im Inneren des Hauses schon warm und gemütlich. In der Zwischenzeit sind schon drei Pirkerkinder zwischen dem Getreidekasten, den zeitweise die Großeltern bewohnen, und dem Haus, dem Garten und dem Wald unterwegs. Der Ingenieur und seine Frau müssen nur achtgeben, daß es im Haus nicht zu gemütlich wird, im Herbst, wenn im Tal der Nebel liegt und in 1200 Meter Höhe die warme Sonne scheint, zu Weihnachten, wenn die Öfen schön warm sind und draußen der Schnee liegt. Denn auf die stolze Anzahl von zwölf Kindern, die mit ihrer Mutter das Haus einst bewohnten, wollen es die beiden doch nicht bringen.

Finanzierung

Wer ein altes Gebäude kauft, sollte dies mit Erspartem und/oder einem Bausparkredit tun. Der Staat ist mit finanziellen Hilfen sehr zurückhaltend, er finanziert lieber die, die neu und brav den Normen folgend bauen. Der Althauskäufer hat dem Neuhausbauer gegenüber aber den Vorteil, daß er nicht unbedingt ganz so schnell bauen muß, wenn er bereits sein Dach über dem Kopf, einen Herd, Wasser und Raum zum Schlafen hat. Ihn drängt zum Fortführen der Bauarbeiten nicht die Behörde und die Bank, ihn drängt sein eigener Wille. Wer ein altes Haus kauft, hat es schon, wer ein neues baut (mit Krediten), hat es noch lange nicht.

Bei größeren Umbauten wird eine staatliche Hilfe aber vielleicht erstrebenswert sein; wer gar ein denkmalgeschütztes Gebäude kauft, muß sich mit den Behörden in Verbindung setzen und sollte sich um größere Zuschüsse bemühen.

Die finanziellen Hilfen werden einerseits vom Bund, andererseits von den Ländern erteilt, alle Förderungsmaßnahmen unterliegen der Bauordnung, die von Land zu Land verschieden ist. Gefördert wird grundsätzlich nur, was auch kontrolliert werden kann. Wer die Kontrolle über sich ergehen lassen will (und kann), der kann ansuchen um:

Zuschüsse – hier wird ein Prozentsatz bestimmter Restaurierungsmaßnahmen bar vom Staat übernommen;

günstige Darlehen – der Staat borgt Geld, das man halbjährlich mit einem Zinssatz zurückzahlt, der niedriger ist als jener, den man auf seine Spareinlagen bei Geldinstituten bekommt;

steuerliche Erleichterungen. Die geförderten, öffentlichen Darlehen werden für die Sanierung (Verbesserung) gewährt, steuerliche Erleichterungen gibt es für Energiesparmaßnahmen.

Sanieren (Wohnungsverbesserungsdarlehen)

Im Bürokratendeutsch heißt Sanieren auch Verbessern. Eine Wohnung, ein Haus verbessern heißt seinen Gebrauchswert erhöhen. Von ästhetischer Verbesserung, die es ja wohl auch gibt, ist hier nicht die Rede, wer könnte sie auch messen?

Förderungswürdig im Sinne der Verbesserung ist:

Die Grundrißverbesserung: Wohnungszusammenlegungen oder -trennungen, Raumänderungen, wenn eine starke Verkehrs- oder Lärmbelästigung eine solche erfordert, wenn viele kleine Zimmerchen zu einem großen umgebaut werden.

Licht- und Luftzufuhr: der Einbau größerer Fenster.

Schallschutz: vor der Nachbarwohnung, dem Verkehrsweg, der nahgelegenen Lärmquelle industrieller Art usw. Schallschutz innerhalb eines Hauses oder einer Wohnung wird nicht gefördert.

Energieversorgung: Verbesserung von Zuleitungen, Ableitungen, Anschlüssen an das allgemeine Versorgungsnetz, falls solche noch nicht vorhanden sind. Leitungssysteme im Haus von: Elektrizität, Gas, Wasser, wenn sie noch nicht vorhanden waren.

Sanitäre Einrichtungen: Einbau von WC

Zäune aus Abfallholz; Vorbilder gibt es in der ländlichen Umgebung genug. Auch Ingenieur Pirker hat sich einen solchen gebaut. Die Verbindung der Zaunteile untereinander erfolgt durch Fichtenringe, die man über Feuer biegsam macht. Man nimmt dafür die herabhängenden, fingerdicken Äste von Fichten, die am Waldrand stehen. Mit einem Eisen entfernt man grob die Ästchen und Nadeln. Nun hält man die Äste über ein Lagerfeuer und „brät" sie langsam, bis sie biegsam werden, was man immer wieder nachprüfen muß. Wenn sich ein Ast zu einem Ring biegen läßt, ist er genug „gebraten". Man macht eine Schlinge und wikkelt die Astenden darum – fertig ist der Ring.

und Bad samt Leitungen, pro Haus nur 1 WC, 1 Bad.

Heizung: gefördert wird der Bau einer zentralen Anlage; wenn nur ein Holz- oder Kohleherd vorhanden ist, der Einbau eines Gas- oder Elektroherdes.

Sicherheit vor Gewalt: der Einbau von Sicherheitsschlössern.

Bei größeren Sanierungsprojekten: der Bau eines Kinderspielplatzes, bauliche Maßnahmen für Körperbehinderte.

Diese Förderungsmaßnahmen sind an die Erfüllung der Bedingungen gebunden. Einkommensgrenzen nach oben, die eine Förderung unmöglich machen, gibt es in manchen Ländern, in anderen nicht, dasselbe gilt auch für die Größe der Wohnfläche. Alle Förderungsmaßnahmen sind an die Funktion der Wohnung oder des Hauses gebunden; üblicherweise wird nur die Sanierung von ständigen Wohnsitzen mit Haushaltsführung gefördert, jedoch keine Zweitwohnsitze.

Für wen lohnt sich das Ansuchen um Wohnungsverbesserungsdarlehen? Für den, der die Altbauwohnung, das Althaus zum ständigen Wohnsitz macht, oder für vier Familien, die sich gemeinsam ein sanierungsbedürftiges Althaus kaufen und sich darin vier Eigentumswohnungen bauen. In einem solchen Haus gibt es Wohnungsteilungen und Wohnungszusammenlegungen, sanitäre Einrichtungen werden neu gebaut, Leitungen verbessert, Heizungen errichtet. Zu viert erreicht man bei den Behörden mehr, und einer kann die bürokratischen Wege für die anderen gehen.

Wer aber mit Glas umbaut und doch keine Fenster einbaut, wer sich die alte Scheune als Zweitwohnsitz einrichtet, wer die Badewanne ins Wohnschlafzimmer stellt und den Gasherd entfernt, um auf dem Holzherd zu kochen, der ist mit einem Ansuchen um staatliche Förderung fehl am Platz.

Restaurieren (Zuschüsse)

Wer ein Gebäude sein eigen nennt, das unter Denkmalschutz oder im Ensembleschutz steht und das restauriert werden soll, der ist Anwärter auf einen Zuschuß. Wer ein Gebäude aufstöbert, das weder unter Ensembleschutz, weil statt eines Ensembles eintönige Sozial-

bauten herumstehen, noch unter Denkmalschutz steht und wer davon überzeugt ist, es sollte unter Denkmalschutz gestellt werden, der kann einen entsprechenden Antrag stellen. Ein altes Friedhofsgasthaus, mit Veranden und Terrassen, viel Holz und Kupferdach, das seit zwei Jahren leersteht, Zeuge des in Vergessenheit geratenen Brauches üppiger Leichenschmäuse, wäre ein Fall für einen solchen Antrag. Wird dieser gewährt, kann man versuchen, das Gebäude zu kaufen und mit Zuschüssen zu restaurieren. Dem Denkmalschutz geht es ums Ästhetische und ums Kulturhistorische – um die Fassade, um die Stuckdecke, um das Zimmerchen, in dem der berühmte Dichter seine letzten Verse schrieb. Werturteile unterliegen auch der Routine der zuständigen Beamten, die die Höhe der Zuschüsse bestimmen. Diese sind niedrig, der Prozentanteil an den Gesamtkosten einer Restaurierung – wie das Hervorholen der Fassade unter zwanzig Anstrichen, das Eliminieren mehrerer Baustile an einem Gebäude zugunsten eines einzigen) – erreicht 10, vielleicht 30%.

Energiesparmaßnahmen (Steuererleichterung)

Wer sie durchführt, kann steuerliche Vorteile daraus ziehen. Dies gilt für die Verbesserung der Wärmedämmung von Fenstern und Außentüren (Abdichten, Isolierverglasen, Doppeltüren anbringen, Windfänge errichten, Fensterläden anbringen), für die Verbesserung der Wärmedämmung von Außenwänden und Dächern (wenn die Dachböden schon vorher ausgebaut waren), für die Wärmedämmung der obersten Geschoßdecke (wenn der Dachboden nicht ausgebaut ist) und die Wärmedämmung der Kellerdecke, Wärmedämmung von offenliegenden Warmwasserleitungen, Einbau von Anlagen zur Wärmerückgewinnung, Einbau von Wärmepumpen und Solaranlagen, Umstellen von zentralen Warmwasseranlagen innerhalb eines Gebäudes auf Fernheizanlagen.

Weder Förderungen noch Zuschüsse noch Steuererleichterungen gibt es für bauliche Maßnahmen, die eigentlich notwendig wären, aber eben oft nicht gemacht werden. Wenn in einem Alt-

haus Kabel oder Rohre ausgewechselt werden, die noch nicht schadhaft sind, so gibt es dafür keine Förderung. Es gibt auch keine für den Umbau, den Ausbau im allgemeinen, wie bei Neubauten, bei denen das Land Fertigstellungskredite gewährt, wenn den Bauherrn schon vorher das Geld ausgeht. Ein Althausumbau ist aber durchaus so etwas wie eine Fertigstellung, ein Weiterführen. Das Fehlen vieler Kreditmöglichkeiten im Gegensatz zum Neubau aber ist dennoch begrüßenswert, weil dadurch Leute ans Werk gehen, die lieber aus eigener Kraft etwas tun.

Pachten anstatt kaufen

Der Wunsch nach dem alten Wochenendhaus, an dem man zur Erholung herumwerken kann, ist groß. Eine Fahrt auf das Land zeigt viele Häuschen, die leerstehen und sich hilfesuchend nach Bewohnern umsehen, die sie vor dem Verfall retten könnten. Fragt man dann beim Bauern, ob er denn seine Hütte, sein Ausgedinge verkaufen wolle, so ist die Antwort nein. Wenn er hat, verkauft er viel lieber parzellierten Baugrund. Nun brächte aber eine Pacht der Hütte, mit vorzeitig lösbarem Vertrag, Bauern wie den Pächtern Vorteile: Die Hütte würde bewohnt und vom Städter renoviert, der Bauer könnte sie betreuen, wenn der Pächter keine Zeit hat, und die Landwirtschaft wird nicht zersiedelt, weil vorhandene Bausubstanz bewohnt und erhalten wird. Die Kinder der Städter lernen die Landarbeit kennen, anstatt im Wochenendgetto zu sitzen, und vielleicht ergibt es sich auch, daß die Landkinder eine Zeitlang mal in der Stadt wohnen. Und da Kinder (wenn sie größer sind) selten ihr Wochenende dort verbringen wollen, wo es die Eltern tun, ist es ausreichend, wenn der Pachtvertrag nur ein Elternleben lang hält. Vorbedingung ist ein guter, genau ausgehandelter Vertrag.

Alte Häuser in den Städten
Wer ein altes Haus sucht . . .

Im achten Wiener Gemeindebezirk, in nächster Nähe des Stadtzentrums, werden die Mitglieder der Familie Hausner ab dem Frühjahr 1981 wohnen wie auf

dem Land. Wenn sie morgens aufwachen, werden die Vögel zwitschern, wenn sie mittags kochen, werden sie die Kräuter und das Gemüse verwenden, das schon heuer die Arbeitspausen schmackhafter machte. Vater Hausner wird auch tagsüber mit den Kindern und seiner Frau zusammen sein, denn sein Geschäft liegt nur zwei Gassen weiter. Und abends werden die Hausners unter dem Kastanienbaum sitzen, wenn Freunde da sind, die Sauna heizen, und jetzt, da es genug Platz gibt, wollen sie sich auch überlegen, ob zu den vorhandenen drei Kindern noch zwei dazu kommen sollen. Eine Idylle? Sicherlich, doch ist sie nicht die einzige in der Stadt, und Hunderte solcher Idyllen warten darauf, genützt zu werden. Die Hausners haben ihr Haus schließlich auch nicht auf dem Präsentierteller serviert bekommen.

Auf einem Spaziergang durch den achten Wiener Gemeindebezirk erzählt Heinz Hausner die Geschichte seines Hauses. Ab und zu bleibt er vor Haustoren stehen, öffnet sie und zeigt auf das verborgene Grün der Stadt. Jahrelang war man selbst an Häusern vorbeigegangen, hatte sich über ihre verdreckte, graue Fassade und die zerbrochenen Fensterscheiben geärgert; einmal ein Tor zu öffnen und zu schauen, was denn dahinter sei, das war einem wohl nie eingefallen. Dem Zahntechniker Hausner auch nicht. Als er vor sieben Jahren heiratete, in eine 105-m²-Altwohnung zog und sich um etwas Größeres umzusehen begann, dachte er zunächst daran, aus der Stadt hinauszuziehen. Es boten sich zwei recht bequeme Möglichkeiten an, und die Familie, vorerst mit einem Kleinkind und einem zweiten unterwegs, zog ins Burgenland. Eineinhalb Stunden von der Stadt entfernt, das müßte doch zu machen sein, meinte der junge Mann und pendelte tagtäglich hin und her, reparierte im Geschäft falsche Gebisse, feilte an Goldplomben und kam abends todmüde im sonnigen Weingarten an. Der Wohnort auf dem Land hielt die Probezeit nicht durch, Hausners versuchten sich in einem Grünbezirk, im Haus der Schwiegereltern. In dieser Zeit lernten sie den Architekten Willy Willy kennen, einen

Architekten, der eigentlich keiner ist, aber als Modellbauer in Architekturbüros wesentlich mehr Handfestes gelernt hat als alle Architekten zusammen während ihrer Studienzeiten. Willy Willy, ein Wahlwiener, kannte die Stadt wie seine Westentasche, er schleppte Heinz Hausner in der näheren Umgebung von dessen zahntechnischem Labor herum. Willy Willy vertritt nämlich die Meinung, daß Arbeits- und Wohnort womöglich in einem Haus, zumindest aber nahe beieinander sein sollten und daß sich das nicht nur auf dem Land verwirklichen ließe. Sie gingen den umgekehrten Weg, den Wohnungs- bzw. Haussuchende normalerweise einschlagen: Sie studierten nicht zuerst den Wohnungsmarkt in Annoncen, in Maklerbüros, im privaten Bekanntenkreis, sondern suchten sich „ihre" Häuser selbst.

Zuerst wurden die Wünsche festgelegt: Das Haus sollte in Firmennähe sein, einen Garten haben, nicht mehr als 300 Quadratmeter Wohnfläche, Sonne haben und wenn möglich unter Denkmalschutz stehen. Außerdem sollte es vor 1850 erbaut worden sein, denn Monique Hausner hatte im Laufe der Jahre auf dem Flohmarkt, beim Trödler in der Vorstadt, beim Altwarengroßhändler und auf dem Land Möbelstücke, Stoffe, Beleuchtungskörper gesammelt, die in ein Jahrhundertwendehaus nicht passen würden. Ein Studium alter Wiener Stadtpläne und kolorierter Ansichten zeigte ihnen auch, daß die Chance, in der Innenstadt zu einem Garten zu kommen, in jenen Stadtteilen am größten war, die einst außerhalb der Stadtmauern gelegen waren. Nach wochenlangem Suchen (auch im Grundbuch) standen 10 Objekte zur näheren Auswahl, darunter ein Mietshaus mit Garten und anschließendem öffentlichen Park, in dem zwei Gastarbeiterfamilien wohnten; ein Lagerhaus und Wohnhaus (das Lagerhaus war um 1900 dazugebaut worden) mit Garten; hinter dem Garten eine Riesenfläche von Kleingärten (die alle bewirtschaftet waren); ein denkmalgeschütztes Barockhaus mit Seitentrakten, einem romantischen gepflasterten Innenhof; das Haus und die Seitentrakte waren zum Teil bewohnt; ein schmales, dreistöckiges Haus mit kleinem, verwil-

dert-grünem Innenhof; zwei einstöckige Gasthäuser mit Innenhof, Gastgarten, je zwei Seitentrakten und einer je 15 m breiten Front zur stark frequentierten Straße (unter Denkmalschutz). In der Nachbarschaft dieser beiden Gastwirtschaften befanden sich noch andere Häuser mit Gärten, so daß sich dort eine ruhige grüne Oase mit vielen Bäumen, einigen Trennmauern und dem Blick auf die Feuermauern der umliegenden Häuser ergab. Willy Willy hatte konkrete Ideen für den Umbau: Für das Mietshaus mit Garten mußte noch eine zweite Familie gefunden werden, denn für eine einzige war das Haus zu groß und auch zu kostspielig.

Die beiden Hausners entschieden sich schließlich für eines der beiden Gasthäuser mit den zwei Seitentrakten. Es war das baufälligste aller Angebote, ein Seitentrakt war bereits zur Hälfte eingebrochen, aber es hatte den größten Garten und konnte eine Wohnfläche von 300 m² ergeben. (Das Barockhaus wurde übrigens von einer großen Baufirma gekauft, um dort sündteure Eigentumswohnungen einzubauen, das Lagerhaus wird zu einem Bürohaus und wird, so wie alle anderen Bürohäuser der Stadt, von Freitag mittag bis Montag früh tot sein.)

Für alle, die keinen Willy zur Seite haben, aber viel Zeit, guten Willen und die Überzeugung, daß die Stadt nur gerettet werden kann, wenn sie belebt, begrünt und das vorhandene Grün erhalten wird, folgen hier Tips zur Haussuche:

Größere Objekte sind leichter zu haben als kleine, daher ist es auf jeden Fall günstiger, wenn sich zwei oder mehr Kaufinteressenten zusammentun.

Unter Denkmal- oder Ensembleschutz stehende Häuser bekommen Zuschüsse, wenn sie restauriert werden. Ein Gang zum Denkmalamt gibt einen Überblick über Häuser, die käuflich sind.

In der Stadt verkaufen nicht nur Private, sondern auch größere Gesellschaften oder die Stadtgemeinde.

Keine Scheu vor verkehrsreichen Straßen, wenn die Häuser zum Großteil nach hinten, weg von der Straße, gebaut sind. Schallschutz an der Straßenfront genügt zumeist, im Hof oder Garten ist

 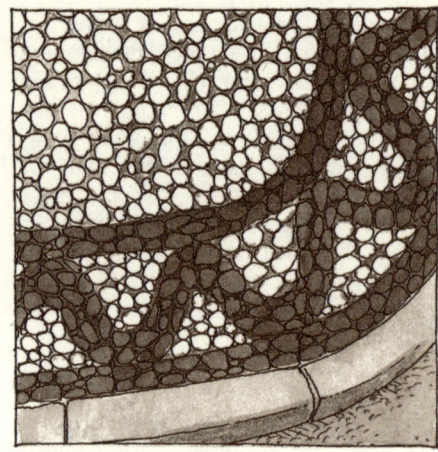 

Verschiedene Bodenbeläge im alten Haus:
1. Holzpflaster

Wer unter einem Holzboden mehr als Bretter- oder Parkettboden versteht, auch im Garten, Hof usw. auf Holz gehen möchte, kann Rundhölzer, Kantholzschnitte aus allen möglichen Holzarten zur Pflasterung verwenden. Kanthölzer lassen sich eng nebeneinanderlegen und sind besser begehbar als Rundhölzer. Lärche hält besser als Fichte, Tanne oder Kiefer, Harthölzer halten ewig. Aufgeschnittene Bahnschwellen, wegen ihres Teergeruchs nur im Freien empfehlenswert, kann man zur Verschönerung von Innenhöfen oder Gartenanlagen verwenden. Bei all den Pflastern mit verschiedenen Holzqualitäten und -formen bedenke man nur eines: Alle Holzstückchen müssen gleich hoch und womöglich auch im Querschnitt gleich sein. Die Stücke werden in eine weiche Masse, die in kurzer Zeit hart wird, gleichmäßig eingedrückt. Im Innenraum halten sie am besten, wenn sie in heißen Teer (zum Beispiel Holzkohleteer) eingedrückt werden. Der Teer wird auf Beton ausgegossen, die Holzstücke

es ruhiger als in den Vorort-Grünbezirken.

Nicht nur Wohnhäuser, auch Fabriken, Lagerhäuser, Handwerksbetriebe, Gasthäuser werden verkauft:

Achtung bei alten Stadthäusern, wenn links und rechts eine Baulücke ist!

In jedes Haus hineingehen, das offensteht und das einem gefällt; auch wenn es nicht zum Verkauf steht, bekommt man einen Überblick.

Willy Willy wohnt übrigens im letzten Stockwerk und unter dem Dach eines Hauses in Wiens belebtester Geschäftsstraße. Aus den Fenstern hängen die Pelargonien, die Vögel zwitschern, es ist ruhiger als auf dem Land. Wenn Willy durch seine Fenster blickt, sieht er auf Grünland. Verwildert, von Efeu be-

fugenlos nebeneinander in die flüssige Masse gesetzt. Durch das Eindrücken quillt Teer zwischen den Stücken durch und verfugt sie nahtlos. Der fertiggelegte Boden wird abgeschliffen, natur belassen oder versiegelt. Je höher die Holzstücke, je härter das Holz, desto länger hält der Boden; ein 12 cm hoher Eichenboden sicher drei Generationen! Im Freien verlegt man Rundhölzer von gleichem Querschnitt und gleicher Höhe, Kanthölzer kämen hier zu teuer. Pflastersand (2½ Teile Sand, 1 Teil Zement) wird angefeuchtet und auf ebenem Boden gleichmäßig aufgetragen. Die Holzklötze werden in die Sandmasse gesetzt, man verfugt noch zusätzlich und klopft die Stücke fest.

2. Steinpflasterboden

Man bereitet ein Gemisch von 2½ Teilen Sand und 1 Teil Zement vor und feuchtet es an. Dann schüttet man es doppelt so hoch auf, wie die Steine sind. Geschnittene oder auch runde Flußsteine jeder Art und Farbe werden in die Zementschicht gedrückt und mit einem flachen Hammer eingeklopft. Wenn man ein Muster

wachsen, unbetretbar, gehört die Fläche zu einem Haus, dessen Besitzer in New York lebt.

Was ein Zahntechniker in seinem Stadthaus selber macht

Hausner liebt edles Material. Und altes Material. Alles in seinem Haus ist massiv und von erstklassiger Qualität. Der Zahntechniker, der tagsüber gewissenhaft Porzellankronen, Brücken, Regulierungen, Plomben und Gebisse für Opernsänger baut, kann auch in seinem Haus, in dem er seit zwei Jahren beinahe alle Abende und Wochenenden verbringt, nicht auf Perfektion verzichten. Hausner hatte schon seit Jahren aus Abbruchhäusern und bei Handwerkern gesammelt, was ihn interessierte: Hart-

legen will, sollte man vorher mit Bindfaden Bahnen vorziehen und sich an die Felder, die diese begrenzen, halten. Ist eine Fläche fertiggeklopft, gießt man vorsichtig Wasser darüber und läßt einige Tage eintrocknen.

3. In Holz gefaßte Ziegelplatten

Handgeschlagene Ziegelplatten (25 × 25 oder 30 × 30 cm und ca. 3 bis 4 cm dick) werden in ein Mörtelbett, das ungefähr 2,5 cm dick sein soll, gelegt. Der Unterboden muß eben und betoniert sein. Nachdem die Ziegel gelegt wurden, wird der Boden eine Woche lang nicht begangen, sechs Wochen weder gewaschen noch gereinigt und dann mit Bodenwachs eingelassen. Danach wird wieder ein Jahr lang weder gereinigt noch gewachst, damit die Ziegel atmen können. Dann aber darf und soll gewachst werden, sooft es geht, der Boden wird immer schöner und bekommt mit der Zeit Patina. An der Wand und an den Rändern (Stufenkanten usw.) wird der Boden mit gedübelten und verschraubten Holzleisten begrenzt, die gleich mitgewachsen werden.

hölzer wie Birne, Kirsche, Walnuß, Eiche; er war dabei, als Steinböden herausgerissen, Sternparkettböden aus einer Wohnung geworfen wurden, er hortete Fliesen aus den Mietshäusern der Jahrhundertwende (sie sind unverwüstlich) und sammelte Ziegel mit Stempel, transportierte Sandstein- und Granitblöcke. Heinz Hausner macht grundsätzlich alles selbst; in den ebenerdig und straßenseitig gelegenen Räumen hat er eine Tischlerwerkstätte untergebracht, wo er Holz- und Parkettstücke schneidet.

In einem zweiten ebenerdig gelegenen Raum werkt ein Jugoslawe, den Hausner in den letzten zwei Jahren zum Allroundhandwerker ausgebildet hat. Zur Zeit drückt er Ton in Gipsformen

ein und erzeugt die verschiedensten Fliesen. Den Ton holt er in Plastikfässern aus der Fliesenfabrik. Die feuchten Fliesen werden in dem ständig geheizten Raum getrocknet. Das Anfertigen der Gipsmodelle war dem Zahntechniker ein Vergnügen. Die Fliesen mußten aber auch glasiert, gebrannt und hart gebrannt (für die Böden) werden, und Hausner wollte dies nicht in einer Fabrik erledigen lassen, da durch die gleichmäßigen Temperaturen, die dort beim Brennen herrschen, alle handwerklichen Unregelmäßigkeiten wieder verschwinden. Hausner fand schließlich einen Künstler, der Keramik herstellt und der ihm gelegentlich auch Fliesen glasiert und brennt. Daß dies nicht so rasch vor sich geht, ist Hausner lieb, da er so sein Bad schön langsam selbst verfliesen kann. Eben sind die bleiverglasten Fenster gekommen, mit denen er Bad und Schlafraum trennt, alte Fenster, die beim Bleiverglaser repariert wurden.

Hausner macht alle Arbeiten mit Holz selber; so hat er den Birnparkettboden mit Nut und falscher Feder (siehe Kapitel „Bauen mit Holz") selber geschnitten

und verlegt. Tischler haben heute in den meisten Fällen nicht mehr das Werkzeug, um edles, massives Holz zu bearbeiten und stehen Sonderwünschen skeptisch gegenüber. In Hausners Wohnung führt eine halbgewendelte Treppe aus Nußholz, die er in Norditalien bei einem Tischler bestellte, der sie ihm lieferte und montierte, selbstverständlich mit Holzwurmlöchern, in ein Zimmer mit Birnholz-Parkettboden und Wandschränken aus Birnenholz.

Tauchbecken und Naßraum in der Sauna sind aus Granit, und ein Bildhauer setzt die Platten zusammen. Willy Willy organisierte eine gußeiserne Wendeltreppe, einen alten Kachelofen, die Keramikbadewanne, er hat auch die Kücheneinrichtung geplant: die technischen Einrichtungen sind aus rostfreiem Stahl aus der Großküchenerzeugung, die Arbeitsfläche aus Holz, mit einem eingeplanten Loch für Küchenabfälle, mit eingebautem Hackstock für Fleisch, Obst- und Gemüsewaschbecken und Marmorarbeitsfläche. Willy Willy kümmert sich um alles. Er achtet darauf, daß die Einbaukästen unter das Dach passen

(die Dachschrägen müssen laut Bauordnung verbaut sein), er holt Kostenvoranschläge ein. So hat Hausner, der Perfektionist, darauf bestanden, daß alle Türen und Fensterläden mit handgeschmiedeten Beschlägen versehen wurden. Der Preis der (500 kg schweren) Beschläge wäre unannehmbar gewesen. Willy fuhr kurzerhand wieder nach Italien und kam mit den Beschlägen zurück, die dort ein Viertel gekostet hatten.

So arbeiten in Wiens achtem Bezirk seit zwei Jahren ein Zahntechniker, ein Modellbauer, ein Bildhauer, ein Keramiker, ein jugoslawischer Allroundler, ab und zu einige Jugoslawen aus dessen Verwandtschaft und wenn es nötig ist, auch konzessionierte Handwerker zusammen. Frau Hausner bewirtet die müden Männer, bekommt Besuch von Freundinnen mit Kindern. Wilder Wein klammert sich bereits an den alten Ziegeln an; wenn man von den Ziegel-Antiquitäten nichts mehr sieht, werden nur Eingeweihte wissen, welche Geschichte sich hinter jedem der Ziegel verbergen könnte.

Fenster, Türen, Dächer

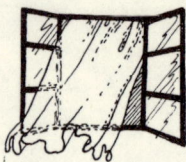

Fenster

Kleine Kulturgeschichte der Fenster

Die Fenster der alten städtischen und ländlichen Wohnhäuser waren bis zu Beginn unseres Jahrhunderts klein. Ländliche Fenster beschränkten sich in ihren Maßen auf das Notwendigste, dienten als Rauchabzug oder Guckloch; in vielen Fällen verhängte man sie bloß mit Lappen oder ölgetränktem Papier, da Glas zu kostbar war, als daß man es für Fenster verschwendet hätte können. Viele alte Fenster aber hatten etwas, was unsere neuen Fenster nicht mehr haben: ein Außenleben: Ummalungen, Blumenschmuck, Schnitzereien, und ein Innenleben: Das Fensterbrett diente zum Abstellen von allerlei Blumen, Trockenfrüchten, Arzneien etc. Wo man Zeit und Geld für diesen Luxus hatte, brachte man an den alten, kleinen Glasfenstern Spitzenvorhänge oder bemalte Tücher an. Wer sich von den einfachen Leuten Glasfenster leisten konnte, öffnete sie nur selten; Bauern und Kleinbürger standen ohnehin früh auf, waren den ganzen Tag über im Freien und gingen mit der Sonne schlafen, so daß der Lichteinfall weniger wichtig war. Große Fenster aber waren der Luxus der Vornehmen und Reichen, die es sich leisten konnten, die Außenwelt von der Innenwelt her untätig zu betrachten.

So gab es seit jeher das notwendige Standard- und das schöne Wohlstandsfenster; beide waren ursprünglich klein und entwickelten sich im Laufe der Zeit zu immer größeren Dimensionen. Als man es in den Räumen heller haben wollte und auch der einfache Bürger ein wenig mehr Zeit hatte, von drinnen nach draußen zu schauen, ohne den Kopf durchs Fenster stecken zu müssen, wurden die Fenster der Wohnbauten ein wenig und die Fenster der Paläste um vieles größer – um den Unterschied zu wahren. Die großen Licht- und Luftfenster sind heute Standardfenster geworden; Außenschmuck und Innenleben aber haben sie verloren. Im Gegensatz zu früher werden sie zwar fleißig geöffnet, aber Hinausschauen und Öffnen-können sind nicht die einzigen Funktionen, die ein Fenster besitzt.

Unsere Gesundheitsfenster haben vor lauter Gesundheit die Proportionen verloren. Sie haben keine Unterteilungen mehr, durchbrechen Fassaden, zu denen sie nicht passen: Mit dem großen Standardfenster stattet der eine seinen Neubau aus, verunstaltet der andere ein altes Haus. Zum alten Luxusfenster, dessen Ausmaße es wohl erreicht, hat das neue Großfenster ungefähr soviel Abstand wie das mit Papier verklebte Loch zum Butzenscheibenfenster.

Das Außenleben der Fenster

Beim Renovieren von Altbauten bieten sich zwei Möglichkeiten der Fenstergestaltung an: Man beläßt die Fenster im Originalzustand, wenn dieser noch vorhanden ist, oder man stellt die ursprünglichen Fenster in ihren Proportionen wieder her. Auch ein neues, großes, in jedem Fall aber unterteiltes, im besonders günstigen Fall von Efeu, Rosen etc. umranktes Fenster sieht schön aus; nicht alle alten Häuser brauchen streng und ohne neue Ideen konserviert zu werden! Auf keinen Fall aber dürfen alte, kleine Fenster ausgebrochen und durch moderne Glotzfenster ersetzt werden.

Alte Fensterrahmen, die noch intakt sind, sollte man pflegend mit Leinölfirnis oder bunten Kalkfarben streichen. Wenn das Holz lackiert wird, dann werden die Holzteile (Fenster, Fensterstock, Läden) mit Glaspapier behandelt. Der Lack sollte nicht völlig decken und das Atmen behindern. Wer einmal mit dem Lackieren beginnt, muß es alle 5 Jahre wiederholen. Bunte Rahmen und Fensterunterteilungen, die trotz der Farbe die Holzstruktur noch erkennen lassen und nicht zu grell leuchten, halten besser und sehen weniger schnell schäbig aus als glattlackiertes Holz. Ob Holzhaus oder verputztes Haus, man darf ruhig gelb, rot, hell- oder dunkelgrün, blau oder eine andere Farbe, die zum Haus und zur umgebenden Natur paßt, nehmen. Vergißmeinnichtblau gestrichene Fensterrahmen an einer dunklen Blockwand sind in osteuropäischen Hauslandschaften durchaus üblich und gar nichts Besonderes und können auch bei uns einem unauffälligen, dunklen Haus einen zarten, frischen, persönlichen Anstrich geben.

Aus osteuropäischen, besonders slowakischen Gegenden stammt auch die Sitte, die Fensterstöcke mit weißer oder bunter Kalkfarbe zu bemalen. Manchmal werden auch Muster ins Holz geschnitzt, die dann mit Farbe ausgefüllt werden. Diese Malereien sind einfach, bestehen aus geometrischen Bandmustern oder einfachen Blumenmotiven. Aufputz- oder Kratzmalerei als Fensterumrahmung kann von jedermann gemacht werden. Jeder kann seine Fenster mit solch einfachen Malereien schmücken (siehe Haus Langhofer). Beim Aufputzmalen kann es auch unbiologisch zugehen. Es gibt im Handel eigens dafür erzeugte Farben zu kaufen. Mit ihnen kann man auf die Wand, um die Fensterrahmen, malen, was man will, hundertprozentig regen- und wasserfest. Anfänger beschränken sich auf einfachste Ornamentik.

Selbstgemachte Fenster-Blumenkiste

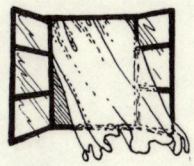

Die rechteckigen, spitzbogigen, phantasievoll gebauten und verzierten Ziegelmusterfenster Südostösterreichs zeigen, wie Fenster sein sollen: Verschiedene Formen, rhythmisch kombiniert, machen den Reiz des ganzen Gebäudes aus. Bunte Bemalung in weiß, blau, rot oder anderen kräftigen Farben hebt die interessante Ornamentik hervor.

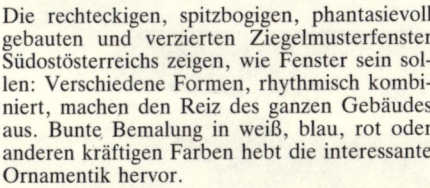

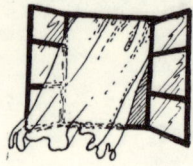

Wie der eine die kleinen Fenster seines alten Häuschens mit Farbe schmückt, verwendet der andere Blumen – oder beides. Eine Fenster-Blumenkiste ist ganz einfach selbst zu machen, wichtig ist nur, daß sie besser zu groß als zu klein gerät, tief ist und genügend Erde faßt.

Wer zu seinem alten Häuschen eine Veranda baut oder schon eine besitzt und diese als Wintergarten benützt, sollte die großen Fensterwände gut unterteilen, nicht durch Farbe hervorheben, sondern die Rahmen in der Farbe des Hauses streichen. Auf Spalier gezogene, raschwachsende Pflanzen werden die Fensterflächen bald so umgeben, daß man meint, es sei immer so gewesen.

Viel Spaß macht die Gestaltung von Fenstern, die ursprünglich nicht verglast, sondern nur Rauch- oder Entlüftungsöffnungen waren. Man findet sie in alten Wohnhäusern, in Dachböden, die als Wäsche-, Speck- oder Kräutertrok-kenböden verwendet wurden. Viel öfter aber sind sie in Nebengebäuden vorhanden, in Schuppen, Heustadeln, Getreidekästen, überall dort, wo man sich einst durch geschickte Konstruktion und überlegt angebrachte Wandöffnungen den rechten Luftzug im Gebäude verschaffte. Dort findet man die ovalen, rechteckigen, spitzbogigen, rhombischen oder ornamental verzierten Öffnungen in Holzbauten oder – wie zum Beispiel in Kärnten und der Steiermark – in Ziegelbauten die schönen Ziegelmusterfenster. Beim Umbau solcher Ställe, Scheunen oder Getreidekästen zu Wohnbauten hat man nichts anderes zu tun, als diese Öffnungen innen zu verglasen, damit sie nach außen hin in der alten Form erhalten bleiben. Da sie meist klein oder dicht strukturiert sind, kann man in ähnlichem Stil, an Plätzen, die sich durch die Inneneinteilung des Wohnraumes ergeben, zusätzlich solche ähnlich gestaltete Lichtquellen anbrin-gen. Fenster in ungewöhnlichen Formen, die man für die Entlüftung braucht, bekommen einen ihnen entsprechenden, dicht schließenden Rahmen, der an der Innenwand angebracht wird. Das kann eine etwas heikle Arbeit werden, da in alten Häusern meist keine ebenen Flächen vorhanden sind. Man nimmt hier am besten die Form mit Modelliermasse ab und arbeitet den Holzrahmen danach. Die Wand, an der sich solche schönen, alten Fenster befinden, wird wohl nur eine Innenisolierung bekommen können, falls sie isoliert werden muß. Fenster, die sich öffnen lassen, werden dann gleichzeitig mit der Isolierung und der Innenwand (zum Beispiel der Innenverschalung) gebaut. Fenster, die voraussichtlich nie geöffnet werden, versieht man an der Innenseite mit einer Glasfläche, die zur Reinigung abgeschraubt oder aus einer Laufschiene herausgenommen werden kann. Wird ein altes Ziegelgebäude neu ver-

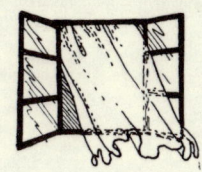

putzt, zum Beispiel weiß gekalkt, kann man die durch Ziegel unterteilten Fenster bunt streichen, gelb, rosa, grün, blau, je nach Geschmack, und dadurch die interessante Ornamentik hervorheben. Gute, handgemachte Individualität kann und soll immer hervorgehoben werden aus der Masse der vorfabrizierten Bauteile. Das gut schließende, fabriksneue Panoramafenster jedoch braucht nicht in die Gegend zu leuchten, es gibt Millionen andere, gleiche Fenster.

Das Außenleben der Fenster in neuen, selbstgebauten Häusern sollte phantasievoll sein, sich jedoch in die Fassade und in die Umgebung einfügen. Was unsere Vorfahren mit ihren Guckfensterchen und Entlüftungskonstruktionen zustandebrachten, können wir Selberbauer auch. Warum müssen immer die Fenster der Firma X die Fassaden zieren? Wer schon die Möglichkeit besitzt, ein Haus selber zu bauen, kann die Fenster als kreatives Konstruktionselement einbeziehen, ja, so weit gehen, nicht mit Fenstern eine Wand zu durchbrechen, sondern um Fenster herum eine Wand zu gestalten. Warum nicht ovale Fenster, runde, rhombische, liegende Rechtecke, Schlitze nebeneinander? Gerade bei einem Neubau kann man mit fest eingebauten Fensterflächen seiner Phantasie freien Lauf lassen. Hier, in der Freiheit der Fenstergestaltung, beginnt der Fensterluxus. Ein neu gestaltetes Ziegelmusterfenster, eine verglaste Fenstersprossenwand, vielleicht ein ausgesparter Tropfen als

Der aufklappbare Rahmen: drei Seiten sind fest, die vierte beweglich, so daß die Scheibe herausgeschoben werden kann.

Guckloch neben der Eingangstür und noch vieles mehr, was die Phantasie hervorbringen kann, zeigt, daß die Bewohner des Hauses in schöpferischem und daher wirklichem „Wohlstand" leben. Echte Vielseitigkeit und damit Freiheit beginnt jenseits der Industrieangebote, im eigenen Kopf und bei den eigenen Händen.

Neue Fenster haben also die Chance, ihrem Außenleben bescheidene, jedoch einfühlsame, unkonventionelle Formen zu geben, ummalt, bemalt und mit Blumen umrankt zu werden. Bei alten Häusern findet man meist auch einen Wind-, Sonnen- oder Fensterschutz in Form von Fensterläden oder -balken vor. Man sollte sie unbedingt erhalten; im Winter kann man sie mit einer in der Farbe der Balken gehaltenen aufgeklebten Isolierschichte dichtmachen und auch tagsüber bei Kälte und Wind schließen. Wenn alte Häuschen keine Fensterbalken haben, sollte man passende neue anbringen, bei neuen Häusern können Fensterbalken verschiedenster Konstruktion in die Wandgestaltung einbezogen werden.

Einfach selbst zu machen sind Bretter, die in oberhalb und unterhalb der Fenster eingelassenen Schienen laufen. Solche Schienen können zum Beispiel an neuen Holzhäusern die ganze Wand umlaufen und die Fenster wie ein Band untereinander verbinden. Diese Schienen kann man an der Haus-Außenseite noch zusätzlich als Spalier für Obstbäume oder Pflanzen verwenden. Sollte das Haus im Erdgeschoß gitterfeschützte

Fenster besitzen, kann man Balken nur anbringen, wenn das Gitter nach alter Art in die Mauer oder Holzwand eingesetzt ist und nicht über die Fassade vorragt. Muß man auf eine Isolierung durch Fensterläden an der Außenwand verzichten, kann man innen entsprechende Jalousien, Fensterpolster etc. (siehe Bauen und Wärmeschutz) anbringen.

Das Innenleben der Fenster

Fenster haben oft ein uninteressantes, vernachlässigtes Innenleben. Dabei bedarf es nur ein wenig Phantasie und ganz wenig Geld, um Fenster nett und hübsch zu gestalten. Nicht jedes Fenster braucht einen Vorhang. Oft kommt es vor, daß sich ein Blick ins Freie ergibt, der von morgens bis abends so erfreulich ist, daß man das Fenster als Bild betrachten kann: Man gestaltet den Fensterrahmen wie einen Bilderrahmen, bemalt ihn (vielleicht sogar mit einer schmalen Goldleiste) oder schnitzt in Ornamentlinien. In neuen Häusern kann man das Fenster gleich so planen, daß man ein ganz bestimmtes „Bild" vor Augen hat. Will man Vorhänge anbringen, so hat man viele Möglichkeiten: die einfachsten sind dabei die besten.

Um die Vorhänge zu befestigen, braucht man zunächst Vorhangstangen: Die Dicke richtet sich nach der Größe der Fenster. Eine dieser Vorhangstangen-Variationen gibt es in allen Größen und dazu noch gratis – Haselnußstangen, die in jedem Wald wachsen. Geschält oder mit der Rinde werden sie an beiden Enden mit dem Messer zugespitzt, abgerundet oder mit einer kleinen Kugel

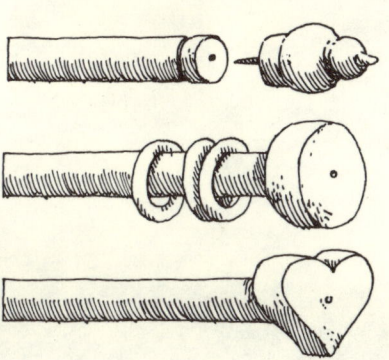

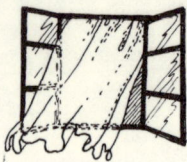

Rechts oben: Dieses schöne alte Fenster gibt es nicht mehr. Es wurde ausgebrochen, während dieses Buch geschrieben wurde, und durch ein neues großes Kippfenster ersetzt. Solche Fenster wie dieses und die anderen Beispiele zeugen von der Phantasie und dem ästhetischen Fingerspitzengefühl, verbunden mit durchdachten Details, mit denen die Volksarchitektur ihre Häuser ausgestattet hat. Fensterläden, wie links oben und links unten abgebildet, sind nicht nur schön und dekorativ, sondern erfüllen auch den praktischen Zweck, das Fenster besser zu isolieren und damit Energie sparen zu helfen.

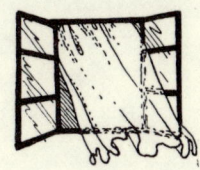

versehen (das kann natürlich auch der Drechsler machen).

Dünne Haselnußstangen hängt man einfach an kleinen Haken auf, die es um wenig Geld in der Eisenwarenhandlung zu kaufen gibt. Stärkere Stangen sollten in Haken aufliegen, so daß man sie leicht herunternehmen kann, wenn die Vorhänge mal gewaschen werden. Auch diese größeren Haken gibt's gratis im Wald: gebogene Äste, die man mit ein wenig Adleraugenblick auf dem Waldspaziergang finden kann. Auch als Kleiderhaken, für Regale, Dachrinnen etc. sind sie gut zu gebrauchen.

Hat man aus Großmutters Kiste, vom Flohmarkt oder aus einem Billig-Asienimport Handtücher, die lustig ausschauen und die man vielleicht am Küchenfenster anbringen will, so befestigt man dort (hoch genug) eine dünne Stange, schlägt die Tücher, Stoffbahnen etc. ein wenig um und näht eine Röhre, im Querschnitt ein wenig breiter als die Vorhangstange. Durch die so entstandene Schlaufe steckt man die Stange – fertig.

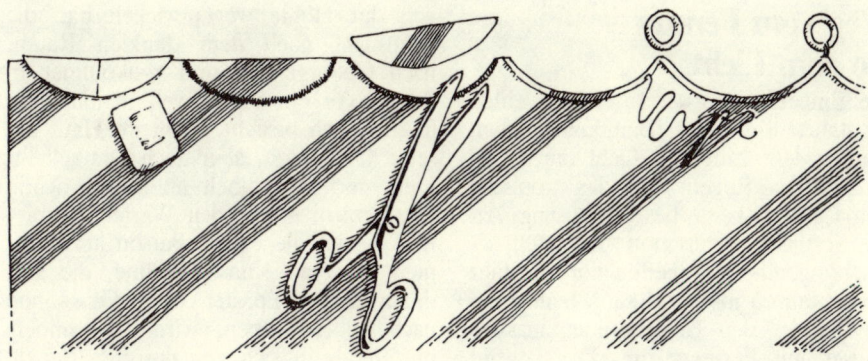

Damit Vorhänge schön fallen, schneidet man eine halbkreisförmige Schablone aus, biegt den Stoff auf die linke Seite um und näht Bogenlinien entlang der Schablone aus. Der Stoff wird zu den Kanten hin weggeschnitten, auf die rechte Seite umgestürzt und die Ringe an den Zipfeln angenäht.

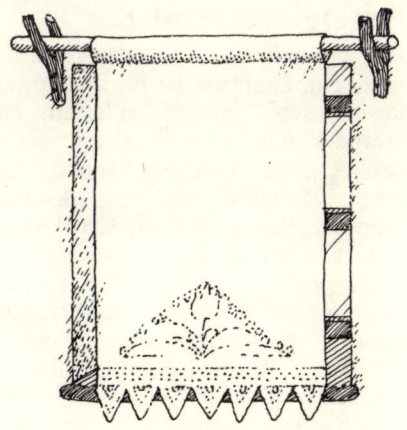

Damit und mit der folgenden Methode (bei leichten Stoffen) erspart man sich Vorhangringe: Von der ganzen Bahnlänge schneidet man einen 5 cm breiten Streifen ab, den man der Länge nach zusammenlegt und -näht, in ca. 40 cm lange Stücke schneidet, die umgestülpt, mit der Hand vernäht und glattgebügelt werden. Diese Bänder näht man am oberen Vorhangende an und bindet über der Vorhangstange gleichmäßige Schleifchen. Bei buntgemusterten Vorhangstoffen sollten die Schleifchen aus dem gleichen Stoff sein, bei einfarbigem oder weißem Stoff kann man eventuell auch welche aus buntem Garn häkeln.

Wenn man an einen Vorhang Ringe näht oder ihn auch mit dünnen Bändern an der Vorhangstange befestigt, bildet er, wenn er an der Oberkante gerade ist, „Tüten". Das kann man vermeiden, wenn man den oberen Rand halbkreisförmig absteppt. Der Tapezierer kann's nicht schöner!

Mit Vorhängen kann man Räume auch gestalten; bezieht man ein Haus mit breiten Panoramafenstern, teilt man sie einfach durch Vorhänge in zwei Hälften, dadurch wird das Fenster verschönert und der Raum optisch in die Höhe gezogen.

Vorhänge, die drapiert werden oder einfarbig sind, also keine schönen Spitzen, Stickereien etc. herzeigen, sollten – eine Bahn – mindestens 1½mal so breit wie das Fenster sein, sehr dünne Stoffe doppelt so breit, dann werden sie, wenn man sie halbkreisförmig einnäht, schön füllig fallen. Aus alten Spitzen, eventuell im Patchwork, zusammengenähte Vorhänge aber werden nicht drapiert. Es gibt unendlich viele Möglichkeiten, seine Fenster innen zu verschönern: alte Waffelhandtücher mit einem Saum besticken oder an der unteren Kante eine Spitze annähen, alte Stoffe und Spitzen mit Pflanzenfarben einfärben und viele andere.

Bei farbigen Vorhängen heißt es aufpassen, daß sie nicht zuviel Helligkeit wegnehmen, da ja – außer man hat es gern dunkel – durch das Fenster vor allem Licht einfallen soll. Eine Möglichkeit, Hell und Dunkel zu kombinieren, wäre, zwei Vorhangstangen anzubringen und zwei Vorhänge zu nähen: einen dünnen, sehr hellen, und einen schweren, dunklen, den man tagsüber an der Seite zusammenbindet.

Ein dünner, weißer Vorhang (Voile) filtert das Licht und macht es diffus, aber nur bei südseitigen Fenstern: ein Effekt, den man tagsüber schätzt, weil der Raum dann von weichem Licht durchflutet wird. Wenn das Fenster jedoch nach Norden geht, macht ein dünner, weißer Vorhang das Licht blau. Hier hilft man sich auf einfache Weise, indem man den Vorhang mit schwarzem Tee eierschalenfarben färbt. Cremefarbene Stoffe machen das Licht warm und weich. Wer keine Vorhänge mag oder meint, keine geeigneten zu finden, kann auch an der Innenseite Fensterläden anbringen, schön bemalen und lakieren.

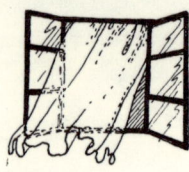

Weg vom Fenster – hin zum Licht

Die Eingeborenen der Insel Java lebten seit Jahrtausenden in Bambusgebäuden. Bambus läßt Luft und Licht durch und schützt vor Regen; für das tropische Klima gibt es keine bessere Lösung. Als die westliche Zivilisation mit ihren segensbringenden Neuheiten vor ungefähr vierzig Jahren ins Land kam, bauten die Amerikaner den Eingeborenen massive Häuser mit Fenstern hin. Die Javaner zeigten sich baß erstaunt über diesen Unsinn, zuerst Luft und Licht durch starre Wände auszusperren, dann in dieselben Wände Löcher zu schlagen, um sie wieder einzulassen, die Löcher andererseits aber durch Jalousien und Glas zu versperren.

In der Zwischenzeit haben sich auch die Javaner an diese Art von Architektur gewöhnt, nur auf dem Land leben sie noch in ihren natürlich klimatisierten Bambushütten.

Die fensterlose Architektur der Javaner und anderer einfach lebender Völker ist heute nicht in Java, aber in New York wieder en vogue geworden. Neubauten in New York und anderen Städten verzichten seit einigen Jahren auf Fenster, beziehen das Tageslicht aus getönten Glaswänden zwischen Stahlkonstruktionen und die Frischluft aus der Klimaanlage. Das völlig natürliche, den äußeren Klimaverhältnissen angepaßte Wohnklima von einst ist zum völlig künstlichen, unnatürlichen Wohnklima von heute geworden.

Von der fensterlosen zur fensterlosen Gesellschaft: Die Entwicklung des Bauens kann man auch als Entwicklung des menschlichen Bemühens um Licht im Wohnraum sehen; von der fensterlosen Höhle über die Gucklochhütte und das Kleinfensterhaus zum Haus mit großen Fenstern und zum fensterlosen Glashaus mit Air-Conditioning. Seit den zwanziger Jahren erlebt auch der einfache Bürger die Illusion der Gesundheit in seinem Großfensterhaus; da strömt das Licht herein, erhellt die Räume, bringt die Außenwelt in die Innenwelt des Hauses. Vor lauter Licht aber haben viele Architekten und auch Selberbauer vergessen, daß der Mensch sich wohl von der Höhle wegentwickelt hat, die Sehnsucht nach dem dunklen Raum, nach Geborgenheit und vollkommenem Schutz vor der Außenwelt in ihm aber immer noch besteht. Licht im Haus hat seine Qualitäten, aber auch Dunkelheit. Licht und Dunkelheit im Bauen richtig einzusetzen, mit beiden Werten zu spielen, sie auf die eigene Person abzustimmen, ist eine Kunst. Räume, die sich durch große Fenster oder Glaswände nach außen öffnen, wird man anders nützen als in sich geschlossene, dunkle Räume. In einem Haus sollten beide Möglichkeiten vorhanden sein: Viele Menschen fühlen sich in niedrigen Räumen mit kleinen Fenstern und wenig Lichteinfall erdrückt, beengt, andere wieder in optisch offenen Räumen ohne Schutz, unsicher. Es gibt Untersuchungen darüber, daß Fenster, die breiter und höher sind, als ein Mensch mit ausgestreckten Armen erreichen könnte, nicht mehr gemütlich sind, Angst und Unsicherheit erzeugen, da sie das Gefühl hervorrufen, keine Begrenzung zu haben. Hier kann die oben bereits erwähnte Unterteilung helfen, im anderen Fall etwa eine Holzkonstruktion mit einer Glaswand dahinter und geschickt angebrachten Entlüftungsklappen. So bleibt der optische Eindruck des kleinen Fensters gewahrt.

Jahrtausende bemühte man sich darum, Licht in die Wohnräume zu bringen; heute haben wir alle Möglichkeiten, wir brauchen nur die zu wählen, die uns richtig und gut erscheinen. Wir können Licht ohne Rücksicht auf den Luftaustausch einlassen. Hier müssen wir aber zwischen Tages- und Sonnenlicht unterscheiden. Sonnenlicht kommt in gezielten Strahlen ins Haus, Tageslicht wird von allen Objekten reflektiert, die das Sonnenlicht trifft. Das direkte Sonnenlicht wandert, das Tageslicht bleibt und wechselt nur seine Intensität. Von oben kommt mehr Licht, direktes oder indirektes, das heißt, daß ein schmales, hohes Fenster einen Raum wesentlich besser erhellt als ein niedriges, breites. Das schönste Licht erhält ein Raum von oben; Fenster oder Glasdecken, die den Himmel durchblicken lassen, sind einzigartige Lichtbringer. Wie ein Raum erhellt wird, hängt auch davon ab, ob ein Fenster sich in der Mitte oder in einer Ecke des Raumes befindet. Eckfenster können bei direkter Sonnenbestrahlung interessante Effekte bringen, erhellen den Raum jedoch nicht, es sei denn, man stellt reflektierende Möbel dorthin, wo Sonnenstrahlen und indirektes Licht hinfallen. Wer gleichmäßiges Licht braucht, sollte es durch größere Glasflächen gegen Norden und gegen den Himmel zu beziehen. Wer mit den Sonnenstrahlen spielen möchte, kann eine Südwand mit vielen kleinen, verglasten Öffnungen zum entspannenden Sonnen-Strahlenspiel umfunktionieren. Mit dem Licht bauen – das sollte nicht nur für Sonnenenergiefans an Bedeutung gewinnen, sondern auch für Leute, die die Sonne und das Licht nicht nur nützen, sondern sich auch daran erfreuen wollen und es in die Konzeption eines Innenraumes einbeziehen. Die Kombination von Nutzen der Sonnenwärme und Freude am Licht kann Selberbauer zu interessanten Lösungen anregen (siehe Sonnenhäuser).

Bleiverglaste Fenster

Ein Fenster kann auch schöner Selbstzweck sein. Dort, wo der Blick auf einen Innenhof, eine Industrielandschaft, ein Lagerhaus führt und man auf diesen Ausblick gerne verzichtet, kann ein aus bunten Glasteilen und mit Bleiruten zusammengefügtes Fenster viel Freude bereiten. Man kann ein bleiverglastes Fenster selber machen, sollte sich als Anfänger jedoch darauf beschränken, an einem Innenfenster, einer Innentüre oder einem Fenster, das zwei Räume miteinander verbindet, zu arbeiten. Wer im Glasschneiden und im Zusammenfügen der Glasteile mit Bleiruten schon geübt ist, der darf sich auch ans Außenfenster wagen. Dieses sollte nämlich nicht nur schön, sondern auch dicht sein, seine Herstellung erfordert daher etwas mehr Präzision

Um ein bleiverglastes Fenster herzustellen, braucht man für die Arbeitsgänge Entwurfzeichnen, Glasschneiden, Zusammenfügen der Glasteile und Verlöten folgende Werkzeuge:

Für das Entwurfzeichnen: einen Bogen Packpapier oder dünnen Karton, Paus-

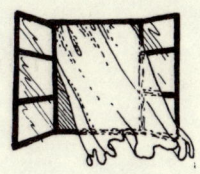

papier, einen Bleistift, eine zweischneidige Schere oder ein Zweiklingenmesser.

Für das Glasschneiden: einen Glasschneider mit Stahlrad, eine Glasbrechzange, Petroleum oder Nähmaschinenöl, einen Haarpinsel, eine Schutzbrille, einen Filzstift oder ein stabiles Lineal.

Für das Bleiverglasen (das Zusammenfügen der Glasteile mit Bleiruten): eine Holz- oder Spanplatte oder einen Arbeitstisch mit Holzplatte, zwei Holzleisten, Nägel, kleine Drahtstifte, einen Hammer, ein Bleimesser, einen Bleiaufreiber, ein trockenes Tuch, Sägespäne.

Für das Löten: Stearin, Zinnstangen, einen Pinsel, einen Lötkolben (kein fertiges Lötzinn kaufen!)

Außerdem braucht man Glas und Bleiruten. Man kann ein bleiverglastes Fenster entweder nur aus Fensterglas machen und die Linien der Bleiruten als gestalterisches Element wirken lassen, man kann verschiedene farblose Gläser zu einem Muster zusammenfügen oder auch farblose mit Buntgläsern kombinieren oder auch nur Buntgläser verwenden. Man kann Glasreste von verschiedener Stärke verwenden, die Glasreste sollten aber nicht zu klein sein. Bei der Auswahl der Gläser und ihrer Kombination muß man ihre unterschiedliche

Lichtdurchlässigkeit und ihre Farbgebung berücksichtigen. Um dies festzustellen, hält man die Gläser, bevor man sie schneidet, kombiniert oder gar kauft, dort gegen das Licht, wo das Fenster dann hinkommen soll.

Zur Auswahl stehen: Opaleszentgläser: das sind milchige, halbdurchsichtige, harte und daher schwer zu schneidende Gläser, die aber in allen alten, vorwiegend den Glasfenstern der Jahrhundertwende, verwendet wurden; Kathedralgläser: sie sind strukturiert, maschinell hergestellt. Antikgläser: sie sind transparent und von ungleichmäßiger Struktur, mundgeblasen. Überfanggläser: sie haben einen farblosen Antikglaskern mit aufgeschmolzenen Farbschichten.

Vor der Auswahl der Gläser – die mundgeblasenen sind sehr teuer – lohnt sich so mancher Spaziergang und der Besuch von Jugendstilhäusern, wo man sich farbliche und ornamentale Anregungen holen kann.

Die Bleiruten, mit denen man arbeitet, gibt es in verschiedenen Stärken (maßgebend ist die Profilhöhe des Kerns). Man kann auf einem Fenster Bleiruten ein und derselben Stärke oder auch verschiedener Stärke verwenden; das richtet sich auch nach der Stärke der Gläser. Profile zwischen 4 und 5 mm

sind für Anfänger gut geeignet (je stärker die Bleiruten, desto leichter ist die Arbeit). Es gibt Bleiruten verschiedenen Härtegrades; je weicher und reiner sie sind, desto besser lassen sie sich biegen und streichen.

Die typischen Glaserwerkzeuge und das Material bekommt man auch beim Glaser, hat dieser sie nicht lagernd, kann er sie bestellen und/oder er schickt den Käufer zum Glas-Großhändler. Vorsicht bei Hobby-Bleiverglasangeboten! Es gibt nämlich schon sogenannte Bleiruten und Farben auf dem Markt; die Bleiruten klebt man an ein gewöhnliches Fenster und malt die Glasfelder dazwischen an. Pfui, wie scheußlich!

Die Arbeitsvorgänge

Wer ein bleiverglastes Fenster machen möchte, braucht nicht gleich an einer ganzen großen Fensterscheibe zu werken. Ein Werkstück von ca. 40 × 50 cm ist für den Anfang gut geeignet. Entweder hat das Fenster diese Größe oder man macht das bleiverglaste Stück und füllt damit nur einen Teil einer ganzen Fensterscheibe aus. Das könnte zum Beispiel eine Blume oder ein geometrisches Muster sein, das im Zentrum aus kleineren, nach außen zu immer größer werdenden Glasteilen besteht. Ein geometrisches Motiv, das aus drei verschiedenfarbigen Glasteilen, die sich immer wieder wiederholen, besteht, wird auch dem Anfänger keine Schwierigkeiten bereiten. Bevor man jedoch überhaupt mit dem Bleiverglasen beginnt, sollte man das Glasschneiden an alten Fensterglä sern üben. Man übt das Ziehen kurzer gerader Linien, langer gerader Linien, gekrümmter Linien und das Schneiden nach einer ausgeschnittenen Schablone, z. B. einer Blattform. Je kleiner die Glasteile sind, aus denen man noch kleinere Teile herausschneiden soll, desto schwieriger wird die Arbeit. Ein Glasfenstermotiv sollte für den noch Ungeübten keine Teile enthalten, die kleiner als ca. 4 cm² sind. Außerdem ist beim Schneiden sehr kleiner Teile der Abfall relativ groß. Wer ein rechtwinklig begrenztes Motiv wählt, arbeitet leichter, wenn er in einem Hilfsrahmen (zwei in rechtem Winkel zueinander stehende Holzleisten) ar-

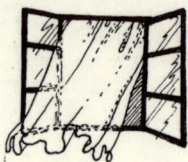

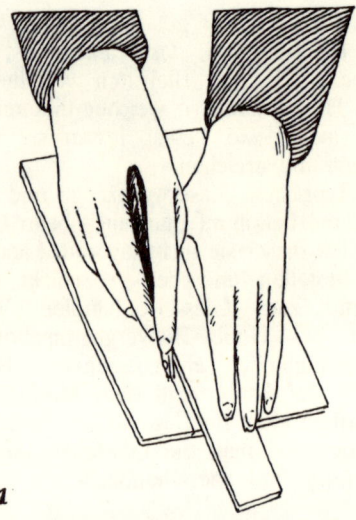

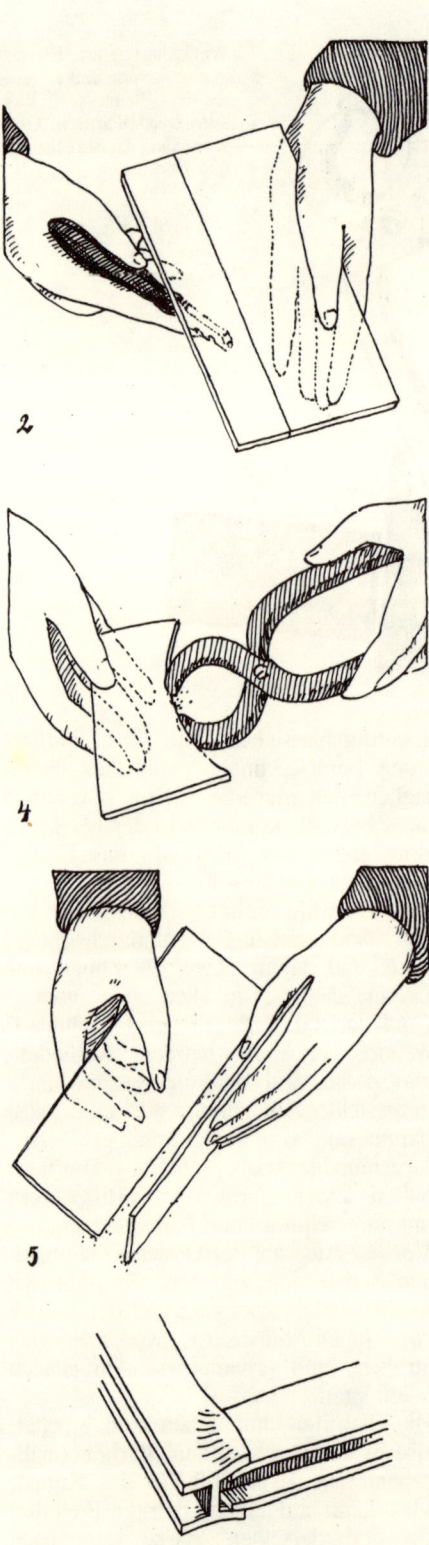

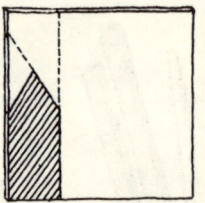 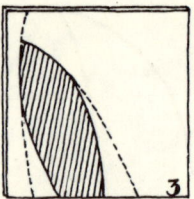

beitet und als Arbeitsunterlage eine ebene Fläche hat, in die er den Rahmen und Nägel als Hilfshalterungen einschlagen kann (damit die einzelnen Glasteile schön zusammenbleiben und sich nicht bewegen). Die Arbeitsplatte sollte größer als das Werkstück sein.

Zwei Vorsichtsmaßnahmen müssen beim Bleiverglasen beachtet werden: Beim Glasschneiden eine Schutzbrille tragen, und die Bleiruten von Kindern, besonders von Kleinkindern, die alles in den Mund stecken, fernhalten! Blei ist giftig, man sollte sich also während der Arbeit nicht mit den Fingern in die Augen oder in den Mund fahren, die Hände gut waschen und keine Glas- und Bleireste herumliegen lassen.

Der Entwurf

Für unser Bildbeispiel genügt ein Entwurf des Teiles, der sich immer wieder wiederholt. Besteht ein Motiv aber aus lauter verschiedenen Teilen, so ist der Entwurf präzise zu machen. Vorerst wird mit Bleistift auf Packpapier oder dünnem Karton das Motiv in Originalgröße, ohne Berücksichtigung der Bleirutenstärke, gezeichnet. Achtung darauf, daß die einzelnen Motivteile nicht zu klein werden! Dann paust man den Entwurf auf Pauspapier durch. Auf beiden Papieren werden nun die einzelnen Teile des Motivs numeriert – man beginnt am besten in der linken unteren Ecke mit der Nummer 1 – und die Farben bezeichnet. Wenn alle Teile numeriert und farbbezeichnet sind, werden

Die Arbeitsgänge beim Bleiverglasen.

1. Man taucht das Stahlrad des Glasschneiders vor Gebrauch in Petroleum, hält den Schneider, als wäre er die Verlängerung des Zeigefingers und zieht gleichmäßig und ohne Verkrampfung eine gerade Linie.

2. Die Glasteile brechen leichter auseinander, wenn man vorher mit dem Glasschneider leicht an die Unterseite des Glases klopft.

3. Die gestrichelten Linien erläutern, wie man ausschneidet: keine Ecken, sondern nur durchgehende Linien!

4. Bleibt nach dem Schneiden eine unsaubere Kante oder läßt sich ein Glasteil nicht abbrechen, zwickt man ihn mit der Glasbrechzange weg. Auf diese Weise kann man auch Rundungen und kleinere Teile herstellen.

5. Nach dem Schneiden werden die Glasteile auseinandergebrochen.

6. Damit die Bleiruten zusammenhalten und man sie gut ineinanderstecken kann, wird eine an den Enden ein wenig flachgeklopft, wenn sie nicht durch das Schneiden mit dem Bleimesser bereits etwas flacher ist.

7. Jede Bleirute wird vor der Verwendung geradegebogen und mit dem Bleiaufreiber geweitet.

8. Auf den Arbeitstisch werden im rechten Winkel zueinander zwei Holzleisten genagelt. Sie bilden den Arbeitsrahmen für das Fenster, bei dem das Muster von der linken unteren Ecke her aufgebaut wird. Entlang der Leisten legt man die ersten beiden Bleiruten.

9. Nun steckt man das erste Glasteil in die Bleiruten und klopft mit dem Knauf des Bleimessers etwas nach. Damit das Glas sich nicht bewegt, nagelt man kleine Drahtstifte in die Arbeitsunterlage und entfernt sie vor dem Anbringen der nächsten Bleirute.

10. Die nächste Bleirute wird an das Glas gesteckt, abgeschnitten und dazugedrückt.

11. Nun werden das nächste Glasteil und die nächste Bleirute hinzugefügt und wieder provisorisch mit Drahtstiften befestigt.

12. Die Bleiruten werden mit dem Griff des Bleischneiders glattgestrichen und an den Kreuzungsstellen flachgeklopft.

13. Bei den Bleiruten, die zum Arbeitsrahmen parallel laufen, sollte immer eine Linie durchgehend, eine unterbrochen verarbeitet werden, und dies immer abwechselnd. Bei Blumenmotiven oder unregelmäßigen Motiven erübrigt sich diese Maßnahme, die der Festigkeit des Fensters dient. Wenn das Fenster fertig gelegt ist, werden die Glasteile und Bleiruten noch zusätzlich mit Drahtstiften und Glasteilen am Auseinanderfallen gehindert.

14. Die Überschneidungsstellen werden verlötet (auf der Vorder- und Rückseite). In der einen Hand hält man das Zinnstäbchen, in der anderen den Lötkolben.

15. Die Lötstellen werden mit Stearin bestrichen.

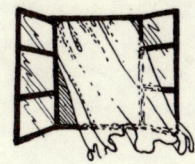

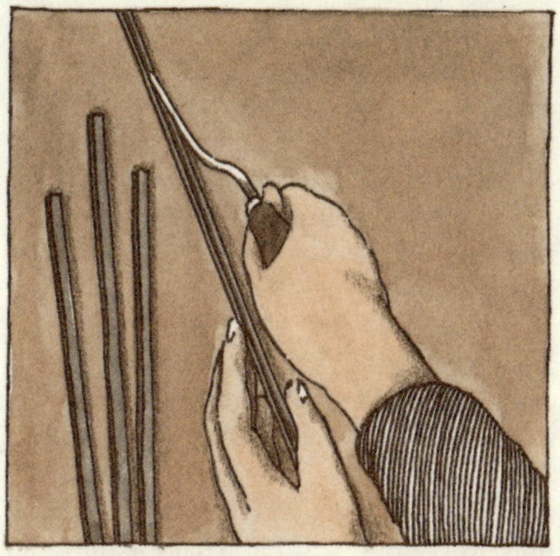

7

8

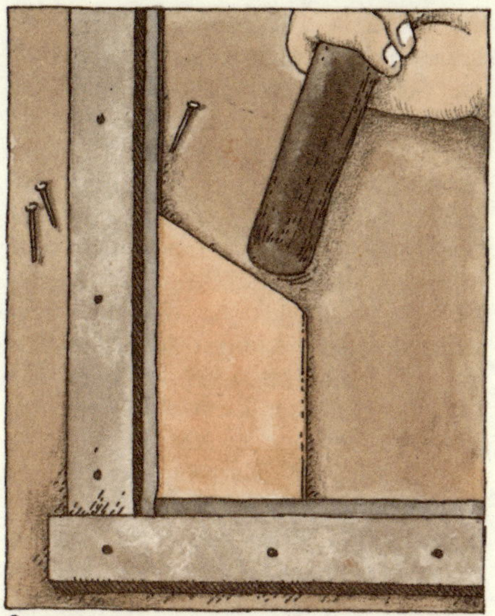

9

10

11

12

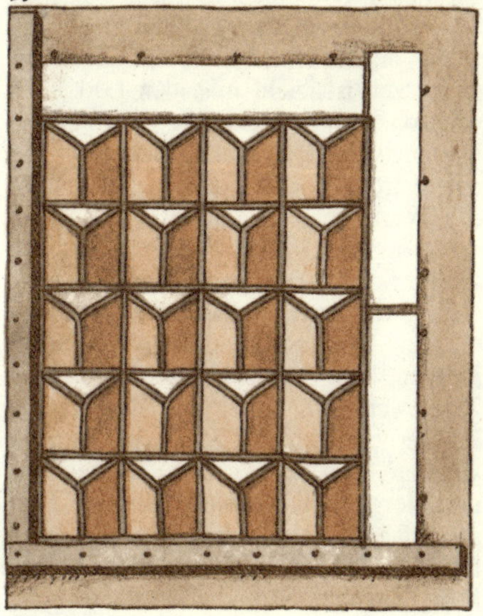

13

14

15

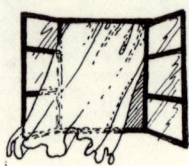

sie aus dem Packpapier oder Karton ausgeschnitten. Dazu verwendet man eine Schere mit zwei Schneiden oder ein Zweiklingenmesser, und zwar deshalb, weil dadurch die Bleirutenstärke automatisch weggeschnitten wird und man die fertigen Schablonen direkt auf das Glas auflegen und danach die Teile schneiden kann. Schere oder Messer müssen so schneiden, daß die zwei Schneiden bzw. Klingen zu beiden Seiten des Bleistiftstriches stehen. Ein Zweiklingenmesser kann man sich auch selber machen, indem man an ein einfaches Papier- und Kartonschneidemesser mit Klebeband in ca. 1 mm Entfernung eine zweite Klinge dazuklebt. Nun hat man die numerierte Zeichnung des Motivs auf Pauspapier als Vorlage und die einzelnen, numerierten, ausgeschnittenen Teile zum Auflegen. Man legt sie entweder auf das Glas auf und zeichnet mit einem Filzstift die Konturen nach, nach denen man die Gläser schneidet, oder man legt die Schablonen unter die – durchsichtigen – Gläser und schneidet.

Glasschneiden

Beim Glasschneiden wird das Stück Glas, das man durchschneidet oder aus dem ein Teil herausgeschnitten wird, mit einer Hand festgehalten, während man mit der anderen schneidet. Zum Schneiden verwendet man einen Glasschneider mit Stahlrad, mit Diamanten schneiden nur die Profis. Bevor man einen längeren Schnitt oder mehrere kurze Schnitte zieht, muß das Stahlrad immer in Petroleum oder Nähmaschinenöl eingetaucht werden, sonst nützt es sich rasch ab. Man hält den Glasschneider recht tief, aber nicht wie einen Bleistift, sondern wie die Fortsetzung des eigenen Zeigefingers. Man setzt ihn am Beginn der – vorgezeichneten – Linie auf das Glas und zieht die Schnittlinie unter gleichmäßigem Druck, drückt dabei nicht fest mit dem Finger auf, sondern drückt und zieht Finger und Schneider zugleich mit dem Handgelenk und dem Ellbogen als Führung nach. Während des Schneidens einer Linie darf weder abgesetzt noch darf eine Linie doppelt gezogen werden. Nach dem Ziehen der Schnittlinie(n) läßt sich das Glas an der(n) Linie(n)

brechen. Es bricht leichter, wenn man mit dem Schneider vorher an die Unterseite klopft. An Rundungen, Ecken, kleinen Teilen, dort, wo man das Glas nicht sauber abbrechen kann, hilft man mit der Glasbrechzange nach. Die Glasteile sollten genau nach den Schablonen geschnitten werden. Fehler verstärken sich beim Aufbau des Motivs.

Wie man Gläser und Bleiruten zusammenfügt

Für ein rechteckiges Bleiglasfenstermotiv werden auf eine Arbeitsfläche aus Holz oder ähnlichem Material zwei Holzleisten, die in rechtem Winkel zueinander stehen, genagelt. Entlang dieser Leisten legt man nun zwei Bleiruten, die geradegebogen und zuvor mit dem Bleiaufreiber geweitet wurden. Die eine Bleirute wird nun im Eck in die andere gesteckt. Durch das Abschneiden der Rute mit dem Bleimesser ist diese an den Enden bereits etwas abgeflacht, man klopft sie aber an dem einen Ende, das in das Profil der anderen Bleirute gesteckt wird, noch flacher. Jetzt wird das erste Glasstück (nach der Schablone Nummer 1, links unten) in die Profile der Bleiruten geschoben und zusätzlich mit dem Knauf des Bleimessers sanft hineingeklopft. Damit das Glas in dieser Position bleibt und sich nicht lockert, wird es mit Drahtstiften, die am Glasrand entlang und in die Arbeitsfläche genagelt werden, festgehalten. Auch das kleinste Stück Glas wird mit Hilfe dieser Drahtstifte festgehalten. Dann werden die Drahtstifte entfernt und die nächste Bleirute um den Glasteil herumgelegt, an den Enden mit dem Bleimesser abgeschnitten, so daß die Schnittlinie der Bleirute die des Glases fortsetzt. Drahtstifte verhindern wiederum, daß die einzelnen Teile locker werden. Nun werden abwechselnd Glasstücke und Bleiruten aneinandergefügt. Damit die Gläser zusammenhalten und das Fenster auch stabil genug wird, muß nicht nur immer nachgeklopft und mit Drahtstiften befestigt werden, sondern die Bleiruten müssen abwechselnd ineinandergesteckt werden, das heißt, daß eine Querlinie zum Beispiel aus einer durchlaufenden Bleirute, die nächste Querlinie aus unterbrochenen Bleiruten besteht. Wenn

das Motiv fertig zusammengesetzt ist, wird es, in unserem Fall, wieder von einer durchgehenden querlaufenden und einer durchgehenden senkrechten Bleirute abgeschlossen. An beide Bleiruten werden Gläser gesteckt, die nochmals mit Hilfe von Drahtstiften an das Werkstück gedrückt werden.

Nun werden alle Bleiruten mit dem Holzgriff des Bleimessers breitgestrichen. Alle Stellen, an denen sie sich überschneiden, werden flachgeklopft. An den Stellen, an denen sich zwei Bleiruten überschneiden, wird das Blei nun mit Zinn verlötet (man kann, um größere Festigkeit und gleichmäßige Farbe der Bleiruten zu erreichen, auch die Bleilinien durchgehend löten). Zu diesem Zwecke bestreicht man die Lötstellen mit Stearin, nimmt nun ein Stäbchen Zinn in die eine Hand und den – nicht zu heißen – Lötkolben in die andere, legt das eine Ende des Zinnstäbchens auf die Lötstelle und schmilzt es mit der Lötkolbenspitze. Achtung! Der Lötkolben kann rasch zu heiß werden, und ehe man sich's versieht, ist das Blei durchgeschmolzen. Löcher im Blei sind schwer zu flicken. Daher muß man vor dem Verlöten an einem Reststückchen Blei immer wieder versuchen, ob der Lötkolben nicht zu heiß ist (wenn das Blei unter ihm wegschmilzt); in diesem Fall zieht man vorübergehend den Stekker aus der Dose. Am Werkstück wird der heiße Lötkolben mit seiner flachen Seite an das Zinn gehalten und ein wenig angedrückt; wenn das Zinn geschmolzen ist, zieht man den Lötkolben nach oben weg. Wenn alle Bleirutenverbindungen verlötet sind, wischt man mit einem trockenen Lappen ab und nimmt das Werkstück aus dem Rahmen. Man dreht es um, denn jetzt kommt die zweite Seite dran. Der Vorgang ist derselbe wie zuvor: Bleiruten glattstreichen, Überschneidungsstellen flachklopfen, mit Stearin bestreichen, mit Zinn verlöten. Soll das bleiverglaste Fenster ein Außenfenster werden, wird vor dem Verstreichen der Bleiruten Kitt daruntergestrichen, dann hält das Fenster dicht. Zum Schluß säubert man beide Flächen, indem man sie mit trockenen, feinen Sägespänen abreibt und danach mit einem feinen Besen abkehrt.

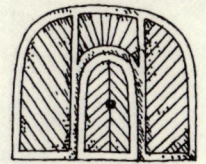

Türen

Gebäude haben Gesichter. Die Fenster sind die Augen, die Türen, Tore, Eingänge die Münder. Durch die Türe tretend, wechselt der Mensch vom Außenraum in den Innenraum, von der Natur, der gebauten Umwelt, in die persönliche Sphäre der im Haus Wohnenden. Die Geschichte der Hauseingänge ist viel älter als die der Fenster oder Dächer; Eingänge gab es schon, als die Menschen noch keine Hütten bauten, sondern in Höhlen wohnten. Versetzen wir uns einmal in die Steinzeit, und stellen wir uns vor, wie es damals war: Ein Mensch, ein Nomade, der im warmen Klima immer im Freien gelebt hat, sucht Schutz vor plötzlich auftretendem Wind und Regen. Er gerät in eine Höhle. Dort fühlt er sich wohl, dort ist er geschützt. Er begreift das räumlich begrenzte Drinnen im Unterschied zum Draußen. Wenn er wieder aus der Höhle hinausgeht, weil der Regen aufgehört hat, wird er zurückblicken, er wird sich die Form der Höhlenöffnung merken und mit ihr

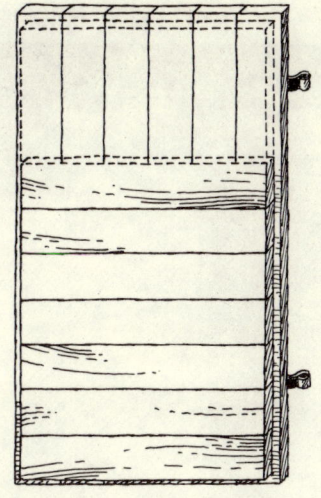

Ein Beispiel für eine einfache Türkonstruktion aus längs und quer genagelten Brettern.

Eintreten, Hinaustreten, Schutzfinden assoziieren. Die Öffnung im Fels, der Eingang zur Höhle, wird zum Zeichen für die Höhle selbst, verspricht dem

Menschen das, was die Höhle dann hält. Nach diesem Ereignis ist es vielleicht wochenlang schön, und der Mensch vergißt sein Höhlenerlebnis. Später, wenn es wieder regnet, erinnert er sich, er sucht eine Felsenöffnung und findet wieder eine Höhle dahinter. Er merkt, daß sich nicht hinter jeder Felsenöffnung eine Höhle befindet, andererseits, daß es Höhlen gibt, deren Zugänge beinahe unsichtbar sind, Zugänge, die man mit eigener Kraft aber vergrößern kann, Eingänge, die man sich selber schafft. Das Finden einer schützenden Höhle, das Geborgensein darin, das unbewußte Erleben des Zurückfindens in den schützenden Bauch der Mutter, die Befriedigung unserer Uterussehnsüchte – all das ist ohne die Mithilfe, ohne das Signal des Höhleneingangs nicht möglich. Die Erlebnisse dieser Steinzeitmenschen schaffen ihnen eine gemeinsame Sprache, in der Begriffe wie Geborgenheit, Drinnen und Draußen, Hineintreten, Hinaustreten, Familienleben und Nah-

Eingänge sind das funktionell wichtigste wie auch persönlichste Detail an der Außenfassade eines Hauses; sie sollten persönlich und liebevoll gestaltet sein. Schon der Eingang eines Hauses soll den Besucher darauf vorbereiten, was ihn dahinter erwartet; bei den modernen, gesichtslosen Fassaden und Türen wird ihm das

schwer gemacht. Stufen, tiefe Türbögen, Sitzbänke, Oleander neben dem Eingang (siehe Bilder nächste Seite) – all das schafft eine freundliche Atmosphäre, die zum Eintreten ladet. Auf den Bildern links und Mitte oben sieht man Beispiele der alten Türbögen, die alle dieselbe Art von Rundung besitzen. Nimmt

man die Hälfte der Höhe, setzt in dieser Höhe in der Mitte der Türhöhe einen imaginären Zirkel ein und zieht einen Kreis, so ergibt sich dieser organische Bogen. Die Unsitte, halbkreisförmige Bögen auf die Tür zu setzen, ergibt unorganische Bögen. Rechts ein besonders schönes Beispiel eines gotischen Torbogens.

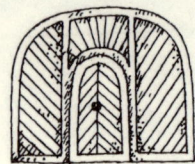

und die Schwellen hoch waren, mußte ein jeder gebückt durch die Türen treten, dadurch Unterwürfigkeit, Ehrfurcht vor den hinter der Tür Wohnenden zeigen. Keine Türkonstruktion in alten Häusern ist zufällig.

Jahrtausendlang traten nicht nur Menschen durch Türen und Tore in die Häuser, auch gute und böse Geister nahmen diesen Weg. Durch Sprüche oder Zeichen an den Türen versuchte man, sie freundlich zu stimmen. Noch heute ist es in katholischen Gegenden üblich, am Dreikönigstag die Türen mit den Initialen der drei Heiligen und der neuen Jahreszahl zu versehen.

Der Eingang, das Tor, die Türe – sie sind nicht irgendein Teil des Hauses, bei dem die Klingel funktionieren soll und die Angeln nicht quietschen, der nichts weiter sein soll als leicht abwaschbar und gut abdichtend. Sie sind einer der wichtigsten Teile des Hauses, für den, der das erstemal durch sie tritt wie für den, der durch sie tretend täglich sein Haus verläßt und wieder betritt. Heute, wo die Einheitstüre aus Furnierholz – in Luxusausführung – oder aus Preßglas-Preßholzkombination Büro wie Wohnung mit der Außenwelt verbindet, kann man ruhigen Gewissens von einer Verarmung der Wohnkultur sprechen. Da nützt die ganze teure gekaufte Einrichtung nichts. Wer seine intime, persönliche Wohnung durch die gleiche Türe verläßt, durch die er eine halbe Stunde später seinen unpersönlichen Arbeitsplatz betritt, hat das Wohnen verlernt.

Wie oft ist man schon vor einer Tür gestanden, herzklopfend, händeschwitzend, ist manchmal auch wieder umgekehrt? Die Angst vor dem Eintreten, vor dem, was sich hinter der verschlossenen Türe verbergen könnte, kennen beinahe alle Menschen. Einfühlsame Kulturen haben es den Menschen oft erleichtert, haben ihnen durch die Konstruktion der Hauseingänge geholfen, sich aufs Eintreten langsam vorzubereiten und die Schwellenangst zu überwinden. Die japanischen Engawas, unseren Veranden entsprechend, sind solche Wegbereiter zum Eintreten und Vorbereiter für das Hinaustreten. Der Vorbau, die Veranda, der hölzerne, über-

rungsbeschaffung, Weiblichkeit und Männlichkeit mit den Begriffen der Höhle und des Eingangs zur Höhle eng verknüpft sind.

Die primären Funktionen des Höhleneingangs sind Türen und Toren erhalten geblieben, in Palästen wie in Holzhütten verbinden und trennen sie das Drinnen vom Draußen. Diese Öffnungen machen es erst möglich, in eine Behausung zu gelangen. Man kann in einem fensterlosen Haus wohnen, ein Haus ohne

Eingang aber verliert seine Funktion und ist unbewohnbar.

So wie der Mensch mittels einer Treppenkonstruktion oder Treppenführung beeinflußt werden kann, indem man seine Blicke lenkt, seine Erwartungen steigert, seinen Aufstieg mühsam oder leicht gestaltet, kann er auch durch eine Türkonstruktion darauf vorbereitet werden, was ihn hinter der Tür erwarten könnte. In alten Bauernhäusern oder Klöstern, in denen die Türstöcke niedrig

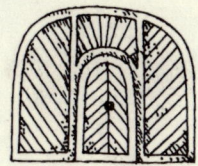

dachte Aufgang, die Steinstufen, das kleine Vordach – sie alle sind nicht nur Sonnenschutz, Windfang, Wintergarten, Regenschutz, sondern gleichzeitig auch Vermittler zwischen Drinnen und Draußen, sie leiten den Menschen sanft ins Freie und helfen ihm freundlich, den Weg ins Haus zu finden.

Ob der Eingang zum Drinnen oder Draußen gehört, darüber gehen die Meinungen in den verschiedenen Kulturräumen auseinander. Wenn sich in Amerika jemand in der Türe zeigt, bedeutet dies, daß er noch draußen steht, in Deutschland aber ist er schon eingetreten.

Türen verbinden und trennen nicht nur den Haus-Raum und die Außenwelt, sie trennen und verbinden auch die verschiedenen Bereiche innerhalb des Hauses. In nördlichen Gegenden werden wesentlich mehr Türen eingebaut als in südlichen. Unsere Wohnungen und Einfamilienhäuser bestehen aus vielen mit Türen versehenen Zimmerchen. Die vielen Türen, die vielen abschließbaren Räume in einer Wohnung oder einem Haus haben ihren Hintergrund in der Kultur des jeweiligen Raumes. Menschen in den kälteren Gegenden Europas, besonders in Deutschland, wollen ihren privaten Bereich. Sie sind anders veranlagt als Menschen aus dem Süden, die oft die Fähigkeit besitzen, mehrere Dinge gleichzeitig zu tun – und auch zu Ende zu bringen. Mittel- und Nordeuropäer neigen dazu, das für chaotisch zu halten. Sie arbeiten lieber konzentriert an einem Projekt und ziehen sich dazu gern in abschließbare Räume zurück. So veranlagte Menschen fühlen sich durch das Weglassen von Türen, durch Einraum-Wohnungen bedroht. Den Begriff der „Privatheit" in diesem Sinne kennen z. B. Japaner nicht; ein durch japanische Wohnkultur beeinflußtes Haus, innen türlos, offen, setzt auch eine entsprechende Einstellung zum Leben, Wohnen, Arbeiten voraus. Das Alleinseinwollen, das auch in unserem Kulturkreis in der Architektur leider immer mehr verbreitet wird – jedem Kind sein eigenes Zimmer –, gibt es im Süden auch nur in einer Form, die sich architektonisch nicht manifestiert; Araber zum Beispiel verstehen unter Alleinsein

Türschnapper zum Selbermachen: Alle Teile werden aus 20–30 mm dickem Fichtenholz ausgesägt und geglättet. Am Türstock wird innen ein hakenförmiges Stück Holz angebracht, in dem der Schnapper einrastet. Dieser ist von außen durch einen Drehgriff beweglich, der durch einen Zapfen mit dem Schnapper verbunden ist. Durch Drehen hebt oder senkt sich der Schnapper; damit er sich nicht überdrehen läßt, steckt er in einem Bogen. An der Tür wird ein zusätzlicher Holzgriff angebracht, damit man sie besser an sich ziehen kann.

Unten: Ein Türriegel mit Verzahnung. Der Schlüssel besteht aus einem an einem Ende zum Bogen geklopften Stück Rundeisen (aus der Eisenwarenhandlung), das am anderen Ende 1,5 cm tief mit der Eisensäge gespalten wurde. In diesem Ende steckt ein Stück Scheibenwischer als „Bart", durch einen kurzen Nagel mit dem Rundeisen beweglich verbunden. Der Schlüssel wird mit dem „Bart" voran so in das (außen durch ein kleines Holzstück verdeckte) Schlüsselloch gesteckt, bis der Bart aus der Waagrechten in die Senkrechte klappt und in der Verzahnung des Riegels einrastet. Wenn man den Schlüssel dreht, wird der Riegel bewegt; an der Unterseite wurden zwei hölzerne Stopper befestigt, damit der Riegel nur begrenzten Spielraum hat.

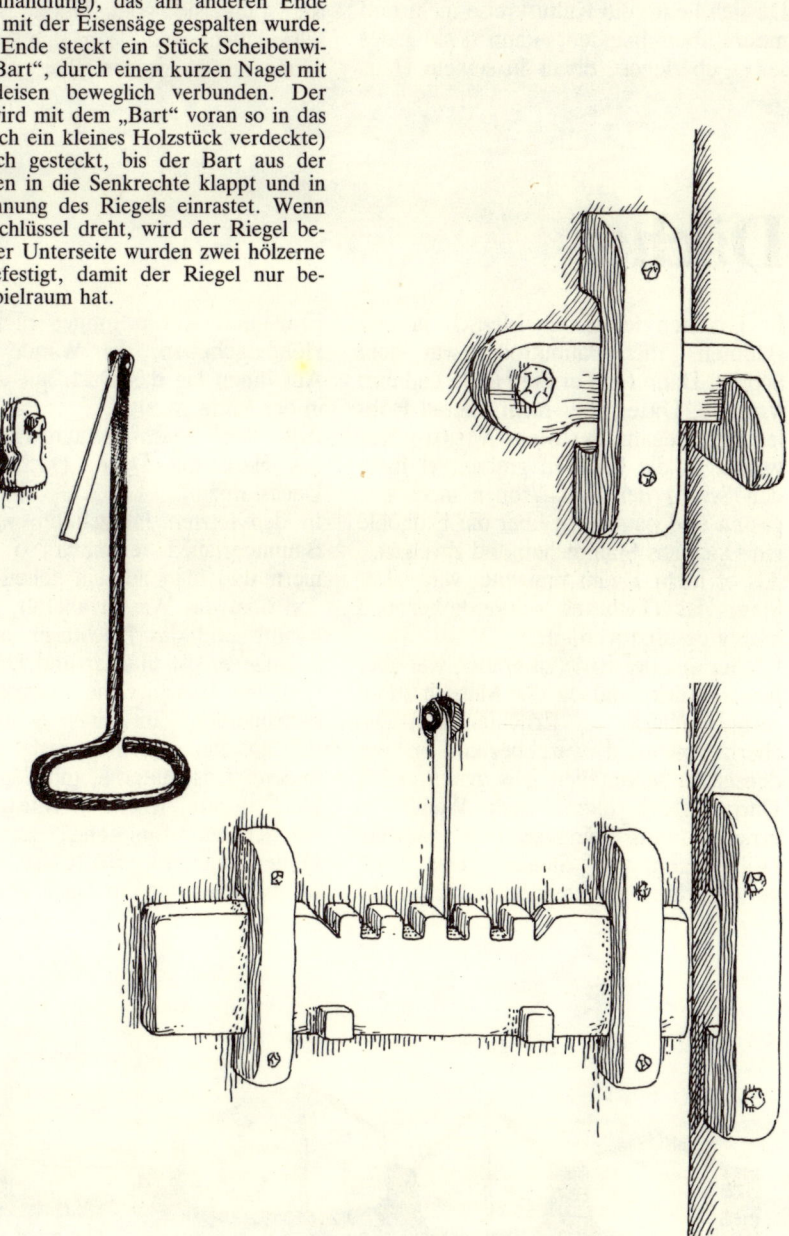

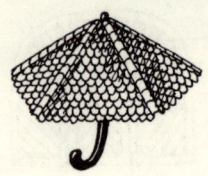

nicht die räumliche oder körperliche Trennung von den anderen, sondern nur die Unterbrechung des verbalen Kontakts. So kann der Araber in einer Gesellschaft vieler Menschen, in seiner Familie, ganz abschalten und dadurch allein sein. In der Architektur gilt seine Vorliebe daher den Eingangstüren, sie sind mit Silber beschlagen, geschmückt und geschnitzt, denn sie sind wichtig. Im Haus selbst kann er auf Türen verzichten.

Da sich heute die Kulturkreise mehr und mehr überschneiden, kann sich jeder selbst überlegen, ob er in seinem Haus überhaupt Türen anbringt und wenn ja, wo. Zu viele Türen verteuern ja auch den Innenausbau, und der Selberbauer vertut viel Zeit damit; in manchen Fällen ist es besser und einfallsreicher, zwei Räume zum Beispiel durch einen in den Türstock gehängten Teppich oder ähnliches zu trennen.

Der Eingangstüre, dem Tor aber sollten Zeit und Liebe gewidmet werden. Denn sie sagt dem Besucher, wer hinter ihr lebt! Weil die Eingangstür so persönlich ist, sollte sie vom Handwerker oder selbstgebaut sein. Wer sich ans Selberbauen einer ganzen Tür nicht wagt, kann zumindest den Türgriff, aber auch das Türschloß und den Schlüssel dazu selber machen. Dabei handelt es sich nicht um ein Schloß aus der Schlosserei, wie es bei uns üblich ist, sondern um einen Mechanismus, wie er jahrhundertelang in Block-Bauernhäusern verwendet wurde. Dieser Mechanismus kann aus Holz selber gebaut und individuell abgeändert werden, er ist völlig einbruchssicher und wird für jeden Gast, der ihn begutachten darf, eine interessante Neuentdeckung sein. Es gibt ihn beinahe nirgends noch, obwohl nichts gegen ihn spricht.

Dächer

In Urzeiten lebte der Mensch in den Bäumen, die Baumkrone war sein Schutz. Dann fand er die Höhle und ihre Vorteile. Da es aber nicht überall Höhlen gab, begann der Mensch, sich selber welche in die Erde zu graben; er hatte den Schutz der Baumkronen nicht vergessen und baute sich über die Erdhöhle ein Dach aus Stämmchen und Zweigen.

Als er mehr Raum brauchte, vergrößerte er das Dach; es wurde höher und mußte gestützt werden.

Löcher aus der Erde zu graben war aber beschwerlich, und da der Mensch schon recht geschickt im Errichten von Dächern geworden war, begann er, aus denselben Materialien, aus denen er das Dach gebaut hatte, auch Wände zu errichten: aus Stämmen und Zweigen, Holzstangen und Steinen. Das Dach verlor seinen direkten Kontakt mit der Erde und wurde immer mehr in die Höhe gehoben, die Wände wuchsen. Auf ihnen lag das Dach auf und wurde in der Mitte gestützt.

Aus dem Dach-Einraum-Haus wurde das Haus mit Dach, Dachboden und Dachstuhl.

In den letzten Jahrzehnten wurden die Baumaterialien technisch so perfektioniert, daß man auf ein geneigtes Dach, von dem das Wasser abläuft, verzichten konnte und das Flachdach entwickelte. Solange es die Häuser und Dächer gibt, bestehen verschiedene Dachformen nebeneinander. Zur reinen Schutzfunktion der Dächer gesellten sich bald auch andere: Das Material, mit dem man das Dach deckte, wurde in Mustern gelegt, Dächer um funktionell unnotwendige Dimensionen vergrößert: das Dach wurde mehr als nur ein Dach überm Kopf.

Die Entwicklung der Dächer ging in zwei Richtungen: einerseits ist es die, die sich in der Liebe zum Dach ausdrückt, zu seiner Schönheit, zur Dominanz der Dachform über die Hausform. Im anderen Fall entwickelten sich Dächer gemeinsam mit der technischen Perfektionierung der Dachmaterialien auf Mindestmaße zurück. Geblieben ist bis heute die Verbindung von Deckmaterial und Dachform; weiche Deckungsmaterialien wie Schilf, Stroh, Gras, Holz brauchen steile, zumindest stärker geneigte Dächer, harte Deckungsmaterialien wie alle industriell hergestellten Ton-, Zement-, Asbest-, Metallverbindungen und Natursteine decken das Flachdach, das flach geneigte und auch das steile Dach ein. Das mit Pflanzenfasern oder Schindeln gedeckte Dach muß steil sein, damit Regenwasser und

Links oben: Große Dächer erinnern unbewußt an Urzeiten, in denen der Mensch noch in Erdhöhlen lebte. Ein großes Dach ist heute funktionell nicht mehr nötig, wer aber eines sein eigen nennen kann, darf es nicht nur in seiner Schönheit von außen genießen, sondern kann auch von den Vorteilen eines gemütlichen, ausgebauten Dachbodens profitieren. Rechts oben: An diesem Schieferdach, das eine alte Kirche deckt, ist außer dem Material besonders die Kombination der verschiedenen Flächen und Winkel reizvoll. Links unten: Ein Bauernhaus, mit geschnittenen Brettern gedeckt.
Rechts unten: Ob einst oder jetzt – bei Nebengebäuden wagte man sich eher an ungewöhnliche Formen. Diese Dachform hat ihre Funktion: an der Seite des längeren Daches befindet sich ein Teich; das vom tiefen Dach ablaufende Regenwasser wird also direkt dort hineingeleitet.

Schnee keinen Schaden anrichten. Steile Dächer sind auch heute noch weniger reparaturanfällig als flachgeneigte. Wer mit Pflanzenfasern oder Holzschindeln deckt, wird eine traditionelle oder auch unkonventionelle, steiler geneigte Dachform wählen. Wer aber industriell erzeugte, harte Deckungsmaterialien verwendet, kann damit eindecken, was er will: ein Satteldach, wie es irgendeine Bauordnung vorschreibt, ein Halbwalmdach, weil es der nächste Bauer auch so hat, ein bizarres Mischformendach, wie es im letzten Bausparkassenkatalog abgebildet war, und so weiter. Für den Selberbauer sind beim Hausbau überhaupt, beim Dach jedoch besonders, materialbedingte Richtlinien ein Segen; daher sollte er sein Häuschen mit Brettern, Schindeln, Schilf oder Stroh dek-

ken, eine Hütte, die nicht ewig zu halten braucht, mit Dachpappe oder Grasziegeln.

Flachdächer sind eine Herausforderung für den kreativen Selberbauer, denn sie sollen grünen und leben und dadurch Freude bereiten. Entweder mit Naturmaterialien alte Dächer renovieren, neue bauen oder die Dächer einfach weglassen! Wer sich für diese Möglichkeiten entscheidet, wird ein schönes Dach sein eigen nennen.

Im Steildach-Haus lebt es sich anders als im Flachdach-Haus. Im ersten sollte man unter dem Dach leben, unter den schrägen Wänden, den sichtbaren Sparren, in Nischen und über Leitern in Nischen kletternd; im zweiten am besten auf dem Dach selbst. Wer der Entwicklung so weit gefolgt ist, daß er sich schon so weit von der Natur entfernt hat, daß er die Natur wieder auf sein eigenes

Dach bringt, der ist ihr wieder nahegekommen. Dächer sollen leben, das tun alle Dächer, die mit Naturmaterialien gedeckt sind, ob es nun Schindeln oder Blumen sind. Solche Dächer wechseln ihre Farbe mit dem Älterwerden und mit den Jahreszeiten. Der kreative Selberbauer bringt Leben auf sein Dach!

Womit und wie man Dächer eindecken kann
Dächer ganz aus Holz
Dächer aus Brettern, Stämmen und Pfosten

Aus welchem Material auch immer ein Haus gebaut ist, der Dachstuhl ist immer aus Holz. Wer gleich unter dem Dach wohnen möchte, ummantelt den Dachstuhl mit einer auf Dachlatten genagelten und auf Stoß gelegten Bretterverschalung, über der dann isoliert und eingelattet wird. Wird eine Bretterschalung doppelt gemacht, so kann sie allein schon das Dach bilden, die Bretter der oben liegenden Schicht müssen nur jeweils über die Fugen der darunter liegenden genagelt werden. Ein solches Dach ist keine Patentlösung für ein Wohnhaus, wenn eine Lage Teerpappe zwischen die zwei Bretterschichten gelegt wird, genügt sie jedoch durchaus, um ein Wochenendhäuschen zu schützen. Umgekehrt kann man auch auf eine einfache Brettereinschalung Teerpappe legen, die man mit Steinen beschwert, an den Giebeln umbiegt und an die Schalungsunterseite nagelt. Bilden die Bretter die obere Dachschicht, so sollten sie so angebracht werden, daß der Regen gut abrinnen und der Schnee gut abrutschen kann, daß Wind und Kälte nicht durchs Dach pfeifen. Profilbretter mit trapezförmiger Nut, wie sie auch gerne in Naßräumen verwendet werden, sind auch für Wohnhäuser eine gute Dacheindeckung. Es müssen auch nicht immer teure Bretter sein, mit denen ein Dach gedeckt wird. Tangential angeschnittene Rundlinge, die mit der runden Seite nach oben über die Bretterschalung gelegt werden, lassen das Wasser gut abrinnen.

An alten Blockbauten kann man die Eindeckungsart bewundern, die auf der oben links abgebildeten Zeichnung zu

sehen ist, heute wohl für Selberbauer zu teuer käme, da die Pfosten mit der Hacke behauen sind.

Alle Dacheindeckungen mit langen Brettern oder anderen größeren Holzteilen haben den Vorteil, daß sie in kurzer Zeit und einfach gemacht werden können. Bretter und Rundhölzer können am Boden in der Giebellänge vorgeschnitten werden: am First soll jedoch, wie bei jeder Dacheindeckung, entlang der Firstlinie ein zusätzlicher Schutz angebracht werden.

Rindendächer

Auf eine urige Hütte im Wald, am Waldrand oder auch auf ein Nebengebäude aus Holz, auf eine Almhütte oder eine Hundehütte gehört ein Rindendach. Es kostet wenig, man bezahlt nur die Bretterschalung oder die Teerpappe, die Rinde gibt es umsonst. Wer auf sein Hüttchen einen Dachstuhl aus Waldstangen baut und noch mit Dürrlingen einlattet, baut überhaupt ein Gratis-Dach. Einst wichtiger Rohstoff für die Gerberei, hat die Rinde heute ihre wirtschaftliche Funktion eingebüßt, weil niemand mehr damit gerbt. Fichtenrinde eignet sich sehr gut als Eindeckungsmaterial, auch mit Birkenrinde gedeckte Hütten halten einige Winter dicht. Der zu deckende Dachstuhl wird mit geschnittenen Latten, alten Abfallholzlatten, Resten oder auch Dürrlingen, Ästen und Zweigen eingelattet; darüber kommt eine Lage Teerpappe. Darauf werden die Rinden in zwei Schichten gelegt, damit das Regenwasser nicht durchsickern kann, und mit Steinen beschwert; man kann Rinde auch mit Haselnußruten direkt auf die Lattung binden. Rinden zu nageln ist überflüssig.

Für die Haltbarkeit des Rindendaches ist die Qualität der Rinde maßgebend; es muß Rinde sein, die im Frühjahr, am besten im Mai, von frisch umgeschnittenen Bäumen abgeschält worden ist, da sich die Rinde nur dann glatt und mühelos entfernen läßt, nicht rissig oder gar löchrig ist.

Mit geschnittenen oder gesägten Brettern decken

Wer das Dach seines Wohnhauses mit Holz eindecken möchte und zuwenig

Zeit hat, ein paar Wochen mit Schindel-spalten zu verbringen, wer sich – unberechtigterweise – nicht so recht ans Eindecken mit Schindeln oder Brettern wagt, dem bleibt die Möglichkeit, sein Dach mit im Sägewerk geschnittenen Brettern zu decken. Lärchenbretter sind in diesem Fall den Fichtenbrettern vorzuziehen, da sie eine längere Lebensdauer haben. Geschnittene Bretter aus kanadischer Zeder kommen bei uns immer mehr in Mode, sie halten ebenso gut wie die Bretter der einheimischen Lärchen. Ein mit geschnittenen Lärchenbrettern gedecktes Dach hält vierzig Jahre, ein Fichtenbretterdach wird wohl nach fünfundzwanzig Jahren erneuert werden müssen, wobei die Wetterseite eines Daches bei allen Eindeckungen mit Naturmaterialien und besonders mit Holz wesentlich früher reparaturbedürftig wird als die vom Wetter abgewandte Seite.

Hat ein Dach aus geschnittenen Brettern nur die Hälfte der Lebensdauer eines Daches, das aus gespaltenen Schindeln oder Brettern besteht, so kostet es auch um die Hälfte weniger. Das gehobelte, geschnittene Brett ist in seiner Haltbarkeit dem gespaltenen oder der Schindel gegenüber im Nachteil, weil die Holzfaser ohne Rücksicht auf ihren natürlichen Verlauf angeschnitten und somit verletzt wird und das Brett porös und gegen Witterungseinflüsse, vor allem Feuchtigkeit, anfälliger wird. Das mit der Faser abgespaltene Brett oder die Schindel hingegen wird weniger porös. Geschnittene Bretter sind dicker als gespaltene oder Schindeln, Nischen und Rundungen können mit geschnittenen Brettern daher nicht so schön nachgeformt werden. Bevor man das Dach deckt, sollten die Bretter mit Leinölfirnis oder einem anderen farblosen Imprägniermittel behandelt werden. Man stellt ein Faß bereit, das damit gefüllt ist, und taucht die Bretter jeweils vor ihrer Verwendung ein.

Mit geschnittenen Brettern kann man decken, wie es einem gefällt. 2 m lange Bretter können so gedeckt werden, daß eine Bretterlage die darunterliegende immer 1 m überdeckt. Damit auch die erste, unterste Bretterlage doppelt wird, wird sie mit einer Reihe von etwas über

1 m langen Brettern eingedeckt. Die Bretterreihen werden nicht parallel zueinander genagelt, sondern leicht schräg, einmal nach rechts, einmal nach links versetzt, wobei darauf geachtet wird, daß über die Fugen zwischen den darunterliegenden Brettern immer ein Brett kommt. Die Nägel müssen durch zwei Bretter durch in die Dachlatten gehen und dürfen daher nicht zu kurz sein. Die Dacheinlattung entspricht, wie bei allen Dacheindeckungen, der Länge bzw. Größe des Eindeckungsmaterials. 2 m lange Bretter werden durch die darunterliegenden Bretter auf Dachlatten genagelt, die jeweils einen Meter voneinander entfernt am Dachstuhl oder auf einer Schalung angebracht sind. Ein 2 m langes, 20 mm starkes Brett sollte durch das darunterliegende ein- bis zweimal an der oberen Kante in die Lattung genagelt werden. Wer billigere oder alte, daher verschieden breite Bretter verwendet, wird die Fugen der darunterliegenden Bretter nicht immer verdecken können. In diesem Fall sollte zwischen die zwei Bretterschichten in der Breite, die jeweils überdeckt wird, eine Lage Dachpappe, besser eine bituminierte Alufolie, gelegt werden. Dann wird es nie durchs Dach regnen. Am besten nimmt man übrigens Bretter mit stehenden Jahresringen, damit sie sich nicht wölben.

Das Schindel- oder Bretterdach

Schindeln spalten („klieben")

Mit einem Lächeln geht der alte Schindelmeister an den Getreidekästen vorbei, die nicht er, sondern einer, der es von ihm abgeschaut hat, eingedeckt hat. Da hat er allerhand auszusetzen: Die Schindeln sind zu breit und zu kurz, zu dick und zu unregelmäßig gedeckt. Es stimmt, seine Dächer tragen sein unsichtbares Markenzeichen, er macht seine kleinen Spielereien am Giebel und am First, er macht die elegantesten Schindeldächer, die man sich vorstellen kann. Seitdem der Volkskundeprofessor ein paar Häuser im Freilichtmuseum mit geschnittenen Brettern hat eindecken lassen, ihn sogar noch eingeladen hat, sie zu decken, arbeitet er lieber in Eigenregie. Geschnittene Bretter, das kommt für ihn nicht in Frage. Er ist achtundsiebzig und klettert auf jedes Dach, an Regentagen und im Winter macht er die Schindeln, geht zwischendurch auf Holzeinkauf, und wenn er mal was anderes machen möchte, dann baut er Fässer. „Der Unterschied zwischen einem Faßbinder und einem Dachdecker ist der, daß es bei der Arbeit des einen nicht hinausrinnen darf und bei der Arbeit des anderen nicht hinein", pflegt er zu sagen und freut sich, daß er

beide Berufe ausüben kann. Bevor er zu alt wird und sie verwechselt, meint er, wolle er doch lieber gern erzählen, wie man Schindeln und Bretter spaltet und deckt, und worauf es dabei besonders ankommt. Noch ist der alte Schindelmeister ein Geheimtip, und wenn er weitermacht wie bisher, wird er seine Witze am Dachfirst auch noch in fünf Jahren machen. Mit ihm zu arbeiten macht Spaß, und für seine Arbeit berechnet er sehr christliche Preise. Aber wenn es Leute wie ihn nicht mehr gibt, wenn Schindelerzeugung und Dacheindeckung von Firmen gemacht werden, dann wird ein Schindeldach sündteuer sein. Man mache sich daher schon rechtzeitig ein wenig mit dem System vertraut.

Ein Schindel- oder gespaltenes Bretterdach ist wie ein Federkleid; organisch liegen die dünnen Holzteilchen übereinander und leiten das Wasser ab. Zwischen den hölzernen Federn ist Luft, das Dach atmet, gleicht Temperaturschwankungen aus. An der wetterabgewandten Seite hält ein Schindeldach siebzig Jahre. Im Gegensatz zu einem Dach aus geschnittenen Brettern soll es nicht imprägniert werden. Zwei Jahre, nachdem es gedeckt wurde, glänzt es silbrig und wird diesen Glanz erst verlieren, wenn sich Moos auf ihm festsetzt.

Schindeln und Bretter spalten und ein Dach damit decken kann man lernen. Wer diese Art der Dacheindeckung beherrscht, kann jedes andere Dach mit jedem anderen Material spielend eindecken. Anfänger beginnen einmal mit einem im Wald zurückgelassenen kernfaulen Lärchenblock und decken mit den daraus gespaltenen Schindeln die Hundehütte.

Zum Schindelspalten braucht man einen Holzschlegel, eine Axt, ein Schindelmesser und einen Schraubstock oder eine Hobelbank, worin man die Holzstücke festhalten kann. Der Holzschlegel sollte aus Esche, auch Eiche, jedenfalls aus einem astigen Stück zähen Hartholzes sein, seine Verwendung wird sich auch bei anderen Arbeiten, zum Beispiel beim Zaunmachen, wo man Holzpfähle in die Erde rammen muß, bewähren. Schindelmesser gibt es in Eisenwarenhandlungen zu kaufen.

Schindeln oder Bretter spaltet man aus Lärche oder Fichte, Kiefern sind ungeeignet, weil sie zu harzreich sind. Gespaltenes Kiefernholz ergibt Kienspäne. Ob sich aus einem Stamm Schindeln oder Bretter spalten lassen, sieht man erst, wenn man es probiert hat; manche Bäume sind ungeeignet dazu, an anderen wieder lösen sich die radial gespaltenen Schindeln nicht gut ab, wohl aber tangential gespaltene Bretter. Die beste Qualität haben Schindeln aus astreiner Fichte oder Lärche. Die Fichte ist dann ein Schindelbaum, wenn sie stark, gerade gewachsen und hoch hinauf astrein ist. Bei Lärchen ist es einfacher, Erdstämme von Lärchen eignen sich meist gut, auch wenn sie kernfaul sind; diese Stücke kann man dann auch umsonst bekommen. Spaltet man einen Lärchen- oder Fichtenstamm auf, so wird der Kern ohnehin als Abfall entfernt. Bei Fichten wird auch noch der Splint (die weiche Holzschicht unter der Rinde) mitgespalten, bei Lärchen aber eigens abgespalten; daraus werden Schindeln minderer Qualität erzeugt, die sich jedoch für Außenwände und für die Gestaltung von Innenwänden eignen. Schindeln oder Bretter werden so lang, wie der Stamm ist, von dem sie abge-

spalten wurden. Man sollte sich daher auf eine Stammlänge festlegen; um ca. 50 cm ist eine gute Länge für den Anfänger.

Der Schindelmeister nimmt es genauer. Er spaltet einen 42 cm langen Lärchenstamm (42 cm ist die Norm für Lärchenschindeln) mit zwei Äxten und einem Holzschlegel auseinander. Der Schindelmeister arbeitet in der Standardlänge von 42 cm (Lärche), weil er die Schindeln auch bündelweise an Privatleute verkauft und ein professioneller Dachdecker dann gleich weiß, wie er die Dachlattung anbringt. Andere genormte Schindellängen sind 97 cm (Fichte). Wer für sich selber Schindeln macht, braucht sich nicht an diese Normen zu halten; es ist nur zu beachten, daß eine 50 cm lange Schindel eine Lattung braucht, die in Abständen von 25 cm angebracht ist.

Der Schindelmeister spaltet nun den Kern und den Splint ab und versucht, ob sich besser radiale Schindeln oder tangentiale Bretter abspalten lassen. Bei Lärchen weiß man das von vornherein nie, bei einer schönen, astreinen Fichte hingegen lassen sich fast immer Schindeln spalten. Bretter sind dicker als Schindeln, sie sollten 1 cm dick und

Schindelerzeugung: Links oben: Ein 42 cm langer Lärchenbloch wird mit zwei Äxten und einem Holzschlegel auseinandergetrieben. Der Holzschlegel besteht aus Hartholz, am besten aus Esche. Rechts oben: Man spaltet den Kern ab, er ist ungeeignetes Material; deswegen können auch kernfaule Lärchen zum Schindelerzeugen verwendet werden. Dann spaltet man den Splint ab, aus dem minderwertige Schindeln gemacht werden. Radial werden Schindeln, tangential Bretter abgespalten, es läßt sich erst durch Ausprobieren feststellen, was besser geht. Links und Mitte unten: Der abgespaltene, von Kern und Splint befreite Stammteil wird so lange in kleinere Teile gespalten, wie es mit der Axt geht. Dann spannt man Brett oder Schindel in einen Schraubstock und spaltet mit dem Schindelmesser weiter, Bretter 1 cm, Schindeln ½ cm dick. Rechts unten: Im Reifstuhl werden die Schindeln oder Bretter mit dem Reifmesser an einem Ende glatt abgeschrägt und die Oberfläche nachgeglättet. Konisch zulaufende Bretter schneidet man gerade.

verwendeten Schindeln sind 70 bis 120 cm, meist 80 cm lang, 20 bis 25 cm breit und 1½ cm dick. Die Dachlatten werden auf dem Dachstuhl mit Holznägeln festgehalten und sind in einem den Schindeln entsprechenden Abstand befestigt. Darüber werden die Schindeln so gelegt, daß sie ⅔ bis ¼ der darunterliegenden überdecken. Damit der Wind dem Dach keinen Schaden antun kann, wird es mit Steinen beschwert, die auf quer über die Schindeln gelegten Schwerstangen aufliegen. Diese wiederum liegen auf Hängeschindeln auf, Schindeln, die in Abständen von ca. 2 m an den Dachlatten befestigt sind und die oben einen zum Befestigen der Schwerstangen dienenden Zapfen tragen.

Ein Legschindeldach wurde ständig kontrolliert und alle paar Jahre umgedeckt.

Nagel- oder Scharschindeldächer

Ein Legschindeldach zu decken und zu erhalten ist mühsam, außerdem braucht ein solches Dach dauernde Pflege, setzt das Vorhandensein eines flach geneigten Daches voraus und sollte vom ästhetischen Gesichtspunkt aus nur dort, wo es traditionell zu Hause ist, erhalten werden. Mit den genagelten Schindeldächern verhält es sich anders, sie können auch auf neuen Bauten gedeckt werden. Scharschindeln sind 40–60 cm lang, 10–15 cm breit und 1 cm dick. Sie werden drei- oder vierlagig, in Richtung von der Traufe hin zum First auf die Lattung oder auf die Schalung genagelt. Scharschindeln können auch im Fischgrätmuster gedeckt werden, in der Steiermark nennt man ein solches Dach „Schieferdach". In der Steiermark und in Kärnten ist auch das Spanschindeldach beheimatet; dessen Schindeln sind 97 cm lang und werden sehr dicht und seitlich überdeckend aneinandergelegt. Diese Art der Dacheindeckung wird ausführlich im Kapitel „Wir bauen ein Blockhaus" beschrieben.

Strohdächer

Das in Europa verbreitete Urdach war ein steiles, strohgedecktes Walmdach; es hielt sich in den verschiedensten Gegenden, solange die Bauern Getreide und Feldfrüchte anbauten. Mit dem Be-

8–15 cm breit sein, Schindeln ½ cm dick und 8–10 cm breit. Beide sollten gerade und nicht konisch zulaufend sein; gerät ein Brett konisch, so wird es später zugeschnitten.

Die Lärche, die der Schindelmeister spaltet, ist noch nicht trocken. Sie wurde zwar im Winter gefällt, blieb aber in der Rinde liegen, um nicht auszutrocknen. Trockenes Holz läßt sich schwer spalten; auch beim Eindecken müssen Bretter und Schindeln naß sein, man legt sie am Tag vor dem Decken in Wasser.

Nun wird der Stamm in Viertel und dann in weitere Stücke, 8 pro Viertel, gespalten. Der Schindelmeister steckt jedes Stück in einen Schraubstock, setzt das Schindelmesser an der Stirnseite des Holzstückes an, bewegt es ein wenig hin und her, bis es tief zwischen die Holzfasern gleitet und das Holzstück sich wie von selbst auseinanderspaltet. Die zwei entstandenen Stücke werden nochmals gespalten und nochmals, bis sie ½ cm dünn sind. Hat er genügend Schindeln

gespalten, glättet er sie von vorstehenden Holzfasern und rundet sie an dem Ende, das beim Decken nach unten zu liegen kommt, ab, so daß der Regen noch leichter abrinnen kann.

Schindeln werden in Bündeln aufbewahrt; jeder, der ein Schindeldach über dem Kopf hat, sollte immer ein Bündel Schindeln in Reserve haben. Die Bündel sollten alle ziemlich gleich groß sein, so daß man aus der Erfahrung weiß, welche Fläche man damit eindecken kann. 42 cm lange Lärchenschindeln, 1 m breit nebeneinandergelegt und in 16 Reihen angeordnet, ergeben 1 m². Diese Schindelmenge wird gebündelt und mit einem dünnen Draht zusammengehalten. Die breiteren Lärchenbretter ergeben, 1 m breit in 8 Lagen aufgelegt, 1 m² gedeckte Fläche.

Schindeldächer in den Alpenländern
Das Legschindeldach

Alpine, flach geneigte Dächer wurden mit Legschindeln gedeckt. Die dafür

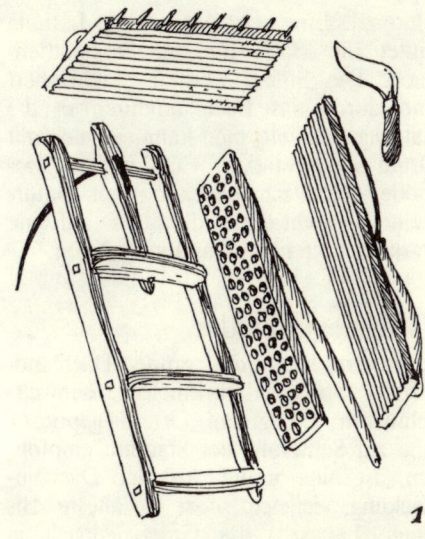

Wie man ein Strohdach deckt

1. Werkzeuge: Deckstuhl, Deckmesser und diverse Klopfbretter.

Man beginnt am unteren Ende des Daches und deckt die Dachfläche in mehreren Streifen. Die Decker stehen auf dem „Standbaum" und legen die einzelnen Stroh- oder Schilfbündel mit den Spitzen nach unten nebeneinander (2). Die nächsten Reihen werden stufenförmig übereinandergelegt (3) und die aufgebundenen Schilf- oder Strohbündel mit dem Deckscheit von unten her in die Ebene gestoßen (4). Anschließend wird das Rohr mit Hilfe der Deckernadel an den Holzlatten mit Draht festgebunden (5). Danach wird die Oberfläche mit der „Bürste", einer gezähnten Holzplatte mit Griff, geglättet (6). Den giebelseitigen Abschluß des Daches bilden entweder der gestufte „Katzensteg" oder zwei Holzlatten (7). Am First werden die gegenüberliegenden Schilfspitzen bündelweise miteinander verschlungen. Häufig schließt ein dickeres Schilfbündel mit besonders schönen Spitzen den Giebel ab (8).

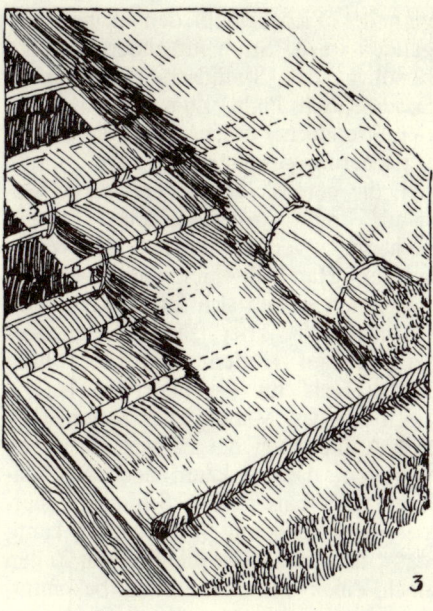

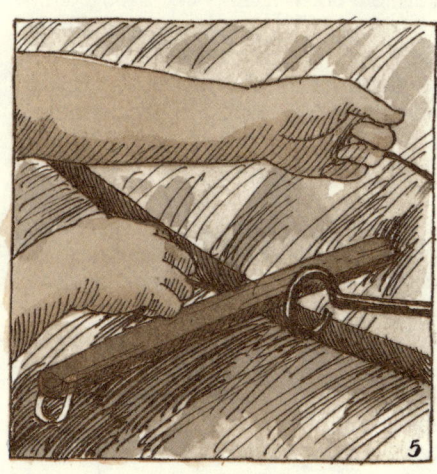

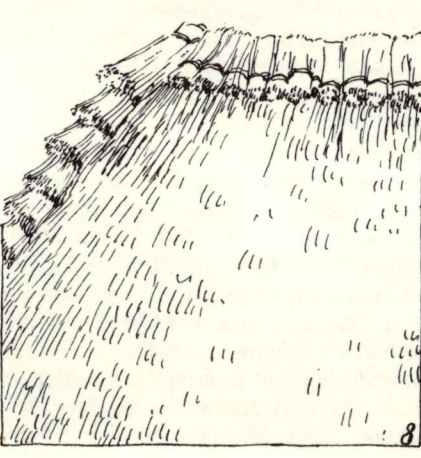

ginn der Viehzucht in den alpinen Gegenden wurde Stroh für andere Zwecke benötigt, das Strohdach machte dem Schindeldach Platz. Zum Verschwinden der Strohdächer trugen auch die Feuerversicherungsgesellschaften das Ihrige bei, die bereits vor hundert Jahren Gebäude mit strohgedeckten Dächern nicht mehr versicherten und den Wechsel zum Hartdach forcierten. In alpinen Gegenden hielten sich Strohdächer noch bis in die Nachkriegsjahre auf Nebengebäuden, auf Hütten, deren Bewohner weder Geld für die Feuerversicherung noch für den Mähdrescher hatten; dessen Aufkommen hat nämlich dazu beigetragen, daß es kaum noch Strohdächer gibt. Unser alter Schindelmeister, der auch noch mit Stroh decken kann, dafür aber nur mehr alle heiligen Zeiten noch einen Museumsauftrag bekommt, erzählt, daß in seiner Kindheit in Ostkärnten noch recht viele strohgedeckte Gebäude herumstanden, deren Dächer nicht mehr durch andere ersetzt wurden, sondern die man gleich zusammenfallen ließ. Im Gegensatz zu Schindeln ist Stroh ja ein Material, das sich zum Füttern der Tiere besser eignet als zum Dachdecken. Der Schindelmeister erzählte von Dächern, die nach einem langen Winter langsam abgetragen und den Tieren verfüttert wurden, weil das Futter nicht ausreichte. Mußte das Gebäude aber weiterhin der Unterkunft von Tier und Mensch dienen, deckte man die Löcher mit Schindeln. So kam es zu den geflickten Dächern, die, halb Stroh, halb Schindeln, heute noch auf alten Photographien zu bewundern sind und so romantisch anmuten.

Der alte Meister verwendete früher zum Decken Sommerroggen oder Sommerweizen, handgedroschen. Die Bündel band er mit Birken- oder Haselnußruten an den Latten fest. In Firstnähe und an der Traufe wurden noch zusätzliche Befestigungen mit geflochtenen Ruten angebracht. So wie im Mittel- und Ostalpenraum die Kunst des Schindeldeckens zu Hause ist, so haben die Angelsachsen in ihrem Siedlungsraum die Kunst des Strohdachdeckens entwickelt. Riesige Strohdächer mit kunstvoll geflochtenem Firstteil unterscheiden sich in ihrer Perfektion nicht von Dächern aus Samoa oder Mexiko. Das steile Strohdach, das sich aus dem mit Zweigen und Gräsern gedeckten Dachhaus der Steinzeit entwickelt hat, ist über die ganze Welt verbreitet und erinnert an Zeiten, in denen zwischen den Menschen noch wenig Unterschiede bestanden. Ob die weltweite Verbreitung des Welleternitdaches heute allerdings zur Beseitigung krasser Unterschiede zwischen den Menschen in England, Rumänien, Tansania und Samoa führen wird, muß in Frage gestellt werden.

Aus Stroh, Schilf und Farnen, Maisblättern, Gräsern, können wasserundurchlässige, gut isolierende und vor allem gemütliche Dächer gemacht werden. Die Lebensdauer solcher Dächer ist je nach dem Material verschieden, Weizenstroh hält halb so lang wie Schilf, das 30 Jahre überdauern kann. Damit ein solches Dach wasserundurchlässig ist, müssen zwei Voraussetzungen erfüllt werden, dann kann nichts schiefgehen: Das Dach muß steil sein, und eine Reihe von Stroh-, Blatt-, Gras- oder Schilfbündeln muß die darunterliegende immer überlappen.

Dächer aus Natursteinen

Steinplattendächer sind in den Steinbaugebieten am Südrand der Alpen verbreitet. Von dort ausgehend, verdrängten sie das Schindeldach auch aus den Gebieten, in denen es heimisch war. Steinplattendächer sind feuersicher, vielleicht haben auch Feuersbrünste in Dörfern mit ursprünglichen Holzdächern die Bewohner dazu bewogen, mit Steinen zu decken. Steindächer findet man besonders auf Burgen, Kirchen, Gebäuden und Gebäudekomplexen, die besonders wichtig waren. Natürliche Vorkommen spaltbarer Steine gibt es in allen Landstrichen, Schiefer eignet sich am besten, mit dickeren Gneisplatten deckt man viel schwieriger. Dächer aus dünnen Schieferplatten sind wohl die schönsten. Kein Stein gleicht in Form und Farbe dem anderen, außerdem werden auch Naturschieferdächer repariert, an kleinen Flächen ausgebessert, und frisch gebrochener Schiefer gesellt sich zu bemoosten Steinen. So entsteht ein lebendiges Dach aus einem anorganischen Material. Eine sehr gut gelegte Lattung bildet die Basis für ein Steinplattendach. Die Steine werden durchlöchert und durch das Loch hindurch in die Lattung genagelt; man kann sie auch mit Draht daraufbinden. Eine andere Methode der Dacheindeckung mit Natursteinen besteht darin, die Steine auf eine stärkere Lattenkonstruktion zu legen.

Grasziegeldächer

Das Grasdach, die grüne Dachlandschaft, von fortschrittlichen Umweltschützern mit gutem Grund gepriesen und zur Sanierung der Stadtluft empfohlen, ist eine uralte Art der Dacheindeckung, vielleicht sogar die älteste. Bis heute hat sich das Grasziegeldach in Skandinavien und Island erhalten. Auch in Mitteleuropa findet man bisweilen noch Grasziegeldächer auf Gebäuden, die halb in und halb außer der Erde stehen, auf Schuppen und Weinkellern. Grasflächen bedecken Holzbauten ebenso wie Steinbauten, sie umschließen die hausgewordenen Höhlen und integrieren sie völlig in die Umgebung. Einst, als man die Baumaterialien mit der Zeit altern und sterben ließ, war das Anlegen eines Grasziegeldaches eine ganz einfache Angelegenheit. Im Prinzip brauchte man ein flaches oder stärker geneigtes Dach, eine wasserundurchlässige Unterschicht, die Grasziegel und die Möglichkeit, sie auf dem Dach zu befestigen, damit sie nicht herunterfielen oder weggeschwemmt wurden. Dazu wurde auf ein hölzernes Dach, meist eine Schalung, die aus dicht nebeneinanderliegenden Brettern, Pfosten oder behauenen Blöcken bestand, eine Rindenisolierung und eine Schichte Torf und darauf die Grasziegel gelegt, die man aus einer nahegelegenen Wiese ausstach. Ein hölzerner Rahmen um Traufe und Giebel oder um das Flachdach herum verhinderte das Abrutschen der Grasziegel. Man vermied es, Grasflächen mit tiefwurzelnden Pflanzen auf das Dach zu setzen, da diese sich rasch und mit unglaublicher Kraft durch den Unterbau bohren und das Dach Lücken bekommt. Die Dächer aus Torf oder Gras sorgten im kalten Norden für beste Wärmedämmung. Blumenwiesen auf

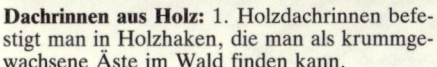 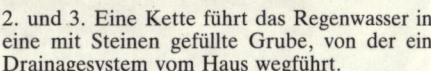

Dachrinnen aus Holz: 1. Holzdachrinnen befestigt man in Holzhaken, die man als krummgewachsene Äste im Wald finden kann.

2. und 3. Eine Kette führt das Regenwasser in eine mit Steinen gefüllte Grube, von der ein Drainagesystem vom Haus wegführt.

Steinkuppeln und Steinterrassen im Süden Italiens, auf Mittelmeerinseln und in Nordafrika wiederum brachten nicht nur den Ziegen ein wenig mehr Nahrung, sondern schützten die Behausung auch vor der sengenden Sonne.

Wer sich heute ein Dach mit Grasziegeln belegt, wird dies vielleicht auf einem Nebengebäude tun, auf einem Gartenhäuschen oder Geräteschuppen, und wird sich am Anblick des mit den Jahreszeiten sein Gesicht wechselnden Daches freuen. Grasdächer, nach demselben Prinzip wie die traditionellen in Island und Norwegen, jedoch mit wesentlich besseren, völlig dichten Untermaterialien gebaut, könnten und sollten auch in den Städten Verbreitung finden!

Dachrinnen (Regenrinnen) aus Holz

Dachrinnen aus Holz selber zu machen ist keine Hexerei. Sie werden heute bereits im Handel angeboten und sind dort viel zu teuer. Um zwei Dachrinnen zu machen, braucht man außer einer Axt und einer Handsäge oder einer Motorsäge zum Umschneiden der Bäu-

113

me bzw. Stangen noch eine „Rindlhakke" (Rinnenhacke), die man in Eisenwarenhandlungen zu kaufen bekommt, außerdem ein Schnitzmesser und ein Reifmesser, falls man den Auslauf verzieren möchte.

Von einem astreinen Stamm in der Stärke von 13–14 cm, Fichte oder Tanne und vorzugsweise ein Dürrling, also bereits am Stamm getrocknetes Holz, schneidet man die gesamte Länge der Rinne (Firstlänge plus 30 cm) ab und schneidet den Stamm, nachdem man die Rinde abgeschält hat, tangential so durch, daß ca. ⅕ wegfällt. Dachrinnen sollen keinen halbkreisförmigen Querschnitt haben, sondern sich der Kreisform nähern, sonst würde das Wasser bei starkem Regen überlaufen. Nun werden die beiden Stämme ausgehöhlt; die Rinnenwand soll dünn, aber dicht sein (am besten 1½ cm). Man spannt eine Schnur von Stirnseite zu Stirnseite und höhlt mit der Rinnenhacke aus.

Die Dachrinnen legt man in Haken auf, die man im Wald findet: Junge Föhrenstämme wachsen oft in verkrümmten Hakenformen und eignen sich gut als Haken, aber auch gebogene Äste anderer Hölzer eignen sich. Diese Haken können ruhig in die Dachlattung, besser noch in die Sparren, verschraubt werden, damit sie die Rinne tragen und einen starken Regen aushalten können.

Das Regenwasser wird mittels einer Kette zu Boden geleitet und sickert in eine Grube, die mit Steinen gefüllt ist und von der eine Drainage das Wasser vom Haus wegführt. Auch Regenablaufrinnen gab es an alten Bauernhäusern, sie bestanden aus halbrund ausgehöhlten Holzrinnen, die mit einem Brett zugenagelt waren.

Die grünen Dächer

Kahle Flachdächer sind ein scheußlicher Anblick. Wer das Stadtleben liebt und weiß, daß man in der Stadt viel besser leben könnte, dem tut dieser Anblick weh. Auf Flachdächern Wiesen anzulegen, erfordert nur Initiative und kostet nicht so viel Geld, wie man glaubt. Mit guten Abdeckfolien, Wurzelschutzfolien, einem einfachen Drainagesystem und einer 20 cm dicken Torfschicht kann man auf jedes Flachdach eine Wiese hinzaubern, die den Städtern Luftfeuchtigkeit, Sauerstoff und damit reinere Luft bringen würde, den Augen Freude macht und zeigt, wann es Frühjahr, Sommer, Herbst und Winter ist. Dem jahreszeitenlosen Stadtleben soll ein Ende gemacht werden! Grasteppiche auf den Dächern gleichen starke Temperaturunterschiede aus. Sie bilden im Winter eine Wärmedämmschicht auf den Dächern und helfen somit, Energie zu sparen. Im Sommer verhindern sie, daß das Dach überhitzt wird (die Temperatur auf einem Flachdach kann ohne solchen Schutz bis zu 80 Grad Celsius erreichen). Sicher bringt ein grünes Dach vor der Nase den im Penthouse oder im ausgebauten Dachboden Lebenden keine Landluftqualität, doch bewirken Grünpflanzen im Wohnbereich doch immerhin, daß die Luft nicht so staubig und daß es angenehm feucht ist. Das grüne Dach ist in seinem Gedeihen

und Aussehen von Jahreszeiten und Wetter abhängig; so erfährt der Mensch wieder, daß er von der Natur abhängig ist. Wenn die städtische Lärm- und Staubglocke im Herbst von fallenden Dachgartensträucher-Blättern durchbrochen wird, ist das städtische Leben wieder lebenswert.

Viele Leute glauben, daß nur Reiche und Künstler sich das Leben in und auf dem Dach leisten könnten. Es ist aber nicht teurer, im Dachboden zu leben und auf der Dachterrasse zu frühstücken als im ersten Stock. Hunderttausende von städtischen Dachböden stehen leer; kahle Flachdächer, ungenützte Dachböden sind ungenützte Räume. Würde man alle vorhandenen Dachböden ausbauen, gleichzeitig Dachterrassen schaffen, ferner alle kahlen Flachdächer begrünen, würden sich daraus viele Vorteile ergeben. Nachteile haben nur die Bauspekulanten, denn hundert ausgebaute Dachböden und hundert grüne Dachterrassen ersparen ein Dutzend neue Wohnblocks. Das heißt, daß durch den Ausbau und die Begrünung der Dächer Boden gewonnen wird, der sonst wieder einmal zubetoniert werden würde. Es wird aber nicht nur an kostbarem Grünboden eingespart, wenn man alle vorhandenen Dachräume und -flächen nützt, es wird auch die Stadtluft verbessert, die Temperatur reguliert, das städtische Wüstenklima wieder ein wenig befeuchtet, Sauerstoff produziert und der Staubgehalt der Luft verringert. Die Entwicklungsgeschichte des Bauens begann damit, daß die Menschen in vorhandene Höhlen zogen, diese mit primitiven Werkzeugen vergrößerten, daß sie die Höhlen nachahmten und über Erdkellern Dächer errichteten, Wände aufstellten, die Dächer verkleinerten, bis sie schließlich wieder beim Haus ohne Dach anlangten. Im Laufe der Zeit entfernten sich die Dächer immer mehr vom Erdboden, verloren den Kontakt zu ihm. So weit hat sich das Dach vom Erdboden entfernt, daß es Zeit ist, die Erde wieder auf das Dach zu holen. Technisch ist dies heute überall möglich, es ist auch kein besonderer Luxus. Es bedarf nur der Eigeninitiative und des Entgegenkommens der Baubehörde in der Stadt. Zur Zeit ist es in den meisten Ländern so, daß nicht jedes Dach, auch wenn es sich herrlich dazu eignen würde, ausgebaut werden darf, abgesehen davon, daß nicht jeder auf dem Dach einen Garten anlegen darf. Alte Häuser haben meist auch keine Flachdächer, hier könnte man sich aber im Freien auf dem Dach gelegene Nischen denken, die einfach dadurch entstehen, daß ein Teil des Daches abgedeckt wird, im Winter über den Dachstuhl eine Holzrahmen-Glaskonstruk-

tion gelegt wird, die man im Sommer entfernen kann, Wintergarten und Sommerterrasse in einem! Solche Ecken und Grünflächen würden die Dächer der Stadt beleben – und Stadtluft würde wieder frei machen.

Dachwiesen und Dachgärten

Dächer können auf zwei verschiedene Weisen begrünt werden – mit widerstandsfähigem Dauergrün und Gräsern, die keiner Pflege bedürfen und längere Trockenperioden oder Hitze leicht überstehen, oder mit Blumen, Kräutern, Gräsern und Sträuchern, die gedüngt und bewässert werden wollen. Die – beinah – wilde Wiese auf dem Dach sollte dort grünen, wo der Dachraum schwer zugänglich ist, sie ist nicht, wie der Dachgarten, als zusätzlicher Wohnraum gedacht. Die Anlage der wilden Wiesen soll in der Anschaffung wesentlich preisgünstiger sein als die Blumen- und Immergrün-Pracht des privaten Dachgartens, man sollte auch mit weniger Substrat auskommen. Wenig Substrat brauchen alle Kletter- und Schlingpflanzen; sollen sie, einmal gepflanzt, sich von selber ausbreiten, wählt man mehrjährige und verholzende Arten: Brautschleier, wilder Wein, japanische Weinbeere, Efeu, Clematisarten, Bodenbedecker wie kriechenden Efeu, kriechende Koniferen, Erika (Heidekraut) und Fettpflanzen, Gräser, denen große Hitze nicht schadet, immergrüne Gräser wie grünen Hafer. Bei der Wahl der Dauerbepflanzung muß auch der Standort der Dachfläche berücksichtigt werden: Ist es dort eher sonnig oder schattig? Die Temperaturunterschiede auf den Dächern sind größer als auf dem Erdboden! Pflanzen, die dort oben wachsen, werden mehr strapaziert als Pflanzen, die im Erdboden wurzeln, sie haben nur eine begrenzte Erdhöhe zur Verfügung (allerdings brauchen sie sich auch nicht mit Abgasen, winterlichem Streusalz, Staub, Öl- und Benzinresten herumzuschlagen, wie es Stadtpflanzen sonst tun müssen).

Voraussetzung für die Anlage einer Dachwiese oder eines Dachgartens ist ein flaches oder ganz flach geneigtes Dach (oder ein flacher Dachteil) und eine Konstruktion, die das Gewicht des Substrates und der Pflanzen verträgt. Eine 15 cm dicke Substratschichte jedoch kann auf fast jedem Dach angelegt werden; hier muß man sich mit Flachwurzlern und Gräsern begnügen. Unsere Dächer, die Schneelasten zu tragen haben, werden auch die Last der Begrünung leicht tragen! Bei Regen wiegt das Substrat samt Bepflanzung mehr; damit die Dachwiese nicht wegschwimmt, muß sie auch auf schwer zugänglichen Dächern begrenzt werden.

Dachwiesen, ob öffentlich zugänglich oder privat, brauchen außer dem tragfähigen Unterbau noch eine perfekte Abdichtung des Daches, ein Drainagesystem zur Entwässerung, damit keine Schäden an der Dachhaut entstehen. Eine Drainschicht reguliert den Wasserhaushalt des Unterbodens, darauf erst wird die Vegetationsschicht angelegt. Vegetationsschichten, Speicherschichten, Isolierschichten und wassersperren-

de Schichten zusammen haben ein beträchtliches Gewicht, deshalb muß man bei der Auswahl der Materialien auf deren geringes Eigengewicht achten. Standard-Kunststoffe wie Styropor und eigens für die Dachbegrünung entwickelte Kunststoffe erfüllen diese Voraussetzung. Beim Anlegen von Wiesen, Sträucherflächen, Blumenrabatten muß darauf geachtet werden, daß dort, wo das Substrat hinkommt, auch alles bepflanzt wird und die begrünten Flächen sich von den anderen Holz-, Ziegel-, Stein- und anderen Flächen nicht nur optisch abgrenzen.

Auf das Dach kommt zunächst eine Abdeckschicht aus Asbestzementplatten, Magerbeton oder Folie, darüber eine Trennfolie und eine Wurzelschutzfolie. Darüber kommt das Drainagesystem, Drainagerohre wie das unten abgebildete haben sich bewährt.

Sie liegen in der Drainschicht, die aus Blähtonkügelchen bestehen sollte. Die Drainschicht sorgt dafür, daß Wasser gespeichert und bei Bedarf an die Pflanzen abgegeben wird. Über die Drainschicht wird eine Filterschicht, zum Bei-

spiel aus Kunststoffschaum (Hygromull), gelegt. Diese Schaumschicht kann flüssig an Ort und Stelle angebracht werden, es gibt aber auch Platten zu kaufen. Die Wurzeln der Pflanzen können durch diese Schicht hindurchwachsen und das Wasser aus der Drainschicht aufnehmen. Die Wurzelschutzfolie verhindert das Durchstoßen der Wurzeln, trotzdem dürfen keine Tiefwurzler gesetzt werden. Erst über die Filterschicht kommt die eigentliche Vegetationsschicht. Sie ist relativ dünn, und ihre Zusammensetzung muß ausgewogen sein. Sie sollte keine Unkrautkeime enthalten, soll viele Nährstoffe binden und viel Wasser aufnehmen können, trotzdem luftig sein, außerdem noch wenig wiegen. Die beste Vegetationsschicht besteht aus Torfsubstraten; sie geben aufgenommenes Wasser bei Bedarf an die Wurzeln ab, halten den Rest zurück und geben ihn erst ab, wenn er gebraucht wird. Torfsubstrate sind locker und nehmen daher nicht nur Wasser, sondern auch Luft auf. Die Vegetationsschicht muß bei Begrünung durch Gräser mindestens 15 cm dick

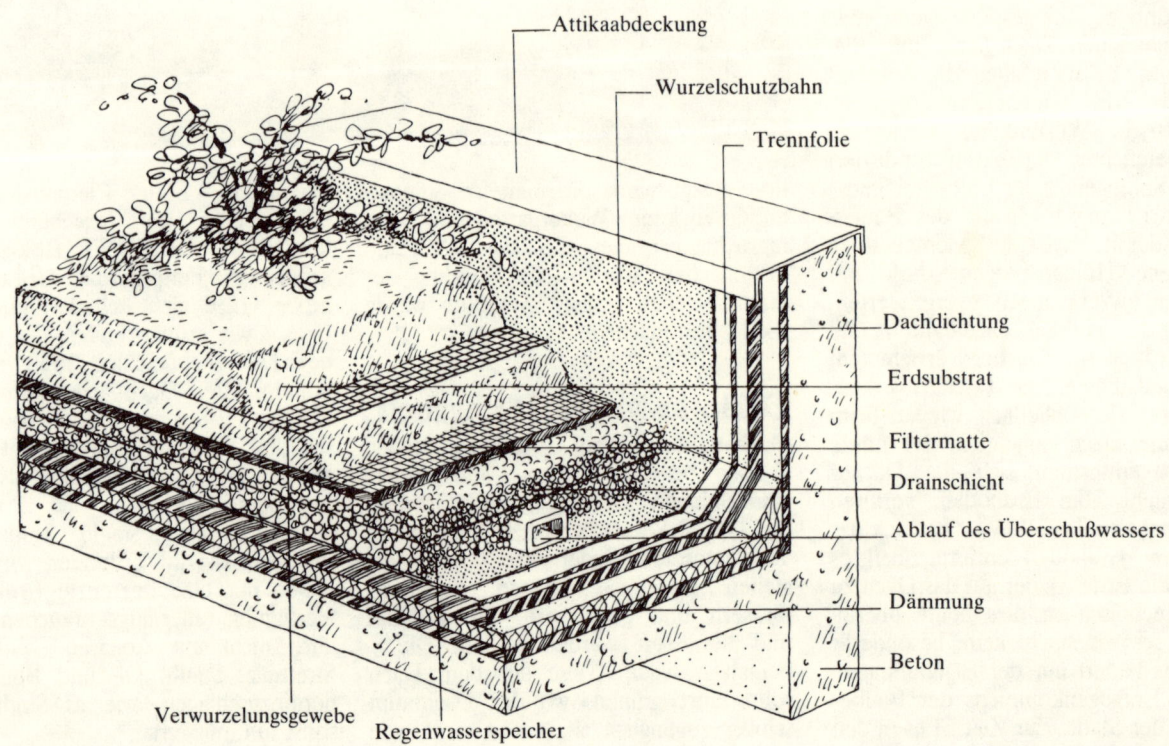

Attikaabdeckung

Wurzelschutzbahn

Trennfolie

Dachdichtung

Erdsubstrat

Filtermatte

Drainschicht

Ablauf des Überschußwassers

Dämmung

Beton

Verwurzelungsgewebe

Regenwasserspeicher

sein, ist sie dünner, trocknen die Gräser bei Hitze rasch ab, außerdem ist ein solcher Rasen auf dünner Vegetationsschicht nicht begehbar. Sträucher brauchen eine Substratschicht von 30–50 cm, flachwurzelnde Gehölze 50 cm, Bäumchen bis zu 100 cm. Da man beim Anlegen eines Dachgartens mit Wiese und Sträuchern an der Menge der Vegetationsschicht nicht sparen sollte, legt man ihn am besten terrassenförmig an – jeder Terrasse eine eigene Pflanzenfamilie. Bäumchen und größere Sträucher sollte man aber nur auf windgeschützten Dachgärten pflanzen. Auf dem Wind stark ausgesetzten Dächern muß die Substratschicht gefestigt werden. Das geschieht durch ein Maschengewebe, das in das untere Drittel der Schicht gelegt wird; die Maschenweite von 5 × 5 mm bewirkt, daß das Wurzelwerk flach und breit wird und sich durch diese flächenmäßige Vergrößerung besser verankert.

Weil die Pflanzen in einer relativ dünnen Vegetationsschicht wachsen, darf das Düngen nicht vergessen werden. Im Dachgarten sollte ein Schnellkompostierbehälter nicht fehlen, mit pflanzlichem Küchenabfall, Kot vom Hausvogel, abgefallenen Blättern und Gräsern vom Dachgarten selbst, die sich darin zu bestem Dünger verwandeln. Dieser muß aber sorgfältiger als Gartenkompost gesiebt werden und sollte beim Düngen im Herbst oder im Frühling locker mit Torf vermischt werden. Bewässert wird mit Regenwasser, das man zu diesem Zweck in einer Tonne sammelt und mit einer feinsprühenden Gießkanne verteilt. An heißen Sommertagen muß täglich morgens (nie mittags) ausreichend bewässert werden.

Nicht nur Dachwiesen, Sträucher und Kletterpflanzen grünen auf Dächern. Wer über den Dächern im Grünen leben will, kann in Behälter pflanzen, kann Behälter zu Terrassen zusammenbauen, Bottiche nebeneinanderstellen; Behälter mit Pflanzen, denen der Winter nichts ausmacht, werden fix am Terrassenboden montiert; nie das Gewicht vergessen, das solche mit Substrat gefüllte Behälter haben! Begrünt wird nicht nur der Terrassenboden, man kann auch, wenn der Platz dazu vorhanden ist, Lauben bauen, Gehwege, die mit leichten Kunststeinen ausgelegt werden; darüber werden Holzroste gelegt. Wer vorhat, seinen Dachgarten nur im Frühjahr, Sommer und Herbst zu nutzen, kann den Ausbau seiner Dachwohnung architektonisch darauf ausrichten, indem er einen Wintergarten einplant. Die Kombination von Wintergarten, Laube und hölzernem Terrassenboden, auf dem in hölzernen Bottichen (siehe Holzterrassen) Kräuter, Blumen und Sträucher gedeihen, macht das Leben auf dem Dach erst romantisch. Wer so über den Dächern der Stadt lebt, wird aus ihr nicht mehr fortwollen.

Bauen mit Holz

Wälder und Holz

Einst baute man mit den Materialien, die in der nächsten Umgebung in der Natur vorkamen. In Mittel-, Nord- und Osteuropa war das Holz: Holz für den Blockbau, Holz für den Fachwerkbau, höchstens ein paar Steine für das Fundament. Man baute mit Holz, weil es vor der Nase wuchs: sich Baumaterialien von weit her, mühsam mit Ochsenwagen oder gar zu Fuß, zu beschaffen, war Privileg der Kirchen- und weltlichen Fürsten.

Heute fährt jeder mit dem Auto zum nächsten Baumarkt, und das Holz, das nach wie vor in vielen Gegenden vor der Nase wächst, kann ebensogut durch die Gipsplatte, die in Stapeln am Baumarkt wächst, ersetzt werden. Und das wird es auch. Kunstharzplatten-, Isolierschicht- und Schneeweißverputzhäuschen breiten sich aus, auf Wiesen und an Waldrändern, sie leuchten im Sonnenschein und im Regen, sie heben sich vom Dunkel der Wälder, vom Grün der Wiesen ab und sind auch im Gelb der reifen Felder nicht zu übersehen.

Der Familienhausbauer von einst hatte die Qual der Wahl nicht, es war nichts anderes vorhanden als Holz, Steine, Stroh, Moos und Lehm, und damit wurde gebaut. Allerdings erfinderisch und zweckmäßig. Materialgerecht. Ein einziges Material – Holz – verwendete man auf die vielfältigste Weise. Die Resultate zeigen, daß aus der Not eine Tugend geworden ist – daß das Vorhandensein eines einzigen Materials zu abwechslungsreicher Anwendung führte. Heute besitzen wir Hunderte Materialien – und interessanterweise hat das Eintönigkeit hervorgerufen.

Das Holz wurde nur an bestimmten Tagen des Jahres geschlagen, erfahrungsgemäß hielt es dann ewig und war immun gegen Fäulnis und Insektenbefall. Man grub Schwarzerlen in Moos ein, ließ sie fünfzig Jahre liegen und verwendete das steinhart, doch nicht zu Stein gewordene Material als Bau- und Werkstoff. Jahrhundertealte Bauernhäuser aus Holz sind heute ganz intakt. Ein japanischer Holztempel, 900 v. Chr. gebaut, hat beinahe 3000 Jahre der Witterung standgehalten. Die Blockbauten

und Fachwerkbauten waren ein Teil der sie umgebenden Natur, aus der sie gebaut waren. Dunkle Block- und Fachwerkbauten fallen nie auf. Ihre Qualitäten bemerkt man erst, wenn man sie aus der Nähe betrachtet. Sie sind still und haben Respekt – vor der Natur und vor den anderen Bauten, den großen, hellen, massiven aus Stein; vor den Kirchen mit ihren hohen Türmen, vor dem Rathaus, vor dem Bischofssitz, vor den Palästen der Reichen. Zumindest war es so bis zu Beginn des 19. Jahrhunderts. Ab diesem Zeitpunkt begann man sich in Europa des Holzhauses zu schämen, in dem man wohnte, und das ist bis heute so geblieben. Man spricht vom Haus aus Stein oder Ziegelstein oder anderen steinernen Materialien, aber man spricht von der Hütte aus Holz, und der Begriff Hütte wird so gebraucht, daß man sich beinahe für sein Holzhaus entschuldigt. Aus einer Baukonstruktionslehre aus dem Jahre 1885 stammt folgende Feststellung:

„Eignet sich der Stein, insbesondere der behauene, für monumentale Gebäude, so ist das Holz für untergeordnete Bauwerke zu verwenden."

Ob aus Stein, Ziegel oder später Beton und Kunststeinen, wer was ist – und das gilt für einen Zeitraum, der vor über hundert Jahren begonnen hat –, der hat ein massives, gemauertes Haus und keine Holzhütte. Diese Entwicklung begann damit, daß man Fachwerk- und Blockbauten außen mit einem dicken Verputz versah, damit sie den Anschein erweckten, sie wären massiv gemauert. Diese Entwicklung aber gab es nur in Europa, in Amerika entwickelte sich das Bauen mit Holz weiter. Die Siedler, die dort ankamen, hatten vorerst gar keine Lust, sich in mühsamer Arbeit ein Haus zu mauern, wenn in der Umgebung genug Holz vorhanden war, um in kürzester Zeit ein Blockhaus oder eine Fachwerkkonstruktion errichten zu können. Schon zu Beginn des 19. Jahrhunderts baute man in Amerika Holzskelettbauten aus vorgefertigten Teilen, und die Holzfertigteilhaus-Industrie nahm zu einem Zeitpunkt ihren Anfang in Amerika, als man sich in Europa noch schämte, in einem Nur-Holzhaus zu wohnen. Mehr als drei Viertel der ame-

rikanischen Bevölkerung leben heute in Einfamilienhäusern, die zumeist Holzskelettbauten sind.

Die Mitteleuropäer sehen das gemauerte Häuschen immer noch als Statussymbolhäuschen an. Eines der wenigen Argumente für das Holzhaus – daß man gleich einziehen kann, weil es nicht mehr zu trocknen braucht – zieht nicht mehr, seitdem man billig und bequem vorgefertigtes Baumaterial kaufen kann. Das Argument, mit Holz baue man gesund, bewegt immerhin viele Menschen dazu, ihren Betonbau innen (oder außen, in Fremdenverkehrsgebieten) mit Holz zu verschalen.

Diese kosmetische Operation hilft nicht viel. Es geht darum, Respekt vor der Natur zu haben, organisch und kreativ zu bauen, wozu eine Holzkonstruktion mehr als genug Möglichkeiten bietet. Wer in Holz baut, kann viel beweglicher bauen, kann hier was dazu- und dort was daraufbauen, kann das Haus nach den Bedürfnissen und der Größe der Brieftasche wachsen lassen. Die Holzbaukunst hat in ganz Nord-, Mittel und Osteuropa eine Tradition, aus der man lernen kann, die man aber nicht imitieren, sondern weiterführen soll. Der Holzbau ist etwas Besonderes! Das Bauen mit Holz ist für den Selberbauer auch wesentlich einfacher als das Bauen mit anderen Materialien.

Jeder, der selbst bauen und sich keine Bankschulden auflasten will, sollte mit Holz bauen. Er wird selbst damit zufrieden sein und später einmal, vielleicht, die zusätzliche Freude erfahren, daß man ihm bestätigt, er habe die Natur nicht zerstört, sondern um ein kleines, persönliches Kunstwerk bereichert. Bäume liefern nicht nur Baumaterial, sondern auch Zubehör: als Baum an sich. Früher gab es kein Bauernhaus ohne Linde und Nußbaum, keine alte Zufahrtsstraße ohne Alleebäume, keinen Garten ohne Obstbäume. Jeder, der ein Haus baut, sollte gleichzeitig Bäume pflanzen, keine Ziersträucher, pflegeleichte Koniferen oder Zwergbirken aus dem Katalog, sondern schöne, einheimische Bäume, Ahorn und Nuß, Linde und Esche, Eiche und Buche. Viele Menschen kennen jedoch die einheimischen Baumarten gar nicht mehr, für sie

fängt der Garten bei der Thujenhecke an und hört bei der Zwergföhre auf, der Wald besteht aus Fichten und Fichten und Fichten, und eine Ulme von einem Ahorn zu unterscheiden, ist höhere Wissenschaft geworden.

Wer mit Holz bauen will, sollte über seine Vielfalt und seine Verwendungsmöglichkeiten Bescheid wissen. Holz ist zu schade, um wie ein Fertigbaustoff aus dem Baumarkt behandelt zu werden.

Im folgenden Kapitel wird über Baumarten und Holzarten informiert, über alte Regeln für das Holzschlagen und Trocknen, über Spezialhölzer und Heizen mit Holz und Holzabfällen. Für den Selberbauer ist das Umgehen mit Holz als Baumaterial deshalb so zu empfehlen, weil man mit Holz Konstruktionsfehler oder Fehler beim Innenausbau leicht korrigieren und ausbessern kann, weil man Holz an Ort und Stelle bearbeiten und zuschneiden kann, weil die Arbeit mit Holz sauber und umweltfreundlich ist, weil kein Abfall entsteht, der nicht verwertet werden könnte.

Die Kulturgeschichte der Holzzeit

Die Kulturgeschichte der Holzeit umfaßt die Steinzeit, Bronzezeit, Eisenzeit, die historischen Zeiten bis zum heutigen Tag. Die Wälder mit ihren Bäumen waren seit uralten Zeiten Bau- und Werkstofflieferanten. Hier ein Bericht von Josef Blau aus dem Böhmerwald, um zu zeigen, wie differenziert man einst mit Holz umzugehen wußte.

„Aus Tanne waren der Fußboden im Hause, Balken und Säulen und der Scheuer. Aus Spitzahorn und Weißem Ahorn waren die Senswarbe. Die Buche hatte ihr Holz geliehen zum Bauen des Wagens, zu Teilen des Webstuhles, zu Hackstielen, einem Schlegelkopfe, zu Klinke und zum Riegel am vorsintflutlichen Schlosse der Haustür. Die Birke erwies durch ihre Abstämmlinge die Egge, die Nägel im Senswarb, dem Besen und die geflochtene Rute, das Zepter im Hause, eine scharfe herrische Art, während ihre größere Schwester Fichte geduldig, das reinste Mädchen

für alles, Dippelwände, Sparren, Balken und Schindeln zum Baue und Kasten, Bänke und Stühle zur Einrichtung des Hauses gegeben hatte. Ihr Holz war ferner zu Kufgeschirr, ihre Stämmchen zu Rechenstielen, ihre Wurzeln zu den Kränzen der Futterkörbe, Schwingen und Ohmreitern, ihre Rinde zum Verdachen des Holzschuppens gebraucht worden, und Hunderte von dünnen Stämmchen umfriedeten nach kurzer Kindheit – zu einem dichten Hachelzaun verflochten, den Garten. Aus Lärche war ein Kasten, aus Kiefer eine Truhe, prächtig bemalt, aus Kirschbaumholz ein Tisch. Zum Webstuhl hatte die Linde das bis an die Stubendecke reichende Gerüst, Zwetschkenholz das Schifflein, Hundsrose, Himbeere und Holunder Zweck und Spulen dazu geliefert. Aus Ulmenholz fanden wir Speichen und Naben, aus Espe die Schienen und Futterkörbe, die Keile in den Holzwänden, aus Nußbaum und Weichsel die Drischelhauben, aus Pappel Tröge, aus Eiche ein Viertelmaß. Die Wetzsteine staken in erlenen Kümpfen, der Besitzer des Gütleins wies mir noch ein Stemmeisen mit einem birnbaumenen Heft und eine Hacke, deren Stiel aus dem Holz eines wilden Apfelbaumes gefertigt war, dann mit Weide gebundene Brotkörbe und endlich drei Gehstöcke aus Haselnuß, Berberitze und Schlehdorn, von ihm selbst geschnitten."

Das moderne Attrappenholzhaus oder auch das Fichten- oder Kiefer-Vollholzhaus ist eigentlich eintönig, wenn man bedenkt, daß in alten Holzhäusern bis über zwanzig Holzarten vertreten waren.

Dem Holz haftete immer eine religiöse und magische Funktion an: so mußte in manchen Gegenden ein Stuhl, auf dem man in der Christnacht saß, aus dreizehn verschiedenen Hölzern gemacht sein, um die dreizehn bösen Hexen erkennen zu können. Da genügt dem heutigen Holzbalkonbenützer schon eine Holzart, mit der er die magische Funktion der achtziger Jahre auf sich wirken läßt: Prestige und Gesundheit. In diesem Sinne wird der Industriestoff Holz auch heute noch durchaus menschlich betrachtet.

Ein Baum begleitete einst den Men-

schen auf seinem Lebensweg. Man pflanzte einen Baum, wenn ein Kind geboren wurde, man legte das Kind in eine Wiege aus Holz. Da war der lebende, wachsende Baum, der mit dem Menschen, für den er gepflanzt worden war, groß wurde. Da war das Holz anderer Bäume, das dem Menschen nützte, ihm Geborgenheit gab. Bis zum Tode. Der letzte Mantel des Menschen war wiederum aus Holz, so wie es die Wiege gewesen war.

Was der alte Zimmermann aufgeschrieben hat

Ob Brennholz, Bauholz oder Möbelholz, Wagenbauerholz, Schnitzholz, Drechslerholz, Holz für den Schiffbau und fürs Faßbinden – früher, als alles Handarbeit war, vom Fällen und Liefern des Stammes bis zum Schneiden und Bearbeiten oder Verheizen, mußte das Holz halten, was es versprach. Dies tat es auch, denn es wurde sorgfältigst behandelt. So sagte man zum Beispiel, das Holz müsse an einem bestimmten Tag gefällt werden, um nicht wurmig zu werden, und man hielt sich auch daran. Heute hindert man den Holzwurm am Nagen, indem man das Holz mit Gift behandelt, wenn der Holzwurm trotzdem zu nagen beginnt, streicht man

eben noch mehr Gift auf und ist gar nichts mehr zu machen, klopft und frißt er fröhlich weiter, wird der Kasten imprägniert; ob das Material dann noch was mit Holz zu tun hat, ist nicht mehr festzustellen.

Bauern und Holzknechte wie holzverarbeitende Handwerker haben jahrhundertelang den Einfluß der Jahreszeiten, Mond und Sonne auf das Wachstum, die Qualität, die Eigenschaften des Holzes beobachtet. Wie sogar der Laie heute weiß, muß Holz, damit es verarbeitet werden kann und sich nicht allzusehr in seinen Ausmaßen verändert, trocken sein. Wer mit offenen Augen durch den Wald geht und sieht, wie im Frühjahr der Saft in Stämme, Äste und Blätter kommt, der wird verstehen, daß Holz nicht im Frühjahr und auch nicht im Sommer gefällt werden soll, da die Bäume dann, wie man sagt, voll im Saft sind. Trotzdem wird heute gefällt, wenn die Holzpreise steigen und wenn die Nachfrage groß ist, der Saft im Stamm ist längst vergessen. Menschen aber, die mit Holz im Haus leben wollen, ohne es mit chemischen Mitteln präparieren zu müssen, sollten nur im Winter geschlagenes und gut gelagertes, trockenes Holz verwenden.

In einem alten Haushaltbuch („Der Tausendkünstler", 1846) sind folgende

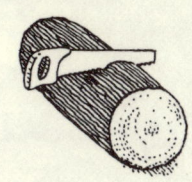

Anweisungen zum Fällen des Bauholzes angegeben:

„Im Walde soll man im letzten Vierteljahre, wenn kein Südwind wehet oder kurz vorher gewehet hat, und sonst trocken und reines Wetter ist, das Bauholz fällen, wodurch es viel dauerhafter und weniger wurmstichiger wird, als jenes beim wachsenden oder vollen Monden gefällte. Das windfällige und wipfeldürre Holz bei dienlichem Wetter, das Reisholz zum Brennen aber im neuen oder wachsenden Monde abhauen, worauf es bald wieder wachsen wird. Das Daubenholz zu allerlei Gefäßen, auch Wagen, Schlitten und anderes Schurholz, so wie Latten, Zaun- und Weinpfähle, Hopfenstangen, Spaten, Gabelstiele und dgl. in Vorrat, auch die benötigten Reifstäbe und Reifstangen zu kleinen und großen Gebinden von Eschen, Eichen, Haselstauden, Ulmen, Weiden, Birken usw. bei abnehmendem Monden, gegen und in dem letzten Viertel auf das ganze Jahr abhauen und ihnen geschwind die Rinde abschälen, da sie sonst viel früher morsch werden."

Regeln zum Holzschlagen

Michl Ober, Wagenbauermeister aus St. Johann in Tirol, hat alte Regeln aufgeschrieben, die von Josef Schmutzer 1912 publiziert wurden:

Zeichen zum Holzschlagen und Schwenden

Von Michl Ober, aufgeschrieben, abgeschrieben von Josef Schmutzer am 25. Dezember 1912.

1. Schwendtage sind der 3. April, der 30. Juli und am Achazitag, besser noch im abnehmenden Mond und an einem Frauentag, diese Tage sind auch für Kugeln- und Schrotgießen gut.

2. Das Holzschlagen, daß es fest und gleim bleibt, ist gut die ersten Tage nach dem Neumond im Dezember, wenn ein weiches Zeichen darauffällt, Krechtholz bzw. Machlholz, Buchen usw., zu schlagen, daß es gleim und fest wird, soll sein der Neumond und der Skorpion.

3. Holzschlagen, daß es nicht fault, soll sein die zwei letzten Tage im März im abnehmenden Fisch.

4. Holzschlagen, daß es nicht verbrennt, ist nur ein Tag der erste Tag im Monat März, noch besser nach Sonnenuntergang.

5. Holzschlagen, daß es nicht schwind, soll sein der dritte Tag im Herbst. Herbstanfang am 24. September, wenn der Mond drei Tag alt ist und an einem Frautag, wo der Krebs darauffällt.

6. Brennholz zu arbeiten, daß es gut nachwächst, soll sein im Oktober im Viertel aufnehmenden Mond.

7. Säghölzer sollen geschlagen werden im aufnehmenden Fisch so werden die Bretter nicht wurmig, ebenso die Hölzer.

8. Zu Brücken und Archen soll man Holz schlagen im abnehmenden Fisch oder Krebs.

9. Holz zu schlagen, daß es gering wird, soll sein im Skorpion und im August, so der Mond einen Tag abgenommen hat; im Stier geschlagen, bleibt es schwer.

10. Holz zu schlagen, daß es nicht kluftig wird und rissig oder aufgeht, soll geschehen am Tag vor dem Neumond im November.

11. Holz zu schlagen, daß es nicht zerreißt, den 24. Juni zwischen 11 und 12 Uhr.

12. Krechtholz oder Machlholz soll geschlagen werden den 26. Februar im abnehmenden Mond, noch besser, wenn der Krebs darauf einfällt.

Diese Zeichen sind alle bewiesen und ausprobiert.

In welchen Tagen man das Brenn- und Bauholz schlagen soll, daß es nicht schwindet und reißt.

1. Das Brennholz soll man im ersten Viertel des wachsenden Mondes schlagen.

2. Schlägt man in den ersten vier Tagen des Mai ein Holz, so fault dieses nicht und wird auch nicht wurmstichig.

3. Wenn man in den zwei letzten Freitagen im März ein Holz schlägt, wurmt dieses auch nicht, läßt man aus solchem Holz Kästen und Truhen machen, so kommen keine Würmer und keine Motten dazu.

4. Wenn man ein Holz schlägt am Margarethenabend, 10. Juni, dieses Holz zerkliebt auch nicht, der Mond kann auf- oder abnehmend sein, liegt nichts dran.

5. Wenn man ein Holz schlägt im aufnehmenden Mond, im Zeichen des Fisches, dieses reißt und schwindet nicht.

6. Wenn man in den letzten zwei Tagen des Christmond und in den ersten Tagen im Jänner ein Holz schlägt, dieses bleibt unverwesen, fressen die Würmer nicht und wie älter es wird, desto härter wird es.

7. Schlägt man ein Holz, wenn der Mond am kleinsten ist, bevor er stärker

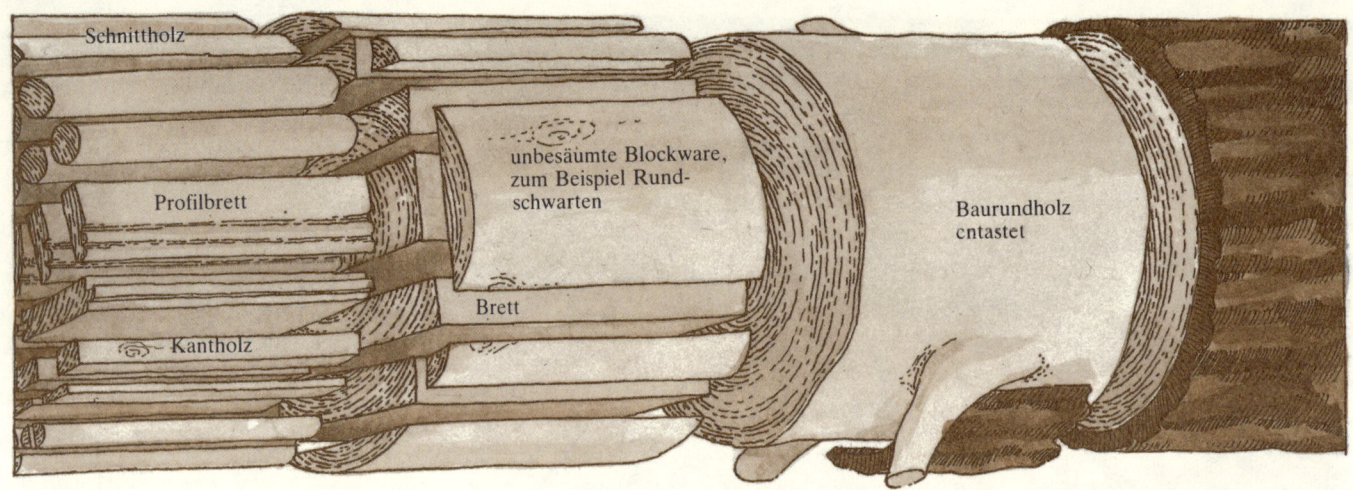

Schnittholz

Profilbrett

Kantholz

unbesäumte Blockware,
zum Beispiel Rund-
schwarten

Brett

Baurundholz
entastet

wird, dieses Holz kann man auch grüner verarbeiten, es reißt und schwindet nicht.

8. Wenn du willst einen Baumschwender, so bohre am ersten August ein Loch bis auf den Kern, so dorrt er ab.

9. Wenn du in den drei Tagen des ersten Paulbekehrungstages, 25. Jänner, den zweiten Valentintag, 7. Jänner, den 3. Ägidiestag, 1. September, Holz schlägst, dieses fault nicht bis zum Jüngsten Tage.

10. 31. Jänner, 1. und 2. Februar sind Schwindtage.

11. Holz, das in den letzten drei Tagen des Mondes Februar, am abnehmenden Mond geschlagen wird, kommt nicht

mehr, es fault sogar die Wurzel. Sträucher, Unkraut usw. drei Tage vor dem 21. Juni vormittag, dann wächst es nicht mehr nach.

12. Der 25. März, der 29. Juni und der 31. Dezember sind merkwürdige Tage, Holz an diesen drei Tagen schlagen schwindet nicht.

13. Geschlagenes Holz von letzten Dezember, 1. Jänner und 1. März, springt und reißt nicht auf.

Holz am ersten März geschlagen widersteht dem Feuer.

Holz am 7., 8. u. 9. Jänner, aber der Mond muß unter der Erde sein, ist für Fußböden am besten.

Die heimischen Baumarten
Nadelhölzer

Fichte, auch Rottanne oder Pechtanne. Der schlanke, zylinderförmige, immergrüne Baum wird im Waldbestand bis in beträchtliche Höhe astrein, am Waldrand oder bei freistehenden Fichten bleibt er stark astig. Die Fichte wird bis

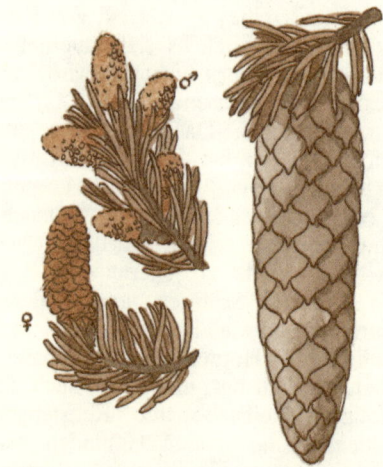

zu 40 m hoch und mehr als 200 Jahre alt; gefällt werden 80- bis 100jährige Bäume. Sie wächst bis in eine Seehöhe von 1500 m. Das gelbliche Fichtenholz wird in der Tischlerei und Zimmerei, als Bau- und Industrieholz verwendet.

Tanne, eigentlich Weiß- oder Edeltanne. Der kegelförmige Stamm, der nicht so schlank ist wie bei der Fichte, besitzt eine hell- bis dunkelgraue, glatte Rinde. Tannen werden älter als 300 Jahre und

rosabräunlich und kann als Industrieholz verwendet werden; es hat keine besonderen Eigenschaften.

Lärche. Der schlanke, geradwüchsige, in höheren Lagen auch krumme Baum besitzt eine lichte Krone und sehr dicke Rinde; er verliert die hellgrünen, im Herbst gelb verfärbten Nadeln, die büschelförmig stehen. Die Lärche wächst bis in Höhenlagen von 3000 m und kann sehr alt werden. In Fichtenwälder eingestreute Lärchen werden erst nach zwei Fichtengenerationen gefällt. Das widerstandsfähige, harzige, braunrötliche Holz wird für Böden, zum Schiffsbau,

zur Schindelerzeugung, als Möbel- und Zimmereiholz verwendet, besonders dort, wo Kontakt mit feuchter Erde oder Feuchtigkeit überhaupt erwartet wird.

Zeder, verschiedene Arten (Atlaszeder, Libanonzeder). Der bei uns vor allem in alten, großen Parkanlagen gefällte Baum wird, wenn ihm starke Fröste in der Jugend nichts anhaben, sehr alt und widerstandsfähig. Zedern sollten, wenn sie gefällt werden müssen, vor allem für gute Tischlerarbeit verwendet werden.

Kiefer, auch Föhre. Der in der Ebene geradwüchsige, in Höhenlagen bis 2000 m krummwüchsige Baum hat eine unregelmäßige Krone. Das rötliche und harte Kernholz hält wesentlich besser als das hellere Splintholz (von der Randschicht). Die Kiefer darf nur im Winter gefällt werden, da sich sonst das Holz verfärbt und blaustichig wird. Das harzreiche, gute Brennholz (Kienspan) wird in der Zimmerei und Tischlerei verwendet, ist jedoch minderwertiger als Fichtenholz.

Schwarzkiefer, auch Schwarzföhre, eng mit der gemeinen Föhre verwandt. Das Holz eignet sich zur Aufforstung besser

als die Föhre, hat jedoch dieselben Eigenschaften.

Schirmkiefer, besser bekannt unter dem Namen Pinie. Den vor allem im Mittelmeergebiet heimischen Baum, der kein kaltes Klima verträgt, erkennt man an der schirmförmigen Krone. Das Holz wird als Bauholz oder in der Tischlerei verwendet.

Bergkiefer, auch Latsche genannt. Sie wird nicht höher als 25 m, in hohen Gebirgslagen bleibt sie strauchförmig.

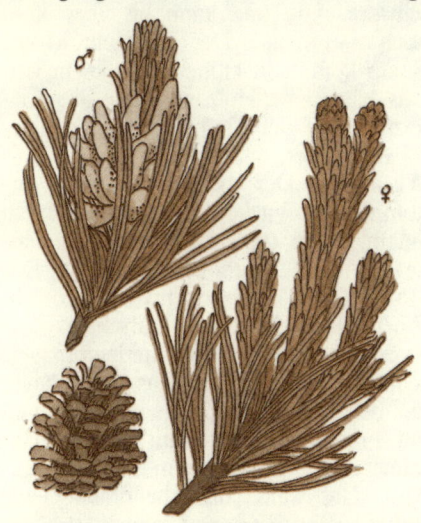

Das sehr harzreiche Holz eignet sich, da der Stamm meist krumm ist, als Pfahlholz. Bergkiefern stehen unter Naturschutz.

Zirbelkiefer, Zirbe, auch Arve genannt. Die dunklen Äste des kälte-, schnee-

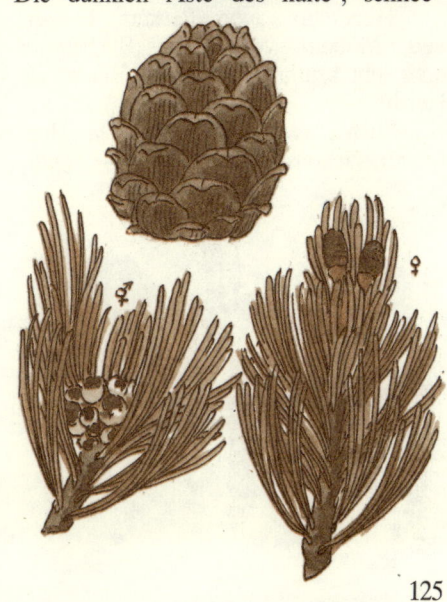

wachsen bis in eine Seehöhe von 2000 m. Das helle, weißgraue Holz ist leichter als Fichtenholz, wird heute aber meist zusammen mit diesem unsortiert verkauft. Es eignet sich für Tischler- und Zimmereiarbeiten, jedoch nicht für Außenwände; Tannenholz wird auch zum Geigenbau verwendet.

Douglastanne, auch Douglasie genannt. Ihre Form ist der Fichte ähnlich, sie wird jedoch wesentlich höher, bis zu 90 m. Douglastannen werden flächenweise gepflanzt, da sie sehr schnell wachsen. Das braunrötliche, harzreiche Holz von guter Qualität eignet sich für Zimmerei, Kunsttischlerei und Tischlerei.

Eibe. Der kleine Baum, der höchstens 20 m hoch wird, hat waagrechte Äste, der Stamm ist gegabelt und oft durch Äste versteckt. Der Baum, der älter als 1000 Jahre werden kann, wächst an feuchten Standorten, im Schatten, und ist oft in Parkanlagen und Friedhöfen zu finden. Das harzlose, harte, homogene Holz eignet sich für Furnierarbeiten, Intarsien und Schnitzereien, zur Bogen- und Armbrusterzeugung. Die Eibe steht unter Naturschutz.

Sumpfzypresse. Der schlanke, pyramidenförmige Baum, im Süden Nordamerikas beheimatet, verliert seine im Frühjahr hellgrünen, im Sommer dunkelgrünen und im Herbst rötlich-orangefarbenen Nadeln. Die Wurzeln bilden kerzenförmige, holzige Atemwurzeln. Der bis zu 40 m hoch wachsende Baum kommt bei uns als Zierbaum an Flüssen und Seen und in Parks vor. Das Holz ist

und vor allem sturmfesten Baumes sind so mit dem Stamm verwachsen, daß sie nicht abfallen können. Zirbelkiefern wachsen sehr langsam, in sehr großen Höhen (bis 3000 m) und können uralt werden. Sie werden höchstens 25 m hoch. Das Holz ist harzreich, jedoch sehr weich und eignet sich gut für Schnitzereien, für den Innenausbau und als Möbelholz.

Weymouthskiefer. Sie besitzt eine zylinderförmige Krone und waagrechte, schwere Äste und kann bis über 40 m hoch werden. Der schnellwüchsige Baum kommt in Höhen bis 1500 m vor. Das harzreiche Holz wird wie alle Kiefernarten in der Tischlerei oder Zimmerei verwendet.

Wacholder. Der meist als Strauch vorkommende Wacholder wächst auch zu einem Baum (von höchstens 10 m Höhe) bis in eine Seehöhe von 3000 m. Das Holz ist sehr hart und im Kern rötlich. Wacholder steht unter Naturschutz.

Zypresse. Ein pyramidenförmiger, schmaler Baum, höchstens 30 m hoch, der bei uns hauptsächlich in Alleen und auf Friedhöfen vorkommt, in den Mittelmeerländern als Windschutz angebaut. Das weiße oder hellbraune Holz duftet wunderbar und eignet sich als Zimmerei- und Tischlereiholz.

Laubbäume

Buche, Rotbuche. Der Baum wächst in ganz Europa und wird älter als 300 Jahre. Das harte und schwere Holz wird zur Herstellung von Parkett, Fässern und Möbeln verwendet, Buchenäste oder sehr krumm gewachsene Bäume als Heizholz.

Hainbuche, auch Weißbuche. Das Holz ist im Gegensatz zur Rotbuche weiß,

schwer und hart und eignet sich besonders zur Herstellung von Hackklötzen (Fleischerei).

Feldulme und **Bergulme,** in der Tischlerei als Feldrüster und Bergrüster bekannt. Beide wachsen auf dem Feld, im Wald bis zu 1500 m, gerne in feuchten und schattigen Gräben. Das Holz ist

weißgelblich und hat einen braunroten Kern, es wird in der Tischlerei und Zimmerei verwendet. Leider ist die Ulme von einer Pilzkrankheit befallen und wird immer stärker dezimiert bzw. stirbt gebietsweise bereits aus.

Esche. Die Esche hat einen meist geraden Stamm, sie wächst in ganz Europa und wird ca. 150 Jahre alt. Das schöngemaserte Holz ist zur Herstellung von

Böden, Tischen und Möbeln geeignet und wird auch in der Wagenbauerei und überall dort, wo ein elastisches, jedoch zähes Holz gebraucht wird, verwendet. Gutes Brennholz.

Eberesche, Vogelbeerbaum. Sie wächst als Strauch oder Baum im Wald, auf Wiesen, in Gärten und Parkanlagen und wird höchstens 100 Jahre alt. Das hell-

braune Holz wird zum Schnitzen und in der Drechslerei verwendet.

Eiche, Stieleiche (Sommereiche) und Traubeneiche (Wintereiche). Die Traubeneiche ist schlanker als die Stieleiche, beide werden bis über 40 m hoch. Die Stieleiche wächst bis zu einer Seehöhe von 1300 m, die Traubeneiche bis

1500 m. Das Holz der Traubeneiche ist etwas weicher als das der Stieleiche. Das Splintholz ist heller als das dunkelbraune Kernholz, je nach Qualität und Alter der Eiche (sie wird mehrere hundert Jahre alt) werden daraus Furnierholz oder Möbel gemacht.

Ahorn, Feldahorn. Der kleine Baum wird höchstens 15 m hoch. Das weiße bis gelbliche, zähe Holz wird in der Wagenbauerei verwendet.

Spitzahorn. Der Baum wird meist nicht höher als 20 m und wird in Parks oder Alleen gepflanzt, die Blätter sind im

Herbst gelb-orangerot. Das Holz ist gleichmäßig gelblich gefärbt und besitzt keinen sichtbaren Kern.

Bergahorn, Weißahorn, Waldahorn. Der Baum wird bis zu 30 m hoch und mächtig, er wächst bis zu einer Seehöhe von 2000 m, vermehrt sich spontan und sollte, wo er vorkommt, gepflegt und erhalten werden. Die Blätter sind im Herbst goldgelb. Das Holz ist beinahe weiß und seidenglänzend, sehr leicht und für gute Tischlerarbeit geeignet.

Birke, verschiedene Arten. Sie werden selten höher als 25 m, sind sehr zäh und kälteunempfindlich und werden nicht älter als 100 Jahre. Birken wachsen bis

zu 2000 m Höhe. Das zähe, sehr helle Holz wird in der Wagnerei und Zimmerei verwendet, es eignet sich vorzüglich für Kaminfeuer, da es auch in nassem Zustand brennt.

Weißpappel, auch Silberpappel. Der an feuchten Standorten rasch wachsende Baum wird über 30 m hoch und sehr

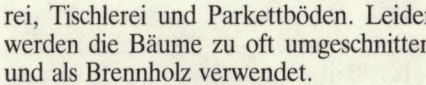

schlank. Das Holz ist weich und weiß, ähnlich dem Birkenholz, und eignet sich als Brennholz und für kleinere Schnitzarbeiten.

Zitterpappel, Espe. Das homogene, leichte und leicht spaltbare Holz besitzt keine besonderen Eigenschaften für einen bestimmten Zweck. Espen stehen unter Naturschutz.

Vogelkirsche, Wald- oder Wildkirsche. Sie wächst auf Tal- oder Bergwiesen, vereinzelt in Wäldern. Das sehr widerstandsfähige, orangefarbene oder rotbraune Holz eignet sich besonders für

die Tischlerei, Drechslerei, Schnitzerei und zum Bau von Musikinstrumenten.

Mostbirnbaum, Mostapfelbaum. Sie liefern ein hartes, widerstandsfähiges, jedoch gut bereitbares Holz für Drechsle-

rei, Tischlerei und Parkettböden. Leider werden die Bäume zu oft umgeschnitten und als Brennholz verwendet.

Schwarzerle, Roterle. Sie wächst an Bächen, Teichen, vereinzelt im Wald. Das harte, gelbliche Holz wird nach dem Fällen rasch rostbraun und eignet sich für Pfähle, Unterwasser-Konstruktionen und zur Schnitzerei.

Grauerle. Sie wird nicht so hoch wie die Schwarzerle (höchstens 15 m) und kommt oft in Strauchform vor. Das Holz verfärbt sich nicht dunkel und ist gut für Schnitzereien geeignet, jedoch nicht so widerstandsfähig wie das Holz der Schwarzerle.

Weide, Salweide, Silberweide, Trauerweide. Weiden haben weiches Holz und sollten nicht gefällt werden. Die immer

wieder neu wachsenden Triebe zur Korbflechterei zu verwenden, ist ertragreicher.

Haselnuß. Sie wächst meist nur in Strauchform, entwickelt aber starke Stämme und Äste, die sich als Bauholz, Stützholz und für dekorative Arbeiten eignen.

Linde, Winterlinde, Sommerlinde und andere Lindenarten. Sie wird sehr hoch – bis 30 m – und wächst in ganz Europa,

mit Ausnahme von Südeuropa. Das Holz wird vor allem zum Schnitzen, ab und zu auch in der Tischlerei verwendet.

Edelkastanie. Der Baum wird bis 30 m hoch und wächst in Südeuropa und in wärmeren Gegenden Mitteleuropas. Das hell- bis dunkelbraune Holz ist gut spaltbar und wird in der Tischlerei und Drechslerei sowie als Schnitzholz verwendet.

Roßkastanie. Die bei uns als Allee- und Parkbaum vorkommende Roßkastanie

hat ein leicht zu bearbeitendes Holz, das in der Tischlerei verwendet werden kann.

Walnuß. Der Nußbaum wird bis zu 30 m hoch und mächtig, er wächst sehr langsam und kann bis zu 300 Jahre alt

werden. Das Holz ist hell- bis dunkelbraun und eignet sich als Furnierholz, es wird auch als Tischlerei- und Drechslereiholz hoch geschätzt.

Robinie, fälschlich Akazie genannt. Der bis zu 30 m hoch wachsende Baum wird angepflanzt, ist sehr widerstandsfähig und wird über 200 Jahre alt. Das Kernholz ist gelbgrünlich, der Splint hell. Das sehr widerstandsfähige Holz ist besonders für Parkettböden und Unterwasserkonstruktionen geeignet.

Mehlbeerbaum. Er wächst im Wald und an steinigen Orten bis 1500 m. Das Holz ist zug- und reibfest und wurde früher in der Wagenbauerei geschätzt.

Holunder. Das harte, dichte, aber warme und angenehme Holz wird wie die Haselnuß verwendet.

Die Haselnuß

Die Haselsträucher im Wald müssen alle weg, sprach der promovierte Oberförster, denn er wollte einen sauberen Wald und ein Revier, in dem die Rehe in ihren Weitsprüngen nicht durch Haselnußgebüsch gehindert werden und den Jägern nicht die Zecken in den Nacken fallen sollten. Da waren vielleicht die Eichhörnchen, denen man die Freude am Zerbeißen der Nüsse nahm, aber sie konnten ebensogut an Tannenzapfen nagen. Die Radikalmethode der Haselstrauchentfernung heißt nicht nur

Abschneiden, denn da wachsen die Zweige mit der Zeit wieder in aller Frische nach. Nein, die Schnittflächen werden mit einem höchst wirksamen Hormonpräparat bestrichen, das das Wachstum der Haselnuß – und nicht nur der Haselnuß – verhindert.

Was der promovierte Oberförster seinem Wald verordnet, tun viele andere auch; die Haselnuß gilt als Unkraut und wird als solches behandelt. Dabei ist das Holz der Haselnuß wunderbar anzufassen, wenn es geschält ist, und es ist vielseitig verwendbar. Weil Haselnußstangen Unkraut sind und nichts kosten, kann sich jeder soviel abschneiden, wie er will, wenn er vorher den Waldbesitzer gefragt hat – und wenn's überhaupt noch welche gibt.

Die Haselnußstangen kann man als Bauhölzer für kleine Bauteile verwenden, man kann ein Dach damit einlatten, man kann einen Zaun aus ihnen machen, man kann ganze Stiegengeländer und auch Vorhangstangen aus Haselnuß anfertigen. Mit Haselnußzweigen legte man einst Muster an den First der Strohdächer. Die Haselnuß läßt sich spalten, und man macht aus den gespaltenen Bändern Körbe oder Zäune oder Wände oder Truhen, Schränke, Betteile und was einem sonst dazu noch einfällt. Besonders angenehm an der Haselnuß ist die Wärme und Glätte der geschälten und geschliffenen Oberfläche. Kein Handlauf am Treppengeländer fühlt sich angenehmer an als der aus Haselnuß.

Wenn man im Wald Haselnußstangen sucht, sollte man geradegewachsene, astreine nehmen, zum Beispiel für ein Geländer. Wenn man die Stangen dann nebeneinander setzt, wird man sehen, daß sie wohl gerade sind, aber dennoch angenehm unregelmäßig und dadurch das Auge erfreuen. Da gibt es keine gerade Linie, die dem Auge geometrische Raster auferlegt, es ermüdet und schließlich unbeteiligt läßt. Jede Linie ist anders, jede Stange kann dem Auge täglich Beschäftigung und Meditation geben.

Damit man schöne, glatte Oberflächen bekommt, sollte man die Stangen gleich nach dem Abschneiden, zumindest am nächsten Tag, schälen. Die Rinde geht beinah von selbst ab wenn sie frisch ist,

man schält und glättet besonders leicht, wenn man ein Schälmesser (Reifeisen) verwendet.

Danach läßt man die Stangen im Schatten, an eine Wand oder einen Baum gelehnt, stehen. Die Oberfläche wird etwas nachdunkeln; diese dünne Schicht zieht man mit Glasscherben ab. Die Stange wird unglaublich glatt und weiß werden und auch bleiben. Wenn man die Stange schält, sollte man sie gut einspannen, damit man rasch arbeiten kann. Dazu eignet sich ein Reifstuhl sehr gut, ein Universalgerät der Holzhandwerker, das auch für andere Arbeiten, bei denen das Material fix befestigt sein soll, die Hände jedoch frei bleiben, verwendet werden kann. Wagenbauermeister auf dem Land fertigen solche Reifstühle auch heute noch an. Das

Schälen der Stangen geht rasch, das Abziehen mit den Glasscherben dauert etwas länger, man kann auch Schmirgelpapier dazu verwenden. Aber es ist eine Arbeit, die – von Erwachsenen und Kindern – beim Plaudern und Kaffeetrinken oder in fröhlicher Gesellschaft gemacht werden kann.

So nebenbei geht auch die Erzeugung von Vorhangstangen. Wozu soll man sich eine Vorhangstange oder mehrere – und ein Haus braucht viele davon – kaufen, wenn man sie umsonst bekommt? Eine Haselnußstange, in der richtigen Länge abgeschnitten und richtig über dem Fenster montiert, mit Asthaken, die man ebenfalls im Wald findet, an der Wand befestigt, ergibt eine wunderschöne Vorhangstange (siehe Kapitel Fenster).

Hat man einmal eine Menge schöner, weißer, glatter Haselnußstangen im Haus, so kommen die Ideen von selbst. Wenn man einen schönen alten Kachelofen oder Küchenherd besitzt, bastelt man sich aus den Stangen ein Gestell, das an Haken oder Stricken von der Zimmer- oder Küchendecke hängt. Darauf trocknet die Wäsche oder die Pfannen und Geschirrtücher.

Haselnußstangen, die zum Beispiel als Teil einer Bücherwand verwendet werden, können schön eingekerbt und – wenn es zur Wohnung paßt – die Kerben bunt bemalt werden.

Die Bilder zeigen eine einfache Stiege aus Esche, die in einen ausgebauten Dachraum führt. Die Haselnußstangen sind von unten bis in den Dachraum hinauf hochgezogen und bilden oben das

Geländer, das um die Stiegenöffnung führt. Im Dachraumteil wurde das Geländer mit Haselnußbändern umflochten. Die Bänder wurden an jeder dritten Sprosse festgenagelt, damit sie sich nicht verschieben.

Man kann nicht nur Treppengeländer, sondern auch Balkone oder Veranden auf diese Art und Weise beinah umsonst konstruieren. Das Grundmaterial, die Haselnuß, kostet nichts. Das Reifeisen (Schäleisen) ist eine einmalige Anschaffung und wird auch für Zimmermanns- und Tischlerarbeiten im Haus, zum Herstellen von Holzschindeln usw. gebraucht. Der Reifstuhl ist angenehm, aber nicht unbedingt notwendig. Sonst braucht man nur noch Nägel und Schrauben, mit denen das Flechtwerk befestigt, die Stangen angenagelt oder angeschraubt werden. Kostenpunkt eines ganzen Stiegengeländers, einer Balustrade, eines Verandageländers oder Balkongeländers: maximal 200 Schilling (keine 30 Mark). Die vielen Stunden lustiger, gemeinsamer Arbeit wird man wohl nicht rechnen, oder?

Nicht jeder wird die Haselnußstangen in geschältem Zustand verwenden wollen, weil die Wohnung vielleicht mit dunkel gebeiztem Holz verkleidet ist. In diesem Fall nimmt man ungeschälte mit dunkelbrauner Rinde, es gibt auch hellbraune oder grünliche Rinde, diese Stangen taugen nicht für den Zweck. Damit die

1. Gleich nachdem sie im Wald abgeschnitten worden sind, sollten die Haselstangen geschält werden. Das geschieht am besten mit einem Reifmesser, das man in jedem Handwerkszubehörgeschäft kaufen kann. Die Stange sollte beim Schälen festgehalten werden; gut eignet sich dafür der Reifstuhl, ein Universal-Festhaltegerät für Holzbearbeiter.
2. Wenn die Rinde entfernt ist, wird nachgeglättet, entweder mit Glasscherben oder feinem Glaspapier.
3. Die Treppe in den ausgebauten Dachboden bekam eine Sprossenwand aus Haselstangen. Die Stiegenwange wurde an der Oberseite für jede Stange angebohrt, die Stangen hineingesteckt und in der Deckenöffnung in den Holzrahmen einzeln verschraubt.
4. Im Dachraum wurden die Stangen in der Höhe des Handlaufs abgesägt und in den Handlauf, der aus drei etwas stärkeren Stangen besteht, genagelt. Der Korbflechter konnte nun mit dem Haselnußbänder-Flechtwerk beginnen.
5. und 6. Damit sich die Bänder nicht verschoben, nagelte er sie an jeder dritten Sprosse fest.

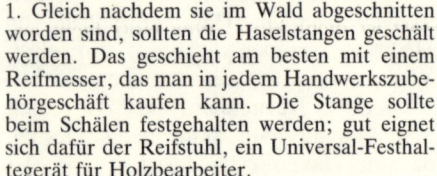

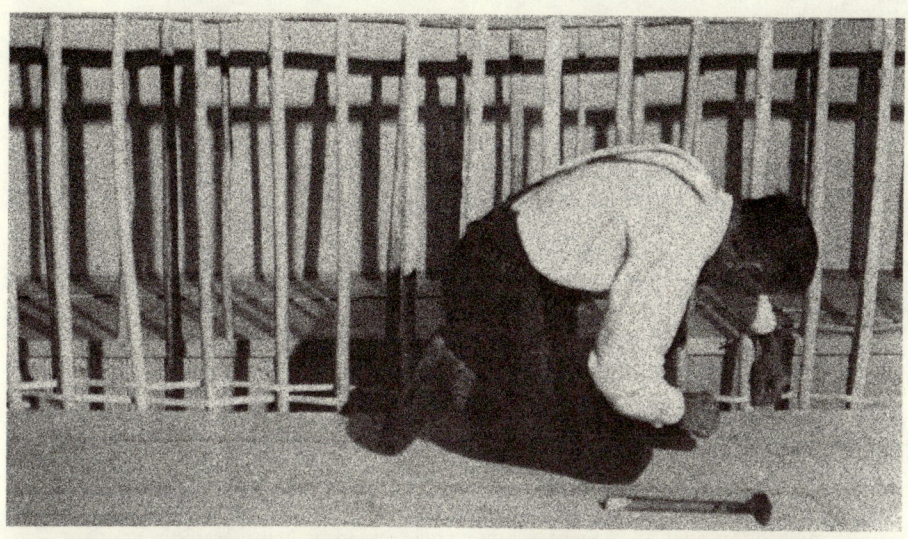

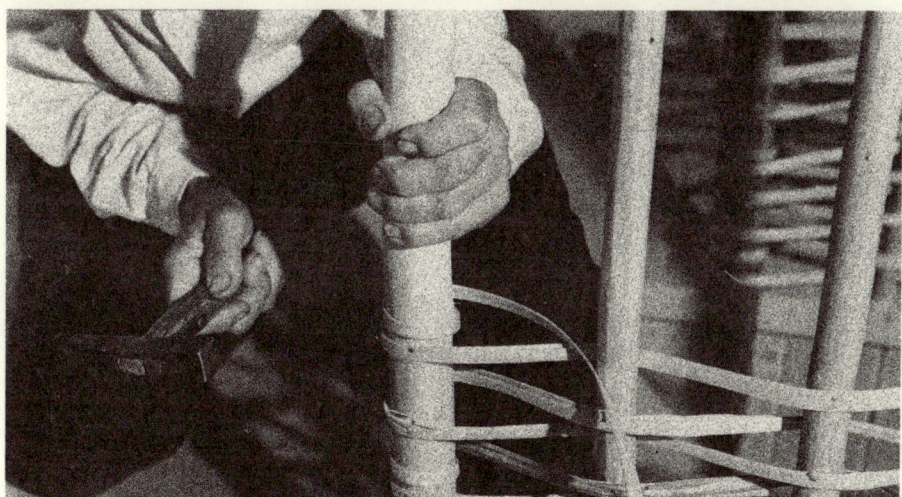

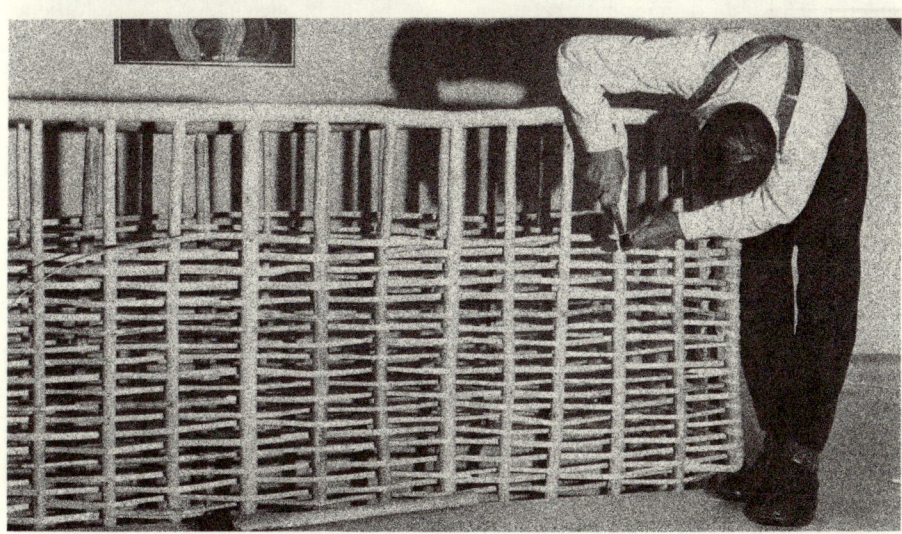

dunkelbraune Rinde sich nicht mit der Zeit vom Holz löst, geht man folgendermaßen vor: Mitte April, wenn der Saft in die Sträucher kommt, sucht man sich die Stangen aus, die man einmal schneiden möchte und die dann ihre Rinde behalten sollen. Man schneidet sie mit dem Messer schön regelmäßig ein, man kann auch ein Muster einschneiden. Dann bleiben diese Stangen noch zwei Jahre am Strauch. Die Kerben bilden ein schönes Muster und halten die Rinde am Stamm fest.

Wie Holz gehandelt wird

Holz im Wald an Ort und Stelle oder im Sägewerk kaufen?

Ein Baum macht in seinem langen Leben allerhand mit; er wird in seiner Jugend von Rehen beknabbert, als Halbwüchsiger vom Schnee beinah erdrückt, später vielleicht einmal vom Blitz gestreift, nach und nach verliert er Äste hier und bildet eine schöne Krone dort. Das Holz ist von allen diesen natürlichen Einflüssen gezeichnet; wo es einmal verletzt wurde, bleiben sichtbare Wunden zurück, es beginnt zu faulen oder verschließt die Wunde wieder ohne weitere Folgen. Der eine Stamm wächst astrein und gerade, der andere dreht sich während des Wachsens oder bildet starke Äste aus, der eine Baum wächst viel schneller als der andere, und ein und dieselbe Baumart sieht im Gebirge im Holz anders aus als im Flachland. Holz ist nicht Holz. Wer Holz nicht als verpackte Handelsware im Baumarkt oder im Hobbywarenhaus kaufen will, der sollte es direkt vom Sägewerk oder im Wald kaufen, selber fällen und aufarbeiten.

Wer Holz fix und fertig in Bretterform im Baumarkt kauft, braucht nur den dort angeschriebenen Preis zu zahlen. Dafür erhält er Holz, das am selben Tag fünfzig andere Käufer erhalten und mit denen er vieles gemeinsam haben wird, zum Beispiel eine der fünfzig mit diesen Brettern verschalten Wohnraumwände, vielleicht im Saunalook. Die Fichtenbretterwohnungen mit den Fichtenregalen, gleich in Stadt und Land und nicht immer ganz gelungen, jedoch sicher besser als die kunststoffausgestatteten

Wohnungen, sind leicht zusammenzubauen. Und rasch. Man kann immer nachbauen und den gleichen Holzfarbton erwischen. Anleitungen zum Zusammenbauen von Regalen, Verschalungen, Kisten und Ähnlichem gibt es in den Geschäften, die die Bretter und Regalteile verkaufen.

Holz direkt von einem Sägewerk zu beziehen ist preisgünstig und für Leute richtig, die keine sonderliche Lust haben, im Wald selbst Holz zu fällen. Im Sägewerk kann man sich aussuchen, welches Holz man in welche Bretterstücke, Bohlen oder sonstige Formen geschnitten haben möchte. Möchte man sich zum Beispiel ein Blockhaus selbst bauen, so hat der Holzkauf im Sägewerk gegenüber dem Holzkauf direkt im Wald den Vorteil, daß man die benötigte Anzahl der Stämme in ein und beinah der gleichen Stärke erhält, was im Wald nicht möglich ist, da jeder Baum auf seiner ganzen Länge verschiedenen Durchmesser hat und man mit Abfall rechnen muß – den man allerdings wiederum für andere Bauzwecke und schließlich als Brennholz verwenden kann. Wer sein Holz im Wald kauft und selbst aufarbeitet, sollte sich seine Arbeit so einteilen, daß er zumindest ein halbes Jahr, bevor er mit dem Bau beginnt, mit der Arbeit fertig ist, denn Bauholz soll trocknen.

Holz lebt, kein Stamm gleicht dem anderen; im folgenden wird der Aufbau des Holzes, seine Krankheiten, Qualitäten und andere Eigenschaften beschrieben.

Der Aufbau des Holzes

Der Baumstamm trägt die Baumkrone, leitet die von den Wurzeln aufgenommenen Nährstoffe und speichert sie. Laub- und Nadelhölzer besitzen eine unterschiedliche Zellenstruktur, daher auch ihre unterschiedlichen Materialeigenschaften als Bauhölzer. Der Baumstamm besteht aus der Rinde, dem Holzteil und der Markröhre. Zwischen Rinde und Holzteil liegt das Kambium, eine Schichte teilungsfähiger Zellen. Wenn sich diese Zellen teilen, wächst der Baum, es bilden sich nach innen mehr Holzzellen als nach außen Rinden-

zellen. Die Wachstumsperioden der Bäume sind klimaabhängig; in unserem Klima beginnt die Wachstumsperiode im April bis Mai und endet im August bis September. In den Tropen wachsen die Bäume, wenn die Trocken- und Regenzeiten einander abwechseln, immergrüne Bäume wachsen dort ohne Unterbrechung. Die Breite der Jahresringe ist von der jährlichen Wettersituation, vom Standort des Baumes, von Krankheiten, Schädlingsbefall und anderen äußeren Einwirkungen abhängig. Schnellwachsende Bäume haben breitere Jahresringe als langsamwachsende, wobei es auch in ein und derselben Baumart Unterschiede geben kann, abhängig zum Beispiel von der Bodenbeschaffenheit oder Seehöhe. Fichten, die auf Wiesen oder einstigem Ackerboden wachsen, haben weite Jahresringe und sind gegen Fäulnis oder Schädlingsbefall schlecht gerüstet. Die durch natürliche Versamung gewachsenen Fichten, Graben- oder Felsenfichten, zeigen meist enge Jahresringe und fehlerloses Holz. Dies gilt grundsätzlich für die meisten Bäume; natürlich versamte, nicht gepflanzte Bäume, die noch dazu sehr langsam wachsen, haben eine sehr gute Holzqualität.

Vergleicht man die Hirnschnitte verschiedener Holzarten, so stellt man fest, daß manche Hölzer eine gleichmäßige Färbung des gesamten Querschnittes haben, andere wieder weisen im Kern eine dunklere Färbung auf als außen. Im äußeren Holzteil, dem Splint, befinden sich die lebenden Zellen, im Kern die abgestorbenen, toten Zellen. Ein Kern bildet sich meist nach 20 bis 40 Jahren Wachstum. Darum weist das Kernholz ganz andere Eigenschaften auf als das Splintholz. Nicht immer jedoch ist der Kern farblich vom Splint zu unterscheiden, das ist von Holzart zu Holzart verschieden. Farblich unterscheiden sich Kern und Splint besonders bei Kiefer, Lärche und Eiche, Ulme, Eibe und Edelkastanie. Die Birke ist ein reiner Splintholzbaum, ohne Verkernung. Bei der Edeltanne, Fichte, Rotbuche ist zwar der Kern farblich nicht vom Splint zu unterscheiden, er hat jedoch einen geringeren Wassergehalt als der Splint. Kernholz enthält im allgemeinen mehr

Harze, Gerb- und Farbstoffe, Fette und gummiartige Stoffe als Splintholz. Es ist widerstandsfähiger gegen Schädlinge, schwerer im Gewicht und härter, es neigt weniger zum Schwinden.

Die Holzqualität

Jeder Stamm weist Gütemerkmale auf, nach deren Vorhandensein oder Fehlen die Qualität des Holzes und somit auch der Preis festgelegt wird. Dies sind: Ästigkeit, mittlere Jahresringbreite, Faserverlauf, Harzgallen, Frostrisse, Blitzschäden, Pilzbefall, Insektenbefall, Krümmungen, Drehwuchs.

Beim Drehwuchs verlaufen die Holzfasern schraubenförmig um die Stammachse. Drehwüchsiges Holz verzieht sich bei Feuchtigkeitsveränderungen in Drehrichtung. Dies zeigt bei verwendetem Rundholz wenig Auswirkung, bei Kantholz mehr. Drehwüchsiges Kantholz ist in der Festigkeit beeinträchtigt.

Die Astigkeit der verschiedenen Holzarten ist bereits verschieden, zusätzlich bestimmt noch der Standort des Baumes seine Astigkeit. Sehr hohe, andere überragende Bäume, Randbäume oder freistehende Bäume sind astiger und gröber im Holz als die sogenannten Unterständler. Diese, meist gleich alt wie ihre größeren Kollegen, haben ein feineres Holz, das zudem fester und astreiner ist. Beim Holzkauf im Wald sind also zwei schwächere Unterständler einem dikken, hohen Baum vorzuziehen.

Ast ist nicht gleich Ast. Abgestorbene kurze Äste, die beinahe waagrecht vom Stamm wegstehen und sehr spitz sind, werden beim Schälen (Schöpsen) der Rinde entfernt und sind als kleine, schwarzumrandete Äste am Stamm wie später auch im Brett sichtbar, da sie tief ins Holz hineingehen. Sie fallen früher oder später heraus. Bretter bzw. Stämme mit schwarzen Ästen sind zur Herstellung von Verschalungen oder Fußböden ungeeignet. Die grünen, noch frischen Äste, die noch belaubt bzw. voller Nadeln sind, tun der Holzqualität keinen Abbruch. Sie machen ein Brett nur „interessanter" und fallen nicht aus. Stark astiges Bauholz hat geringere Tragfestigkeit, leistet Querdruck jedoch größeren Widerstand.

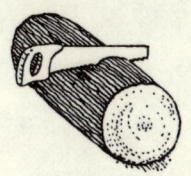

Harzgallen entstehen, wenn Bäume verletzt werden. Föhren und Lärchen bilden besonders gerne solche Harzgallen. Verwendet man, besonders bei der Wandverkleidung oder Wandkonstruktion, Holz mit solchen harzigen Stellen, so sollen diese ausgekratzt und dann verkittet werden. Dennoch kann es vorkommen, daß Anstriche darauf nicht haften bleiben, da das Harz, zum Beispiel durch Wärmeeinwirkung, wieder flüssig wird und jeden Anstrich durchdringt. Für Räume, die höhere oder sehr hohe Temperaturen aushalten sollen, verwende man möglichst harzfreies Holz, wie zum Beispiel Tanne.

Insekten und Pilze befallen den stehenden Baum, das gefällte, im Schlag liegende Holz, aber auch das gebaute Holz. Sie bevorzugen entweder Nadelholz oder Laubholz oder beide Arten. Äußerlich erkennt man Insektenbefall an Einfluglöchern, auch an den Fraßbildern der Larven in der Rinde. Vom Pilz befallene Bäume nennt man rotfaul oder weißfaul. Zur falschen Zeit gefällte Kiefern verfärben sich durch einen Bläuepilz blaugrau, das Holz wird dadurch unschön, aber in der Substanz nicht angegriffen. Auch wenn der Baum noch steht, kann man erkennen, ob er rotfaul ist. Der Erdstamm hat dann Ausbuchtungen oder ist stark verbreitert. Durch Verletzungen größerer Art kann der Stamm aber auch in der Höhe faulen, das kommt jedoch seltener vor. Ein rotfauler Erdstamm muß „gesundgeschnitten" werden, das heißt, man schneidet so lange kürzere Stücke ab, bis der Stamm nicht mehr faul ist. Rotfaule Lärchen jedoch eignen sich noch bestens zum Korbflechten wie zum Spalten von Schindeln oder Brettern zur Dacheindeckung. Rotfaule, ausgehöhlte Erdstämme aller Baumarten können immer noch als Blumengefäße verwendet werden. dies ist besser, als sie zu – schlechtem – Brennholz aufzuschneiden.

Bei den Tannen sind leicht faulende Erdstämme von Vorteil, nicht faule Erdstämme reißen beim Fällen gerne ein. Diese feinen Risse, zuerst fast nicht sichtbar, vergrößern sich, wenn man Bretter schneidet und diese dann trocknet. Sonst jedoch sollte man von der Verwendung von faulem oder angefaultem Holz absehen.

Fäule ist leicht erkennbar. Der Pilz baut die Substanz ab, diese wird bröcklig und zerfällt, was man durch einfaches Angreifen der Substanz leicht bemerkt.

Der Holzpreis

Holz ist nicht gleich Holz, die Preise richten sich nach der Marktlage, nach Holzart und Qualität. Im Sägewerk, wo Rundhölzer oder Bretter nach Wunsch sortiert und zum Festmeterpreis verkauft werden, wird man den üblichen Preis dafür zahlen. Im Wald ist es schon nicht mehr so einfach, da hat ein und derselbe Baum unterschiedliche Qualität, da ist der Erdstamm ein wenig rotfaul, die nächsten zehn Meter liefern gutes und teures Holz, dann wird der Baum wieder dünner und daher auch billiger. Holz wird auch im Wald nach Festmetern bezahlt. Was erste Qualität ist, was als Bauholz gut verwendet werden kann, was zu astig ist und einen schlechten Preis hat, bestimmt ein Übereinkommen zwischen dem Käufer und Verkäufer, das zumeist landesüblich ist. Nun ist gerade der Selberbauer nicht am Holz reinster Qualität interessiert. Ein wenig krumm, ein wenig astig – solches Holz hat dem Auge noch nie geschadet, im Gegenteil, wer sich selbst eine Treppe zimmert, die gern auf die gerade Linie verzichtet, dadurch nicht nur schöner, sondern auch billiger wird, der leistet sich heute bereits eine Form von Luxus, die nicht jeder haben kann.

Das waren noch Zeiten, als krumm

gewachsenen Kiefern das höchste Lob zuteil wurde! Sie waren gesucht, denn man konnte sie spalten und zwei gegengleich krumme Bögen erhalten, die im Fachwerkbau, als Türbögen oder zur Innenraumgestaltung verwendet wurden. Die krumme Kiefer wird heute, wenn nicht verheizt, zur Papierfabrik gebracht und von hundert Personen in einer halben Stunde zerlesen.

Im Wald muß rationell gearbeitet werden; meist wird ein Baum gefällt und in genormte Längen zerschnitten. 2, 3, 4 und 5 Meter sind die üblichen Längen; der teure, astreine und saubere Block mißt 4 m. Holz mit Fehlern kommt ins Schleifholz, der Preis dafür liegt haushoch unter dem Blockholzpreis. Unter 4 m Länge, so besagt die festgelegte Übereinkunft zwischen Holzverkäufer und Käufer, gibt es keine Qualitätsblöcke. Trotzdem kommt es zu oft vor, daß Stämme, weil sie vom Wind oder Schnee umgeworfen wurden, in Stücken von 2 oder 3 m Länge abgeschnitten werden müssen, die weder faul noch astig sind und schöne, fehlerfreie Bretter oder Balken abgeben. Weil sie eben zu kurz sind, um als gute Blöcke zu gelten, werden sie billig verkauft. Hier kann der Selberbauer, der informiert ist, wo gerade Holz geschlagen wird, zugreifen, indem er gutes Holz, das nicht der Norm entspricht, kauft.

Bei Nadelholz, insbesondere bei Fichte, Lärche und Kiefer, unterscheiden die

Holzhandelsbestimmungen Schleifholz, Grubenholz, Bauholz, Kleinbloche (-blöcke), Langbloche, Masten, Bloche erster und zweiter Qualität. Laubholz, insbesondere schon selten gehandeltes wie Ahorn, Esche, Nuß, Ulme, Eiche, hat keine genormten Längen. Wird Laubholz billig angeboten, heißt es achtgeben, es könnte Laubholz sein, das in der Saftzeit geschlagen wurde und unter normalen Umständen nicht gehandelt wird. Solches Laubholz kann nur in der Holzindustrie verarbeitet werden. Nußbaum, Kirschbaum, Linde oder Birnbaum, Qualitätseiche werden immer seltener, und doch kommt man oft zu spät und sieht, wie ein Birnbaum hoffnungslos zu Brennholz zerkleinert wird. Wer den echten Luxus, nicht den Konsumluxus liebt, der sollte sich, wo es möglich ist, mit seltenen Hölzern versorgen und diese selber lagern und trocknen. Solange Fichtenwälder über Fichtenwälder herangezüchtet und Ahorn, Esche und Schwarzerle zu Brennholz zerhackt werden, werden die seltenen Laubhölzer rar sein: auch in den nächsten hundert Jahren, denn mindestens so lange brauchen sie, um wieder nachzuwachsen.

Nachdem die Holzpreise für den Festmeter Holz vereinbart worden sind, muß das Raummaß des Holzes, also der einzelnen Holzstämme gemessen werden, je nach Qualität und Preis sortiert. Um einen geradegewachsenen Stamm zu messen, braucht man seinen Durchmesser und seine Länge und könnte, theoretisch, den Rauminhalt eines Zylinders aus Durchmesser und Länge bzw. Höhe errechnen. Meist sind Baumstämme aber konisch, und jeder Baum-

stamm zu berechnen wäre zu mühevoll. Man bedient sich daher einer Tabelle, in der zum Beispiel schon genau ausgerechnet ist, wieviele Kubikzentimeter ein 4 m langer Baum von 23 cm Durchmesser hat, diese Zahlen werden aufgeschrieben und addiert. Beim Messen des Holzes nimmt man eine Meßzange und es mißt der Käufer wie auch der Verkäufer, damit nicht zu viel und nicht zuwenig gemessen wird. Beim Holzkauf im Wald kommt man um das Messen nicht herum. Es ist nicht mehr wie früher, als Waldflächen noch in Bausch und Bogen gekauft werden konnten oder ein kundiger Förster in der Lage war, die Menge Holz, die auf einer bestimmten Fläche stand, nur nach dem Augenmaß anzugeben. Wer wissen will, wieviel Festmeter ein Baum mißt, kann folgende Faustregel anwenden: Man mißt den Durchmesser des Baumes in Augenhöhe und nimmt ihn zum Quadrat und dividiert dann das Ergebnis durch 1000. Diese Regel gilt für geradegewachsene, 30 m hohe Bäume. Hat ein Baum also 30 cm Durchmesser in Augenhöhe, mißt er knapp 1 Festmeter.

Der Selberbauer sollte sich also auf Holz verlegen, das außerhalb der genormten Qualität steht, er wird billiges und gutes Holz erhalten. Abgesehen davon gibt es im Wald auch Holz, das nichts kostet und als Bauholz verwendet werden kann; Haselnuß, Pappeln, Salweiden, Schwarzerlen, Weißerlen. Man kann sie überall dort verwenden, wo Konstruktionshölzer, Pfähle, Säulen usw. gebraucht werden. Man muß nur den Waldbesitzer fragen und die Bäume oder Sträucher selbst umschneiden.

Bau- und Werkstoff Holz
Quellen und Schwinden

Holz lebt, ist in hundert Jahren durch Sonne, Wind und Regen gewachsen, ist schließlich zu dem Baustoff geworden, mit dem wir so gerne unsere dritte Haut bauen. Holz ist kein gleichförmiger Stoff, es verändert seine Farbe, schwillt und schwindet, es duftet und altert. Holz zu streichen, zu imprägnieren, es zu einem gleichförmigen Baustoff zu machen, entspricht dem Zug der Zeit, ist aber keine Qualitätsverbesserung. Naturbelassenes Holz braucht das auch nicht.

Holz, ganz gleich welcher Art oder Qualität, verändert seine Masse. Das nennt man Quellen und Schwinden. Bei Feuchtigkeitszunahme der Umgebung quillt Holz und vergrößert sein Volumen, bei Feuchtigkeitsabnahme schwindet seine Masse. Die wichtigste Regel für das Bauen mit Holz heißt: Trockenes Holz verwenden! Wer von vornherein mit feuchtem, frischem, auch „grün" genanntem Holz baut, wird damit rechnen müssen, daß es sich in bereits eingebautem Zustand noch verändert. Der Schnitt durch einen Stamm (Fichte) zeigt, daß sich Bretter, Pfosten, Kanthölzer unterschiedlich verändern, je nachdem, aus welchem Teil des Stammes sie herausgeschnitten werden. Unterschiedliche Querschnittschwindmasse und unterschiedliche Feuchtigkeit der Kern- und Splintholzzonen können Verzerrungen und Verwindungen der aus dem Stammquerschnitt herausgesägten Hölzer beim Trocknen bewirken. Bei Rundhölzern sowie bei Kanthölzern und bei Balken treten bei Trocknung oft Rißbildungen auf, die aber das Tragverhalten kaum beeinträchtigen.

Naturbelassene Hölzer

Kein Baum gleicht einem anderen, jedes Brett unterscheidet sich von anderen Brettern, sei es in der Farbe, sei es in der Maserung. Abgesehen davon haben die verschiedenen Holzarten verschiedene Eigengewichte. Einheimische Nadelhölzer sind leichter als einheimische Laubhölzer, Ahorn wiederum ist federleicht im Vergleich zu Eiche. Es gibt zähe Hölzer, zugfeste Hölzer, druckfe-

Holzmeßzange: Der eine Teil der Zange läßt sich auf der Zentimeterskala verschieben. Man setzt die Zange mit ihrem festen Stück an der Stammmitte an und schiebt den beweglichen Teil an den Stamm. So mißt man den Durchmesser, errechnet aus diesem und aus der Stammlänge die Festmeter und den Festmeterpreis.

ste Hölzer, wasserfeste Hölzer, harzreiche Hölzer, harzarme Hölzer, engfaserige, jedoch leicht bearbeitbare Hölzer, rauhe Hölzer (auch nach dem Hobeln) und glatte Hölzer. Allein durch das Angreifen einer dicken Vollholztischplatte ist es einem Fachmann möglich, zu sagen, um welches Holz es sich handelt. Im Zeitalter des Oberflächenholzes, der Klebeparketteinrichtung klingt es nicht mehr exotisch, wenn vom Teakholzfurnierkasten gesprochen wird, exotisch werden Gespräche in und über Wohnungen erst, wenn man seinen Fuß auf einen Birnholzboden setzt, denn es gibt keinen Holzboden, der ihm an Qualität gleicht. Wenn der alte Bauer, der seine Holzrechen noch selber macht, erklärt, warum er für einen einzigen Rechen dreierlei Holz brauche, nämlich Ahorn, Fichte und Esche, so erscheint auch dies dem Gartengerätekonsumenten bereits als exotische Weisheit.

Fichtenholz hat ein geringes Eigengewicht, deutlich sichtbare Jahresringe und feine Harzgänge. Schwarze Äste fallen heraus. Im Bau, wenn massiv in Fichte gebaut wird, ist kein besonderer Holzschutz erforderlich; wird Fichte als Außenverkleidung in Bretterform angebracht, so sollte mit Leinölfirnis gestrichen werden. Fichtenbretter im Innenausbau brauchen keinen Anstrich. Bleiben sie naturbelassen, so verfärben sie sich im Laufe der Jahre und bekommen einen wunderschönen honiggelben Farbton. Wird Fichte als Konstruktionsholz für Dachstühle oder Ständerbau verwendet, so muß das geschälte Rundholz im Wald oder an Ort und Stelle mindestens drei Monate so liegenbleiben. Fichte eignet sich im Gegensatz zur Tanne nicht als Wasserholz.

Das Holz der **Edeltanne** ist heller als das der Fichte, die technischen Eigenschaften sind ähnlich, Tannenholz enthält beinah kein Harz und eignet sich daher sehr gut zum Saunabau. Achtung bei Tannenholz, es reißt leicht und ist nicht widerstandsfähig, wenn es außen verwendet wird. Tanne eignet sich jedoch bestens für Unterwasserbauten.

Die Föhre ist rötlich im Kern und gelblich im Splint. Unsortierte, verschiedene Föhrenbretter, astig und verschieden gefärbt, ergeben interessante Wände und Böden. Föhrenäste fallen gerne aus, Föhrenböden sind zu versiegeln oder man nimmt ein paar Löcher in Kauf. Das unbehandelte Föhrenholz dunkelt insgesamt nach. Es ist für Außenverkleidungen nicht geeignet, auch halten Blockbauten aus Föhre nicht lange. Unter der Erde ist Föhrenholz jedoch ebenfalls haltbar. Zur Saftzeit umgeschnittenes Föhrenholz wird durch und durch blau, dies schadet der Substanz nicht, ergibt aber keinen schönen Farbton. Ein Grund mehr für die Holzschutzindustrie, die Imprägnierung von Föhrenholz besonders zu empfehlen.

Die Lärche hat einen dunkelrotbraunen Kern und einen gelbbraunen Splint, sie ist harzreich, das Holz zeigt deutliche, wellig verlaufende Jahresringe. Lärchenholz zu imprägnieren ist wahre Verschwendung. Wetterschutzfassaden sollten aus Lärchen gemacht werden, Blockbauten sollten zumindest Bodenblöcke als Lärche haben, dadurch ist absoluter Feuchtigkeitsschutz garantiert. Der Witterung ausgesetzte kleinere Bauten, Brücken, Pfähle als Holzkonstruktionsbasis sollten aus Lärchenholz sein. Lärchenholz ist immer dunkelrötlich und verliert diesen Ton auch durch Verwitterung nicht. So könnte ein Lärchenholzboden in einem Zirbenwandzimmer durchaus interessant wirken, Lärchenboden und Fichtenwand jedoch sind farblich sehr weit entfernt. Lärche ist härter als Fichte, so halten Stiegen aus Lärchen auch viel besser als Fichtenholzstiegen, die bald abgetreten sind.

Das Holz der **Rotbuche** ist gelbbraun und zeigt deutlich die Markstrahlen. Rotbuche wird gerne gedämpft, sie erhält dadurch einen rötlichen Schimmer und wird biegsam. Astiges Buchenholz kommt häufig vor, Buche wird daher kürzer geschnitten und eignet sich gut zur Erzeugung von Parkett.

Eichenholz ist dunkelbraun, auch mit hellbraunem Kern und einem schmalen, grauweißen Splint. Es zeigt deutliche Jahresringe und große Markstrahlen. Mit Ausnahme des Splintholzes ist Eichenholz beinah unbegrenzt haltbar. Das schwere Holz sollte viele, viele Jahre lagern, bevor es verwendet wird, ein Jahr Lagerzeit für zehn Jahresringe – so sagt man. Eine hundertjährige Eiche sollte also, zu Pfosten aufgeschnitten, zehn Jahre liegen! Heute, wo jeder seine knorrige, standhafte und aufrechte Eiche im Wohnzimmer haben will, ist es mit dem zehnjährigen Lagern natürlich vorbei. Bei den heutigen Eichenschränken und ähnlichem Mobilar handelt es sich meist um Eichenfurnier. Der Massiv-Eichenschrank von einst, für den mindestens eine halbe Eiche verwendet wurde, ist durch den Eichenfurnierschrank ersetzt worden. Aber nur aus sehr schönen Eichenstämmen lassen sich Deckenfurniere schälen, knorrige Wiesenrandeichen eignen sich nicht für die-

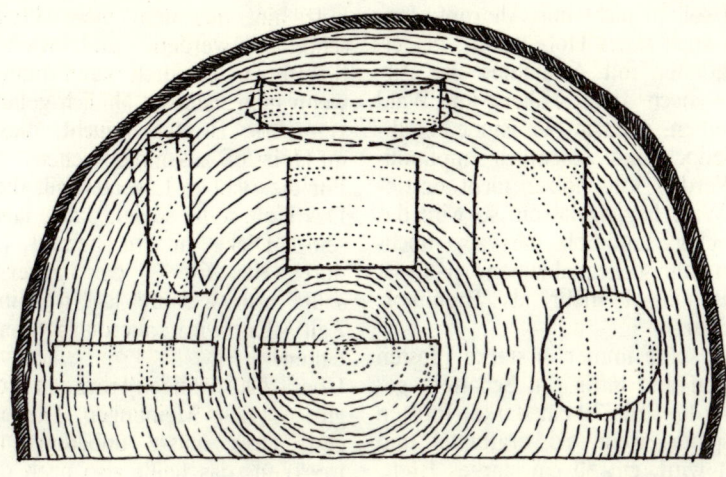

Die Zeichnung zeigt, wie sich die verschiedenen Holzquerschnitte beim Schwinden verzerren; das Holz biegt sich so, wie die Jahresringe verlaufen.

Wie man einen Rechen macht

Die verschiedenen Teile des Rechens bestehen aus Esche (Rechenbank, weil das Holz sehr zäh ist und nicht abbricht); Hasel, Esche oder Mehlbeere (Zähne), Fichte (Stiel). Die Bank hat je nachdem, ob der Rechen für Männer oder Frauen bestimmt ist, eine größere oder kleinere Länge.

1. Im Reifstuhl stellt man zuerst mit dem Reifmesser oder Hobel aus einem gespaltenen, nicht geschnittenen Eschenscheit die Bank her.
2. Die Rechenbank wird in eine Hobelbank eingespannt, in gleichbleibenden Abständen (3 cm von Lochmitte zu Lochmitte) werden mit Hilfe einer Schablone Löcher für die Zähne vorgebohrt.
3. Zur Herstellung der Zähne braucht man einen vom Schmied hergestellten Rechenzahndurchschlag, dessen innerer Durchmesser etwas stärker ist als die in die Bank vorgebohrten Löcher. Man spaltet kleine Stöckchen aus dem Erdstamm der Haselnuß und steckt sie in den Rechenzahndurchschlag, durch den man sie mit einem Holzschlegel schlägt. Das bewirkt, daß alle Zähne die gleiche Form bekommen.
4. Die Zähne werden in die Rechenbank eingeschlagen.
5. Mit dem Rechenzahnmesser werden die Zähne zugespitzt.
6. Ein Fichtenstämmchen wird mit der Spansäge gespalten und im Reifstuhl zurechtgeputzt.
7. Der Stiel wird in die Bank eingeschlagen.
8. Der Stiel wird mit kleinen Lärchenkeilen an der Rechenbank befestigt.

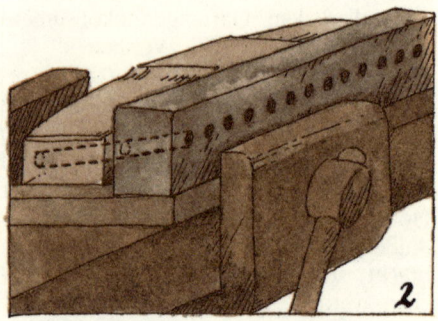

sen holzindustriellen Zweck und können zu einem günstigen Preis gekauft werden.

Ahorn, vor allem der Bergahorn, ergibt schöne, weiße Bretter, wenn er richtig behandelt wird. Das Holz darf nur im Winter gefällt und muß sofort zu Pfosten oder Brettern geschnitten werden. Die Pfosten werden im Schatten stehend getrocknet, nur so bleibt Ahornholz weiß. Wird er zu spät geschnitten und falsch gelagert, dunkelt er nach und wird gelb. Auch als Drechslerholz ist Ahorn sehr geschätzt.

Schwarzerle hat man früher einmal zu Scheiten aufgespalten und hat dann diese Scheite im Moos eingegraben. So lagerte das Schwarzerlenholz fünfzig Jahre und länger und wurde hart wie Stein. Man machte daraus Wetzsteine und verwendete es als Lagerholz bei den Mühlen. Schwarzerlen, auch Weißerlen (die sonst nicht die Eigenschaften der Schwarzerlen haben), ergeben die beste Holzkohle.

Tips fürs Lagern der Hölzer

Stehend sollten nicht nur Ahornpfosten, sondern auch zähes Holz lagern. Nadelhölzer können mit Ausnahme der Zirbelkiefer nach dem Fällen im Wald liegenbleiben, auch in der Rinde. Laubhölzer jedoch sind wesentlich empfindlicher. Werden Laubhölzer nicht entrindet im Wald liegengelassen, so wird das Holz fleckig. Laubholz darf also höchstens ein Jahr so liegenbleiben, später ist es nicht einmal mehr als Brennholz verwendbar.

Laubholz sollte immer in starke Pfosten geschnitten und luftig, im Schatten, gelagert werden. Ein 70 cm starker Pfosten ergibt später, wenn er verarbeitet und gehobelt wird, ein 50 cm starkes Brett. Wenn Laubholz gleich nach dem Fällen aufgeschnitten und gelagert wird, braucht es nicht entrindet zu werden. Bretter lagert man so, wie man sie aus dem Baum herausgeschnitten hat, mit den Splintbrettern beginnend zum Kernholz hin, aus dem meist Pfosten geschnitten werden, und wieder zum Splintholz. Dadurch kann man später, wenn man mehrere ähnlich gefärbte und gemaserte Bretter braucht, diese leicht im Holzstoß zusammensuchen.

Für die richtige Lagerzeit gilt die Regel: Das Holz sollte soviele Jahre lagern, wie seine Dicke in cm beträgt (dividiert durch 10). Ein 70 cm starker Pfosten sollte also 7 Jahre lagern! Eine lange Zeit. Er wird allerdings dann ewig halten.

Über das richtige Trocknen von Holz gibt es viele Meinungen. Die einen sagen, Holz müsse unbedingt natürlich trocknen, das heißt also nach der oben erwähnten Zentimeter-Regel. Bei porösen, großfaserigen Hölzern wie Fichte

könne man ein Auge zudrücken und das Holz schon ein Jährchen früher verarbeiten. Trocknet man das Holz zu Hause, in einem Schuppen oder auch im Freien, so muß es gegen Regen und Sonne geschützt sein. Naturgetrocknetes Holz gleicht sich schon während des Trocknungsprozesses der Luftfeuchtigkeit an, das macht das Holz elastischer und widerstandsfähiger.

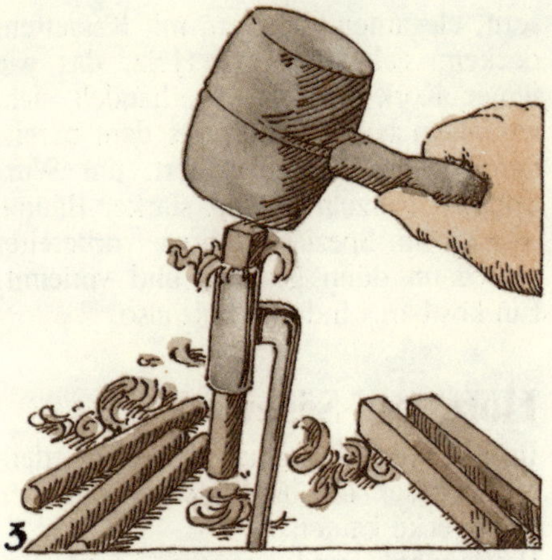

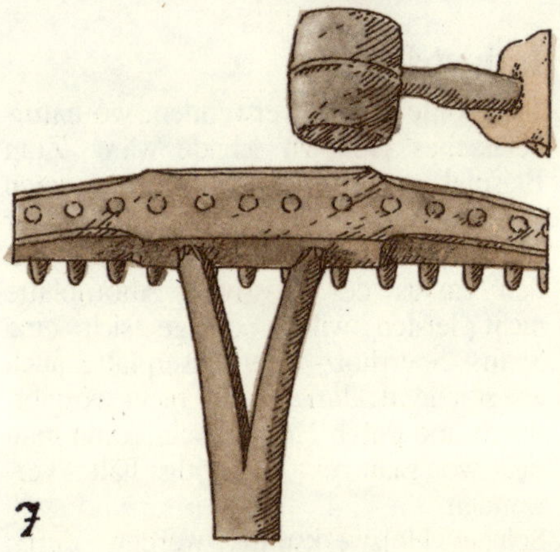

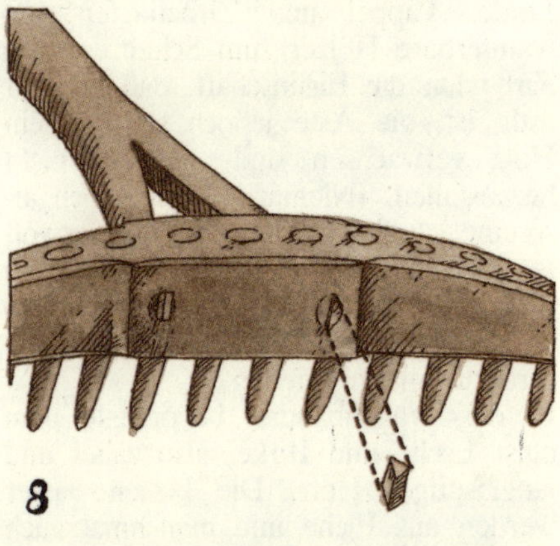

Der Nachteil bei der Naturtrocknung ist: sie dauert lange. Und heute will man schnell bauen und nicht jahrelang warten. Daher wird Holz meist in Trockenkammern getrocknet und ihm in kürzester Zeit – je nach Stärke bis zu drei Wochen – die Feuchtigkeit entzogen. Künstlich getrocknetes Holz ist trockener als natürlich getrocknetes, weil es unabhängig von der herrschenden Luftfeuchtigkeit trocknen kann. Bringt man natürlich getrocknetes Holz selten unter 15% Feuchtigkeitsgehalt, so erreicht man in der Trockenkammer 12% und weniger. Dieses radikal, ohne Rücksicht auf die Klimaverhältnisse getrocknete Holz wird nun der Luft und den Klimaschwankungen ausgesetzt. Das heißt, daß trockenes Holz sich nachträglich noch der Luftfeuchtigkeit anpaßt und „arbeitet". Es muß sich aber nicht nur auf das Außenklima, sondern auch auf das Wohnraumklima einstellen, was wieder von der Art der Beheizung abhängt. Ein neuer Bretterboden wird in einem alten, renovierten Bauernhaus mit Kachelofenheizung wesentlich weniger schwinden als derselbe Boden in einer Neubau-Zentralheizungswohnung. Das Wohnklima ist in dieser Wohnung sicher trockener als im alten Bauernhaus.

In Osteuropa trocknet man Holz auch heute noch auf ganz andere Art: Man schneidet den stehenden Bäumen die Wipfel ab und läßt sie zwei Jahre so im Wald stehen, bevor man sie umschneidet. Das so vorbereitete Holz ist sofort zum Verarbeiten geeignet. Nach einer anderen Methode trocknete man bei uns früher das Holz am Stamm. Dieser wurde „geschwendet", das heißt, er wurde rund um den Erdstamm eingekerbt, so daß der Saftfluß von den Wurzeln nach oben unterbrochen war. Auf diese Weise trocknete der Baum vorher ab.

Hölzerne Tips

Wer Holz kreativ verwenden will und gerne verschiedene Holzarten miteinander kombiniert, weil die unterschiedlichen Maserungen und Farben interessant sind, der beachte, daß die verschiedenen Holzarten, auch bei gleichem Feuchtigkeitsgehalt, verschieden „arbeiten". Verschiedene Holzarten miteinander zu kombinieren ist wesentlich einfacher, wenn man altes, bereits gebrauch-

tes Holz verwendet, weil dieses fast nicht mehr „arbeitet".

Zur Herstellung von Parkettböden eignen sich: Eiche, Rotbuche, Weißbuche, Esche, Birne. Parkette werden sortiert verkauft, nach erster, zweiter und dritter Qualität, und eine – imaginäre – vierte Qualität ist bei den Parkettfabriken billig zu kaufen.

Gesuchtes Tischlerholz ist Kirsche, Nuß, Birne, Apfel, Ahorn. Nuß ist unglaublich teuer geworden. Wenn man auf dem Land lebt, halte man die Augen offen und schaue, wo ein Birnbaum der Brennholzaxt zum Opfer fallen soll; vielleicht kann man ihn für den eigenen Möbelholzbedarf retten.

Linde, Pappel und Zirbelkiefer sind wunderbare Hölzer zum Schnitzen. Die Zirbe hat die Eigenschaft, daß sie sehr astig ist, die Äste jedoch so mit dem Holz verwachsen sind, daß sie nicht herausfallen. (Niemand braucht sich also eine – billige – Föhre für eine wertvolle Zirbelkiefer vormachen zu lassen.) Daher lassen sich aus Zirbenholz interessante Formen schnitzen, die die astige Struktur miteinbeziehen.

In der Wagenbauerei bevorzugte man einst Esche und Birke, also zähes und langfaseriges Holz. Die besten Fässer werden aus Eiche und manchmal auch aus Lärche gemacht, aus Lärche auch Bottiche.

Viele im Walde vorkommende Hölzer werden nicht hoch und bleiben in Strauchform, wie der Holunder, die Haselnuß, Salweiden. Wenn die Stämmchen nicht zu dünn und ziemlich gerade gewachsen sind, lassen sich aus ihnen immer noch Besen-, Axt-, Rechenstiele, Zaunstangen, Balkongeländer, Konstruktionshölzer und ähnliches machen. Jedes Holz ist angenehm anzufassen, aber auch hier gibt es Unterschiede. Abgesehen von der Faserstruktur, die man gut ertasten kann, haben verschiedene Hölzer verschiedene Temperaturen. Ein Eichenparkettboden oder ein Eschenboden ist viel kälter als ein Lärchenboden; der wärmste Boden ist der Fichtenbretterboden. Warm ist auch die Haselnuß, die Birke, die Pappel und der Holunder. Ein Besenstiel aus Holunder ist wärmer als ein Besenstiel aus Esche. Nicht jedes Holz duftet wunderbar. Die

Esche zum Beispiel stinkt in frischem, nassem Zustand fürchterlich und verliert diesen Geruch erst, wenn sie trocken ist; das dauert Jahre. Lärchenholz wieder duftet in frischem und trockenem Zustand.

In Holz, das zur rechten Zeit gefällt und richtig gelagert wurde, kommen keine Würmer. Verirrt sich doch einmal ein Holzwurm, so bevorzugt er Splintholz. Verwendet man also billigeres Holz, so sollte man sich eher auf unregelmäßig gewachsenes Holz mit anderen Fehlern spezialisieren und bei Splintholz dies nur dort verwenden, wo es nicht allzulange halten soll.

Industrieholz

Man sollte es dort verwenden, wo naturbelassenes Holz zu schade wäre. Zum Beispiel unter Bodenbelägen – wenn diese unbedingt sein müssen –, in der Küche, als Arbeitsplatte (wenn man sich den Luxus der massiven Ahornplatte nicht leisten will). Solange sich eine Span-, Sperrholz- oder Faserplatte auch als solche deklariert und nicht vorgibt, durch und durch Holz zu sein, kann man sie, wo man es für nötig hält, verwenden.

Solche Holzwerkstoffe werden durch Vorpressen von mehr oder weniger zerkleinerten Holzteilen unter Zugabe von Bindemitteln erzeugt. Je nach dem Grad der Zerkleinerung unterscheidet man Sperrholzplatten, Spanplatten und Holzfaserplatten.

Sperrholzplatten sind Platten aus mindestens drei aufeinandergeleimten Holzlagen, deren Faserrichtungen gegeneinander gekreuzt sind. Die Deckfurniere haben gleichgerichteten Faserverlauf.

Spanplatten werden aus Holzspänen, die mit Bindemitteln aus härtbaren Kunstharzen vermischt und verpreßt sind, erzeugt. Es gibt auch mineralisch gebundene Spanplatten. Jede Plattenfirma hat ihre eigenen Rezepte.

Holzfaserplatten sind Platten aus Fasern oder Faserbündeln, die in regelloser Lagerung, mit oder ohne Bindemittel und Füllstoffe, zum Werkstoff geformt werden. Die Holzstruktur ist nicht mehr erkennbar.

Wurzelholz: In alten und feinen Häu-

sern, eleganten Zimmern mit Kassettendecken, sieht man oft Holz, das wie feiner Kork aussieht. Es handelt sich, vor allem bei Arbeiten aus dem bereits industriellen 19. Jahrhundert, um Wurzelholz. Wurzeln uralter, starker Bäume wurden in Spezialverfahren vorbereitet und dann dünn geschält und verleimt. Ein kostbares Industrieholz also!

Holz vom Sägewerk

Im Sägewerk kann man die verschiedensten Hölzer für die unterschiedlichsten Bauzwecke kaufen.

Baurundholz sind entastete, entrindete Stämme, die man als Träger, Stützen oder Gerüstholz verwendet.

Rundbloche, in jeder Stärke und Länge, entastet und entrindet, werden zum Beispiel für den Bau eines Blockhauses verwendet.

Dreischnitt-Bloche werden schon im Sägewerk an drei Seiten geschnitten. Ein aus diesen Blochen zusammengebautes Blockhaus zeigt außen seine runde Blockhausseite; zwischen den Blochen

Dreischnittbloch

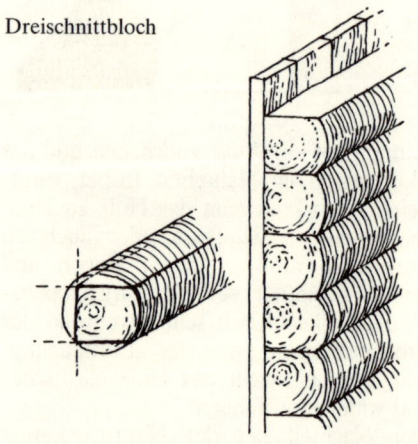

entstehen innen keine Fugen, alles ist dicht, und man kann innen mühelos die Verschalung anbringen, ohne lange an Unregelmäßigkeiten herumbasteln zu müssen.

Beim Bauschnittholz unterscheidet man: Latten (auch: Leisten) mit einem Querschnitt bis 32 mm², bis zu 8 cm breit; Bretter, mindestens 8 mm und weniger als 40 mm dick, mindestens 8 cm breit; Bohlen, mindestens 40 mm

dick. Die große Querschnittseite ist mindestens doppelt so groß wie die kleine; Kantholz mit quadratischem oder rechteckigem Querschnitt. Es hat eine Mindestseitenlänge von 6 cm.

Balken-Kantholz, dessen größere Querschnittseite mindestens 20 cm breit ist.

Bauschnittholz wird sägerauh geliefert. Kommen Schwarten (Randstücke) für Bauzwecke in Verwendung, so sollten sie von Rinde und Bast befreit sein. Gehobeltes Schnittholz kostet mehr, und nicht jedes Sägewerk hobelt auch. Gehobelt braucht nur jenes Holz zu werden, das in „Körpernähe" verwendet wird.

Bretter im Innenbau

Ist eine Wand oder ein Boden gut isoliert und fugenlos abgedichtet, so können trockene Bretter, auch ohne Profil, auf eine Lattung genagelt oder geschraubt, können starke Bretter, nur auf Stoß gelegt und mit Schrauben oder Holznägeln auf Polsterhölzern befestigt, einen schönen Boden ergeben. In allen Räumen eines Hauses kann Holz sein, an allen Wänden und Böden – mit Ausnahme des Badezimmerbodens. Badezimmerwände sind mit Profilbrettern auf einfache Art wohnlich zu gestalten. In Badezimmern und Küchen sollten Bretterwände nicht quer laufen, sondern senkrecht angebracht werden. Profilbretter sind in Feuchträumen profillosen Brettern vorzuziehen, da die letzten nicht fugenlos sind und sich dort die Nässe absetzen kann. Schattennutbretter mit trapezförmiger Schattennut sind besonders für feuchte Räume geeignet, da sich in ihnen kein Wasser ansammeln kann. Bretter in Feuchträumen sollten zumindest eine Stärke von 22 mm haben und nicht allzu breit sein. Zu breite Bretter würden sich zu stark verändern. In Feuchträumen sollte mit Holznägeln oder Messingschrauben gearbeitet werden, einfach Genageltes hält der Materialveränderung nicht lange stand. Alle verwendeten Metalle sollen nicht rosten. Dort, wo Leitungen, Zu- und Abflußrohre in den Wänden laufen, sollten die Bretter herausschraubbar sein. Sonst

Wandverkleidung mit Schindeln

sollte man Leitungen und Rohre freiliegend montieren, man erspart sich dadurch Kosten. Bretterwände in Feuchträumen müssen ab und zu mit einem Leinölfirnisanstrich versehen werden. In allen anderen Räumen kann man der

Phantasie freien Lauf lassen. Weg von der ewigen Senkrecht- oder Waagrecht-Schalung! Es gibt so viele Möglichkeiten, Muster legen, verschiedenfarbige Hölzer verwenden . . . Welche Bretterschalung man auch immer anbringt, sie

sollte hinterlüftet sein und auf einer Quer- und/oder Senkrechtlattung angebracht werden. Gut hinterlüftete Bretterwände helfen zum Beispiel, einen feuchten Keller, der ungenützt ist und den man gerne als Werkstattraum benützen möchte, wohnlich zu machen und trockenzubekommen. Die Luftzirkulation im Hohlteil zwischen Raumwand und Holzverkleidung schützt einerseits das Holz vor Feuchtigkeit, fördert andererseits das Abtrocknen der Wände. (Feuchte Keller sind solche, in denen man Mauerflecke bemerkt, es muffig riecht, die schlecht belüftet sind und wo der Verputz ausblüht.)

Wie man mit Hilfe einer Holzverkleidung einen feuchten Keller trockenbekommt:

Zuerst werden die feuchten und lockeren Putzteile an den Wänden abgeschlagen, Ziegelfugen ausgekratzt und Mauerflächen abgebürstet und gereinigt. Kellerräume, in denen es nicht nur feucht ist, sondern gar Wasser an den Wänden oder am Boden austritt, müssen baulich saniert werden. Nun wird die Lattung angebracht; die an den feuchten Wänden anliegenden Latten sollten mit Isolierbändern unterlegt werden. Bei feuchten Wänden sollte die Lattung immer senkrecht verlaufen, damit die Luftzirkulation richtig funktionieren kann. Die Latten werden mit rostfreien Schrauben oder Dübeln befestigt. Welche Bretterschalung man dann auch immer daraufschraubt, -nagelt oder auch mit Patentklammern befestigt, es müssen unbedingt genug Entlüf-

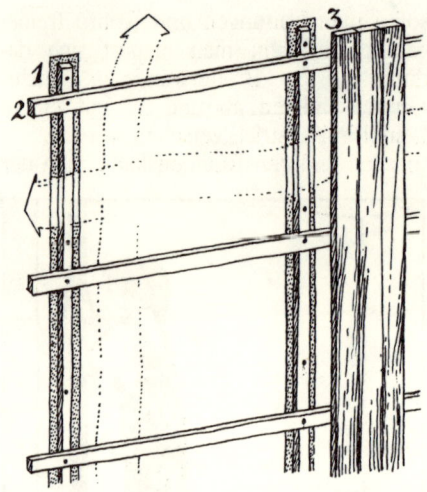

Ein feuchter Keller wird zum trockenen Arbeitsraum: 1. Auf dem rohen Mauerwerk wird eine Feuchtigkeitsisolierung angebracht. 2. Die Befestigungslatten, waagrecht und senkrecht, werden mit Schrauben und Mauerdübeln befestigt. Sie ermöglichen, daß die Holzverkleidung hinterlüftet wird. 3. Senkrechte Holzverkleidungen (für feuchte Räume besser als waagrechte) können auch schräg verblendet werden, der Phantasie sind keine Grenzen gesetzt.

tungsschlitze unten und oben freigelassen werden.

Schindeln im Innenbau

Auch mit geschnittenen oder gespaltenen Brettern und gespaltenen Schindeln kann man eine Wand gestalten. Dazu braucht man noch Latten, rostfreie Nägel, Hammer, Säge und Zollstock. Als Untergrund eignen sich Wände aller Art (siehe Zeichnungen vorige Seite).

Bretterböden nach der guten alten Art

An einem naturbelassenen, nicht versiegelten Holzboden kann man viel Freude haben, vor allem, wenn man ihn selbst verlegt hat und gerne pflegt. Denn Pflege braucht er, er will gewachst und gebürstet und in stark begangenen Räumen auch mit der Bürste und Schichtseife gerieben werden. Ein wenig Bücken und auf den Knien Rutschen bleibt nicht erspart. Pflegeleicht ist ein Bretterboden nach der alten Art nicht. Aber es gibt keine schöneren Böden als naturbelassene Bretterböden. Auch keine wärmeren – mit Ausnahme wollener Teppiche. Bretterböden können in jedem Raum verlegt werden, nur in Naßräumen nicht. Im Stadthaus und im Bauernhaus – Bretterböden sind weder „rustikal" noch „elegant", man werfe einen Blick in alte, erhaltene Schlösser. Da prangen durchaus nicht überall die Edelparkettböden, viel öfter wurden Fichtenbretterböden in Räumen verlegt, die mit den kostbarsten Teppichen und Möbeln ausgestattet waren. Der Fichtenbretterboden ist der wärmste aller Bretterböden und allen anderen nicht nur darum vorzuziehen: Er ist auch wesentlich billiger zu bekommen als andere Böden.

Die Stärke, Breite und Länge der Bretter und die Art des Legens richtet sich nach dem Raum. In kleine Räume kann man schmale wie breite Bretter legen, große Räume, ausgebaute Dachräume, sollten aber nur Böden aus breiten Bret-

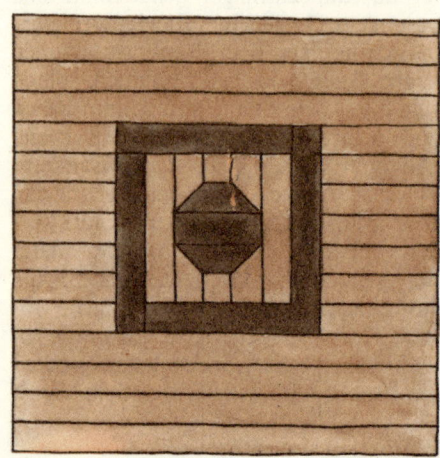

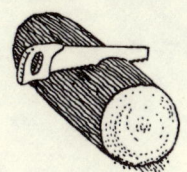

tern haben. Bretter für große Räume, starke Bretter in verschiedenen Breiten, bekommt man im Sägewerk, man sollte sie dort rechtzeitig bestellen.

Nicht sonderlich geeignet sind Birke, Zirbe, Kiefer und Pappel; Esche, Buche, Lärche, Birne, Fichte sind ideal. Böden aus verschiedenen Hölzern, die verschieden gemasert und gefärbt sind, können außergewöhnlich schön sein. Man kann auch einen Boden aus Brettern einer Holzart in einem Muster beizen, indem man ein paar Bretter hell läßt und andere dunkel färbt. Bevor man die Holzart wählt, sollte man sich auch überlegen, ob und was man auf den Bretterboden legen möchte, welchen Teppich oder welche Decke. Auf dem stark gemaserten Eschenboden oder dem rötlichen Lärchenboden werden Felle gut aussehen, bunte Teppiche machen sich auf Fichtenböden gut.

Bretter sollten durchaus nicht immer parallel zueinander und laufend verlegt werden. Man kann sich verschiedenes einfallen lassen (siehe Zeichnungen links unten).

Bretter für den Boden brauchen, sollen oder müssen nicht gleich lang und gleich breit sein. Sie sollen nur dieselbe Stärke haben, da das Verlegen bei verschieden starken Brettern zu schwierig und zu aufwendig ist. Arbeitet man mit verschiedenen Hölzern oder alten, verschieden starken Brettern, so hobelt man sie vorher auf eine Stärke ab. Je schmäler die Bretter sind, desto dünner dürfen sie sein, desto enger müssen dann auch die „Polster" gelegt werden,

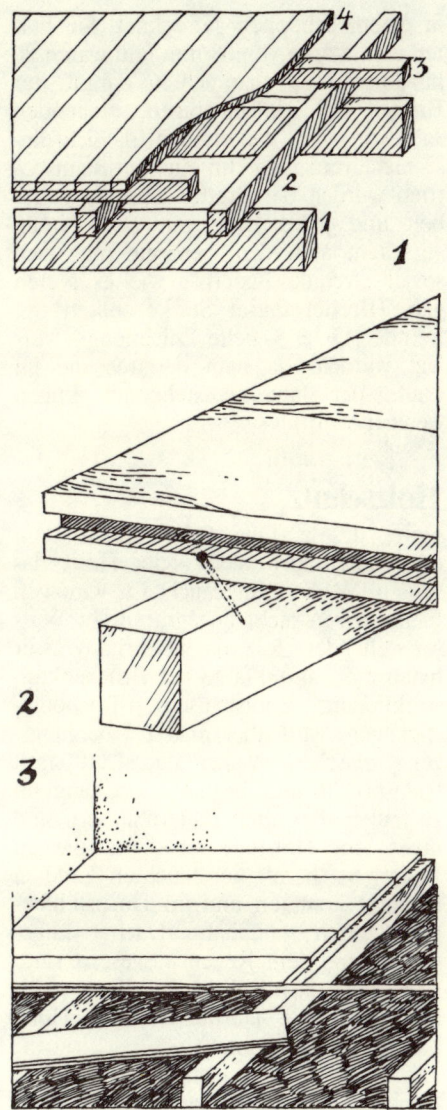

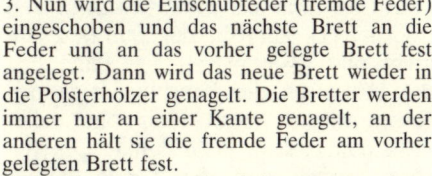

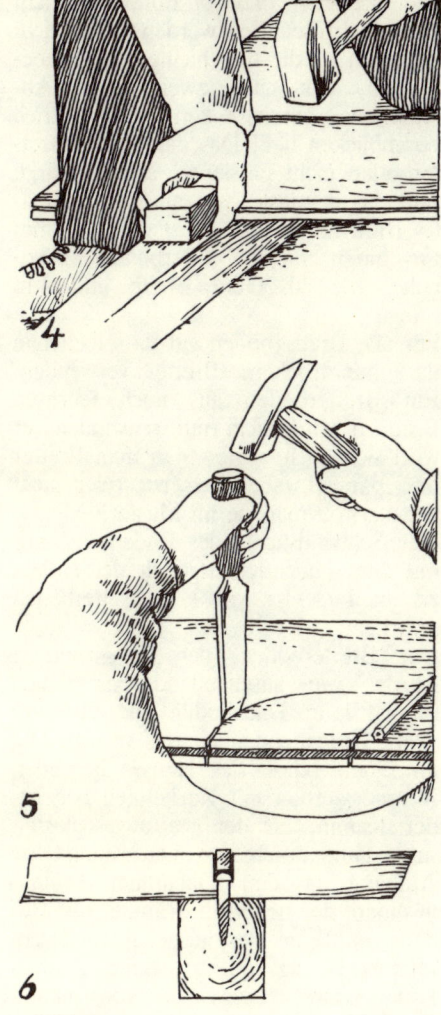

Wie man einen Bretterboden macht:

1. 1 Balken, 2 und 3 Polsterhölzer, 4 Bretter
Die Polsterhölzer, auf die die Bretter genagelt oder geschraubt werden, liegen immer senkrecht zu den Brettern. Damit der Boden nicht schwingt, werden, wenn die Bretter sehr breit und stark sind, zwei Reihen Polsterhölzer im rechten Winkel übereinandergelegt, bei schmaleren und dünneren Brettern kommt man mit einer Reihe Polsterhölzer aus, die enger aneinandergelegt wird. Mit den Polsterhölzern kann man auch unebene Böden ausgleichen, so zum Beispiel durchhängende Böden in alten Dachräumen.

2. An einer Seite des Bodens wird nun mit dem Verlegen der Bretter begonnen. Das erste Brett (und ebenso alle folgenden) wird auf die Polsterhölzer gelegt und durch die obere Kante des unteren Nutstücks schräg in das Polsterholz genagelt.

3. Nun wird die Einschubfeder (fremde Feder) eingeschoben und das nächste Brett an die Feder und an das vorher gelegte Brett fest angelegt. Dann wird das neue Brett wieder in die Polsterhölzer genagelt. Die Bretter werden immer nur an einer Kante genagelt, an der anderen hält sie die fremde Feder am vorher gelegten Brett fest.

4. Da die Bretter noch arbeiten, müssen sie so fest wie möglich aneinandergelegt werden. Man behilft sich mit einem Holzstück, das man zwischen Brett und Hammer hält und durch das man auf das Brett klopft.

5. Wenn der Boden um ein Hindernis herum gelegt werden soll, muß die Größe der Ausnehmung genau gemessen werden. Dann wird das Brett mit der Hand angesägt und mit dem Keil Stück für Stück abgespalten. Die fremde Feder, die eingeschoben wird, wird ebenfalls in der nun gebrauchten Länge zugeschnitten und kann,

wenn nötig, auch in kleineren Teilen eingeschoben werden.

6. Jedes Brett wird, wenn der Boden fertiggelegt ist, zweimal an den Polsterhölzern festgeschraubt (dies ist nur bei stärkeren Bretterböden nötig) oder mit Holznägeln befestigt. In diesem Fall wird schon beim Verlegen auf jedem Brett die Stelle vermerkt, an der geschraubt werden wird, so daß man dann ins Polsterholz und nicht in die Luft bohrt. An den markierten Stellen werden nun Löcher gebohrt, die um ca. 1 mm größer sind als die Schrauben. Die Schrauben werden durch die Bretter in die Polsterhölzer gedreht und ca. 2 cm tief unter die Oberfläche versenkt; diese Vertiefung wird mit Holzkitt angefüllt und mit kleinen Holzstückchen, ca. 2,5 cm lang, von etwas größerem Querschnitt als das Loch, zugeschlagen. Anschließend wird der Boden einmal abgeschliffen.

auf die die einzelnen Bretter genagelt werden. Ein schmales, dickes Brett hat allerdings längere Lebensdauer. Man bedenke auch, daß der Boden vielleicht einmal abgeschliffen werden muß. Nicht erfunden ist die Geschichte vom Klebeparkett, das nach zweimaligem Abschleifen bereits den Betonestrich durchblicken ließ! Das darf einem Bretterboden nicht passieren! 20 mm Stärke sind das mindeste, was auch ein schmales Brett haben soll. Ideal wären 33 mm für einen Fichtenbretterboden (gehobelt), bei 20–30 cm Breite und 4 m Länge.

Für alle Bretterböden gilt dasselbe: man darf nur trockene Bretter verwenden. Ein Bretterboden aus noch feuchten Brettern wird nicht nur schwinden, er wird sich auch werfen. Ob man Bretter nun parallel, aber versetzt, oder nicht versetzt, ob man sie im Muster verlegt – die „Schwindsucht" des Bodens hat nur mit dem Feuchtigkeitsgehalt des Holzes zu tun. Fugenlos wird kein Bretterboden sein.

Der Bretterboden, der so gezimmert wurde, wie anschließend beschrieben ist, wurde im Dachboden eines 30 Jahre alten, freistehenden Hauses verlegt. Die im Obergeschoß des Hauses liegenden Räume werden mit Kachelöfen beheizt, der Kamin, an den sie angeschlossen sind, läuft durch den Dachraum. Der Aufgang in den Dachraum beginnt in einem der beheizten Räume. Die Bodengrundfläche des ausgebauten Dachraumes beträgt 80 m². Beim Ausbau konnte man sich durch die Konstruktion des Bodens, die offene Treppe als Wärmeschacht und die Nutzung der Kamin-Abwärme eine eigene Wärmequelle ersparen.

Bevor der Bretterboden gelegt wurde, wurde der den alten Dachboden bedeckende Betonestrich und die darunter befindliche Hochofenschlacke entfernt. Das war notwendig, um die Deckenbalken freizubekommen und zwischen oberer Geschoßdecke (Holz) und Dachboden den wärmenden Luftpolster für die indirekte Fußbodenheizung zu erhalten. Heute läßt ein wunderbar warmer Holzboden all die Schmutzarbeit vergessen. Die Fichtenbretter wurden ein Jahr vor dem Verlegen im Sägewerk gekauft und

in einem Schuppen getrocknet. Sie hatten eine Stärke von 38 mm und waren 20 bis 30 cm breit, man achtete darauf, nur Bretter mit gleichmäßigen, stehenden Jahresringen zu bekommen, da sich diese nicht verziehen. Im Zimmermannsbetrieb wurden die Bretter einseitig gehobelt und jedes Brett mit zwei Nuten versehen, außerdem besorgte man sich soviel „fremde Federn", wie es Nuten gab. (Bretter dieser Stärke sollten mit fremder Feder – siehe Zeichnung – verlegt werden, da man dadurch die im Laufe der Jahre entstehenden Fugen weniger sieht.)

Holzschutz

Holz, dessen Feuchtigkeitsgehalt dauernd unter 20% bleibt oder Holz, das stets in Wasser eingetaucht ist, wird von Fäulnispilzen nicht angegriffen. In Wasser stehendes Holz, das über das Wasser hinausragt, also Pfähle bei Brückenkonstruktionen, Bootshäusern, Teichbefestigungen, wird aber in der Übergangszone zwischen Wasser und Luft stark beansprucht und beginnt dort langsam zu faulen. Bei alten Bauernhäusern sind meist jene Holzteile schadhaft, die im Kellerbereich mit der feuchten Erde in Kontakt kommen und im Dachstuhlbereich durch schadhafte Dächer ungeschützt und dem Regen ausgesetzt sind. Außerhalb des Keller- und Dachstuhlbereiches sind jahrhundertealte Holzhäuser noch ganz intakt.

Als Folge der Feuchtigkeit treten an feuchten Holzteilen dann Holzschäden auf. Die Sonne tut dabei auch das ihre, indem sie zwar das Holz bescheint und trocknet, es aber in der Substanz angreift und rissig macht, was dann erst das Festsetzen der Feuchtigkeit in den Rissen möglich macht. Holz sollte daher nicht dunkel sein, denn dunkle Oberflächen werden von der Sonne stärker angegriffen als helle. Das Dunkelbeizen von Holz, das Holz vermeintlich schützen soll, ist eine unnötige finanzielle Belastung. Ist Holz sehr dunkel gebeizt, erweckt es den Anschein, es wäre glatt und gesund. Die natürlichen Alterungs- bzw. Verwitterungserscheinungen an der Holzoberfläche werden aber nur übertüncht und wirklich schadhafte Stel-

len dadurch meist zu spät bemerkt. Beläßt man Holz ganz natürlich und läßt es verwittern, so kann man es viel besser kontrollieren und sehen, wo wirklich einmal ein Teil ausgebessert werden muß.

Feuchtes Holz ist Nährboden für Pilze; ist es erst einmal durch Pilzbefall porös und bröckelig geworden, so stellen sich auch Insekten ein. Da Insekten ihre Entwicklungsperioden haben, ist nicht jedes Jahr ein Insektenjahr. Folgt eine Hitzeperiode im Sommer einer Nässeperiode, so muß man mit starkem Insektenflug rechnen. Wenn der Dachstuhl eines alten Hauses bereits ein wenig morsch ist und man ihn noch nicht reparieren kann, so sollte man die Dachbodenluken und andere Öffnungen in der Zeit des Insektenfluges, also zwischen Mai und September, durch feine Gaze verschließen. So können Insekten nicht einfliegen und weiteren Schaden anrichten.

Wer mit gut getrocknetem Holz baut und eine Bauweise wählt, die ihre Holzbauteile nicht der Witterung aussetzt, der hat schon viel für den Holzschutz getan. Holzbauteile, die nicht durch Dächer geschützt sind, werden nicht gebeizt, sondern ganz einfach mit Leinölfirnis imprägniert. Besonders Hirnholzflächen sind auf diese Weise zu schützen, ebenso Fensterläden, Balkons, Fensterrahmen. Im Innenbau braucht Holz in Wohn- oder Schlafräumen nicht behandelt zu werden, ein mit Holz verkleidetes Badezimmer allerdings braucht einen guten Leinölfirnisanstrich, den man alle zwei bis drei Jahre wiederholen sollte.

Der Witterung ausgesetztes Holz, das nicht angestrichen worden ist, vergraut durch Schimmelpilze; diese Schimmelpilze sind der eigentliche, natürliche Holzschutz. Manche stört dieses Grau; wer es daher nicht lassen kann, verwende eben einen Anstrich, der aber wasserdampf- bzw. wasserdurchlässig sein soll. Bretter- oder Schindeldächer aber sollte man wirklich nicht imprägnieren, da dort das Schimmelgrau silbrig erscheint. Ein frisches Schindeldach ist bereits nach einem Jahr eine silbrig schimmernde Köstlichkeit. Wenn auch die Holzschutzindustrie behauptet,

Schindeldächer würden imprägniert viel länger halten, so ist das noch lange nicht bewiesen. Denn schließlich hält ein Schindeldach vierzig Jahre und länger.

Wie man die Holzoberfläche schützt und pflegt

Grundregel ist, daß man die Oberfläche des Holzes weder verstopft noch überlackt noch zu sehr aufrauht. Sägerauhes Holz, heute so modern, weil es „urig" ist, hält ohne Imprägnierung nicht lange. Am haltbarsten, unabhängig von der Holzart, sind daher von der Natur aus glatte Oberflächen, die nicht durch Abschneiden und Sägen eines Brettes vom Stamm, sondern durch das Spalten mit der Faser entstanden sind, also Schindeln oder gespaltene Bretter. Durch die Oberflächenmaserung, die von Holzart zu Holzart verschieden ist, regt Holz dazu an, es so zu belassen, und die Maserung bestimmt ein ganzes Möbelstück, eine ganze Wand. Holz kann aber auch, von dieser Maserung ausgehend, schön bemalt werden; das hat mit dem „Zumalen oder Zulackieren" nichts zu tun.

Will man Holz bemalen, dann muß man darauf achten, daß sich keine harzigen Stellen darauf befinden, denn auf Harz haftet keine Farbe. Harz schleift man ab oder schneidet es mit dem Messer aus, schleift das Loch gut aus und verkittet es. Bleibt nur eine Spur Harz zurück, so ist die ganze Arbeit umsonst gewesen. Astlöcher werden, wenn sie sehr klein sind, mit Kitt verschlossen, größere Löcher bohrt man nach und leimt einen Holzdübel ein. Dellen oder grobe Risse werden, wenn dieser Holzteil nicht der Feuchtigkeit ausgesetzt ist, nicht verkittet. Eine Delle stört doch wirklich niemanden, oder?

Verschmutztes Holz, das wieder sauber werden soll, behandelt man mit Holzseife. Dieses Pulver wird in heißem Wasser gelöst und mit einer Bürste eingerieben, dann mit klarem Wasser abgespült.

Ist der Holzwurm im Holz, so muß er leider eben doch mit Gift vernichtet werden. Da hilft sonst nichts. Holzwurmtod muß aber richtig angewendet werden, denn sonst wirkt er nicht. Ist ein Holzteil oder ein Möbelstück stark vom Holzwurm angegriffen und ist der Wurm noch drinnen, was man an herabfallendem Holzmehl merkt, so sollte das zu vergiftende Stück im Freien behandelt, luftdicht verpackt und zwei Wochen so belassen werden. Dem Holzwurm wird dadurch sicher der Garaus gemacht. Ist eine Behandlung im Freien nicht möglich, so muß das Gift in die Fraßlöcher gespritzt, diese anschließend aber unbedingt mit Wachs verschlossen werden, so daß der Holzwurm nicht mehr ausreißen kann.

Die Holzpflege wird entweder mit Wachs oder mit Öl durchgeführt. In südlichen Ländern werden Möbelstücke, aber auch Holzwände und andere Holzteile, mit Olivenöl und Zitrone eingelassen. Bei uns verwendete man einst Leinöl, das in heißem Zustand mit einem Lappen aufgetragen und schön eingerieben wurde. Leinölfirnis ist für Außenteile als Schutz, weniger als Pflege geeignet. (Kalt aufgetragenes Leinöl klebt einige Wochen lang.) Holz erhält einen wunderbaren Seidenglanz, wenn man es mit Bienenwachs behandelt. Dies gilt nur für Innenbauteile. Man bereitet das Wachs wie folgt vor: Bienenwachs, bei Imkern zu haben, wird im Wasserbad unter ständigem Rühren erhitzt. Dem heißen Wachs mengt man im Verhältnis 1:1 Terpentin bei. Dann wird das Terpentin-Wachs mit einem Lappen heiß auf die Holzoberfläche aufgetragen. Man läßt es eintrocknen und bürstet nachher mit einer weichen Bürste, bis die Oberfläche glänzt.

Die Bienenwachspflege ist eine recht kostspielige Angelegenheit, man sollte nur besondere, kleinflächige Bauteile damit „auf Seidenglanz" bringen, wie die Balken einer schönen Zimmerdecke. Mit 1 kg Bienenwachs kann man ungefähr 3 m² Oberfläche pflegen. Räume, in denen man mit Bienenwachs gepflegt hat, duften wunderbar nach Honig!

Holz und Brandschutz

Holz brennt wunderbar. Überall. Das Risiko, daß ein Holzhäuschen einmal abbrennen könnte, muß man eingehen wollen. Brandschutz im Holzhaus sollte durch vorbeugende bauliche Maßnahmen erreicht werden; so zum Beispiel sollte auch im Vollholzhaus die Bodenfläche um den Küchenherd und um den Kachelofen, aus Ziegeln, Klinker oder Stein sein, ebenso die Wand, vor der der Ofen steht. Wer auch Verantwortung für die Nachbarn trägt, weil sein Haus nicht allein steht, muß im Bereich des Kamines oder in der Zwischendecke zwischen Dachraum und darunterliegenden Räumen feuerhemmende Baumaterialien einbauen. Hier kann man magnesitgebundene Holzwolleplatten empfehlen. Diese Platten sind zumindest teilweise aus Holz und daher kein Baustoff-Fremdkörper, außerdem enthalten sie keine toxischen Feuerschutzmittel.

Holzbearbeitung

Werkzeuge für die Holzbearbeitung

Mit dem **Hobel** werden Unebenheiten entfernt und ebene Holzflächen geglättet. Es gibt Grundhobel und Planhobel für das ebenmäßige Glätten. Der Abstand zwischen der Vorderkante des Mauls und der Schneidekante des Hobeleisens soll 2 mm betragen. Das Maul darf niemals mit einem Metallgegenstand gereinigt werden. Das Hobeleisen wird durch einen Schlag mit dem Hammer auf den Schlagknopf gelöst, gereinigt und wieder neu eingesetzt. Man hobelt mit der Holzfaser, nicht gegen sie, indem man den Hobel mit beiden Händen hält und vom Körper wegstößt. Der gleichmäßige Druck, den man dabei ausüben soll, muß gelernt sein. Ist die Arbeit beendet, so wird das Eisen im Hobel zurückgenommen; das Gerät sollte nie mit der Schneide nach unten abgelegt werden.

Mit **Raspeln** und **Feilen** kann man Hölzer abrunden.

Schleifpapier, auch **Glasscherben,** benützt man, um Holzoberflächen zu glätten. Schleifpapiere gibt es mit verschieden grober und feiner Körnung. Will man sehr fein schleifen, so feuchtet man das Holz nach dem ersten Schleifen und Abwischen an und schleift ein zweites Mal. Geschliffenes Holz braucht gleich Pflege mit Bienen- oder Benzinwachs.

Das **Schnitzmesser** braucht man auch, wenn man keine ausgesprochenen Schnitzarbeiten durchführt.

Stech- und **Hohleisen** dienen zum Ausstemmen von Vertiefungen.

Mit **Bohrern** wird Holz durchbohrt oder man bohrt vor, um dann Schrauben und Dübel einzudrehen.

Welche **Sägen** man sich anschafft, muß man selbst entscheiden. Für einmalige Arbeiten kann man sich eine Handkreissäge ausborgen.

Neben verschieden großen **Hämmern** sollten auch ein **Holzschlegel** und ein **Gummihammer** für Arbeiten mit Holznägeln oder Arbeiten, bei denen man die Oberfläche nicht verletzen will, im Hause sein. **Schraubzwingen, Beißzangen,** verschiedenste **Schraubenzieher** dürfen nicht fehlen.

Holzverbindungen

Holzteile kann man so formen, daß sie sich ineinanderfügen und dadurch zusammenhalten. Andere Holzverbindungen werden durch Nageln, Dübeln, Schrauben, Verleimen hergestellt. Der wirkliche Holzliebhaber sollte nur mit Holznägeln und der Form des Holzes Verbindungen herstellen. Mit jeder Schraube, jedem Nagel wird Metall in das Holz getrieben, also ein Material, das ein völlig anderes Wärmeverhalten hat als Holz. Darum wird Holz an äußeren, genagelten Teilen schadhaft, weil der Nagel durch seine Materialausdehnung mit der Zeit das Loch, in dem er steckt, vergrößert. Wird ein Nagel mit einem Hammer ins Holz getrieben, so zerreißt das Holz um ihn herum ein wenig, bohrt man ein dünnes Loch vor, dann reißt das Holz nicht ein. Schlägt man Nägel in verschiedenen Richtungen schräg ins Holz, dann halten die Teile, die genagelt werden, besser zusammen. Der dünnere Holzteil wird immer zum stärkeren dazugenagelt.

Geschraubte Verbindungen halten besser als genagelte, außerdem haben sie den Vorteil, daß man sie wieder lösen kann. Für jede Schraube muß vorgebohrt werden und zwar mit einem Bohrer, der ein wenig dünner als die Schraube ist. Bei weichem Holz oder Hirnholz braucht nicht vorgebohrt zu werden. Will man die Schraubstelle verdecken, so bohrt man die Schraube tiefer und kittet zwischen Schraubenkopf und Holzoberfläche zu.

Werden zwei Holzteile mit Holznägeln

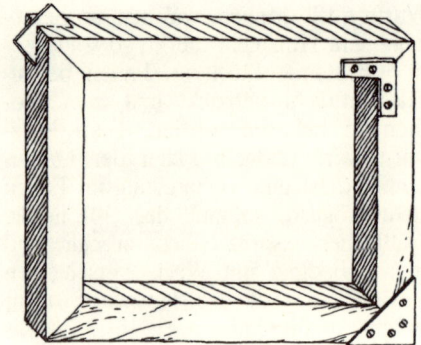

Holzverbindung durch Beschläge.

Profilbretter
1. Bretter mit trapezförmiger Schattennut. Senkrecht für Naßräume; an der Decke haben sie einen besonderen Schatteneffekt.
2. Bretter mit rechteckiger Schattennut.
3. Doppelfasebretter. Sie sind wegen des breiten Profils rasch zu montieren.
4. Gespundete Fasebretter, nur in spritzwasserfreiem Bereich verwendbar.
5. Glattkantbretter mit Fase für den spritzwasserfreien Bereich. Sie werden mit sichtbaren Schrauben montiert.
6. Glattkantbretter, zum Beispiel für Fußböden.
7. Doppelnutbretter, zum Beispiel für Decken.
8. Doppelnutbretter mit Einschubfeder (fremder Feder), zum Beispiel für Böden.

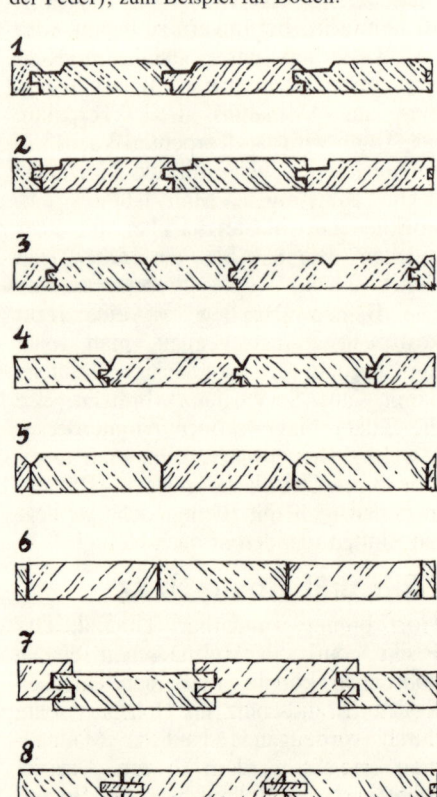

verbunden, so wird ein Loch von dem dünneren Holzteil in den dickeren gebohrt. Die Länge des Loches muß der Länge des Holznagels entsprechen und sollte nicht länger sein. Der Durchmesser des Holznagels ist eine winzige Spur größer als der des Loches, außerdem ist es wichtig, daß der Holznagel viereckig, das Loch jedoch rund ist. Der Holznagel wird nun so lange eingetrieben, bis er anstößt, der überstehende Teil wird abgehobelt. Holzdübel sind rund, und man sollte sie zusätzlich im Loch verleimen.

Das Verleimen von Holzteilen ist sehr modern geworden. Meist wird nicht nur verleimt, man schraubt, nagelt oder verzinkt auch zusätzlich. Kaltleim wird nur auf eine der Flächen, die aneinandergeleimt werden sollen, aufgetragen; ist das Holz porös oder sollen Hirnhölzer aneinandergeleimt werden, so muß der Kaltleim einige Male aufgetragen werden. Die miteinander zu verleimenden Holzstücke werden mit Schraubzwingen aneinandergedrückt, wobei man vorsichtig vorgeht. Man erzeugt zuerst nur wenig Druck und zieht allmählich nach, bis die Schraubzwingen ganz fest sitzen. Das Verstärken des Druckes sollte jede halbe Stunde erfolgen. Überflüssigen Leim, Leim, der durch zu starken Anfangsdruck an den Seiten austritt, wischt man sofort weg. Voraussetzung für das Verleimen von mehreren Brettern zu einem Stück ist, daß die Bretter oder zu verleimenden Stücke ganz glatt sind und völlig flach aneinanderliegen. Man sollte natürlichen Kaseinleim verwenden.

Nut- und Federverbindungen sind besonders im Innenausbau bei Bretterverschalungen und Böden aus schmalen Brettern üblich. Nut nennt man die Vertiefung, in die die Feder paßt. Es gibt verschiedene Möglichkeiten, die der verdeckten Nutung, durchgehenden Nutung und Mittelnutung. Wände oder Böden, die aus stärkeren und breiteren Brettern zusammengenagelt und/oder geschraubt werden, sollten mit Nut und fremder Feder gemacht werden.

Jeder Tischler- und Zimmermannsbetrieb bereitet gehobelte und ungehobelte Bretter auf Nut und Feder zu. Sonst kann man sich auch mit Heimwerkerfräsen behelfen, was sich aber für größere Flächen nicht rentiert.

Wenn Hölzer im Winkel von 90 Grad aufeinanderstoßen, sollte ein exakter 45-Grad-Schnitt durchgeführt werden; die beiden Schnittflächen werden aneinandergeleimt und zusätzlich mit Beschlägen aneinandergehalten.

Anstatt durch Nut und Feder kann man Holzteile auch durch Falz und Gegenfalz miteinander verbinden.

Eine andere Holzverbindung ist zum Beispiel die Schwalbenschwanzverbindung, sie erforderte einst viel Können und Zeit. Heute werden solche Verbindungen einfach mit der Maschine hergestellt und zusätzlich verleimt. Sie sind

sehr haltbar. Eine alte, gute Verbindung besonders zwischen Pfosten (Bohlen) und anderen stärkeren Hölzern, auch zwischen den Wänden von Möbeln, zum Beispiel Truhen oder Kästen, waren die Zapfen. Zapfen haben den Vorteil, daß die miteinander verbundenen Holzteile wieder gelöst werden können, indem man den Zapfen entfernt. Viele alte hölzerne Holzverbindungen haben diesen Vorteil: die verbundenen Teile können ohne Schaden auseinandergenommen, transportiert und wieder zusammengebaut werden.

Heizen mit Holz

Es sollte mehr mit Holz gebaut werden. In Holz leben ist gesund, schön, angenehm. Holz ist modern. Es gibt aber auch schon Leute, die es gar nicht gern hören, wenn zuviel über Holz geredet wird – was würde denn geschehen, wenn alle wieder mit Holz bauten? Und zusätzlich würde neuerdings wieder auch mit Holz geheizt!

In den Wäldern aber gibt es nach wie vor Holz im Überfluß, nicht das der schönen, starken Stämme, sondern das Holz der krumm gewachsenen, der Sträucher; auf Schnee- und Windbrüchen, auf Schlagflächen liegen Wipfel und dürre Äste herum, es gibt Rinde und Wurzelstöcke – alles Holzabfall, dessen Aufarbeitung und Verwertung für die Forstbetriebe unrentabel ist. Diesen Abfall kann man nützen, wenn man sich am Wochenende aufrafft, einen Kombiwagen ausborgt, eine kleine Motorsäge, ein paar Äxte mitnimmt und den Waldbesitzer um Erlaubnis bittet, den Holzabfall sammeln zu dürfen. Trockene Äste, Rinde, Zapfen brennen wunderbar und brauchen nur eingesammelt zu werden. Das kostet in manchen Forstbetrieben höchstens eine Art „Eintrittsgeld". Schlaue ländliche Rentner, die noch gut bei Gesundheit sind, wissen das längst. In manchen Gegenden sieht man entlang der Straße Brennholz säuberlich gestapelt, fertig zum Abtransport gegen Festmeter-Brennholzpreis. Die fleißigen Rentner verbessern durch den Verkauf ihre kleinen Pensionen. Wer also wirklich keine Zeit hat, sich Holz selbst zu sammeln oder gar selber Kleinholz zu durchforsten, gegen Bewilligung und geringe Bezahlung natürlich, kann sich auch auf diese Weise mit Brennholz versorgen.

Der verantwortungsbewußte Hausbauer und Holzverheizer möchte gerne wissen, wie es um das Holz als Rohstoffquelle zur Zeit steht. In Österreich wurden 1976/77 15 Millionen Festmeter Holz verwertet, davon 47% in der Sägeindustrie, 28% in der Papier- und Zellstoffindustrie, 12% in der Holzwerkstoffindustrie und die restlichen 13% in anderen holzverarbeitenden Industrie zu hochwertigem Handelsbrennholz verwendet.

Nun entstehen aber während der Verwertung des Holzes, sei es im Wald, im Sägewerk, in der Industrie, Abfälle, die zum Teil buchstäblich verrotten oder in die Luft verbrannt werden. Zu den Abfällen gehören nicht nur forstliche und Sägewerksabfälle, sondern auch Altholz, Altpapier, Pappe. Man schätzt, daß der gesamte in irgendeiner Form hölzerne Abfall in Österreich pro Jahr 9% der Masse ausmacht. Ein Großteil dieser Abfälle wird nicht genützt, weil das Sammeln, der Transport usw. wesentlich mehr kostet als der Ertrag daraus. In den Nachkriegsjahren, in denen alle diese Abfälle selbstverständlich von den Verbrauchern selbst gesammelt wurden, waren noch 30% der Menschen, die auf dem Land lebten, auch in land- oder forstwirtschaftlichen Betrieben tätig, sie hatten also während ihrer Arbeitszeit den Kontakt zu den Rohstoffen und dem Abfallmaterial. Heute ist die Anzahl der auf dem Land lebenden und dort auch Beschäftigten auf 10% gesunken; andererseits aber lebt die Hälfte der österreichischen Bevölkerung in ländlichen oder halbländlichen Gebieten in ungefähr einer Million Ein- bis Zweifamilienhäusern. Man wohnt also mehr auf dem Land, nützt aber viel zuwenig ländliche Produkte in jeder Form. Die Ölfeuerung im ländlichen Haushalt oder im Wochenendhaus auf dem Land wird noch immer eingebaut, dabei gibt es längst Heizkessel, die es ermöglichen, unzerkleinertes Holz automatisch, mit höchster Heizwirkung, zu heizen und Warmwasser damit zu erzeugen. Es gibt Heizkessel, die Holzabfall wie Sägespäne heizen, für jeden Haushalt, in dessen Nähe ein Sägewerk steht, zu empfehlen.

Im Hinblick auf die Energieknappheit und vor allem auf eine anstrebenswerte Energieselbstversorgung werden viele Versuche gemacht. So gibt es zum Beispiel in Nordeuropa schon länger und bei uns versuchsweise sogenannte „Energiewälder". Überschwemmungsgebiete werden mit Weiden bepflanzt, die sehr schnell wachsen und maschinell geerntet werden können. Solche Energiewälder sollten entlang der Autobahnen gepflanzt werden. Stark befahrene Straßen belasten die Umgebung durch

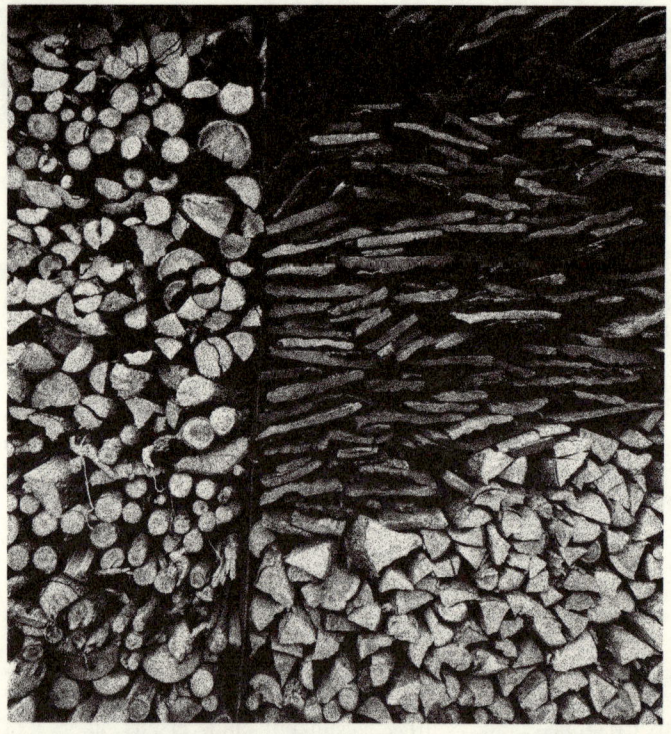

ungesunden Metallstaub. Wenn man also links und rechts der Autobahnen und Bundesstraßen sogenannte Energiewälder anpflanzte, wo heute landwirtschaftliche Produkte wachsen, wäre die Umwelt geschützt und Biomasse zur Erzeugung von Energie gewonnen. Diese Weiden, wie Stroh- und Biomasse aus kleinen Teilen bestehend, werden nicht in ihrem ursprünglichen Zustand verheizt, da der Zeitaufwand zu groß wäre. Interessant wird das Brikettieren dieser Biomasse, auch die Vergasung von Holz und Stroh kommt in Frage. Der dabei als Abfallprodukt entstehende Holzteer kann als ungiftige Holzimprägnierung verwendet werden. Es gibt aber auch Methoden, die den Holzteer ebenfalls der Vergasung zuführen. Abfallstroh und Abfallholz könnten allein in Niederösterreich jährlich 20.000 (!) Zentralheizungsanlagen versorgen. Ein landwirtschaftlicher Betrieb von 6 Hektar Größe braucht in einer Saison ungefähr 25.000 Schilling für Heizöl. Die Anschaffung einer Stroh-/Holzabfallverbrennungsanlage kostet 60.000 Schilling, das heißt, daß sie sich bereits in drei Jahren amortisiert. Auf dem Land wäre übrigens die Verdichtung von Stroh und Holzabfäl-

len zu Briketts nicht nötig, da genug Lagermöglichkeiten vorhanden sind, mit solchen Briketts jedoch in einer Stadtwohnung zu heizen, wäre durchaus denkbar. Holzheizungen jeder Art sind zudem noch umweltfreundlich: Sie geben nämlich kein Schwefeldioxid in die Luft ab!
Einige Tips für den, der nicht mit Holzabfällen, sondern seinen Kachelofen mit Scheiten heizen möchte:
Der Heizwert des Holzes hängt von der Härte und der Trockenheit ab. Je härter das Holz, desto höher der Heizwert. Holz mit hohem Heizwert, wie zum Beispiel Eiche, hinterläßt beinahe keinen Aschenabfall. Die Birke hat anderen Hölzern gegenüber den Vorteil, daß sie auch in nassem, frischem Zustand gut brennt.
Im Gegensatz zum Kachelofen, der langsam aufgeheizt wird und dann die Wärme lange hält, soll der Küchenherd mit rasch verbrennendem, weichem Holz geheizt werden, mit Föhre oder Fichte, Ästen, trockenem Restholz, Zapfen. Besonders harzreiche Holzteile der Föhren sollte man zum Spänemachen verwenden, das Feuer entzündet sich gleich und man braucht kein Papier.

Öfen und Herde sollten so gebaut sein, daß die Möglichkeit besteht, unter dem Herd oder neben dem Ofen das Holz, das am nächsten Tag verheizt werden soll, zu trocknen.

Gewinnung von Holzkohle
Ein altes, bäuerlich-handwerkliches Rezept zur Holzkohlengewinnung: Man lagert luftgetrocknetes Holz von 1 bis 2 m Länge um einen aus Stangen errichteten Feuerschacht und deckt das Ganze mit einer Decke aus Reisig, Rasen oder Erde vollkommen ab. Im Feuerschacht, der mit gut brennbarem Material gefüllt ist, wird der Meiler nun angezündet. Durch ausgestochene Löcher kann der Luftzutritt vergrößert und dadurch der Verkohlungsvorgang gesteuert werden.
Eine kleinere Menge Holzkohle kann man für den Hausgebrauch selbst herstellen. Man hebt einen tiefen Graben aus, füllt ihn mit trockenem Holz und zündet es an. Wenn es gut brennt, wird das Feuer erstickt, indem ein paar Leute gleichzeitig Erde daraufwerfen und das Ganze dann schnell mit den beim Graben ausgestochenen Grasziegeln belegen. Nach einigen Tagen sollte das Holz zu Holzkohle geworden sein.

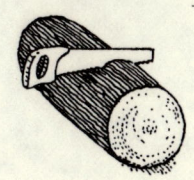

Holzbausysteme

Wer sein Haus aus Holz bauen möchte, kann unter verschiedenen Bausystemen wählen und sollte sich für dasjenige entscheiden, das seiner Brieftasche angemessen ist, in einem bestimmten Landschaftsbereich eine Bautradition hat und dem dort herrschenden Klima angepaßt ist. Neue Konstruktionen, die zum Beispiel Holz mit viel Glas verbinden, sind wunderschön, aber mit Vorsicht zu genießen. Die Vorbilder dafür kommen von der Westküste Amerikas, wo es viel wärmer ist als bei uns. In den kanadischen Westgebieten, wo man diese Paradebeispiele guter neuer Architektur auch finden kann, ist es zwar auch kalt, aber das Erdgas ist dort nahe und die Heizmöglichkeiten äußerst billig.

Die Wahl des Holzbausystems bestimmt auch die Form des Hauses, des Daches, Landschaft, Bausystemwahl und Klima setzen Grenzen, die man als willkommene Beschränkung ansehen sollte. Es geht auch nicht nur darum, schön und gut, sondern auch sicher zu bauen. Holzverschalte und Holzskelett-Konstruktionen brennen gut, wem das zu gefährlich ist, der sollte teilweise mauern, vor allem, wenn das Haus ständig bewohnt wird. Die Wahrscheinlichkeit, daß ein Haus abbrennt, ist aber ohnehin gering. Die alten Bauern jedenfalls besaßen immer einen gemauerten Wohnungsteil, und konstruierten ihre Keller so, daß ein Teil über dem Bodenniveau lag und durch einen eigenen Eingang von außen erreichbar war.

Die bekannten Holzbausysteme sind: Massive Holzbauten; dazu zählt man den Block- und Bohlenbau; Traggerippesysteme, wie Rippen- und Tafelbau; das sind Holzbauten mit Beplankung zur Aussteifung, Verkleidung zur Wandbildung und Dämmstoffen zur Isolierung; Skelettkonstruktionen, wie Fachwerk- und Skelettbau; mit Ausfachungen zwischen Stielen und Ständern, Ausfachungen vor den Stielen und Ständern oder Ausfachungen hinter den Stielen und Ständern.

Fachwerk- oder Riegelbau

Der Fachwerkbau ist die bekannteste Skelettbauweise. Ein Gerüst, bestehend

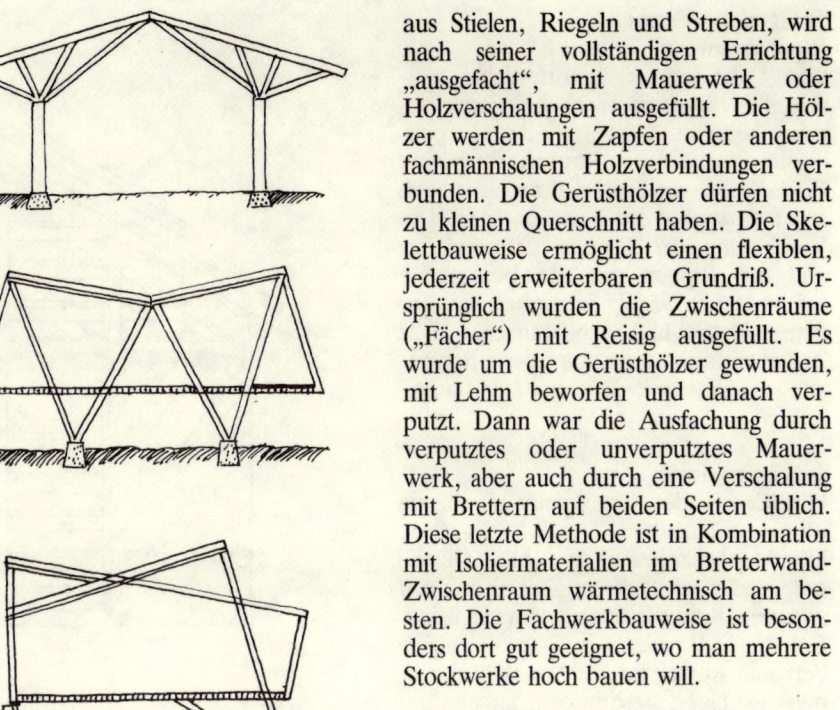

aus Stielen, Riegeln und Streben, wird nach seiner vollständigen Errichtung „ausgefacht", mit Mauerwerk oder Holzverschalungen ausgefüllt. Die Hölzer werden mit Zapfen oder anderen fachmännischen Holzverbindungen verbunden. Die Gerüsthölzer dürfen nicht zu kleinen Querschnitt haben. Die Skelettbauweise ermöglicht einen flexiblen, jederzeit erweiterbaren Grundriß. Ursprünglich wurden die Zwischenräume („Fächer") mit Reisig ausgefüllt. Es wurde um die Gerüsthölzer gewunden, mit Lehm beworfen und danach verputzt. Dann war die Ausfachung durch verputztes oder unverputztes Mauerwerk, aber auch durch eine Verschalung mit Brettern auf beiden Seiten üblich. Diese letzte Methode ist in Kombination mit Isoliermaterialien im Bretterwand-Zwischenraum wärmetechnisch am besten. Die Fachwerkbauweise ist besonders dort gut geeignet, wo man mehrere Stockwerke hoch bauen will.

Die Rippenbauweise ermöglicht es, der Phantasie freien Lauf zu lassen, leicht, billig und nicht für die Ewigkeit zu bauen.

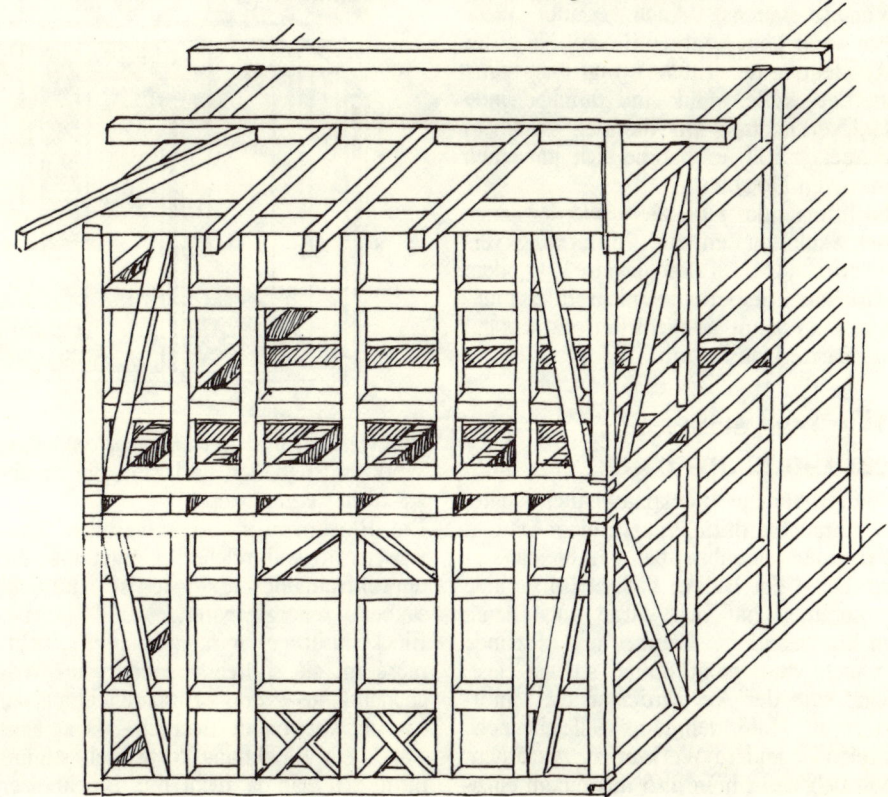

Traggerippesysteme:
Rippenbauweise

Sie ist die industriell vorfertigbare, rationellere, weiterentwickelte Fachwerkbauweise. Die Aussteifung des Gerippes erfolgt anstatt durch Streben durch eine Beplankung, die aus Brettern, aber auch aus Industriehölzern bestehen kann. Die Verbindung der Rippen untereinander und der Rippen mit der Beplankung erfolgt durch Nägel, Schrauben und andere Patent-Holzverbindungen. Der Zwischenraum zwischen den Beplankungen wird mit Dämmstoffen ausgefüllt.

Tafelbauweise

Ob Klein- oder Großtafelbauweise, sie ist industriell bis ins Detail vorfertigbar. Die Möglichkeiten individueller Gestaltung sind wesentlich geringer als bei den anderen Leichtbauweisen im Holzbau. Bei dieser Bauweise muß sich der Selberbauer immer im rechten Winkel, immer in einer bestimmten Breite und Länge bewegen und hat bei individuellen Gestaltungswünschen nur die Möglichkeit des Aneinanderschachtelns und Versetzt-Bauens. Auch erlaubt diese Bauweise kein höheres Bauen. Nach der Aufstellung der Tafeln bringt man gerne an der Außenwand eine durchgehende Holzverkleidung an, die den Anschein erwecken soll, es handle sich um einen massiven Holzbau.
Nichttragende Holztafeln werden auch bei Skelettbauten zur Ausfachung verwendet. Die Tafelbauweise ist dem wirklichen Selberbauer nicht zu empfehlen, man nennt sie nicht umsonst das gut verpackte Haussystem.

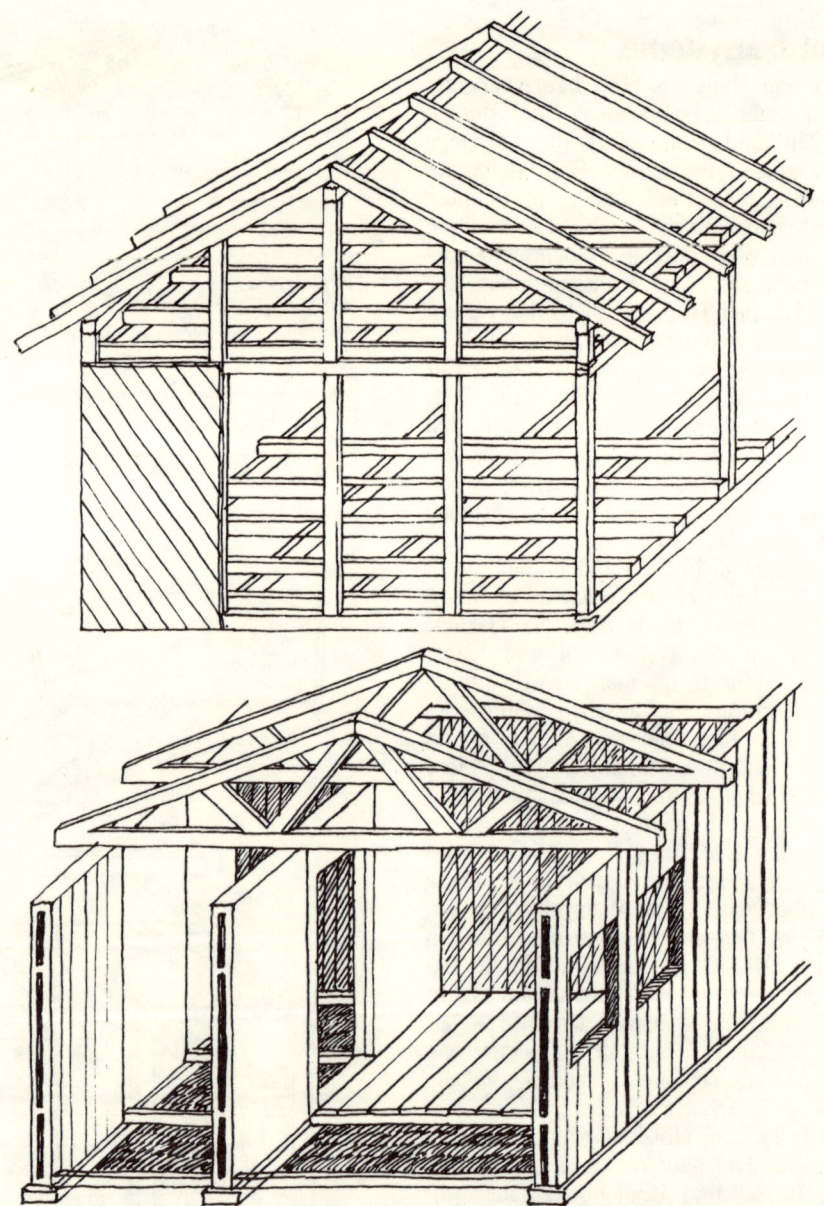

Wie man selber ein Blockhaus baut

Wer früher ein Blockhaus bauen wollte, der brauchte dazu Bäume, eine Axt und Freunde, die ihm beim Aufeinanderschichten der Blöcke halfen. Im Grunde genommen hat sich daran auch heute nichts geändert. Bäume und Freunde braucht man beim Bauen so wie einst. Und statt der Axt wird man die Motorsäge zu Hilfe nehmen, vielleicht noch drei, vier andere Werkzeuge. Auch heute noch kann man also aus einem einzigen Material und mit ein paar einfachen Werkzeugen bauen und ist dabei durchaus nicht „von gestern"!

Die Blockbauweise ist von allen Bauweisen in waldreicher Umgebung die umweltfreundlichste – sie ist natürlich, sauber, energiesparend und sozial. Blockhäuser gehören nicht ins Freilichtmuseum, sie sollten besonders im Wochenendhaus- und Einfamilienhausbau wieder verwendet werden. Der Einwand, ein Blockhaus koste viel, stimmt nicht, da man ja nicht nur Blochhölzer erster Qualität verwenden muß. Außerdem erlaubt diese Bauweise flexibles Bauen; man fängt mit einer kleinen Einheit an, sammelt Erfahrungen, stellt fertig und baut dann erst dazu. Viele unserer alten, bescheideneren Bauernhäuser sind auf diese Weise entstanden, auch die Blockhäuser aus nordamerikanischen Pionierzeiten sind so gebaut worden – ein beheizbarer Raum und eine Veranda unter dem Vordach waren rasch fertiggebaut. Dort zog man ein und wohnte, währenddessen ein weite-

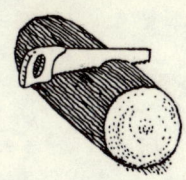

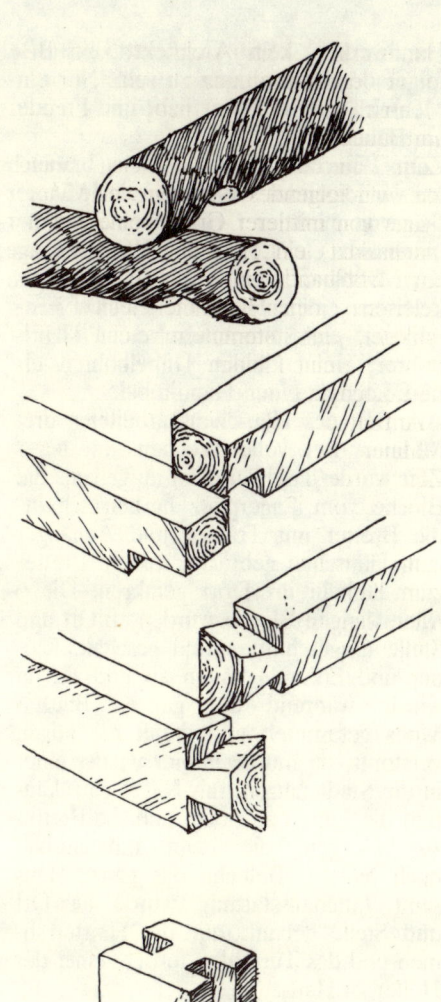

Oben: Der Blockbau besteht aus waagrecht aufeinandergeschichteten Blockhölzern, die entweder kantig oder rund beschnitten oder nur bearbeitete Stämme sind. Die Hölzer überschneiden sich an den Gebäudekanten. Unten: Bohlenwände sind eine Abwandlung der Blockbaumethode; die Bohlen werden am Ende glatt geschnitten und in senkrechte Stützen eingezogen; der Bohlenbau ist also eine Mischkonstruktion aus horizontal geschichtetem Holz und senkrechten Stützen.

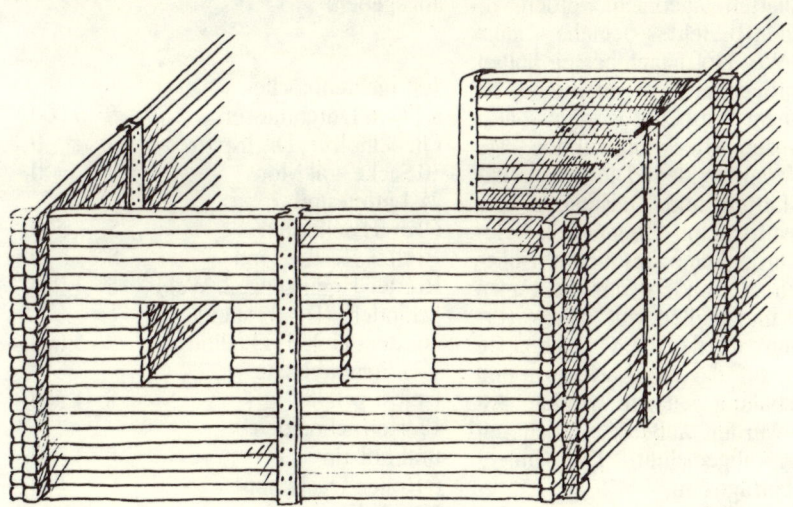

rer Raum mit einer Veranda dazugebaut wurde. Im warmen Süden blieben die Veranden offen, im kälteren Norden wurden sie verplankt, und so entstand ein dritter, Vor- oder Verbindungsraum. Das Blockhäuschen, dessen Entstehung auf den nächsten Seiten beschrieben wird, ist ein solches ausbaubares Häuschen.

Kein Blockhaus gleicht übrigens dem anderen, wenn es nicht aus dreiseitiggleichgeschnittenen Blöcken besteht. Verschiedene Hölzer, verschiedene

Blochstärken, verschiedene Eckverbindungen, verschiedene Ausfugungen, verschiedene Dachformen, verschiedene Dacheindeckungen – sie alle geben den verschieden großen Blockhäusern ihren persönlichen Charakter. Darum wird jedes Häuschen, das vielleicht so gebaut werden wird, wie es auf den folgenden Seiten beschrieben ist, anders aussehen. Eine eigene Geschichte haben. Denn Geduld braucht man beim Bauen, Kraft, Freunde, die helfen, Kinder, die daneben aus dem Holzabfall

kleine Blockhäuschen bauen, Zwischen-Abschlußfeiern, wenn der Türstock steht und der Dachstuhl errichtet ist, das Dach fertig und die Tür abgeschlossen werden kann. Ein im Wald oder daneben gebautes Blockhaus, aus Bäumen, die vielleicht sogar an eben dem Platz geschnitten wurden, auf dem das Häuschen dann steht, nimmt der Natur nichts weg, verunstaltet sie nicht, es bereichert sie eher um das bißchen Mensch, das der Natur nie weh getan hat. Wer ein kleines Blockhaus bauen will, braucht kein

149

Handwerker, kein Architekt, kein Befolger der Bauordnung zu sein. Nur ein Mensch, der die Natur liebt und Freude am Bauen hat.

Zum Bau des Blockhäuschens brauchten wir folgendes Werkzeug: eine Motorsäge von mittlerer Größe, eine Zimmermannsaxt, ein Lot, eine Wasserwaage, ein Maßband, einen Zollstab, einen Winkeleisen, einen Hammer, einen Eisenschlegel, ein Stemmeisen, einen Handbohrer, einen kleinen Dübelbohrer, eine Lochsäge, einen Handhobel.

Am Bau des Häuschens arbeiteten drei Männer drei volle Wochen. In dieser Zeit wurde das Häuschen aufgebaut, die Bloche vom Lagerplatz herbeigeschafft, die Bretter mit Traktor und Anhänger zum Häuschen gebracht, andere Bretter zum Hobeln ins Dorf gefahren. Die 6 Meter langen Bloche wurden an Ort und Stelle umgeschnitten und geschält. Kinder und Freunde halfen ab und zu, da wurde während der ganzen Bauzeit Moos gesammelt und damit die Fugen verstopft, da mußte immer wieder einer in die Stadt fahren, um Nägel einzukaufen, die Latten zu holen und die Bretter zu besorgen, die beim Innenausbau noch fehlten. Beinahe das ganze Haus samt Innenausstattung wurde an Ort und Stelle gebaut, nur die Fensterrahmen und das Türschloß fertigte einer der Helfer zu Hause.

Das Häuschen sollte zwei Zwecke erfüllen: Es sollte vorerst als Sauna im Wald benützbar sein, aber auch als Wochenend-Schlafhäuschen dienen. Die Saunabänke sind daher so gebaut, daß sie gleichzeitig als Betten dienen können. In der Anzahl der Fenster beschränkte man sich auf das Notwendigste, damit kein Wärmeverlust entstehen könne. Der Innenraum ist in einen Hauptraum und einen Vorraum geteilt, im Vorraum befindet sich eine einfache Sitzbank und Regale wie auch Kleiderhaken. Alle Einrichtungsgegenstände sind einfach und eingebaut und aus den gleichen Brettern wie Boden und Wandverschalung. Im Häuschen gibt es einstweilen noch keine Installationen. Da es an einem kleinen Waldteich liegt, der von zwei weiter oben gelegenen Quellen versorgt wird und in dem Mutige im Sommer auch schwimmen, ist für Wasser gesorgt. Einfache Rinnen leiten das Wasser in den Teich, wo es in Form kleiner Wasserfälle auch als Dusche (vor allem nach der Sauna) fungiert. Das Wasser würde jedoch durchaus auch Elektrizität erzeugen können, zumindest soviel, um das Haus mit Licht zu versorgen. Bei der Wahl des Saunaofens gab es Diskussionen, man einigte sich darauf, doch einen fertigen, mit Holz beheizbaren finnischen Saunaofen zu kaufen. Das Ofenrohr führt direkt ins Freie (wie man es bei den Straßen-Bauhütten sehen kann) und wird dort, wo es die Blockwand durchstößt, mit Ziegeln umbaut. Auch an der Innenwand und auf dem Boden werden noch feuerfeste Platten angebracht werden.

Das Häuschen besteht – beinahe – ganz aus Holz. Wo Holznägel besser halten und vernünftiger zu verwenden sind, ist mit Holznägeln gearbeitet worden – also an der ganzen Blockkonstruktion wie auch am Verandaboden. Die Innenschalung, die Latten und Dachpappe, die Schindeln wurden mit Eisennägeln befestigt. Es wurde keine besondere Isolierung verwendet, sondern nur die Fugen von innen und außen mit Moos verstopft, innen wurde dann Dachpappe angebracht, auf die der Lattenrost und die Innenschalung genagelt wurden. Alle Kanten wurden außerdem noch mit Sesselleisten abgedichtet. Die Innenraumhöhe beträgt 2 m.

Materialkosten, die einzigen Kosten (abgesehen vom Grundstückspreis) des Häuschens, sind aus der folgenden Aufstellung zu ersehen, die Beträge sind aufgerundet. Viel Material aber war (und ist) umsonst, es lag vor der Nase: Moos (anstatt handelsüblicher Mineralwolle), die vielen Holzstangen (zum Giebelverbau, für den Dachstuhl). Fensterscheiben wurden aus alten Gläsern selbst geschnitten, die Innenausstattung ist aus Resthölzern, die sich im Laufe der Jahre nach diversen Aus- und Umbauten beim Haupthaus ergeben hatten. Ein Teil der Bretter mußte gehobelt werden, das besorgte der Bauer, der ein kleines Sägewerk hat und der auch die Lärchen in Pfosten schnitt und in seiner Schmiede die Türbeschläge fertigte. Theoretisch hätte man auch die Bäume selbst fällen und die Bloche selbst schneiden können (was sicher nur sehr selten praktikabel ist), aber dabei wäre sehr viel Abfallholz angefallen, was den Bau wesentlich verzögert hätte. Da die im Sägewerk gekauften Bloche 16–18 cm Durchmesser hatten und nicht die handelsüblichen 20 cm maßen, wurde auch nur der Bauholzpreis verlangt.

Insgesamt hat das Häuschen – im Selberbau – nicht mehr gekostet als hier angegeben:

100 Fichtenbloche à 17 cm Durchmesser	S 9.000,–
Giebelhölzer, Dachsparren	S 0,–
10 Säcke voll Moos	S 0,–
25 Latten und 60 m Sesselleisten	S 500,–
Bretter-Restbestand	S 0,–
Bretter-Ergänzung, 2. Wahl	S 1.000,–
Schindeln (Restbestände aus dem Holz 1. Qualität)	S 3.000,–
12 Lärchenbloche (selbst gefällt)	S 1.500,–
Pfosten schneiden und hobeln	S 1.000,–
6 Rollen Dachpappe	S 800,–
Nägel, Werkzeug, Gemisch für die Motorsäge	S 1.500,–
Holznägel	S 0,–
Benzin, Transport	S 700,–
	S 19.000,–

(nicht ganz 2.700 Mark)

Oben: Die 4 m langen Bloche von 17 cm
Durchmesser wurden im Sägewerk gekauft, der
Bodenkranz (4 Bloche) und die Boden- wie
Deckenblöcke für die Veranda wurden an Ort
und Stelle umgesägt. Schwache Bloche umzu-
schneiden ist keine Hexerei. Erdreich wird
eingeebnet, damit die Steine flach liegen können. Sonst wird kein Erdreich ab- oder umge-
graben. An den vier Ecken des Grundquadrates
werden Steine flach so übereinandergelegt, daß
sie nicht wackeln (rechts). Unten: Die ersten
zwei Bodenkranzbloche aus Lärche werden mit
der Motorsäge abgeflacht, damit sie besser
aufliegen. Am jeweils oberen Bloch wird eine
Kerbe ausgeschnitten, die auf den unteren
Bloch paßt. Die Kerbe beginnt ca. 10 cm vom
Rand weg. Wenn die Kerben eingeschnitten
sind, wird der obere Block auf den unteren
gelegt. Sind Bloche konisch, dann legt man sie
mit der schwächeren Seite einmal in diese,
einmal in die andere Richtung. Sind sie astig
oder ein wenig ausgebuchtet, dann schneidet
man sie mit der Motorsäge zurecht. Auch wenn
die Bloche auf den ersten Blick gleichmäßig
aussehen, sind sie doch verschieden.

Oben: An den Eckverbindungen wird jeweils ein Loch gebohrt und ein Holznagel eingeschlagen. Diese Holznägel fertigt man aus einem ca. 20 cm breiten Stück, das von einem trockenen Lärchenpfosten abgesägt wurde. Mit der Axt werden Holznägel abgespalten und zurechtgeputzt, am unteren Ende zugespitzt. Holznägel müssen ganz trocken sein, sonst schrumpfen sie und halten nicht. Beim Nageln mit dem Holznagel soll der Nagel durch den oberen Stamm noch zur Hälfte in den unteren eindringen. Das überstehende Ende wird abgesägt. Rechts oben: Als Bodenunterlage werden noch zwei Bloche auf den Bodenkranz gelegt. Mit Hilfe der Wasserwaage wird so lange probiert, bis die Bloche in der genauen Horizontalen liegen. Rechts unten: Auf die Bloche, die als Polsterhölzer Verwendung finden, werden ungehobelte Lärchenpfosten gelegt und mit Holz- oder Eisennägeln in die Bloche genagelt. Der Boden muß eben sein und in der Waagrechten liegen!

Linke Seite: Der erste Bodenkranz der Blockwand wird auf den fertigen Bretterboden gelegt. Damit der ungehobelte Boden, auf den ja erst später der gehobelte Hüttenbretterboden genagelt wird, mit der Blockwand dicht abschließt, werden die vier Bodenkranzbloche mit der Motorsäge eingeschnitten. So umschließen sie von oben und unten die Ränder des Bodens. Zwei Bloche werden in 6 m Länge geschnitten, denn sie werden den Boden der geplanten Veranda tragen. Die Blockwand wird langsam aufgebaut, indem die jeweils oberen Bloche eingekerbt und auf die unteren gelegt werden. An den Ecken werden immer Holznägel durch die Bloche getrieben. Je höher die Blockwand wird, desto schwieriger wird die Arbeit. Man behilft sich zum Schluß mit schräg an die Wand gelegten Brettern, über die die Bloche hinaufgerollt werden. Drei Mann schaffen das leicht! Rechts oben: Für die Türe wird zuerst jeder Bloch wie gewöhnlich durchgehend gelegt, dann abgeschnitten und mit Holznägeln am jeweils darunterliegenden Bloch befestigt. Rechts unten: Wenn die Türhöhe erreicht ist, wird aus einem Bloch, der als Türstock dienen soll, eine durchgehende Nut geschnitten. In die querliegenden Bloche wird je eine Feder geschnitten. Der Türstockbloch hat an der Unterseite einen Zapfen, der in ein in der Türschwelle ausgeschnittenes Loch paßt. Er wird nun in das Loch gesteckt und dann auf die Federn geschoben. Er wird mit Holznägeln befestigt.

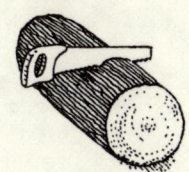

Links oben: Nun wird der letzte Kranz gelegt; die letzten Bloche werden über zwei Hilfsbloche hinaufgerollt. Unten: Den 6 m langen Blochen, die den Veranda- und auch den Hütten-Innenboden tragen, entsprechen zwei 6 m lange Bloche am obersten Deckenkranz. In der Senkrechten werden die langen Bloche mit Säulen verbunden, die oben und unten mit je einem Zapfen versehen werden, der in das mit der Motorsäge gebohrte Loch gesteckt wird (links oben). Die Decke des Hüttenraumes besteht aus Blochen, die innen mit Brettern verschalt werden sollen. Daher muß die Deckenoberfläche innen eben sein, damit die Isolierung und die Bretter einfach daraufgenagelt werden können. Deswegen bekommen die Deckenbloche alle eine gleichmäßige Einkerbung eingesägt. Nach oben hin sind sie verschieden hoch, was nicht weiter stört. Rechts unten: Die Fenster werden ausgeschnitten, an der Außenseite ist der Querschnitt größer als innen. Wenn man wie in diesem Fall mit kleinen Fenstern auskommt, genügt es, in zwei Bloche jeweils in deren Hälfte einzuschneiden. Man erspart sich einen Fensterstock. Bei größeren Fenstern muß man wie bei der Tür mit Fensterstöcken arbeiten.

Das Dach sollte in einem Winkel von ca. 45 Grad geneigt sein, eine für Schindeldächer überaus günstige Neigung. Über dem Blockhausgrundriß von 4 × 6 m müßten die Sparren als gleichschenkelige Dreiecke ca. 2,90 m lang sein, – ohne Traufe. Da aber der Grundriß beim Beispiels-Blockhaus nicht exakt 4 × 6 m, sondern 3,72 × 6 m beträgt, einigte man sich auf

Sparren von 3,50 m Länge. 50 cm sollten als Traufe überstehen. An der Giebelspitze wurden die Sparren abgeflacht und im rechten Winkel zueinander zusammengenagelt (oben rechts). Ein Musterbloch in der Hüttenbreite (von Blochmitte zu Blochmitte) von 3,72 m diente als Arbeitsbehelf auf dem Boden. In 1 m Entfernung, vom Giebel gemessen, wird nun ein

Band eingelassen und die Sparren werden zu- oder voneinander verschoben, bis sie am Musterbloch in der richtigen Entfernung voneinander (3,72 m) stehen. Dann erst wird das Band mit den Sparren vernagelt. Sparren werden aufgezogen, geradegerichtet und mit Holznägeln am Wandkranz befestigt (siehe auch nächste Seite).

Die Sparrenweite beträgt, auf 6 m Länge, je 1 m. Mit dem Lot werden die Sparren in die Senkrechte gebracht. Damit der Dachstuhl nicht aus dem Lot kommt, werden zwei Halte- latten eingenagelt. Aus Stangenholz (dürr) wird eine Riegelwand an den Giebeln genagelt (un- ten). Während der ganzen Bauzeit wurde von den Kindern Moos gesammelt und in die Fugen gestopft, von innen und außen, an der Decke von oben. Langfaseriges Moos hält besser als kurzfaseriges (rechts oben). Die Riegelwand am Giebel wird für den Einstieg nachträglich ausge- schnitten (rechts oben). Die Veranda-Boden- bloche werden mit Nut und Feder untereinan- der verbunden, darauf wird der Verandaboden mit Brettern aus Restbeständen gelegt (rechts unten und nächste Seite).

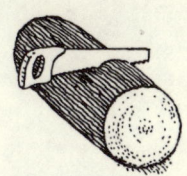

Die Bretter werden mit Holznägeln auf die Polsterhölzer genagelt. Damit der Boden eben aufliegt, werden die Polsterhölzer mit der Motorsäge flachgeschnitten (linke Seite). Nun werden die Dachlatten befestigt, je 3 Latten auf eine Schindellänge (ca. alle 32 cm; rechts unten).

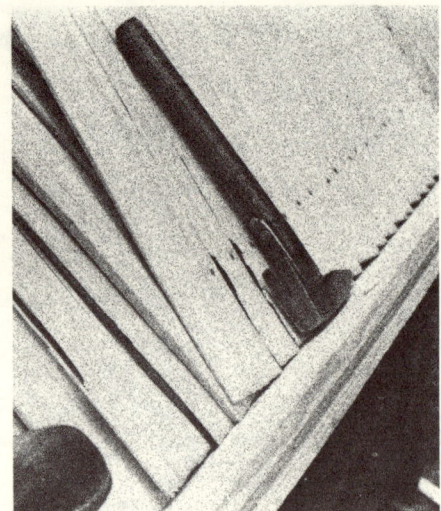

Eine Schindel ist 97 cm lang. Genagelt wird mit 28er Nägeln. Zuerst werden die unteren Schindeln gelegt, so daß sie am Deckerstuhl (ein Hilfsbrett) anstoßen und der Saum gerade wird (links oben). Dann wird die zweite Lage schräg darübergelegt (rechts oben). Jede der Schindeln wird an ihrer unteren Kante in die jeweils untere und in die Dachlattung genagelt, oben in jede 5. Schindel. Der First wird mit Schindeln, die den First entlang gelegt werden, abgeschlossen (links unten und Mitte).
Rechts: Das fertige Blockhaus. Benötigte Werkzeuge: Motorsäge, Zimmermannsaxt, Lot, Wasserwaage, Maßband, Zollstab, Winkeleisen, Hammer, Eisenschlegel, Stemmeisen, Handbohrer, Dübelbohrer, Handhobel, Lochsäge.
Arbeitszeit: 5 Wochen (3 Leute und gelegentliche Helfer).

In den eigenen vier Wänden

Der Besitzer einer Möbelimportfirma hatte seine wahre Freude, als er jüngst sechzehn Sitzgarnituren ein und derselben Marke in einen neu errichteten Gebäudekomplex liefern durfte. In sechzehn von 37 Eigentumswohnungen werden nun die gleichen Fauteuils stehen, und die Wohnungsnachbarn werden sich in den fremden Wohnungen gleich vertraut fühlen. Die sechzehn Möbelkäufer hatten alle genug Geld und brauchten nicht auf Kredit zu kaufen, in vielen Fällen aber geht Wohnungs- und Hausbesitzern das Geld aus, wenn es ans Einrichten geht. In den eigenen vier Wänden, wo man endlich auf keinen Ensembleschutz, keine Landschaft und keine Bauordnung mehr Rücksicht nehmen muß, werden viele Menschen einfallslos, haben weder Geld noch Lust zum Einrichten, sind müde von den Strapazen des Hausbauens und Kreditzurückzahlens. Wo sich Kreativität ohne behördliche oder landschaftsgebundene Schranken entwickeln sollte, ist davon oft kein Funke mehr vorhanden.

Wie man sich preiswert einrichtet

Für die Innenraumgestaltung und das Basteln von Einrichtungsgegenständen gibt es Material, das nichts kostet: Im Wald und auf der Wiese, im Garten findet man Stangen, Zweige, Blätter, Gräser, dekorative Pflanzen. Mit trockenen Gräsern und Blättern kann man Polster füllen, dünne Stämmchen mit Zweigen dienen als Kleiderständer, Trockenpflanzen, Tannenzapfen, Steinchen in durchsichtigen, nicht mehr ganz dichten Einsiedegläsern sind schönes Dekorationsmaterial. Eine Haselnußstange, ein geschälter dünner Stamm, der unter der Decke quer durch den Raum läuft, dient zum Aufhängen von Kleidern, ein Vorhang, der an einer solchen Stange befestigt wird, erspart einen Schrank oder eine Garderobe. Anstatt einer Bretterschalung nagelt man selbstgespaltene Schindeln aus Restholz an die Wand.
Das Stöbern in Containern ist nicht jedermanns Sache, doch es bringt manchmal Brauchbares und Schönes zutage: Obstkisten, Stühle, messingbe-

Oben: Lampenschirm mit Spitzendecke.
Unten links: Ein Graskorb, als Schirm über eine Glühbirne gestülpt, ergibt ein breitgestreutes Licht, das besonders in Dielen, im Hof und im Treppenhaus hübsch wirkt.
Unten rechts: Jeder sein eigener Designer; so kann man zum Beispiel Ofenröhren als Stehlampen verwenden oder auch mit Draht an der Decke befestigt so als Hängelampe verwendet, bündeln sie das Licht.

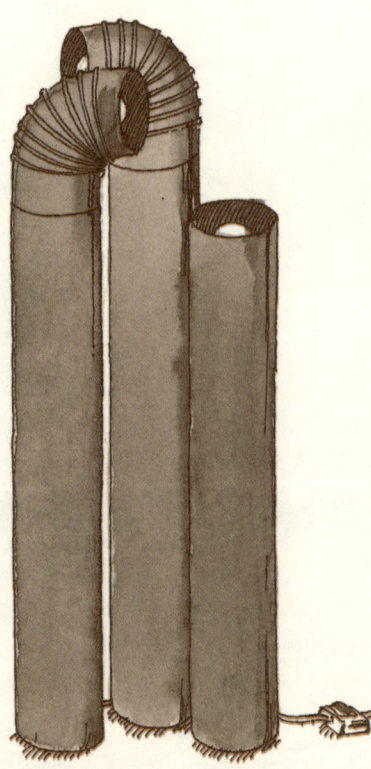

schlagene Truhen, hölzerne Klodeckel, Porzellanarmaturen. Alljährliche Entrümpelungsaktionen in den Städten sind erfreuliche Ereignisse. Meist sind die Einrichtungsgegenstände, die man auf solchen Sammeltouren findet, Einzelstücke. Bei Stühlen kann dies nur willkommen sein; wer sagt, daß alle gleich sein müssen? Jedem Gast ein anderer Stuhl, jeder Sitzhöhe und jeder Kehrsei-

te gerecht. Alte Polstermöbel, Matratzen, bei denen nur der Bezug schadhaft ist, kann man selber neu beziehen. Aus einer Matratze mit gleichfarbig bezogenen Polstern wird ein gemütliches Sofa. Wer wenig Geld hat und rasch Regale, Schallplattenkästchen oder Tische braucht, behilft sich eine Zeitlang mit Obstkisten, sie sind allemal schöner als Fertigmöbel, Truhen, Schränke, Stühle

kann man streichen, mit ein wenig Messingblech, Buntglas, Polstern zu Schmuckstücken einer Wohnung machen:

Körbe, denen ein Henkel fehlt, dienen noch als Lampenschirme. Ofenrohre, in verschiedenen oder auch gleichlangen Stücken, kann man als Beleuchtungskörper montieren. Wer einen vorhandenen Lampenschirm unschön findet, häkelt ihm einen Umhang.

Wald, Wiese und Entrümpelungen machen sicher noch keine ganze Einrichtung aus, da kommen noch ererbte Möbelstücke hinzu oder solche, die man, alt oder neu, kauft. Menschen, die gerne sammeln, könnten sich auch auf Dekoratives und Billiges verlegen, zum Beispiel auf Teppichklopfer oder alte Strohhüte.

Der wichtigste aller Einrichtungsgegenstände ist eine gute Matratze. In den eigenen vier Wänden muß man erst einmal gut schlafen, bevor man sich weiter einrichtet. Bei der Matratze darf nicht gespart werden: roßhaar-, maisblätter-, seegrasgefüllte Matratzen, auf einen Holzboden, auf einen Holzsockel und Bretter gelegt, sind unverwüstlich und besser als all die teuren, rückgratgetesteten. Bei Großmutter oder der Tante gibt es vielleicht noch eine alte Roßhaarmatratze, die der Tapezierer in eine neue umarbeiten kann.

Alte Möbel

Nicht alles, was alt ist, ist schön, praktisch oder gar strapazierfähig. Zu oft wird die Freude nach dem Kauf eines alten Schränkchens getrübt, wenn der Mief drinsitzt, das Holzmehl rieselt, die Schubladen klemmen, Schlüssel fehlen, Beschläge wackeln, der morsche Sockel nachgibt, wenn man eine gefüllte Obstschüssel draufstellt. Wer alte Möbel nicht nur als Schmuckstück in seiner Wohnung stehen haben will, sondern sie auch benützen möchte, muß beim Kauf vorsichtig sein.

Von teuren Antiquitäten, beim Fachmann gekauft, darf sich jeder Käufer erwarten, daß sie technisch funktionstüchtig sind, daß sie fachgerecht mit Holznägeln, original handgeschmiedetem Eisen repariert wurden und daß man sich daraufsetzen kann, ohne gleich

eine Sprungfeder im Hintern zu haben oder gar auf der Erde zu liegen. Vom Altwarenhändler aber kann man nicht erwarten, daß seine Eisenöfen ohne Rostloch und seine Stühle mit einwandfreier Polsterung versehen um geringen Preis an den Mann gebracht werden. Hier heißt es gut auswählen, lieber zu stabileren, naturbelassenen Möbeln als zu schnuckelig-wackeligen zu greifen, bei alten Lampen zu bedenken, daß sie elektrifiziert werden müssen, bei Herden bedenken, daß sie auch heizen sollen, nicht vergessen, daß Holz allemal leichter zu ergänzen ist als Porzellan. Der Charme einer alten, verglasten Kredenz liegt oft nur in dem mundgeblasenen Glastürchen mit der unregelmäßigen Oberfläche. Ist die Kredenz billig, weil das Glas fehlt, kann sie trotzdem noch teuer werden, wenn man es stilecht ersetzen will. Wer sich in ein altes Möbelstück verliebt und bemerkt, daß es erneuerungs-, reparatur- und pflegebedürftig ist, sollte zwei Punkte bedenken: Was kann ich selber machen, kann ich

mit unkonventionellen, nicht stilechten Ergänzungen aus dem Stück etwas Persönliches machen (handgeschmiedete Nägel, Messingschrauben, Messingblech, Häkelspitzen, Papiertapeten, andere Beschläge, Abbeizen, Beizen, Streichen, Bemalen, mit Kissen, Decken, Schnitzereien verschönern)? Oder soll ich das Stück vom Fachmann reparieren lassen? Das zweite wird teurer kommen, aber natürlich perfekter sein. Grundsätzlich ist ein altes, selbst repariertes Möbelstück mit all seinen Fehlern liebenswert, eine Wohnung jedoch, in der lauter solche Möbel stehen, wirkt leicht wie ein Trödlerladen. In einem Möbelstück, zum Beispiel einem Stuhl, vertragen sich neue und alte Materialteile durchaus. Bevor man vor jedem Niederlassen auf morsche Stuhlbeine zittert und fürchten muß, daß es das letzte Mal ist, beläßt man Sitzfläche und Lehne lieber im alten Zustand und erneuert die Stuhlbeine komplett.

Der Schrank auf dem Photo stand im Vorhaus eines alten Häuschens, war

häßlich braun gestrichen und miefte. Die Tür stand offen, im Inneren nisteten ab und zu die Hühner. Heute ist er ein liebenswertes Möbelstück in einem neu erbauten Haus, beherbergt bemaltes und goldgerahmtes Kaffee- und Teegeschirr. Vor ein paar Jahren hatten ihn seine jetzigen Besitzer vor der Axt gerettet, die aus dem häßlichen, den Weg versperrenden Ding nützliches Brennholz machen wollte. Man hätte beim Reparieren und Verschönern des Schrankes vieles anders machen können, aber die Inneneinrichtung eines Hauses, einer Wohnung ist eben persönlich und der Möglichkeiten sind viele. Die neuen Besitzer haben sich fürs Blau-Streichen entschieden und auf ein Verkitten der Ritzen verzichtet. Hätte man den Schrank schön und gleichmäßig lakkieren wollen (etwas, was bei Türen eine Selbstverständlichkeit ist), hätte man die Fugen und Löcher verkitten, glattschleifen und erst dann die Oberfläche streichen dürfen. Oder man hätte ihn abgebeizt (nicht vergessend, das Abbeizmittel mit Waschsoda zu entfernen) um anschließend das Holz mit Bienenwachs und Terpentin, Leinöl, Leinölfirnis oder Benzinwachs zu pflegen. Die Art, wie man ein Möbelstück verwandelt, bestimmt sich nur nach seiner persönlichen Eigenart und der der Besitzer.

Kreativität beginnt beim Ändern des Standards

Standard sind Wohnungen oder Häuser mit Küche, Bad, Klosett, Wohnzimmer, Schlafzimmer und Kinderzimmer. Genormte Fertigteile, Küchengeräte, Badezimmereinrichtungen. Die Benützer der Küchen und Bäder aber sind zwischen einem Meter und zwei Meter groß. So kann man Einrichtungsgebrauchsgegenstände, die ja nicht nach Maß gemacht werden, durch Niveauunterschiede, Sockel usw. anpassen und persönlicher machen. Eine Küche, deren Boden einen Sockel hat, auf dem Herd, Arbeitstisch, Kühlschrank usw. stehen, hat auch noch den Vorteil, daß sie leichter sauberzuhalten ist.

Das eigene Bad ist Standard. Dieser kalte, pflegeleichte, hygienische Minioperationssaal in billiger und sündteurer

Ausführung ist bei den meisten Menschen vom Wohnen getrennt. Die Badewanne im Schlafraum aber kann jeder haben. Der Baderaum ein Wohnraum, Holz, Pflanzen im Bad, essen im Bad: wer Schlafen, Essen und Baden verbindet, leistet sich darum noch keinen finanziellen Luxus. Was sind sterile Badewannen aus Marmor mit vergoldeten Armaturen gegen die Wanne mitten im Raum, die man nach dem Baden mit einem Holzdeckel zudeckt, auf dem man sich dann gemütlich ausstreckt?
Wer seine Sehnsucht nach irdischer Bequemlichkeit im Kauf einer kompletten Wohnzimmereinrichtung sieht und rasch befriedigt, wird sich nicht lang daran erfreuen. Das Wohnzimmer, in dem keiner sitzt, weil es in der Küche viel gemütlicher ist, ist eine Fehlinvestition. Ein Haus, eine Wohnung besteht aus Raum, der im Laufe der Zeit seine Funktion erhält. Das Raumerleben, der Duft, die Möbel, die Dekoration, sie alle zusammen bestimmen die Persönlichkeit einer Wohnung, eines Hauses.

Räume mit Leben erfüllen, Gegenständen Bedeutung geben

Menschen verschiedener Zivilisationen leben in verschiedenen Empfindungswelten. Nicht überall auf der Welt bedeutet die Entfernung zwischen zwei Menschen, die miteinander ein Gespräch führen, dasselbe. Berührungen, das Spüren der Körperwärme des anderen, drücken in einer Schweizer Kleinstadt, einer amerikanischen Großstadt, einem arabischen Markt Unterschiedliches aus. Allein der Abstand, in dem ein Mensch sich in einem Raum zu einem anderen setzt, spricht bereits, bedeutet Vertraulichkeit hier oder Unverschämtheit dort. In Gegenden, in denen man traditionsgemäß an einem runden Tisch sitzt, es sich an einem quadratischen bequem macht, ist das Oberhaupt der Familie lange nicht so angesehen wie dort, wo der langgezogene Tisch am einen Ende – der Küche fern – den Vater, am anderen Ende – der Küche nah – die Mutter und dazwischen der Rest der Familie sitzen läßt.

Der Abstand zwischen zwei Menschen kann intim sein, persönlich, sozial und öffentlich. Eine 10-Zentimeter-Distanz bedeutet in einer europäischen Jugendgruppe Zusammengehörigkeit, in der arabischen Geschäftswelt Vertraulichkeit, auf einem italienischen Gartenfest Spaß und auf einer amerikanischen Cocktailparty ist sie schier unerhört unschicklich. Die persönliche Distanz reicht zwischen zwei Menschen so weit, wie beide sich mit ausgestreckten Händen noch berühren könnten, man ist sich nicht mehr nahe, doch werden Körpergerüche jeder Art noch wahrgenommen. Diese Gerüche, die auf Personen wirken, werden in manchen Ländern als bewußt gesendete Signale empfunden, in der amerikanisch zivilisierten Welt ist dieser Bereich von der Parfüm- und Deodorantindustrie besetzt.
Soziale Abstände erkennt man in öffentlichen Ämtern, wo die Distanz von Beamten und „Bittstellern", verschärft noch durch die Barriere des Schreibtisches, den Verlauf eines Gespräches beeinflußt. Durch visuelle Massenkommunikationsmittel ist die öffentliche Distanz zu einer scheinbar persönlichen geworden: Wenn der Präsident allabends in die Schlafzimmer der Fernsehzuschauer kommt, dann fühlt man sich ihm persönlich nahe, für einsame Herzen könnte der Abstand gar ein intimer werden.
Das Raumerleben in der eigenen Wohnung sollte abwechslungsreich sein, durch Lichteinfall belebt, durch abgeschlossene Ecken, Teppiche, Treppen usw. variiert. Nicht nur die Distanz der Menschen in bestimmten Räumen, die Anordnung und Größe der Räume in einem Haus haben ihre Bedeutung, jeder Einrichtungsgegenstand, jedes Inventar kann mit Bedeutung gefüllt werden. Man denke nur einmal an den allgemeinen Begriff der Treppe und an die Assoziationen, die einem dazu einfallen: hinaufsteigen, etwas entdecken, eine Ebene verlassen und eine andere erreichen, Bewegungsablauf auf der Wendeltreppe, Klettern auf der steilen Treppe, Hinführen zur Privatheit, Holz, Stein, Stiegenhaus . . . Wie sehr bereichern Treppen das Wohnen, Treppen, die hinaus, hinein, hinauf, hinunter, um

die Ecke führen, in Räume leiten und aus ihnen hinaushelfen. Durch Treppen geht ein Raum in einen anderen über, ein Raum stößt nicht an einen anderen an. Mit Spannung und Entspannung leben macht Wohnen nie langweilig.

Allein aus der Wahl, die Menschen beim Mobiliar treffen, läßt sich schließen, welches Temperament sie haben. Die Beweglichkeit der Möbel zeigt auch die Beweglichkeit der Menschen, die sie benützen. Sessel, die leicht wirken, sich verrücken lassen, ermöglichen es auch denen, die darauf sitzen, sich zu bewegen. Schwere, unbewegliche Stühle sagen dem Benützer, dort zu bleiben, wo er einmal sitzt. Menschen in den kälteren Gegenden Europas, vor allem in Deutschland, brauchen ihre Privatsphäre im abgeschlossenen Zimmer und unterstreichen das noch dadurch, daß der schwere Schreibtisch, der Ohrensessel ins Zimmer kommt und auch ein für allemal dort bleibt. Der Wunsch der Eltern nach dem Kinderzimmer für den Sohn, massiv und so, daß er es auch die nächsten zwanzig Jahre hat, erzieht ihn schon in diese Richtung. Kinder, die ihre Hausaufgaben in der Küche machen, weil die Mutter dort gerade kocht, die im Zimmer, in dem die Mutter bügelt, spielen, die dort schlafen, wo die schlafen, die sie gerne mögen, werden später im Leben auch beweglicher sein. Wohnen heißt auch immer wieder verändern; eine Wohnung, ein Haus sind niemals fertig eingerichtet.

Allein vom Grundriß der guten Stube und von der Placierung der Möbel her konnte man in Zeiten, in denen städtische, flexible Lebensformen noch nicht auf dem Land Einzug gehalten hatten, sagen, ob es sich um die Stube eines Bauernhauses oder eines bürgerlichen Stadthauses handelte. Bauernstuben waren nie kleiner als 5 × 5 m und größer als 7 × 7 m, hatten meist quadratischen Grundriß und niedere Raumhöhe, der Tisch, ob eckig oder rund, stand immer in der Ecke, niemals in der Mitte des Raumes. Türsturz und Türschwelle zwangen jeden Eintretenden dazu, sich zu bücken und ehrfürchtig in der ohnehin schon niedrigen Stube am Tisch oder auf der Ofenbank – gerne stellte man den Tisch zwischen die Fenster (Licht-

einfall) und an den Ofen (Wärme) – Platz zu nehmen. Die bäuerliche Stube war flächenklar umschlossen, die Raummitte selten verstellt, Betthäuser oder Alkoven beeinträchtigten den Raum nicht. Die städtische Stube hingegen war kein so endgültig umschlossener Raum. Durch Schiebetüren, Erkerzubau konnte sie vergrößert werden. War sie größer und durch Säulen gestützt, so ergaben sich in ihr verschiedene Wohnbereiche. Immer aber stand der Tisch im Mittelpunkt der städtischen Stube. Wohlhabende Bauern, denen Städtisches nicht fremd war, richteten sich auch in ihren Häusern eine Stube ein, in der der Tisch in der Mitte stand, in der man Kostbarkeiten, besonderes Mobiliar aufbewahrte, in der es immer kalt war. Gelebt jedoch haben die Bauern in der gemütlichen Ecke zwischen Fenster und Ofen. Heute gibt es die unverrückbare Sitz-

ecke, von der man so bald nicht aufsteht, wie den jederzeit anders aufstellbaren Tisch plus Stühlen in der Stadt wie auf dem Land; konservative oder wandlungsfreudige Lebenshaltung wird durch die Wahl für die eine oder andere Möglichkeit wohl nicht mehr ausgedrückt.

Licht und Farben

Wer sein Haus mit natürlichem Licht und mit Farben einrichtet, braucht dazu kein Geld. Jeder kann sich am Spiel mit Licht und Farben beteiligen. Beides, Lichteinfall und Farbe, sind auch der Mode und subjektiven Kriterien unterworfen, wobei man allerdings gewisse psychologische Erkenntnisse nicht außer Acht lassen sollte. Ein Beispiel: Ein kleines Restaurant war täglich zum Bersten voll, ein Treffpunkt für viele Leute, und man aß dort sehr gut. Dann waren die rosa bis rot überzogenen Sessel und die rosa Vorhänge reparaturbedürftig, und man entschied sich dafür, alles neu zu überziehen und neue Vorhänge anzubringen. In hellem und dunklem Blau mit Weiß. Der Koch war immer noch derselbe, aber die Gäste blieben nach und nach aus. Der Wirt war verzweifelt und erfuhr erst in Gesprächen mit Gästen, daß sie sich nicht mehr wohl fühlten, es sei alles so kalt und nicht mehr gemütlich. Daran war die blaue Farbe schuld. Inzwischen ist das Restaurant wieder rosa und gut besucht.

Gemütlich oder ungemütlich machen nicht die Farben allein, auch die Oberflächenbeschaffenheit spielt eine große Rolle, und das grüne, samtüberzogene Sofa wirkt anders als der im selben Farbton gehaltene Flechtteppich. Braune, glasierte Fliesen wirken trotz der warmen Farbe kühl.

Das natürliche Licht kann direkt von der Sonne oder indirekt ins Haus fallen und wird zusätzlich von allen Flächen, auf die es trifft, reflektiert. Ein und derselbe Raum mit einmal gelb- und einmal braungestrichenem Boden wird völlig verschiedene Lichtverhältnisse aufweisen, ein und derselbe Farbton wird in einem südseitig gelegenen Zimmer anders wirken als an der Nordseite. Lichtstrahlen fallen durch Türen, Fenster, Glaswände ein, werden von der Decke,

der gegenüberliegenden Wand, den anderen Wänden, dem Boden, den Gegenständen im Raum reflektiert. Die Fensterwand selbst reflektiert wenig, die Decke stark; hat ein Raum kleine Fenster und wenig Lichteinfall, so sollte die gegenüberliegende Wand stark reflektieren, damit der Raum heller wird – wenn man's möchte. Dunkelblau und Schwarz reflektieren sehr wenig, Weiß und Gelb stark. Die Skala der Reflexion geht der Stärke nach von Weiß, Gelb, Pastellrosa, Beige, Pastellila zu Blau und Grün. Die kräftigen, dunklen Farben, Ocker, Braun, Dunkelbraun, Dunkelgrün reflektieren wenig und Schwarz beinahe nicht. Farben mit kurzer Wellenlänge wie Grün, Blau, Violett wirken kühl, Farben mit langer Wellenlänge, Gelb, Orange, Rot warm. Warme Farben, so sagt man, regen die Sinne an und „beflügeln", kühle Farben sollten zum Nachdenken, Meditieren anregen. Sehr helle, sonnige Räume sollten mit kühlen Farben ausgestattet werden, nach Norden gelegene Räume mit warmen Farben.

Da das Haus ja Abwechslung bieten sollte, Ruhe hier, Geselligkeit dort, keine Gleichmäßigkeit, sollte man auch von einem ruhigen Farbraum zu einem anregenden wechseln können. Der Möglichkeiten sind viele, Rot hat den bekannten erotischen Effekt, kann aber auch nervös machen, Blau beruhigt den Puls und senkt den Sexualhormonspiegel. Grün beruhigt allgemein, entspannt Muskeln und Nerven, Gelb wirkt anregend und regelnd auf den Stoffwechsel. Die rote Küche und das gelbe Schlafzimmer sind sicher keine glücklichen Farblösungen! Kühle Farben, Blau oder Grün zum Beispiel, wirken nicht so kühl, sondern entspannend, wenn sie nicht mit Weiß, sondern mit Beige oder Eierschalenfarbe gemischt werden. Es gibt viele Kriterien, nach denen man sich die Farben für die eigenen vier Wände aussucht. Auch die Haarfarbe kann eines davon sein: die Wohnung einer weißhaarigen Dame sollte bunt sein, in allen Farben gehalten, nur nicht in Weiß. Blonden stehen blaue Umgebungen gut und keine roten, Dunkle setzen sich ins rechte Licht vor pastelligen Wänden und pastelligen Möbeln.

Selten werden extrovertierte Menschen sich in grauen, blauen oder grünen Räumen wohl fühlen, diese Farben sind den introvertierten vorbehalten. Warme Farben lassen Gegenstände schwerer erscheinen, kühle Farben leichter. Man wage sich nur ruhig an die Farbe – Naturholz-Weißkalk-Häuser sind schon sehr schön, bunt gestrichene Holzhäuser aber eine wahre Freude zum Anschauen. Bunt ist schön!

Die Haselnuß, anderes dünnes Stangenholz und Flechtwerk im Haus

Nicht nur die Haselnuß, auch anderes geradegewachsenes und astarmes Untergehölz kann man schälen und beim Innenausbau, beim Außenbau (Zäune, Balkonbalustraden, Pergolen) wie beim Basteln von Einrichtungsgegenständen verwenden. Man kann die Oberfläche einkerben, die Enden schnitzen, die Kerben bemalen (siehe Kapitel Haselnuß).

Flechtmaterial

Flechten kann man mit vielen Naturmaterialien, mit solchen, denen man es ansieht, daß sie sich zum Flechten eignen, zum Beispiel Weidenruten, Stroh (Sommerroggen), Gräsern, Schilfrohr, Schilfblättern, Schlinggewächsen, die sich im Wald auf Bäumen ranken, mit einjährigen Schößlingen von Ziersträuchern, Birken, Ulmen, Erlen, Lärchenästen. Manchen Naturmaterialien sieht man es gar nicht an, daß sie sich zum Flechten gut eignen: das sind die Fasern der Haselnuß, auch die Holzfasern der jungen Lärchen, die einen Durchmesser von ca. 30 cm haben, am Erdstamm keine Äste und innen nicht zu rot sind. Ein Erdstamm dieser Art ergibt im besten Falle 130 cm lange Fasern. Die hellen Fasern verwendet man für feines, die braunen für gröberes Flechtwerk. Lärchenflechtwerk hält doppelt so lange wie solches aus Weidenruten oder Haselzweigen.

So vielfältig das flechtbare Naturmaterial ist, so vielfältig sind auch die Flechtarten – und die Resultate. Für das Haus kann man nicht nur Tabletts, Körbe, Kisten flechten, auch Wände, Schränke, Bänke, Sessel, Balustraden. Man kann einen schönen langen Ferienaufenthalt in eine Wand einflechten. Wer einen

Monat lang auf dem Land Urlaub gemacht und aus dem Wald und vom Feld immer wieder flechtbares Material mitgebracht hat, der wird zu Hause später damit lange flechten können. Der Phantasie sind dabei keine Grenzen gesetzt, nur die fundamental wichtigen, die da heißen, daß das, was man zusammenflicht, auch zusammenhalten und eine schöne Struktur – ob gleichmäßig oder ungleichmäßig – aufweisen soll.

Grundsätzlich unterscheidet man zwei Flechtmethoden: eine, bei der in ein vorgegebenes oder eigens vorher konstruiertes Skelett ein Muster eingeflochten wird, die andere, bei der man, von einem Flechtkern ausgehend, während des Flechtens auch formt. (Als erstes Beispiel dient unser Treppengeländer, siehe Kapitel Haselnuß, als zweites ein Korb.)

Die Materialien, mit denen man flicht, sollen von Natur aus biegsam sein. Liegen sie zu lange im Trocknen, so werden sie selber trocken, man legt sie daher vor dem Flechten in Wasser, damit sie wieder Feuchtigkeit aufnehmen und nicht brechen. Feucht geflochtene Strukturen aber trocknen in geflochtenem Zustand noch nach und werden etwas locker. Man soll sie dann nachträglich zusammenschieben und wird dann noch ein, zwei zusätzliche Reihen einflechten. Flechtwerk, das belastet wird – größere Korbe, Sessel usw. –, sollte man aus entsprechend stärkeren Naturfasern herstellen.

Der Korbflechter

Den Korbflechter freute es, daß die Straße, die knapp unter seinem Haus vorbeiführt, nun verbreitert und asphaltiert wurde. Früher mußte er sich mit den Aufträgen begnügen, die er für die Bauern der Umgebung ausführte: Rückentragen (Butten), Graskörbe, Kirschenpflückerkörbchen, viel mehr war da nicht drin. Jetzt bekommt er manchmal schon einen Spezialauftrag, erzählt er, Schmutzwäschekörbe seien sehr gefragt. In der Woche bleiben nun doch ein bis zwei Autos stehen und kaufen ein paar Körbe.

Der Korbmacher ist 75 Jahre alt und versorgt eine kranke Frau und einen behinderten Sohn, man lebt bescheiden

in dem kleinen Blockhaus, das vom besten Wärmeschutz, den man sich denken kann, umgeben ist, aufgestapeltem Kleinholz. Er war immer Nebenerwerbshandwerker; eigentlich ist er gelernter Handweber, aber schon zu der Zeit, als er bei seinem Vater dieses Handwerk erlernte, war es zum Aussterben verurteilt. So hat er sich auf das Korbflechten verlegt, obwohl er ja am liebsten Zäune macht, einer, den er vor 52 Jahren gemacht hat, steht heute noch. Aber auch nach Zäunen besteht keine Nachfrage mehr.

Es ist Winter, der Korbmacher sitzt auf einem Schemel in der Küche, deren Fenster selten geöffnet werden und die nur 185 cm hoch ist. Während ein paar Haselstangen auf einem Gestell über dem Herd auftauen und ab und zu ein Tröpfchen Tauwasser ins heiße Fett spritzt, flicht der Korbmacher einen Graskorb und erzählt mit leuchtenden Augen vom Krieg, dem einzigen Mal in seinem Leben, wo er aus dem Tal hinausgekommen ist. Zwischen Korbgeflecht und Kriegserinnerungen flicht er weise Sprüche ein, die ihm sein Vater, der Handweber, mitgegeben hat. Für einen Graskorb braucht er ein bis zwei Tage, Brot bäckt er auch selber, er kauft Roggen und Weizen bei einem Vetter, der einen Hof hat, aus biologischem Anbau, wie er betont. In der letzten Wintersaison hat er so viele Körbe geflochten und verkauft, daß er sich eine elektrische Kornmühle hat leisten können. Für das biologische Brot, sagt er, und hat dabei gar keinen Fernsehapparat zu Hause.

Zu Allerheiligen macht er sich auf den Weg, um schöne, dicke Haselstangen zu suchen. Er schneidet sie nur ab, wenn sie mehr als 3 cm Durchmesser haben. Eine 7 cm dicke Stange ergibt das Geflecht für einen ganzen Graskorb, aber solche Stangen sind selten zu finden. Die gesammelten Stangen für eine gewisse Menge Körbe legt er vor das Haus, wenn er zu viele hat, um sie in einer Wintersaison verbrauchen zu können, legt er sie im Frühjahr zusammengebündelt und gut befestigt in einen Seitenarm des nahen Bächleins, ganz unter Wasser. Dort bleiben sie frisch und halten sich einen ganzen Sommer.

Will er im Sommer flechten, nimmt er diese Stangen, die ja in der Zeit der Saftruhe geschnitten worden sind und sich deswegen zum Flechten eignen.

Außer den Haselstangen, seinem bevorzugten Flechtmaterial, braucht er alljährlich einen Filzhut, den er sich über das Knie, über welchem er die Stangen biegt, stülpt, um die Hosen zu schonen, ein gut geschliffenes Taschenmesser mit festem Griff, eine hölzerne Werkbank und eine Hartholzstange (Esche).

Wie man Haselnußfasern(-bänder) herstellt

Mit dem Messer entfernt man mit Gefühl die Rinde von einer Haselstange. Dabei muß man aufpassen, daß man nicht zu tief schneidet, sonst wird das Holz verletzt und die Fasern brechen. Dann wird die Stange an dem Ende, wo ein Ast sichtbar ist, mit einer kleinen Handsäge ca. 1 mm tief eingesägt, das andere Ende in die Werkbank gesteckt und über diese gebogen, so daß es beim Biegen im Inneren knackt. Dieses Knacken bedeutet, daß sich die Längsfasern voneinander lösen; auch deswegen müssen die Stangen im Winter geschnitten werden, da sie im Sommer saftig und elastisch sind und die Fasern sich nicht lösen. An dem eingesägten Einschnitt spaltet sich eine ca. 1 mm dicke Faser von selbst ab, man muß nur nachhelfen, indem man mit dem Taschenmesser entlang der Rißlinie ca. 10 cm nachschneidet. Dann zieht man die Haselstange über die kurze Hartholzstange, wodurch sich die Faser von selbst abspaltet. Wo sie zu dick ist, putzt man sie mit dem Taschenmesser zurecht, denn alle Fasern sollen regelmäßig werden.

Um nun aus dieser dicken Faser zwei dünnere zu bekommen, schneidet man wieder mit dem Taschenmesser ca. 5 cm lang ein. Die ersten 10 cm biegt man ein wenig mit den Händen, zieht sie wieder über die Hartholzstange und bekommt dünne Faserbänder. Ist der Einschnitt am Beginn nicht ganz in der Mitte gemacht worden, dann bricht das Faserband. Die beiden Faserbänder werden wieder mit dem Taschenmesser geglättet und zurechtgeputzt.

Die Stange wird wieder angesägt, in die Werkbank gesteckt und gebrochen, eine

Faser abgelöst usw. Nicht alle Stangen enthalten gute, geeignete, lange und astlose Fasern. Die Faserbänder aus dem Inneren werden dicker belassen und zu Rippen verarbeitet, während die äußeren Fasern das feine Geflecht ergeben.

Der geübte Korbflechter weiß schon beim Anfassen einer Stange, ob sie elastisch ist, wenn ja, wird sie nur schlampig entrindet und über dem Knie gebogen. Aus ihr wird der Reif oder andere starke Teile eines Korbgerüstes gemacht. Fasern sollten gleich verarbeitet werden, das ist aber selten möglich. Man bereitet sich daher eine Anzahl Fasern vor, die man zu einem Ring zusammenbindet. Bevor man sie zum Flechten verwendet, weicht man sie einige Stunden in Wasser ein.

Ein Graskorb oder Tragkorb aus Haselnußgeflecht

Man macht zuerst das Gerippe aus einer runden und biegsamen Haselnußstange und einer kräftigen Mittelrippe und flicht hinein.

Man biegt zuerst den Ring, der später den Umfang des Korbes bestimmt. Er wird an beiden Seiten gegengleich schräg abgeschnitten und so aneinandergenagelt, daß er gut hält. Ein starke, bereits geschnittene Mittelrippe wird nun so um den Ring gezogen, daß sie die Tiefe des Korbes bestimmt. An der Seite, an der die Ringenden und die Mittelrippe zusammentreffen, flicht man ein schwaches Band ein. In dieses steckt man die nächsten zwei Rippen, die sich links und rechts der Mittelrippe befinden. Diese werden wieder mit schwachen Bändern eingeflochten, dann steckt man die nächsten Rippen ins Geflecht und flicht die nächste Reihe. Je mehr sich das Geflecht der Mitte nähert, desto stärker sollen die Bänder werden. Wenn die Rippen vollzählig sind, werden die Bänder fest zusammengeschoben und das Geflecht fertiggestellt. Wenn ein Band zu Ende geht, wird ca. 10 cm vor dem Ende das nächste eingeflickt, indem man es zwischen Band und Rippe schiebt. Dort, wo die Griffe sind, läßt man einfach die erste Reihe Flechtwerk aus und flicht erst ab der zweiten. Wenn der Korb fertig ist, trocknet er auf

einem Gestell über dem Herd oder an einem anderen warmen Ort, und die nassen Fasern ziehen sich zusammen. Man schiebt die Reihen noch einmal zusammen und flicht in die Lücke noch zwei, drei Reihen Bänder ein.

Ein auf diese Weise geflochtener Korb kann, wenn im Laufe der Zeit ein paar Bänder reißen und Löcher entstehen, leicht repariert werden, indem man einfach ein paar Reihen Bänder entfernt und neue Bänder einflicht.

Mit dem Messer wird die Rinde abgeschält. Darauf wird die Stange in einen Holzbock (Werkbank) eingespannt und gespalten und die einzelnen Bänder voneinander gelöst. Der Korbflechter flicht aus Haselnußrippen und -bändern diese Art von Körben, die im Text näher beschrieben ist.

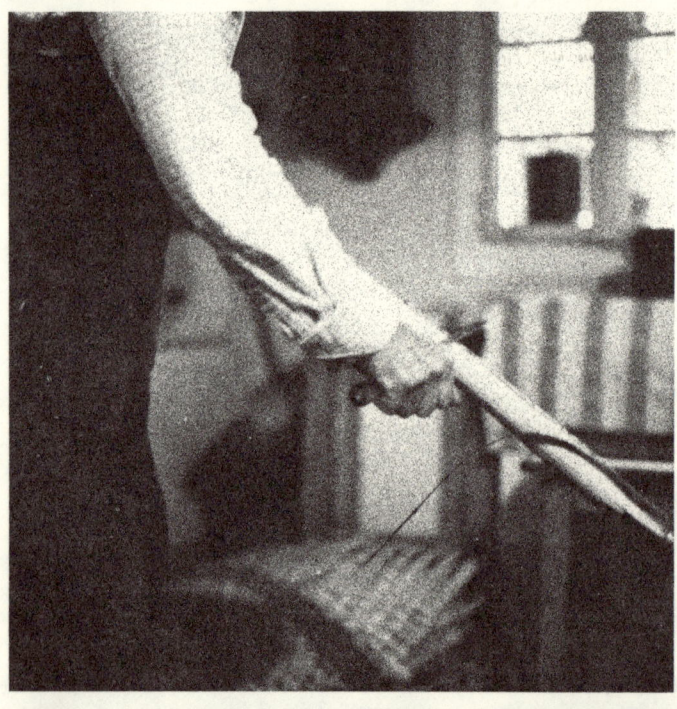

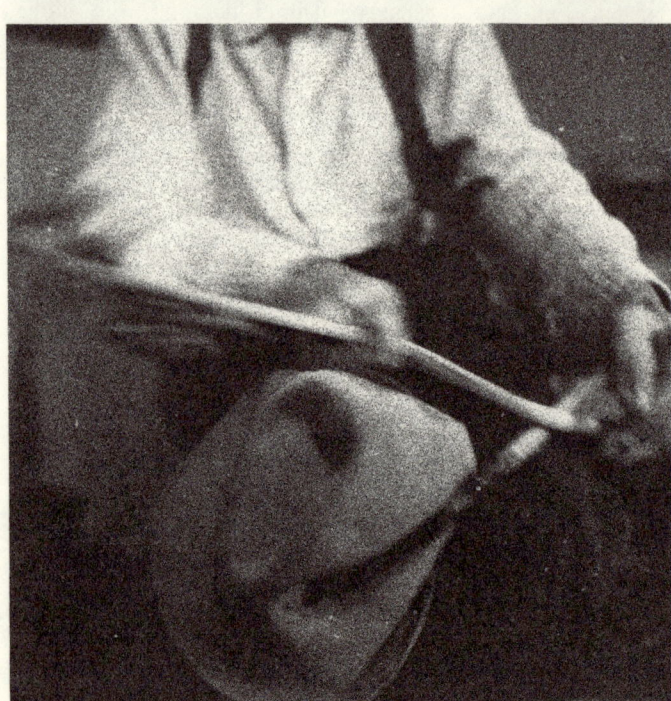

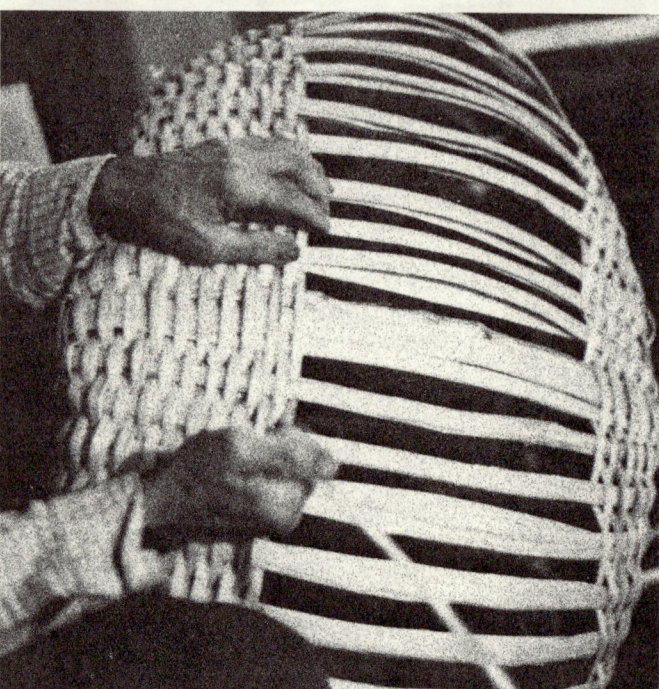

Je nachdem, wie stark oder biegsam die einjährigen Schößlinge der Weiden, Brombeeren oder Pappeln sind, kann man stärkere oder feinere Gegenstände daraus flechten. Aus den Ruten der Korbweide zum Beispiel kann man einen schönen, großen und stabilen Korb für Wäsche, Obst, Gemüse oder andere Dinge machen. Man flicht hier von einem Zentrum aus:
Die Ruten werden vor dem Flechten einige Stunden lang eingeweicht. Man braucht starke Ruten für das stützende Gerippe und schwache für das verbindende Flechtwerk. Die starken Ruten, die den Boden bilden, müssen so lange sein wie der Durchmesser des Korbes, die Ruten, die die Höhe des Korbes bestimmen, 20 cm länger.

Blumen- und Kräuterduft im Haus
Über die Herstellung von Duftkompositionen für körperliche Gesundheit und seelisches Wohlbefinden

Lavendelduftende Wäscheschränke und mit Rosmarin gefüllte Kopfkissen sind in manchen modernen Haushalten noch die Überbleibsel aus Zeiten, in denen man Kräuter in Säckchen füllte, mit nelkengespickten Äpfeln und Orangen den Mief aus alten Schränken vertrieb, die Speisen mit selbstgemachtem Rosenwasser parfümierte und den Mücken mit Mostessig den Garaus machte. Duftsträußchen, Gewürzgestecke, mit duftenden Trockenblumen gefüllte schöne Gläser standen einst in den Haushalten herum und sollten, außer gut zu duften, auch Gesundheit ins Haus bringen. In größeren und wohlhabenden Haushalten waren die Frauen Meister im Fach der Dufterzeugung, das heute völlig von der Industrie übernommen ist. Den Parfümeur als Spezialisten gibt es nur mehr im Orient, dort ist er ein angesehener Mann. Bei uns endet die Kulturgeschichte der Düfte in der Spraydose. Die Düfte im Haus dienten zum Konservieren, Übertünchen, Fliegenvertreiben, in Zeitaltern mit hoher Duftkultur kam ihnen auch eine magische Funktion zu. In der Bibel rangieren Düfte neben Gold als gleichwertige Geschenke. Starke Düfte stimmten die Götter freundlich

und vertrieben Krankheiten aus dem Haus. An der Sprache der Düfte erkannte man in biblischen Zeiten den Haushalt der Kurtisane, des erfolgreichen Geschäftsmannes, der bescheidenen Hausfrau. Die Bibel unterscheidet zwischen den Düften der Reinlichkeit und denen der Sünde; so steht geschrieben, daß man von der Frau, die ihr Bett mit Myrrhe, Aloe und Zimt bestücke, besser ablassen solle. Beim Auszug aus Ägypten nahmen die Juden auch Düfte mit: Zimt, Aloe, Galbanum, Oregano, Myrrhe. Duft war kostbar, denn die Gewinnung aus Muscheln, Blättern, Wurzeln war mühsam. Labdanum, ein Duftbalsam, war eine der gebräuchlichsten Duftbasen im Orient. Der klebrige Stoff wird von der Felsenrose abgesondert. Um die Rosen nicht pflücken zu müssen oder den Stoff mühsam mit der Hand einzusammeln, ließ man die Ziegen auf den Feldern und Felsen, auf denen diese Rose blühte, grasen. Der klebrige Stoff blieb im Fell der Tiere und brauchte nur mehr abgenommen zu werden.
Düfte hatten oft lange und beschwerliche, gefährliche Reisen hinter sich, bis sie an ihrem Ziel angelangt waren. Indisches Nardenöl, ein im Orient verbreitetes wohlriechendes und wohltuendes Öl, kam schon vor 2000 Jahren aus dem Himalayagebiet. Die alten Ägypter waren Parfümkünstler, sie parfümierten alles und zu jeder Gelegenheit, von der Wiege bis zur Bahre, sich selbst, das Haus, die Kleider, die Speisen. Die Griechen übernahmen die ägyptische Duftkultur und gaben ihr einen blumenreichen Akzent; von den Griechen übernahmen die Römer die Duftblumen- und Parfümkultur und bestellten gleich Schiffsladungen voller Rosenblüten aus dem Orient. Duftpflanzen und Duftöle erfüllten immer mehrere Zwecke; so krönten Lorbeerblätter die Häupter der römischen Kaiser, gleichzeitig aber vertrieb ihr Duft die lästigen Fliegen von den Häuptern der erlauchten Personen.
Ein erstes Pflanzenbuch, das die Wirkung und Anwendung von Pflanzen, Gewürzen und Extrakten beschreibt, die äußerlich, am Menschen und im Haushalt anzuwenden sind, stammt aus dem 1. Jahrhundert nach Christus. In-

teressante Beschreibungen geben Pflanzenbücher aus dem England des beginnenden 16. Jahrhunderts („The Grete Herbal", 1526). Veilchen sollten bei entzündeten Augen, bei epileptischen Anfällen und Trunkenheit helfen. Rosmarin unter dem Kopfkissen vertreibe die bösen Träume, Lavendel verbreite nicht nur Duft, sondern vertreibe auch Ungeziefer aus der Wäsche und halte die Seele der nach Lavendel duftenden Mädchen rein. Mit der schwarzen Nieswurz vergiftete man Ratten, vertrieb Wölfe und Füchse, sie sollte aber auch bei Epilepsie und Melancholie helfen. Gegen Krätze, Schorf und Haarausfall wie auch fahle Hautfarbe half Aloensaft, und Menschenläuse bekämpfte man mit Rittersporn. Mit getrockneten Duftblumen, denen auch noch Essenzen und andere duftende Ingredienzien beigemischt waren, vertrieb man Fliegen und Mücken, hielt Krankheiten vom Haus fern, suchte aber auch schlecht gelüfteten Räumen eine frische Duftnote zu geben.

Der wohlriechende Haushalt
Hauseigene Duftkompositionen stellte man auch noch in späteren Epochen her, als man mit Kräutern nicht mehr den Mief übertünchen mußte, sondern dem Haus aus Freude am guten Duft eine persönliche Note verleihen wollte. Blüten, Öle und Essenzen, Kräuter, Wurzeln und Blätter vermengte man nach fremder oder eigener Erfindung zu Duftsträußchen, Duftbällen, man füllte die Mischungen in Töpfe oder Dosen und schöne Gläser. Der Duft, den die Mischung ausströmte, wurde meist konserviert, indem man die Töpfe, Dosen oder Gläser verschloß und bei besonderen Anlässen öffnete, um den persönlichen Hausduft entströmen zu lassen. Diese Mischung aus bunten und duftenden Ingredienzien im Topf nannte man „Potpourri", was nichts anderes bedeutet als „in den Topf hineingeschüttet". Eine zusätzliche Bedeutung ergab sich daraus, daß man damit „vieles in einen Topf geben und etwas Neues daraus machen" assoziierte und den Begriff später auf andere Gebiete, zum Beispiel in der Unterhaltungsmusik, übertrug. Durch das Vermengen verschiedener

Kräuter, Blumen, Wurzeln und Essenzen allein entsteht noch kein Duft, der sich über längere Zeit hält und einen ganzen Raum ausfüllen könnte. Die vorherrschende Duftnote eines Potpourris wird von jenem Kraut, jener Blume bestimmt, die in dem Gemisch mengenmäßig dominiert – das sind meist Rosenblätter oder Lavendel, weil diese die Eigenschaft haben, auch in getrocknetem Zustand ihren ursprünglichen Duft zu behalten. Manche Blüten oder Kräuter verändern ihren ursprünglichen Duft, wenn sie getrocknet werden, manche verlieren ihn ganz oder fangen zu stinken an. Orangenblüten und Jasminblüten duften getrocknet ebenso wie frisch, nur eignen sie sich nicht, den größten Teil eines duftenden Potpourris zu bilden. Füllt man eine duftende Mischung in ein schönes Glasgefäß und verwendet man es auch als Dekorationsstück, kann man Blüten beimengen, die zwar nicht duften, aber in getrocknetem Zustand ihre Farbe behalten – schön gefärbte Rosenblätter zum Beispiel. Nicht zu vergessen ist, daß es viele Rosenarten gibt, die stark, gar nicht oder verschieden duften. Kräuter sind nie die Basis eines Potpourris, da sie nur in kleinen Mengen verwendet werden, doch sind sie unerläßliche Beigabe. Vorzüglich eignen sich Zitronenmelisse, Majoran, Rosmarin, Minze, Lorbeer, Basilikum, Wiesenthymian, Süßholz, Verbenen, an Gewürzen Koriander, Kardamon, Zimtrinde, Gewürznelken und Anis. Man sollte das Mengenverhältnis: 1 Teelöffel Gewürze auf 4 Tassen Kräuter und Blüten (trocken) einhalten. Orangen- und Zitronenschalen werden wie Gewürze verwendet.

Die Duftöle, die in den Blüten, Blättern, Gewürzen und Kräutern enthalten sind, würden sich aber allzu rasch verflüchtigen. Damit dies nicht geschieht, verwendet man Fixative, die nicht selten auch eine starke, eigene Duftnote haben, die sich dann mit den anderen mischt (zum Beispiel stinkt Moschusextrakt, wird er aber dem Potpourri beigemengt, entwickelt er einen wunderbaren, eigenen Duft). Bei solchen Extrakten muß man achtgeben, nicht zu viel zu erwischen, sie sind in kleinsten Mengen zu verwenden. Ein anderes Fixativ, Iris-

wurzelpulver, ist weniger gefährlich. Dieses Pulver wird aus der getrockneten Wurzel der blaublühenden florentinischen Iris gewonnen, man kann es aber auch selbst machen, indem man diese Blume pflanzt, ihre Wurzeln abschält, in der Sonne trocknet, sie ein bis zwei Jahre an einem trockenen und luftigen Ort aufbewahrt und dann im Mörser kleinstößt oder pulverisiert.

Gummiharz, aus dem Orient importiert, ist ebenfalls ein gutes Fixativ. 30 Gramm davon genügen für 10 bis 12 Tassen getrockneter Blätter und Kräuter. Die Tonka-Bohne, die auch bei der Pfeifentabakerzeugung verwendet wird, ist ein gutes Fixativ, es genügen 2 Bohnen auf ca. 10 Tassen Blüten. Sandelholz, Patschuli, Myrrhe haben fixierende Eigenschaften. Patschuli sollte in Blattform – nur 3 bis 4 Blätter auf ein Kunterbunt – gegeben werden, ist es jedoch in dieser Form nicht erhältlich, nimmt man ganz wenig Öl.

In vergangenen Zeiten, in denen man mit den Düften noch vorsichtig umgehen und sie selber herstellen konnte, hatte man es leichter als heute. Blumen waren nicht so groß und für das Auge gezüchtet wie heute, sondern kleiner, unscheinbarer, aber stärker im Duft. Viele alte Rosenarten, einst nur wegen ihres Duftes und nicht unbedingt ihrer Schönheit wegen gepflanzt, gibt es heute nicht mehr. Bei der Herstellung von duftenden Töpfen, Sträußchen und Säckchen muß man deshalb heute wesentlich mehr Duftöle beimengen als früher. Beim Kauf von solchen Duftessenzen und -ölen muß man achtgeben, da oft der Inhalt nicht der Bezeichnung entspricht. Das passiert mit Vorliebe bei den lieben, aus dem Orient importierten Fläschchen; orientalische Duftexperten glauben wahrscheinlich, nicht ganz zu Unrecht, den sprayverdorbenen Nasen von heute leicht ein X für ein U vormachen zu können. An verschlossenen Fläschchen sollte man daher riechen dürfen, bevor man eine Essenz um teures Geld kauft. Die Essenzen, die bei uns oft wenig bekannt sind, bekommt man in Geschäften, die Orientalisches importieren.

Die Zutaten zu einem duftenden Potpourri kann man größtenteils selber her-

stellen. Das sind vor allem die Kräuter und Blüten, die im eigenen Garten oder auf der Wiese gepflückt und danach getrocknet werden. Blüten und Kräuter pflückt man an trockenen Sommertagen, am Morgen, nachdem der Tau verschwunden ist, und trocknet sie an einem warmen, luftigen Ort, im Schatten. Ein schöner Rosenstrauch sollte genügend Blütenbasis für ein großes Potpourri produzieren.

Es gibt eine nasse und eine trockene Methode, ein Potpourri herzustellen. Für die nasse verwendet man halbtrockene Blütenblätter und andere trockene Ingredienzien, bei der trockenen Methode sind alle Zutaten getrocknet.

Bei der nassen Duftkompositionsmethode geht man folgendermaßen vor: Man sammelt die Blüten und läßt sie 2 Tage trocknen. Dann gibt man die halbtrockenen Blüten in einen tönernen Topf und mischt sie mit Salz (grobes Salz ist besser als feines, auf keinen Fall jodiertes Salz verwenden). Auf 3 festgefüllte Tassen Blätter kommt 1 knapp volle Tasse Salz. Der Topf sollte zu 2 Dritteln gefüllt sein. Dann stellt man ihn 10 Tage lang an einen trockenen, gut durchlüfteten Ort. Dort werden die Blüten verkrusten. Diese Krusten bricht man und gibt die Gewürze und Fixative dazu, worauf der Topf luftdicht verschlossen und 6 Wochen stehen gelassen wird; dabei sollte man den Inhalt hin und wieder aufschütteln. Nach diesen 6 Wochen gibt man neuerlich Blüten und Gewürze oder Essenzen hinzu. Nun wird der Topf noch einmal 2 Wochen lang verschlossen. Das Potpourri ist nach dieser Zeit fertig und man gibt es in schöne Gläser oder andere Behälter, die verschließbar sind, und läßt den Duft bei Gelegenheit verströmen, indem man den Deckel öffnet.

Bei der trockenen und schnelleren, einfacheren Methode werden die Blüten und Kräuter getrocknet, bis sie ganz brüchig sind. Dann vermischt man sie mit den anderen Zutaten und gibt alles in einen Plastikbeutel, den man gut zubindet, oder in einen tönernen Topf, den man luftdicht verschließt. Der Inhalt wird öfter, am besten täglich durchgeschüttelt. Nach 6 Wochen entfaltet sich die gewünschte „Duftno-

te" und der Inhalt wird in dekorative, gut verschließbare Behälter gefüllt.

Solche Potpourris sollte man in Gläser oder andere Glasbehälter füllen. Damit sie lustig und bunt aussehen, gibt man der Mischung, sei sie nach der nassen oder trockenen Methode hergestellt, bunte Blütenblätter bei; getrocknete Rosenblüten, Veilchenblüten, andere Blüten, die keinen besonderen Duft haben. Sie werden erst, wenn das Kunterbunt schon fertig ist und in die endgültigen Gefäße gefüllt wird, beigefügt. Alle Gewürze, die man beimengt, sollte man kurz vorher in einer Gewürzmühle mahlen oder im Mörser zerkleinern. Auch Orangen- oder Zitronenschalen sollten zerkleinert sein, obwohl eine schön geschälte und geringelte, getrocknete Zitronenschale, zum Schluß dem Kunterbunt beigegeben, lustig aussieht.

Kunterbunte Dufttöpfe sind langlebig. Wenn sie gut behandelt und immer wieder verschlossen werden, duften sie zwanzig Jahre lang. Sie sollten immer an einem trockenen Ort stehen.

Einige Rezepte für duftende Potpourris:

Rosen-Potpourri

Man stellt dieses Potpourri nach der feuchten Methode her.

6 Tassen stark duftende, halbtrockene Rosenblätter
½ Tasse grobes Salz
½ Tasse feines Salz
1 Teelöffel gemahlener Zimt
½ Teelöffel gemahlene Gewürznelken
6 trockene Blätter Zitronenmelisse
¼ Tasse getrockneter Rosmarin
½ Tasse getrockneter Lavendel
2 Eßlöffel Iriswurzelpulver
1 Tasse getrocknete Rosenknospen

Dufttopf aus dem Blumengarten

Alle Blütenblätter werden in getrocknetem Zustand verwendet.

2 Tassen Narzissenblüten
2 Tassen Jonquille (eine Narzissenart)
2 Tassen echte Veilchen
2 Tassen Orangenblüten
2 Tassen Heliotrop
2 Tassen kleine rosa Nelken (Bauernnelken)
2 Tassen Zitronenblüten
2 Tassen rote Rosenblüten
2 Tassen rosa Rosenblüten

2 Tassen Balsamblätter
2 Tassen Akazienblüten
2 Tassen Maiglöckchen
1 Tasse Rosmarin
1 Tasse Thymian
1 Tasse Myrtenblätter
2½ Tassen grobes Salz
2½ Tassen feines Salz
2½ Tassen Iriswurzelpuder
3 Tassen Rosenwasser oder 6 Tropfen Rosenöl

Die Blüten werden, bevor sie aufgeblüht sind, gepflückt. Sie werden getrocknet und schichtenweise abwechselnd mit den anderen Zutaten in einen tönernen Topf gegeben. Am Ende der Blütensaison wird das Rosenwasser oder Öl dazugegeben und der Topf verschlossen noch zwei Wochen aufbewahrt. Aufschütteln nicht vergessen!

Ringelrosenkunterbunt

Das Kunterbunt wird nach der trockenen Methode hergestellt.

½ Tasse Thymian
⅔ Tasse Pfefferminzblätter
⅓ Tasse Basilikum und/oder ⅓ Tasse Kamillenblüten
½ Tasse grobes Salz
½ Tasse Ringelrosen
2 Tropfen Pfefferminzöl
2 Tropfen Basilikumöl

Mit Kräutern gesund wohnen

Der Duft der Kräuter ist nicht so süß wie der der Blüten, er ist frischer und oft sogar scharf. Starke, scharfe Gerüche sind gesund, sagte man einst, und dies mag auch, wenn diese Gerüche von Heilkräutern kommen, durchaus stimmen. Heute versprühen wir gern frischen Duft aus der Dose und glauben dann, daß die Luft „gesünder" sei. Tannen-, Lavendel- oder Rosmarinduft lassen uns auch wirklich tiefer und freier atmen. Was dem heutigen Haushalt das Versprühen von frischen Düften ist, das war früher, besonders in antiken Haushalten, das Verstreuen von duftenden Kräutern und Essenzen im Haus. Auf dem Boden, auf den Möbeln, in den Betten, auf den Tischen lagen die duftenden Kräuter, man streute, wenn Gäste eingeladen waren, wenn es besondere Feste gab, wenn Krankheiten zu vertreiben waren. Waldmeister und Wiesenthymian waren im Mittelalter beliebt, wo man sie nicht nur im eigenen Haus, sondern auch in öffentlichen Gebäuden, zum Beispiel in Kirchen, verstreute.

Nicht nur das Verstreuen von Kräutern war von der Antike bis in die Neuzeit üblich, man verlieh den Möbeln auch wunderbaren Duft, indem man sie mit Kräutern einrieb oder mit Kräuteröl pflegte und polierte. Rosmarin war für den Boden gut und Lavendelöl für die Schränke. Auf heutige Zustände angewendet, sollte man die kostbaren Kräuter nicht in großen Mengen dazu verwenden, um Böden damit einzureiben, aber ein kleiner Strauß frisch gepflückten Wiesenthymians zum Beispiel, den man getrocknet verkehrt von der Zimmerdecke hängen läßt, gibt dem Raum einen frischen, angenehmen Duft. Verstreute Kräuter würden ja nur Mehrarbeit beim Putzen bedeuten.

Dienten die duftenden Kräuter im antiken Griechenland und Rom dem Wohlergehen und den Freuden des Körpers und des Wohnraumes, so kämpften die Menschen des europäischen Mittelalters und bis in unser Jahrhundert mit Düften eher gegen den Gestank, der Menschen und Wohnungen begleitete. Es war zu kalt in unseren Breitengraden, man wechselte nicht oft die Kleidung und öffnete selten die Fenster, ein Bad mußte für Monate reichen.

Abgesehen von duftenden Kräutern, die in Decken oder Kissen eingenäht oder aufgebreitet wurden, war auch das Räuchern sehr beliebt; damit vertrieb man den Gestank, verbreitete Wohlgeruch und desinfizierte zugleich die Räume. Der alte Brauch, besonders im antiken Rom üblich, verbreitete sich später auch in Mittel- und Nordeuropa. In England hielten sich die Räucherbräuche bis zur kurzen Regierungszeit Edwards VI., des Sohnes Heinrichs VIII., danach gab man es auf, da man mit römisch-katholischen Sitten nichts mehr zu tun haben wollte. Heute ist das Räuchern durch die vielen Orientreisen wieder in Mode gekommen, man verbreitet süßlichen, schweren Duft in den Wohnungen, den man oft gar nicht verträgt, und könnte sich doch leichtere, angenehmere Wohlgerüche selbst herstellen.

Räucher-Wohlgeruch zum Selbermachen

120 Gramm duftende Rosenblätter
⅓ Tasse Iriswurzelpuder
¼ Tasse Rosenwasser
5 Körnchen Moschus
50 Gramm pulverisiertes Gummiharz
etwas Zucker

Rosenblätter werden zerstampft und mit dem Iriswurzelpuder im Rosenwasser vermengt, bis sie sich ganz vollsaugen. Dazu kommen noch Gummiharzpulver und Moschus. Zuviel Feuchtigkeit kann durch Zucker absorbiert werden; ist die Masse zu trocken und absorbiert der Zucker überhaupt keine Feuchtigkeit, muß noch ein wenig Rosenwasser hinzugefügt werden. Man formt aus der Masse kleine Kuchen und trocknet sie auf einer Papierunterlage in der Sonne. Um duftenden Rauch zu erzeugen, legt man die trockenen Stückchen dann auf rotglühende Kohlen.

Einfacher und ohne besondere Mischung räuchert man mit Sandelholzpulver, Myrrhe, Rosenholz, Moschus, die man auch miteinander mischen und damit räuchern kann.

Kräuteressig wurde, lange bevor man ihn in den Salat tat, als Desinfektions- und Erfrischungsmittel verwendet. Die häufig in Ohnmacht fallenden Damen hatten zumeist ein Schwämmchen bei sich, welches, in Kräuteressig getränkt, sie rasch wieder ins Leben brachte. Im 17. Jahrhundert waren Kräuteressige das, was heute desinfizierende Erfrischungstüchlein sind, man trug solche in Essig getränkte Tüchlein bei sich, um sich die Hände damit zu säubern, denn man hatte berechtigterweise immer Angst vor ansteckenden Krankheiten. Kräuteressig, im Haus verspritzt, sollte besonders an schwülen Sommertagen erfrischend wirken.

Erfrischender, desinfizierender Kräuteressig

Je 1 Handvoll Lavendel, Rosmarin, Salbei, Wermut, Gartenraute, Minze
4½ Liter kräftiger weißer Essig
pro Flasche 1 Knoblauchzehe

Man gibt die Kräuter in einen tönernen Topf und begießt sie mit dem Essig. Der Topf wird mit einem nicht ganz dicht schließenden Brett zugedeckt und in die Sonne gestellt. Nach 2 Wochen filtert man den Essig und füllt ihn in Flaschen ab, dem Inhalt jeder Flasche wird noch eine Knoblauchzehe zugefügt. Wenn der Essig ganz klar geworden ist, gießt man ihn vorsichtig in andere Flaschen um, verschließt sie und hat nun zum Gebrauch fertigen, sehr erfrischenden Essig, der im Haus versprüht oder auf Puls und Schläfen aufgetragen wird, wenn es schwül und drückend ist.

Wer in selbstkomponiertem Kräuterduft baden möchte, kann die verschiedensten Zusammenstellungen probieren. Ein paar Handvoll frisch gepflückter Wiesenthymian, frei im Wasser schwimmend oder in ein Mullsäckchen gebunden, genügen schon.

Kräuterbadesäckchen kann man auch füllen mit:

2 Eßlöffel nicht zu feinem Hafermehl und
1 Eßlöffel Kräutermischung aus Kamille, Rosmarin, Thymian und Basilikum.

Man vermengt alles gut und füllt es in Mullsäckchen, die ins heiße Badewasser gehängt werden.

Badeessenz

½ Tasse frische, duftende Rosenblätter
½ Tasse 70%iger Alkohol
2 Eßlöffel Zitronenschale
1 Eßlöffel Orangenschale
1 Eßlöffel getrocknetes Basilikum
1 Eßlöffel getrocknete Pfefferminze
1 Tasse kochendes Wasser

Man weicht die Rosenblüten in Alkohol in einem gut verschlossenen Gefäß auf und läßt alles 6 Tage stehen. Am fünften Tag weicht man die restlichen Ingredienzien in kochendem Wasser auf und läßt sie darin über Nacht stehen. Am nächsten Tag gießt man diese Flüssigkeit durch ein Mulltuch oder einen alten Nylonstrumpf, ebenso den Alkohol von den Rosenblättern. Die beiden Flüssigkeiten gießt man zusammen in ein Fläschchen und verwendet die Essenz wie Kölnischwasser.

Duftende Kräuterkissen

Schon so manchem hat ein mit Kräutern gefülltes Kissen den langersehnten ruhigen Schlaf gebracht. Auch mit Kräutern gefüllte Matratzen helfen Menschen, die schlecht schlafen. Und wenn man von Natur aus gut schläft, schläft man mit dem Kräuterkissen noch besser, es duftet zu herrlich. Die Römer füllten ihre Matratzen mit wohlriechenden Gräsern und Rosenblättern, Karl VI. von Frankreich saß nur auf Kissen, die mit Lavendelblättern gefüllt waren und duftete, wenn er sich erhob, selber wie ein Lavendelstrauch. Zum Schlafen sollte man die Kräuterkissen unter die normalen Kissen legen und tagsüber das Nachthemd darum wickeln, damit man abends schön duftet.

Kräuterzusammensetzung für Kissen

1 Eßlöffel gestoßene Nelken
1 Eßlöffel Zimtrinde
½ Tasse getrockneter Rosmarin
1 Tasse getrockneter Majoran
¼ Tasse getrocknete Pfefferminze
1 Teelöffel Kardamonsamen
⅓ getrocknete Zitronenschale
½ Tasse Zitronenmelisse
1 Eßlöffel gestoßene Iriswurzel
1 Tasse getrockneter Lavendel
1 Eßlöffel Gummiharz
5 Tropfen Bergamotteöl(-essenz) oder
60 Gramm getrocknete und zu Pulver zerstoßene Orangenschale

Man gibt die Kräuter in eine Schachtel, mischt sie mit den Fixativen und verschließt die Schachtel. Die Mischung bleibt 6 bis 8 Wochen stehen und wird danach in Seiden- oder Baumwollpölsterchen gefüllt, die mit einem schön gestickten Überzug versehen werden können.

Rosmarinkissen

1 Tasse trockene Rosmarinblätter
1 Tasse getrocknete Zitronenmelisseblätter
2 Tassen getrocknete Fichtennadeln (auch Föhren- oder Zirbennadeln)

Die Zutaten werden leicht zerstoßen, gemischt und in kleine Säckchen oder Pölsterchen gefüllt.

Kräuter-Blumen-Kissen

1 Tasse trockene, duftende Rosenblätter
1 Tasse Jasminblätter oder echte Veilchen oder Ringelrosen
1 Tasse getrockneter Lavendel
1 Tasse getrocknete Zitronenmelisse
1 Tasse getrocknete Rosmarinblätter
6 Tropfen Bergamotteessenz oder 70

Gramm getrocknete, pulverisierte Orangenschale

Man mischt alles gut und füllt es in Seiden- oder Baumwollsäckchen.

Duftende Bettwäsche

In südlichen Mittelmeerländern, wo es Lavendel und Rosmarin in Hülle und Fülle gibt, trocknen in ländlichen Gebieten die Frauen heute noch die gewaschenen Leintücher, indem sie sie einfach über Lavendel- oder Rosmarinsträucher legen. Wer auch bei uns auf diese frischen, beruhigenden Düfte im Leintuch Wert legt, tut gut daran, Lavendel oder getrocknete Rosenblätter in Mullsäckchen einzunähen und diese in die Wäscheschränke zu legen. Man kann auch hier Duftkompositionen machen, Lavendel, Waldmeister, nur zwei, drei Tropfen Patschuli, Iriswurzelpulver, auch ein wenig Rosenöl vermischen und in Säckchen füllen. Jeder kann sich seinen Wäscheduft selber zusammenstellen. Man kann natürlich auch in die Bettwäsche steigen, die so duftet wie hunderttausend andere Bettwäschen auch, im Sonderangebot, mit dem Plastikball gratis. Da muß schon jeder selber wissen, was er will, wenn er sich des Abends der Kleider entledigt und endlich in sein intimes Bett steigt, ob er auch hier Konsument, diesmal Weißwasch- und Weichduftkonsument, sein möchte oder nicht.

Wer dem frischen Lavendelduft den süßeren Rosenduft im Bett vorzieht, kann sich folgendes Wäscheschrank-Duftsäckchen zusammenstellen:

16 Tassen getrocknete Rosenblätter
⅓ Tasse gestoßene Nelken
⅓ Tasse gestoßene Muskatblüten
⅓ Tasse gestoßene Kümmelsamen
⅓ Tasse gestoßene Zimtrinde
8 Tonkabohnen
2 Tassen Iriswurzelpulver

Man vermengt alle Zutaten und füllt das Gemisch dann in kleine Säckchen, die im Wäscheschrank unter der Wäsche verteilt werden.

Solche mit den verschiedensten Ingredienzien gefüllte Säckchen kann man auch in der Garderobe aufhängen oder in den Schreibtisch zum Briefpapier legen, um ihm eine persönliche Duftnote zu verleihen.

Eine andere Zusammensetzung für Duftsäckchen:

½ Tasse getrocknete Rosenknospen
½ Tasse getrockneter Lavendel
¼ Tasse getrockneter Thymian
1 kleine gestoßene Zimtrinde

Damit werden Garderobenschränke und Wintermäntel „aufgefrischt".

Wer die Motten fernhalten will, lege in den Schrank Säckchen mit Lavendel und Zedernholz (1 Teil Zedernholz auf 3 Teile Lavendel). Auch Thymian und Nelken, dem Lavendel beigemengt, erhöhen die Wirkung. Früher verließ man sich nicht auf Antimottenmittel, sondern nur auf duftende Schränke.

Nicht nur heute sprüht man sich allerhand in die Achselhöhlen und auf die Haare; man duftete immer gern nach diesem und jenem. Die Düfte waren nur einst viel persönlicher; heute gibt es die hartduftenden Männer und die eleganten Damen, die Tannenduftträume und das Zitronenduftbadezimmer. Wenn berühmte Damen heute wandelnde Reklameschilder für Parfümfirmen sind, so wußte man einst genau, welchen Duft der König liebte: Heinrich III. von Frankreich legte sich nur in ein Bett, das mit einer Mischung aus Veilchen, duftenden roten Rosen, Sandelholz, Kalmuswurzeln, Koriandersamen und Lavendel parfümiert war. Der Wohlgeruch, der uns umgibt, sollte nicht an eine Parfüm- oder Möbelpflegefirma erinnern, sondern an die persönliche Ausstrahlung. Darum experimentiere man ruhig ein wenig mit Duftkompositionen als Teil der Wohnkultur.

Blumen und Kräuter sprechen nicht nur durch ihren Wohlgeruch und durch ihr Aussehen, früher kamen ihnen auch bestimmte Bedeutungen zu: Basilikum bedeutete Liebe, Kamille Geduld, Koriander Dank und Vergißmeinnicht Treue, Gänseblümchen Treulosigkeit und Heliotrop die ewig dauernde Liebe, Lavendel Stille und Maiglöckchen Reinheit, Ringelrosen Fröhlichkeit und Minze Weisheit, Pimpernell ersehntes Zusammentreffen, Petersilie Freude, weiße Rosen Stille, gelbe Rosen Untreue, Rosmarin Erinnerung und Safran Überschwenglichkeit, Gartenraute Kummer und die rote Rose Liebe.

Von roten und gelben Rosen wissen

wir's noch – wäre es nicht schön, sich auch der Sprache der anderen Blumen wieder zu erinnern?

Für Experimentierfreudige: Tips aus Urgroßmutters Haushaltsbuch für das Pflegen und Reinigen im Haushalt

1 Loth = 15 Gramm
1 Quart = 1,14 Liter
1 Seidel = ca. ⅓ Liter
1 Maß = 1,41 Liter
1 Quentchen = 3,7 Gramm

Wie man Alabaster- und Gipsfiguren vom Fliegenschmutze reinigt

Man nehme ungelöschten Kalk, übergieße ihn mit Wasser und lasse ihn darin zergehen, gieße, nachdem er zergangen ist, noch Wasser hinzu, so daß es eine Hand hoch darüber steht. Man läßt dies einige Tage stehen, rührt öfters um und löst, ehe der Kalk sich gesetzt hat, etwas Leim darin auf. In dieses Kalkwasser hängt man die an einen Faden gebundene Figur, läßt sie eine kurze Zeit darin, bis sie das Wasser gut angezogen hat. Dann zieht man sie heraus, wischt mit einem Tuche die Flecken vorsichtig ab und läßt sie trocknen. Um sie hernach wieder recht weiß zu machen, besprizt man sie mit Wasser, worin zuvor etwas Alaun aufgelöst worden ist. Will man sie noch besonders glänzend haben, so lasse man sie mit folgendem Firnis ein: 1 Loth der feinsten Seife (weiß), 1 Loth reinstes weißes Wachs, ½ Quart klares Fluß- oder Regenwasser, werden in einem reinen neuen Geschirr an oder über ein ganz gelindes Kohlenfeuer gesetzt, bis das Wachs und die Seife sich miteinander verbunden haben oder gänzlich zergangen sind. Hierein werden die Figuren an einem Faden, ebenso wie in das Kalkwasser einige Minuten gehängt, dann herausgezogen und nach Verlauf einer Viertelstunde noch einmal eingetaucht. Nun müssen sie sechs Tage lang trocknen, dann aber windet man sich ein feines weißes Tuch um einen Finger und poliert oder reibt sie damit so lange, bis sie einen schönen Glanz erhalten haben.

Wie man Obstflecken aus Atlasseide und anderen ähnlichen Stoffen entfernt

Man brenne Knochen von Hammelfüssen im Feuer gut aus und stoße sie

nachher zu Pulver, hievon lege man etwas auf beide Seiten des Stoffes, wo sich der Fleck befindet. Man lasse es eine Nacht so liegen und der Fleck geht heraus. Wenn er nicht herausgegangen ist, so muß man die Prozedur mehrere Male wiederholen, bis er verschwindet. Das Pulver sollte nur den Fleck bedecken und der Fleck muß frisch sein, damit er herausgeht. Ein alter Fleck kann nicht mehr entfernt werden.

Wie man seidene Bänder wäscht
Man nehme Kornkleie, mache sie heiß, lege sie auf Tücher, reibe die Bänder in selbiger umher, so daß der Schmutz sich verliert, glätte sie darauf zwischen zwei Bogen Papier. Sollten sie jedoch zu stark beschmutzt sein, so koche man Regenwasser, in welches zerschnittene venezianische Seife geworfen wurde, wasche in diesem Wasser die Bänder und spüle sie in warmem Wasser aus. Sollten sie immer noch nicht rein sein, so wasche man sie nochmals, spüle sie aus und lege sie in Kornbranntwein, worin Ochsengalle geschüttet worden ist. Darin ziehe man sie hin und her, dann werden sie um ein rundes Holz gespannt, bis sie trocken sind, zwischen Tücher gelegt, die mit Branntwein angenetzt wurden und zuletzt geglättet.

Wie man Silber putzt
Silber kann man mit Wasser oder geschlemmter Kreide putzen, ist es aber von getriebener Arbeit, so nimmt man Seife und Wasser nebst einer feinen Bürste zum Abputzen und reibt es dann mit einem wollenen Tuche ab. Hartes Silber putzt man auf folgende Art: Man brennt Frauen- oder Marienglas (kristalliner Gips, Kalziumsulfat), bis es glüht, läßt es kalt werden und stößt es zu feinem Pulver. Hierzu mischt man einen gleichen Teil pulverisierten Weinstein und reibt das Geschirr zuerst mit einer Bürste, dann mit Leder.

Wie man Gold- und Silberstickereien reinigt
Man nehme Brotkrumen, zerreibe sie, lasse sie in einer Pfanne oder einem neuen reinen Tiegel heiß werden, lege sie heiß auf die Stickerei und reibe mit der flachen Hand so lange darauf her-

um, bis die Stickerei ganz damit bedeckt ist. Dann legt man Leinwand über das Ganze. Sind die Brotkrumen erkaltet, so klopft man die Stickerei auf der umgekehrten Seite aus, bürstet mit einer sanften Bürste die Stickerei und sucht dem Ganzen durch in Wasser aufgelösten Gummit (Gummiharz), welcher ebenfalls auf der umgekehrten Seite angestrichen wird, seine Steifigkeit wiederzugeben. Abgebleichtes Gold, nicht aber Silber, erhält seine Farbe wieder, wenn man den Rauch von verbrannten Haaren oder Federn darüber gehen läßt.

Wie man Fett-, Teer-, Tran- und Ölflecke aus Seide oder Wolle entfernt
Man streiche auf den Fleck statt der Seife das Gelbe vom Ei und reibe damit in Verbindung von lauwarmem Wasser die beschmutzte Stelle einige Male durch. Sobald der Fleck verschwunden ist, wird die Stelle noch einige Male mit reinem Wasser ausgewaschen und im Schatten getrocknet. Bei seidenen Stoffen kann auch der Fleck mit heißer Semmelkrume gerieben werden, davon allein geht er schon oft heraus.

Wie man Eisenrostflecke aus Leinen und Wollstoffen bringt
Hiezu nimmt man Sauerkleesalz. (Kleesalz, Kaliumhydroxalat). Auch Vitriolsäure (Schwefelsäure), mit 50 Teilen Wasser verdünnt, entfernt diese Flecke. Rost-, aber auch Tintenflecke kann man auch entfernen, indem die Stoffe in eine kochende Lösung mit Weinstein (Weinsteinsäure) getaucht werden.

Wie man Eisen und Stahl vor Rost schützt:
Leinen- oder Wollstoff wird in mit gebranntem Kalk und schwefelsaurer Soda gesättigtes Wasser eingetaucht, sorgfältig getrocknet, und die zu schützenden Gegenstände, auch wenn sie feucht sind, hineingewickelt, sie werden nie rostig werden.

Wie man Motten vertreibt
Pelze klopft man im Frühjahr aus und legt etwas grob gestoßenen Kampfer in die Falten des Pelzes, die man dann in Leinensäcke gibt und im Kasten oder in der Truhe verschlossen aufbewahrt.

Wie man schwarzen Streusand herstellt
Man siebt gewöhnlichen kiesigen Sand durch ein Staubsieb, in welchem der reine Sand zurückbleibt und der Staub durchfällt. Dann gibt man den Sand in einen Häfen (Topf), gibt auf 5 kg Sand 2 Löffel Fett (irgendeines, Abfälle von Kerzen, Ölfässern) und rührt alles gleichförmig ein. Man stellt den Häfen auf eine starke Flamme rührt und erhitzt so lange, als noch Rauch oder Flamme beim Umrühren erscheint. Sodann gießt man den noch heißen Sand in ein halbvolles Wassergefäß und rührt um, dann gießt man die sich an der Wasseroberfläche absetzenden Unreinigkeiten ab, trocknet den Sand und verbraucht ihn.

Wie man Flanell wäscht
Wäscht man weißen Flanell mit Seife, so wird er gelb. Auch weißwollene, gewalkte Strümpfe. Um das zu verhindern, kocht man auf jede Flasche Waschwasser einen Löffel voll Weizenmehl unter stetem Umrühren, schüttet davon die Hälfte auf den Flanell oder die Strümpfe und läßt die Flüssigkeit einziehen. Dann reibt man das Material, so als würde man es mit Seife waschen. Hernach spült man es in kaltem Wasser aus und gießt die andere Hälfte des kochenden Weizenmehlwassers darüber, wiederholt das Reiben und Drücken und Ausspülen. Hernach werden Flanell oder Strümpfe rein und weiß sein.

Womit man Seide wäscht
Es werden 1 Pfund gewöhnliche, recht klein geschnittene Seife, 1 Seidel (ca. ⅓ Liter) Ochsengalle, 2 Loth Honig, 3 Loth Zucker und ½ Loth Terpentin in einem irdenen Topf bei kleinem Feuer zerlassen. Nun gießt man das ganze durch ein leinenes Tuch, welches erst in heißes und dann in kaltes Wasser getaucht ist, in ein anderes Gefäß, aus welchem man 24 Stunden darauf die fertige Seife entnimmt.

Wie man Goldrahmen reinigt
Bilder, Spiegel, vergoldete oder auch nur polierte Rahmen sind, wurden sie von Insekten, Fliegen und so weiter verunreinigt, oder matt, wieder auf Glanz zu bringen, wenn man sie mit der inneren Hälfte einer zerschnittenen

Zwiebel gut abreibt und diese eine Stunde darauf mit einem feuchten Schwamm leicht abwäscht.

Wie man mit Milch Möbel verschönert

Man sollte gute und frische Milch nehmen, die Oberfläche der Möbel vorher etwas aufrauhen, mit Bimsstein abschleifen. Das Holz wird zuerst mit Rahm, dann mit Milch und zuletzt wieder mit Rahm behandelt. Man trägt die Milch bzw. den Rahm mit einem Schwamm auf und reibt solange mit einem Lappen die Oberfläche, bis sie trocken geworden ist. Neue Möbel sind wöchentlich zweimal zu behandeln, es können nur feine Holzarten behandelt werden, wie z. B. Kirsche, Pflaume, Nuß, Apfel, Birne.

Wie man sich vor Motten schützt

Aufbewahrte Kleider und Pelze müssen immer sauber sein. Schmutziges Zeug zieht Motten an. Ein paar Mal im Jahr sollten die aufbewahrten Sachen durchgeklopft werden, da die Motten keine Erschütterung vertragen, besonders im Frühjahr und Ende August, da die Motten zu dieser Zeit ihre Eier in die Ritzen von Kästen legen. Zu diesen Jahreszeiten sollte man die Kleider nicht nur klopfen, sie sollten auch gut an der frischen Luft auslüften. Kästen und Truhen wie Schachteln, in denen die Kleider aufbewahrt sind, sollen gut verschlossen werden, Kisten und Kästen aus Föhrenholz sind sehr geeignet, Motten mögen Föhrenholz nicht. Pulverisiertes Marienglas, zwischen die Pelze und Kleider gestreut, vertreibt und vernichtet die Motten. Sind die Motten schon im Kasten, dann nehme man zwei Mauerziegel, mache sie glühend heiß, trage sie in das Zimmer, verschließe Türen und Fenster, vermenge den schärfsten Essig mit ein paar Tropfen

Vitriolöl und gieße dies auf die heißen Ziegelsteine. Auf diese Weise vertreibt man Ungeziefer anderer Art aus Sesseln, Sofas, Polstermöbeln. Wohlriechender vertreibt man die Motten mit Lavendel, Anisöl, Kampfer oder anderen Kräutermischungen.

Auch den Duft frischer Holunderzweige, die man auf glühende Kohlen legt, vertragen die Motten nicht.

Wie man auf die leichte Art Wäsche wäscht

Man legt die Weißwäsche 48 Stunden lang in ein gut verschlossenes, steinernes oder irdenes Gefäß in eine schwache Lauge, sodaß es von derselben bedeckt ist, nimmt die Wäsche dann heraus und spült sie in reinem Wasser, dann trocknet man sie. Sie ist ganz sauber geworden. Man erspart sich dabei das Erhitzen des Wassers, Seife und Arbeitszeit. Die Lauge muß klar und wasserhell sein und kann mit gestoßenen Eierschalen oder Kalk schärfer gemacht werden. Man macht sie aus Asche, Pottasche oder Soda. Einmal gebrauchte Lauge kann durchaus wieder verwendet werden, wenn man frischen ungelöschten Kalk hineingibt und die Lösung durch eine Leinwand filtert. Die Gefäße, in denen die Wäsche in die Lauge kommt, dürfen nicht aus Holz oder Metall sein, da die Lauge aus diesen Materialien Farbstoffe entzieht. Die Gefäße müssen gut verschlossen sein, damit die Wäsche keine Blasen bildet und somit dort die Lauge nicht wirksam werden kann.

Wie man dem Gußeisen einen glänzend schwarzen Überzug macht

Man hängt Gußeisenteile an einem gebogenen Draht auf und bestreicht sie mit einer dünnen Schicht Leinöl, die nicht abfließen darf oder Tropfen bilden. Man hängt sie einen guten Meter

über ein Holzfeuer, sodaß sie in Rauch eingehüllt sind, nach einer Stunde senkt man sie herab, daß sie der Glut sehr nahe kommen, ohne diese jedoch zu berühren. Nach 15 Minuten taucht man die gußeisernen Teile in kalten Terpentingeist. Sollten sie noch zuwenig schwarz glänzen, bringt man sie nochmals einige Minuten lang über die glühenden Kohlen und taucht sie nochmals in Terpentingeist unter.

Wie man Kupferkessel vor Abnützung schützt

Kupferkessel werden mittels eines feuerfesten Überzuges geschützt: Man nimmt gestoßenes, gesiebtes Ziegelmehl, reibt es auf einem Reibstein mit Eiweiß zu einer dicklichen Farbe, schabt den Boden des Kessels ab, rauht ihn mit Bimsstein auf und trägt die Mischung mit einem steifen Pinsel auf. Dann läßt man sie an der Sonne abtrocknen und trägt das Ganze nocheinmal auf. Es entsteht ein feuerfester Überzug.

Wie man Blumen trocknet

Man nimmt reinen staubfreien Sand und schüttet ihn in ein schmales Geschirr, sodaß von beiden Seiten Wärme durchdringen kann. Dann steckt man vom Tau trockene und halbaufgeblühte Blumen oder Knospen mit den Stielen hinein und schüttet vorsichtig mittels eines Siebes Sand darüber, der fein in alle Blütenteile dringt und hernach noch zweifingerhoch die Blüten bedeckt. Das Gefäß läßt man an der Sonne oder an einem sehr warmen Ort stehen, bis zu fünf Wochen. Hernach nimmt man die Blumen heraus und reinigt sie vorsichtig mit einem Pinsel oder einer Feder und kann sie in Arrangements zum Beispiel wie Frischblumen verwenden. Gut halten sich die Farben gelb, blau und rot.

Ein Haus ist mehr als ein Dach überm Kopf

Daß Wohnen im Hochhaus mehr ist als nur einziehen, wußten Cornelius und Doris Kolig schon vor zehn Jahren. Rechtzeitig meldeten sie ihre Sonderwünsche für die 100-m²-Wohnung im neunten Stockwerk an: Verzicht auf die Teppichboden- und Klinkerausstattung, und das Weglassen aller Trennwände (bis auf zwei). Die dadurch überflüssig gewordenen Türen wurden alle als Schranktüren verwendet. Die einzigen abschließbaren Räume in der Wohnung sind das Bad/Klosett und das Kinderzimmer. Der Bewunderer der Koligschen Kunstwerke, der bereits die Nase rümpft, wenn er hört, der Künstler und seine Frau wohnten im Hochhaus, ist verwirrt, wenn er die Wohnung betritt. Durch das Entree, in dem ein umwerfendes Bild des Künstlers hängt, kommt der Besucher, indem er die von der Decke hängenden geflochtenen Zopfschnüre zur Seite schiebt, in die Küche, die ein Teil des großen Wohnraumes ist. Schwarz-weißer Marmor strahlt ihm entgegen – der Hausherr versichert, es sei schwarz-weiß marmorierter, strapazfähiger Kunststoff. Er geleitet den Besucher weiter in den Wohnraum. Dort ist das Betrachten der einzelnen Möbelstücke eine wahre Wonne. In jedem Stück sind die Koligs vereint, jeder hat auf seine Weise zur Herstellung, Beschaffung, Veränderung oder Ergänzung von Mobiliar beigetragen. Er fand die billigen Klappstühle aus Holz, Leder und Leinen – sie nähte ihnen Polster und umhäkelte Arm- und Rückenlehnen liebevoll mit bunten Wollresten. Er brachte die kalte, glänzende Lampenschirmhalbkugel daher, montierte sie auf einen dünnen und biegsamen langen Arm – sie klebte an den glatten Rand des Lampenschirmes bunte Perlenschnüre. Die selbstgenähten Ledersäcke zum Drinversinken stehen neben dem Tisch mit der Kunstharzplatte und dem unbequemen Sitzliegeobjekt eines Künstlerfreundes. Der schwarze Gumminoppenboden, der die ganze Wohnung durchläuft, ist mit einem bunten Fleckerltep-

Cornelius Kolig hat sich bei seinem Haus von den traditionellen „Heuharpfen" (Holzkonstruktionen zum Heutrocknen) seiner Heimat beeinflussen lassen.

Bei den Koligs findet das Wohnen auf drei
Ebenen statt. Der durchgehende, hohe Haus-
raum ist zur Hälfte in Etagen geteilt; auf der
obersten Etage kann man baden und schlafen,
auf der mittleren essen und kochen (der Herd
ist in den Eßtisch eingebaut). Die Konstruktion
des Hauses ergab sich aus der durch die Hanglage vorgegebene Neigung der Grundfläche.

pich und einem ebenfalls von der Hausfrau auf Stramin gewebten Teppichtraum bedeckt. Die Tischlampe hängt an einer ganz gewöhnlichen schweren Eisenkette und ein Flohmarktvorhang trennt den Wohnraum optisch von der Küche. Der von der Kombination aus Kunstharz und Häkelspitze befangene Besucher denkt nun nach, bis ihm endlich einfällt, was in der Wohnung fehlt: das Schlafzimmer! Erst auf den zweiten Blick wird ersichtlich, wo die Koligs schlafen, ganz nach alter Art, dort, wo einst das Dienstmädchen allemal warm und besser schlief als die Gnädige – in der Küche. Wo Küche und Kinderzimmer aneinanderstoßen, haben die beiden in einer Höhe von ungefähr 90 cm über dem Boden eine Nische gebaut, die zwei Meter breit und zwei Meter tief und ganz mit Zirbenholz vertäfelt ist. Im karierten Bettzeug träumen sie schon seit zehn Jahren, seit drei Jahren nur mehr von Montag bis Samstag, und im Sommer nie, denn seit dieser Zeit besitzen sie ihr Wochenendhaus.

Von Montag bis Freitag arbeitet Doris Kolig als Ärztin und Cornelius Kolig an seinen Objekten. Er, das große Kind, spielt ganz in der Nähe der Wohnung, in den Räumen der alten Volksschule. In den Volksschulklassen, in denen es noch immer riecht wie in Kindertagen, nach Turnstunde, Pausenbrot und Naturgeschichtekabinett, stehen die Objekte des Künstlers: Maschinen, von denen man sich durch Auswechseln der verschiedensten Haushaltsbürsten streicheln lassen kann, Geräte, die die Rituale des Alltäglichen aus der Alltäglichkeit herausheben: Stuhlgang, Blasenentleerung, Sexualakt werden seelenlos dargestellt. Chirurgenbesteck, Krücken, Einrichtungsgegenstände aufgelassener Arztpraxen, aber auch Spiele, die den Tast- und Geruchssinn anregen sollen, stehen herum. Schönes, Grausliches, Kurioses – alles in der alten Volksschule. Zweifellos wird hier die alte Bausubstanz besser genützt als dort, wo einer Altes anmalt und glättet und doch nicht bewohnt.

Das Wochenendhaus der Frau mit dem handfesten Beruf und des Künstlers, der sich bei vielen seiner Arbeiten von der Berufswelt seiner Frau beeinflussen läßt, steht an einem ungemein steilen

Die drei kleinen, übereinanderliegenden Fensteröffnungen in der Holzwand wurden nachträglich ausgesägt; dann klebte Kolig je zwei Glasscheiben mit doppelseitig klebendem Band aneinander. Öffnen lassen sich die Fenster nach einer vom Künstler erfundenen Klapp-Methode. Das am unteren Seilende befestigte Gewicht hält die Fenster zu; wenn man es in den Haken hochhängt, öffnen die Gegengewichte die Fenster.

Abhang, ein paar hundert Meter über dem Ossiacher See in Kärnten. Schon die Fahrt dorthin ist atemberaubend. Beifahrer sollen, so wird berichtet, wenn sie an der Abgrundseite saßen, ausgestiegen und zu Fuß gegangen sein. Doch ist die Tatsache, daß das Haus an einem Steilhang steht, in der Umgebung nichts Besonderes; alle Häuser stehen hier am Steilhang, denn es gibt nichts Flacheres. Das Haus steht fünfzig Meter über der Nebelgrenze, an Wintertagen, wenn sich das Wattemeer unter dem Hang ausbreitet, hat man das Gefühl, über den Wolken zu fliegen, zu fliegen, noch bevor man im Hause selbst ist. Ist das Haus ein Vogel, ein Objekt des Künstlers, ein Mensch – oder ganz einfach ein einmaliges, unwiederholbares und menschliches Haus?

Es ist das zweite und verdankt dies dem Kind im Manne Kolig und der Frau, die es bewohnt. Sie hält es am Erdboden fest. Schon außerhalb des Hauses hat Cornelius Kolig sich nicht damit zufriedengegeben, daß das Bächlein, seinem natürlichen Lauf folgend, zu Tal rinnen sollte. Er faßte das Wasser in Röhrchen, die waagrecht einen Meter von der Wiese abstehen. An ihren Enden tropft das Wasser auf Metallplättchen, in Behälter und gibt dabei wohlklingende Töne von sich. Im Inneren des Hauses liegen alle Installationsrohre und Elektrokabel frei, wie ein zentrales Gefäßsystem, das man anzapfen kann – oder reparieren, weil man leicht dazukommt. Waschbecken und Badewanne hat der Künstler selbst entworfen und aus Kunstharz gießen lassen. Das Haus zeigt her, woraus es besteht, bis auf ein paar Ausnahmen, wo es zum Leidwesen des Künstlers nicht möglich war. Die Wände mußten isoliert und verschalt werden und verdecken dadurch ihr inneres Skelett. So ist es im Kolighaus gerade umgekehrt wie bei den meisten Häusern heutzuta-

ge, bei denen man froh ist, wenn man Pfusch mit Edelputz verschmiert und Beton mit Holz verschalt.

Zum Gefäß- und Skelettsystem des Hauses gesellte sich jüngst eine Hauptader. Auf der untersten der drei Wohnebenen wurde ein Warmluftofen, der mit Holz zu beheizen ist, aufgestellt. In der Metallschornsteinfabrik besorgte sich der Hausherr ein Prunkstück von Metallschornstein. Dieser wird durch den bis zum Dach hin offenen Raum geführt und durchstößt die Dachhaut. In diesem Teil ist der Schornstein innen mit einer Asbestschicht versehen, so daß sich an der Kontaktstelle mit dem Holz keine Hitze bilden kann. Für diese zusätzliche Art der Beheizung entschloß man sich, da im Winter Elektroheizung und passive Sonnenwärme zu wenig sind und es außerdem eine Menge Brennholz rund um das Haus gibt. In den Übergangszeiten kommt man mit passiver Sonnenwärme aus. Ost, West und Nord-

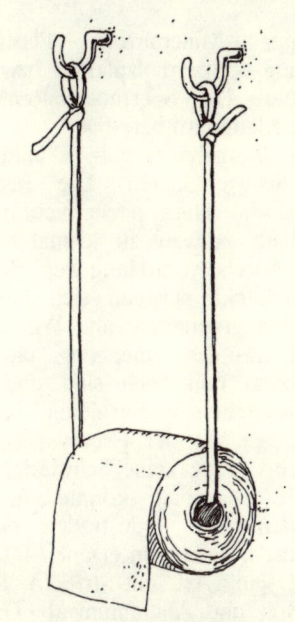

Auch im Klosett noch spielt Kolig mit Alltäglichem und macht daraus Besonderes: so entsteht aus einem Strick und zwei Haken ein origineller Klopapierhalter.

seite des Hauses sind beinahe fensterlos, die Südseite ist ganz offen und verglast. Wenn die Sonne ihre wärmenden Strahlen nicht mehr ins Haus schickt, dann läßt Frau Kolig den Isoliervorhang fallen. Sie hat ihn aus billigen, dicken, grauen Militärdecken, die sie auf dem Wochenmarkt in Italien erstanden hat, zusammengenäht.

Obwohl das Haus bis ins Detail vorgeplant war, gibt es immer etwas zu bauen. Cornelius Kolig plante nicht im Alleingang. Mit einem Freund, der Architekt ist, bastelte er gemeinsam zwei Jahre lang kleine Modelle. Der Architekt war von seinem Amerikaaufenthalt beeinflußt und von den dort gebauten Häusern aus Holz und Glas. Die Koligs wollten traditionsgemäß und doch völlig ungebunden bauen und fanden ihr Vorbild in den „Harpfen" (Heustadeln) der Heimat des Künstlers. Die Modelle stellten sie immer wieder an den Steilhang, photographierten, sahen sich die

Bilder an und entwickelten daraus das nächste Modell. Im groben entspricht das Haus heute dem letzten gebauten Modell. Nach zwei Jahren Tüftelei wurde es von einem Zimmermannsbetrieb aufgestellt und war in vier Wochen bezugsfertig.

Die Baukosten (Materialkosten und Handwerker) betrugen für den Zimmermann 350.000 Schilling (49.000 Mark), für den Baumeister 150.000 Schilling (21.000 Mark), den Glasermeister 35.000 Schilling (4.900 Mark), für den Innenausbau 150.000 Schilling (21.000 Mark). Kostenvoranschläge wurden eingeholt. Bei den Zimmerleuten waren sie unterschiedlich: Einer verlangte für die ungewohnte Arbeit doppelt soviel wie der, der den Auftrag schließlich bekam.

Am und im Haus verwendete man ein Minimum an Material, und wo es ging, Materialien aus der Industrie: Holz, Stahlrohre, Hartplastik, Eisen, Seile. Das Skelett ist Fichte, die Außenschalung und das Dach Lärchenbretter, das Holz blieb unbehandelt. Wände, Dach und Böden sind isoliert, von außen nach innen sieht die Haut so aus: Schalung –

Teerpappe – Mineralwolle – Plastikfolie – Lattung – Sperrholzplatten bzw. Bodenbretter. Die Sperrholzplatten wurden mit Klammern befestigt.

Mit der Baubehörde gab es anfänglich große Schwierigkeiten. Die Beamten meinten, das Haus passe nicht in die Landschaft, es wäre zu schmal und zu hoch und stehe vom Hang weg. Bauherr und Architekt machten sich auf den Weg, photographierten alte Wirtschaftsgebäude aus der Umgebung, die auch alle schmal und hoch sind und vom Hang wegstehen, und erhielten die Baubewilligung. Mit der Feuerversicherung gab es bis heute keine Schwierigkeiten. Beim Innenausbau konnte niemand dreinreden. Die Balustraden sicherte der Künstler selbst, im eigenen Interesse und auf seine Art, mit Stricken, Kunststoff, Holz und Aluminium ab. Da sich die Hausgrundfläche an den Hang und die Skelettkonstruktion anpassen mußte, ergaben sich innen unten Stufen, die, mit Holz verkleidet, alle als Stauräume, Schlafflächen, Sitzmöglichkeiten dienen. Der obere Teil des Hauses ist durch zwei in den Raum hineinragende, ihn

jedoch nur zur Hälfte unterbrechende Ebenen geteilt. Auf der obersten Ebene kann man schlafen und baden, auf der unteren essen. In die obere Ebene ist ein durchsichtiger Kunststoffteil eingelassen, über den zu schreiten erst gelernt werden muß. Das Haus für Schwindelfreie bietet jedoch auch ein gemütliches kleines Kämmerlein, zur beruhigenden Freude für jeden Besucher, der einmal muß. Hier kehrte auch der Objektkünstler, der in seinen Arbeiten so spielerisch und brutal das Ritual alltäglicher Bedürfnisse darstellt, heim zu Muttern. Dorthin bringt ihn auch seine Frau: am großen Tisch in der Mittelebene, in den der Herd gleich eingebaut ist, und unten, auf der Wohnebene, wo man auf dem runden Fleckerlteppich, dem ruhenden Pol des Hauses, gerne verweilt. Das Menschenhaus mit seinen Füßen, Beinen, den ausgebreiteten Armen, dem Skelett, den Gefäßen, dem stillen Kämmerlein zur Meditation und dem Kochtisch zur Magenfreude hat auch seinen Mutterschoß. Ohne ihn würde es sich vielleicht doch eines Tages selbständig machen und wegfliegen.

Links: Der Fleckerlteppich ist so entstanden: 10 cm breite Baumwollstreifen wurden auf der Nähmaschine zu Schläuchen genäht und umgestülpt. Aus jeweils drei Schläuchen wurden Zöpfe geflochten und zu einer Spirale aneinandergenäht. In einem solchen Teppich gehen Unmengen von Stoff auf. Rechts: Die in der Werkstatt genau nach Plan geschnittenen und auf dem Boden zusammengebauten Skelettbauteile wurden von Handwerkern und Helfern aufgestellt. Dann wurden die Wände, die Böden und das Dach verschalt und isoliert. Die Südwand blieb offen und wurde verglast, die anderen Wände blieben vorerst fensterlos. Die Bauzeit betrug vier Wochen. Spaliere, die Veranda, die Laufschienen, in denen die größeren Fenster verschoben werden können, wurden in den folgenden Wochen gebaut.

In seinen frühen Künstlerjahren hat Cornelius Kolig an Objekten gebaut, die den bei Röntgenaufnahmen verwendeten Platten entsprechen: die völlig ummantelten Metallplatten lassen ihr Innenleben nur durch ein Photo ihres Inneren erkennen. Auch sein holzverschaltes Haus zeigt stellenweise noch seine einstige Baustellenschönheit, an den Stellen, an denen die Konstruktion nicht verdeckt wurde. Dem Künstler und seinem Architektenfreund ist der Bau eines Hauses gelungen, das an die Bautradition der Gegend anknüpft, ohne volkstümelnd und historisierend zu sein. Freude am Experiment, Heimatverbundenheit, Spiel und die Kombination von Holz, Metall, Kunststoffen und Glas haben aus dem Haus etwas Einmaliges und Unwiederholbares gemacht.

Für die Mitarbeit bedanke ich mich bei Horst Brudermann,
Franz Ebner, Johann Graschl, Gregor Janscha, Cornelius Kolig,
Herwig Pichler, Willi Stock, Hans Strutzmann und anderen.

Literatur

Alex W. Bealer/John O. Ellis: The Log Cabin. New York 1978.

G. Blachford/J. A. F. Divine: The Technique of Stained Glass. New York 1972.

Art Boericke/Barry Shapiro: Handmade Houses. A Guide to the Woodbutcher's Art. Kalifornien 1975.

Hans Döllgast: Alte und neue Bauernstuben. Augsburg 1951.

Wolfgang M. Ebert: Home Sweet Dome. Frankfurt 1978.

Umberto Eco: Einführung in die Semiotik. München 1972.

Gisela Egen: Sonnenuhren für Haus und Garten. Stuttgart 1969.

Edward Ellen: Stone Shelters. Massachusetts Institute of Technology, 1969.

Energy Saving Home Improvements. New York 1977.

Wilhelm Espenhain: Der Tausendkünstler. Graz 1846.

Kurt Freisitzer/Harry Glück: Sozialer Wohnbau. Wien 1979.

Egon Friedell: Kulturgeschichte der Neuzeit I und II. München 1976.

Torsten Gebhard: Der Bauernhof in Bayern. München 1976.

Hartmann/Koblin/Näbauer: Selber und gemeinsam planen, bauen, wohnen. München 1978.

Erika Hubatschek: Bauernhöfe im südöstlichen Kärnten. Klagenfurt 1970.

The Integral Urban House. Self Reliant Living in the City. The Farallones Institute, San Francisco 1979.

Ken Kern: The Owner-built Home. New York 1972.

Charles Klamkin: Barns. New York 1979.

W. A. Koch: Varia Semiotica. Hildesheim–New York 1971.

K. Lotz: Willst du gesund wohnen? Biberach 1977.

Elfi Lukas: Das Umadumhaus. Graz 1979.

Maisons de Bois. Centre Georges Pompidou, Paris 1979.

Ian L. McHarg: Design with Nature. Philadelphia 1969.

Moore/Lyndon/Turnbull/Whitaker: The Sea Ranch. Kalifornien 1966.

Oswin Moro: Kleinkirchheim und St. Oswald. Klagenfurt 1939.

John Naar/Mary Ellen Moore: Your Space. New York 1979.

John Naar/Norma Skurka: Design for a Limited Planet. New York 1976.

Hubert Palm: Das gesunde Haus. Konstanz 1979.

Dick van Raalte: Dach- und Balkongärten. Hamburg 1976.

Patrick Reyntiens: The Technique of Stained Glass. New York 1967.

P. R. Sabady: Biologischer Sonnenhausbau. Zürich 1980.

Barnard Rudofsky: Architecture without Architects. New York 1964.

G. Schickhofer: Umgebaute Bauernhäuser. Wien 1979.

Urs Schwarz: Der Naturgarten. Frankfurt 1980.

Shelter I und II. The Shelter Publications, Kalifornien 1978.

Rita Tatum: The Alternative House. Los Angeles 1978.

Paul Werner: Der Bergbauernhof. München 1979.

Engelbert und Herta Zobl: Holzbaukunst in der Tschechoslowakei. Wien 1978.

Wer sich beim Bau eines neuen oder Umbau eines alten Hauses baubiologisch beraten lassen will, kann sich in Deutschland an das Institut für Baubiologie, Rosenheim, Heiliggeiststraße 54; in Österreich an das Institut für Baubiologie, Wien, Apostelgasse 39, wenden.